日本経済新聞出版

Reading Japanese Politics in Data

データで読む日本政治

日本経済新聞社
政治・外交グループ 編

はじめに――政治をみるインフラとしてのデータ分析

私が米ワシントンＤＣに特派員として駐在していた頃、現地の公立高校に通っていた長女に出されたある宿題が印象に残っている。

「大統領選で共和党、民主党のどちらの候補に投票するのか、そしてその理由も有権者から訊いてきなさい」

大統領制と議院内閣制の違いはあるが、衆院選前にどこの政党に投票するか、その理由も親などに答えてもらう宿題を日本の先生が出せるだろうか。もし出した先生がいたとすると、すぐ話題となり、その意図や狙いを問われることになるはずだ。それが予見できるから、そんな面倒なことをする先生はほとんどいないのではないか。生徒に政治に関心を持ってもらい、それを通じて政治を学んでもらおうという純然たる気持ちが教える側にあっても、日本ではそれが通りにくい環境にある気がする。

学校の授業で、いわゆる党派にかかわる話題は敬遠される。思想的な問題に転化され、結果として政治について追求しにくくなっている。戦争に突き進んだ戦前の軍部の独走と思想統制、戦後はその反動で学校の授業で党派にかかわる話題を忌避する傾向にある。これらが政治を追う作業やその過程で得られる政治を見る眼を養う機会を奪っているのであれば、不幸である。

政治への耐性が弱いと世論は極端に振れやすくなる。無責任なポピュリズム（大衆迎合主義）を生む土壌にもなる。扇動的な政治家が登場すれば、その2つが共振し合い、国家の行き先は危うくなる。

冒頭のエピソードは、米国の教育を礼賛するのが目的ではない。米国には党派や人種、所得で深刻な分断があり、葛藤はある。扇動的なトランプ氏の言動は数々の混乱を起こしたが、それも民主主義の結果である。米国はこれを教訓とするのか、それともバイデン大統領が物足りないと思えば、世論はトランプ的なものに回帰するのか。それも政治への一過程である。

米国は民主主義の教科書とも称される大統領選を介して政治への耐性がつくられる。それに貢献する教育は、二大政党が競い合う米国の政治が大きく道を踏み外さないための安全弁にもなっているのだろう。その教育を支えるのは、政治で起きている事実を追う作業である。探求心が政治への耐性と、将来をみる確かな眼を養うのである。

日本はその環境とインフラが心もとない。観念や印象という抽象論が横行するのも珍しくない。日本史の教科書は近世や近代が手厚い半面、現代については踏み込んでいない。それを補うフィールドワークが確立されているわけでもない。ならば政治をみるインフラを整えよう、と思い立ったのがこの本を出版する動機である。

政治をみる眼としてこだわったのがデータだ。客観的なデータを使いながら、政治を解剖し、筋道をみつけるのである。過去の検証もあれば、未来の予測もある。政治は森羅万象だ。選挙、国会、外交・安全保障、経済、通商、事件、街ネタまで政治は何でもありの世界だ。

印象に流されがちな政治についてオープンデータを用いながら傾向を読み解き、政治の流れをつかむ試みである。データ分析により、政治への関心を高め、理解の助けになる日本史、政治経済の教科書代わりも想定している。

教育は「国家１００年の計」だ。本書は小学生から就職活動を控えた大学生、そして社会人が対象で、社会人が学び直すリカレント教育の教科書としても役立てたい。

データの分析は簡単ではない。とりわけ予測についてはプロを任じている我々でも試行錯誤の日々だ。逆説的にいえば、だから探求しがいがあるし、面白いのである。２０２１年衆院選はその一端を示した。

情勢調査と投開票日の出口調査、実際の確定した議席に齟齬ができた。国政選挙の情勢調査で報道各社の予想が大きく外れたのは１９９８年の参院選以来である。当時は投票率が95年の参院選から14ポイント上昇し、予測モデルが崩れたと総括された。

コロナで様変わりした世論調査

今回は新型コロナウイルスの影響でコールセンターが使いにくくなり、オペレーターと呼ばれる調査員による電話調査が難しくなった。各社は自動音声による電話調査やインターネット調査といった新たな手法を導入した。これまでは調査員が各地のコールセンターから電話で調査をかけていた。新型コロナで「三密」を避けるため、コールセンターに集められる調査員の人数を減らさざるを得なかった。

代替策として浮上したのが、①自動音声による電話調査、②インターネットによるモニター調査——だった。情勢調査を含めた世論調査のサンプルは無作為抽出が原則だ。ネット調査は、それぞれの調査会社が自社の会員モニターを対象にする。モニターは調査会社に積極的に応募した人から選ばれており、無作為に抽出されたサンプルではない。統計として有権者の意見とはみなすことができないとの認識が一般的だ。

自動音声は調査員による調査と比べてコストが安い。わざわざ自動音声に答える人は政治に不満で、政権に批判的だ。これを生データからどう補正するかが課題として残った。

投開票日の出口調査も同様だ。投票後の20時に各社は獲得議席を予想する。その時点のデータは夕方までとされる。朝から午前中は高齢層が多く、若年層は夕方から20時近くに駆け込む例も少なくないといわれる。最近の自民党支持は若年層が目立っており、若年層のデータの多寡は予測値とも連動する。20時までのデータを取り込んだ予想が自民党に上振れしたのは、若年層の投票時間の見立てを裏付ける。

期日前投票のデータをどう見極めるかも予測を困難にする。

期日前投票は総数の3割を超える。早々と投票する人は、すでに支持政党が決まっているとみられ、自民党や公明党の支持者は、この期日前に多いと推測されている。この特徴も正確に加味しないと、野党に強い数字を導き出してしまう。この点もデータを補正する要素として刻まれた。

2016年米大統領選もデータが注目された。共和党候補、トランプ氏が民主党候補、ヒラリー・クリントン氏有利の予想を覆して勝ったためだ。一躍有名になったのは有権者の投票心理などに関連するデータを分析する選挙コンサルティング会社「ケンブリッジ・アナリティカ」だ。米国成人2億2000万人のデータベースを所有し、それぞれ4000から5000にも及ぶデータ要素を吸収しているといわれる。このデータベースを他社の大量のデータとつなぎ、有権者の登録情報、購買パターン、銃所有の有無などと照らし合わせ、属性や傾向を絞り込んだ。そこから遊説の場所や内容、資金調達、広告までを練った。

本書は日本政治のデータ分析が中心で、それを相対化するために海外と比較した。例えば国会。首相が国会出席のために海外訪問もままならない状況がある。民主主義国家の首脳は議会

（国会）との関係に悩まされるのが常。それでも日本の首相の国会出席日数は5日に1回（2020年）で、主要7カ国（G7）のなかでも突出して多い。国権の最高機関である国会を軽視するのはよくない。それ以上に縛られて国益を損なう事態は考えものだ。G7で比較したことで、日本の特異な実情が浮かび上がってきた。

国会ともかかわる公務員の実態も、変化している。「キャリア官僚」と呼ばれる国家公務員総合職の志願者の減少に歯止めがかからない。21年度の申込者数は1万4310人で20年度比14％減だった。現行制度になった12年度以降で最小を更新した。長時間労働の元凶である国会対応で官僚は議員の質問通告を受け、政府答弁をつくる。その通告が遅く、深夜まで拘束されるという悪循環だ。地元会合のあいさつ文をつくらせる国会議員もいる。自己都合退職者が19年度にその6年前から4倍に膨れ上がったのも、こうした雑務に追われる日常が空虚に感じられたのかもしれない。

高まる対中国など安保・外交問題の重み

外交・安保にも変化のうねりが押し寄せる。米国と中国の対立だ。

覇権国家は世界で一つしかない。戦後の世界の秩序づくりを主導してきた米国へ挑戦する中国との対峙は構造的に長期化する。東アジアの安保と直結する台湾有事への備えは焦眉の急だ。中国の習近平《シージンピン》国家主席は台湾との統一を公言しているためだ。

抑止力の強化は戦争回避が目的である。相手国と戦火を交えることが非生産的で、非合理的と思わせるのが抑止力だ。日本の一部にある空想的な平和主義では現実の危機に対応できない。自衛隊戦闘機の緊急発進（スクランブル）のうち、3分の2が中国だ。かつてはソ連が主だった。それが中国に変わったところに中国の台頭と東アジアの安保上のリスクの変遷の兆候がうかがえる。

中国の蛮行は日本の選挙にも影を落とす。21年衆院選は立憲民主党が敗北し、枝野幸男代表が辞任した。日米安保廃棄や自衛隊解消を掲げる共産党との共闘が立民の安保政策への不安につながった。沖縄県の与那国島からわずか１１０㎞しか離れていない台湾での有事は、日本有事である。立民は外交・安保政策は日米同盟が軸。共産党の政策との整合性について国民に不信を持たれた可能性がある。

サイバー攻撃への対処も急務だ。15年から20年で8・5倍に増えた。警察庁が発表した電子空間を使った犯罪の検挙数も過去最多を更新した。宣戦布告なき「戦争」が日常になりつつある。日本は憲法や法律が壁になり、対応に不安が残る。英シンクタンク、国際戦略研究所（ＩＩＳＳ）の報告書は「通信の秘密」を定めた憲法21条に触れ、「政府の通信に関する情報収集や偵察を厳しく制限している」と記した。

電気通信事業法4条、不正アクセス禁止法などもインテリジェンス活動が例外だという認識がなく、本来、国民を守るべき法律が国民を危険にさらすという実態も生み出している。

憲法問題が長年、政争の具になってきた日本。現実はどんどん先に進んでおり、憲法をはじめ法整備に早急に取り組まなければ、国益を損なう展開になる。与野党が対立する問題ではなく、結束して対処すべき課題である。

本書は日本経済新聞社の政治・外交グループのデスクと一線の記者が執筆に当たった。編集は日経BPの黒沢正俊さんと相談しながら進めた。扱った政治のデータは多岐にわたる。データを通じて次世代を担う子供たちから大人に至るまで多くの国民が政治に興味を持ち、新たな着眼を得たとしたら、望外の喜びである。

吉野直也（日本経済新聞社政治部長）

2022年1月

目次

Reading Japanese Politics in Data

分野別データ分析篇

選挙

指導者

議員

霞が関

外交・安保

国会運営

組織と資金

2021年衆院選

分析篇

この項は2021年の衆院選にあわせて日本経済新聞の電子版、紙面に掲載した分析記事（同年10月17日から11月7日公開）を収録した

衆院選「地盤・看板・カバン」の壁――世襲候補は8割当選

1996年10月の衆院選から小選挙区比例代表並立制が導入されて四半世紀が過ぎた。2017年まで8回の衆院選で、小選挙区に延べ8803人が出馬した。比例代表での復活を含め当選した人のうち新人は2割にとどまる。日本の「選挙市場」には新規参入を阻む様々な壁がある。

政界で選挙の強さを左右する条件として「ジバン(地盤)」「カンバン(看板)」「カバン」の3つの「バン」が挙げられる。地盤は後援会や支持団体などの組織、看板は知名度、カバンは資金力を指す。2世、3世といった世襲候補は先代からこれらを引き継ぐため有利だといわれる。

その威力をデータから探った。日本経済新聞社は選挙取材と総務省資料をもとに1996年から2017年まで8回の衆院選の全選挙区、全候補者についてデータベースを作成した。富士通のデータサイエンスチームと共同で当落の傾向を分析した。

地盤の強さと当落の関係を調べるため、まず取材などに基づき全候補者を親や近い親戚に国会議員の経験者がいる「世襲候補」とそれ以外に分けた。①父母が国会議員、②3親等内の国会議員から地盤の一部または全部を引き継いだ――のいずれかに該当する場合を世襲と定義し

世襲候補は当選率が高い（全候補者）

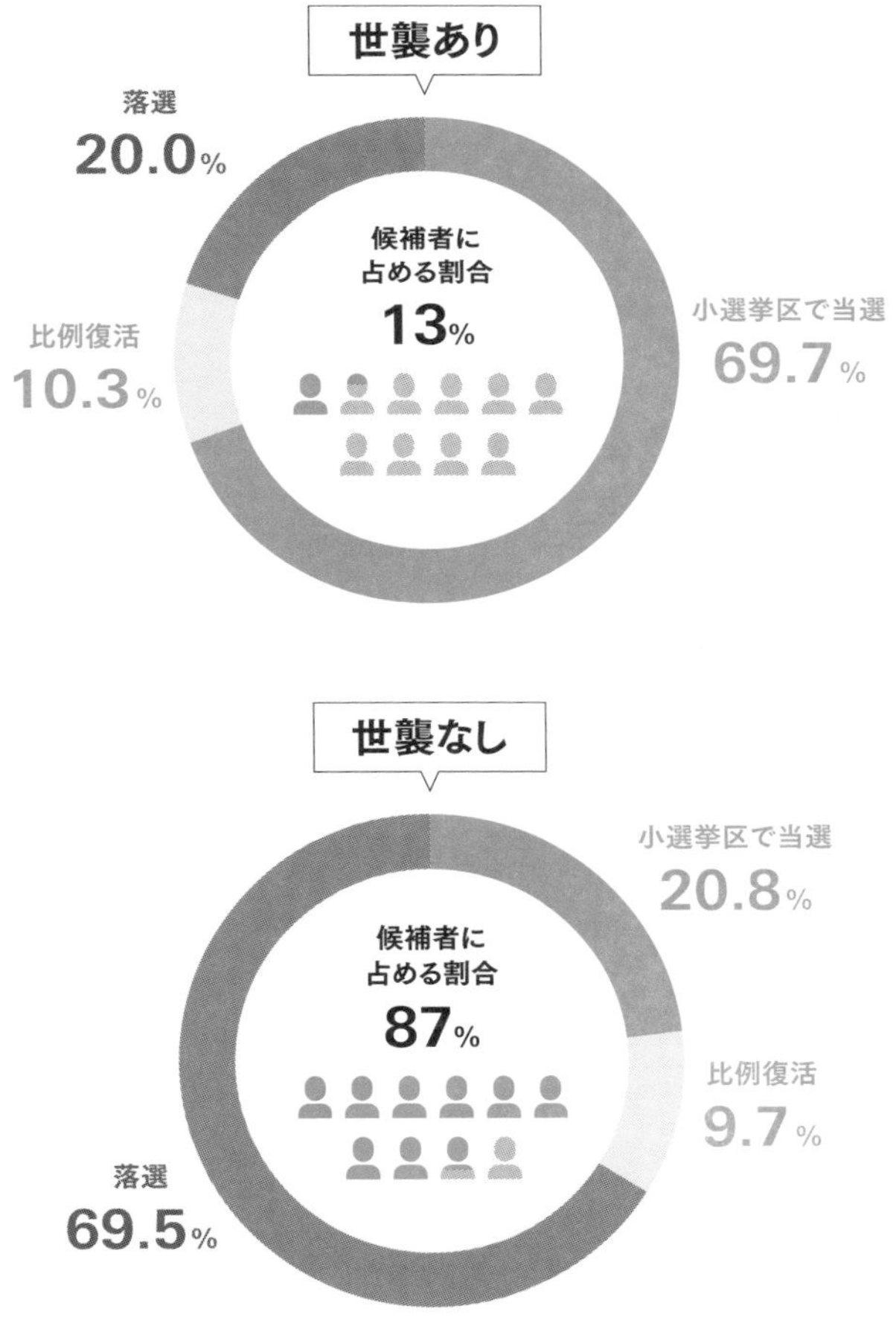

日本経済新聞社と富士通のデータサイエンスチームが
1996年から2017年まで8回の衆院選について小選挙区のデータを分析

た。

候補者全体の13％が世襲で、その勝率は重複立候補した比例代表による復活当選を含めて80％に達した。一方で非世襲候補は30％だった。

世襲候補は7割が自民党から出馬している。逆風の選挙でも強い傾向がある。自民党が大敗した09年衆院選で自民党全体の勝率は38％だったが、世襲候補に絞ると52％になる。代々続く地盤の底堅さを物語った。

21年10月に就任した岸田文雄首相は父・文武氏も衆院議員だった。文武氏が当選を重ねた選挙区から1993年に35歳で初出馬した。世襲議員の定義に当てはまる。菅義偉前首相は横浜市議などを経て自ら地盤を築いた非世襲議員といえる。

「カンバン」はどうか。議員は長く在職し、政府や政党の役職に就くほど選挙区での知名度も高まる。当選回数をどれくらい重ねると勝率は高まるのか。当選歴のない新人が出馬した場合の勝率は14％だ。当選2回で6割を上回り、当選5回以上は勝率8割を超える。世襲候補は新人でも家名という「カンバン」を引き継いでいる例が多い。新人候補の当選率は非世襲で1割ほどだが、世襲は6割に達する。

世襲でなくても当選を重ねると基盤も固まる。非世襲でも当選6回で勝率は8割を超え、世襲の人との差はほぼなくなる。追いつくには長い道のりが必要だといえる。

選挙は資金も重要だ。選挙期間中の運動費用は過大にならないよう法定の上限がある。資金

当選5回で勝率8割を超す

当選回数別の当選率

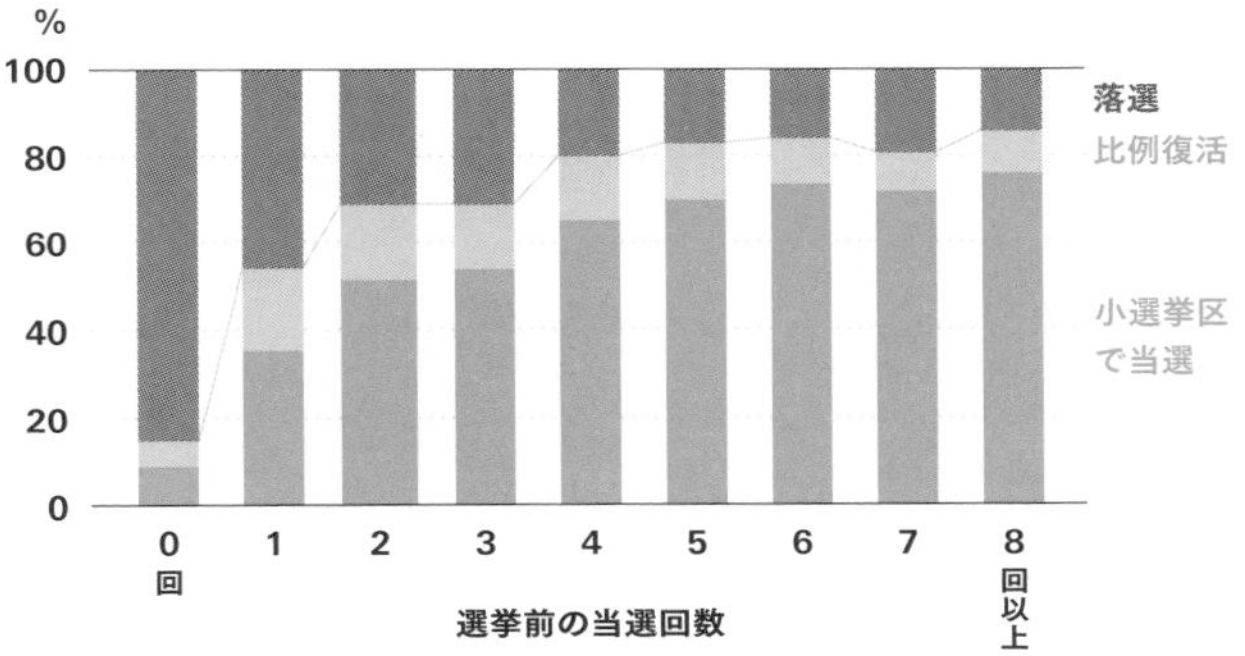

資金を投じるほど強さを発揮する

選挙区の有権者1人あたりの選挙運動費用と当選率（全候補者）

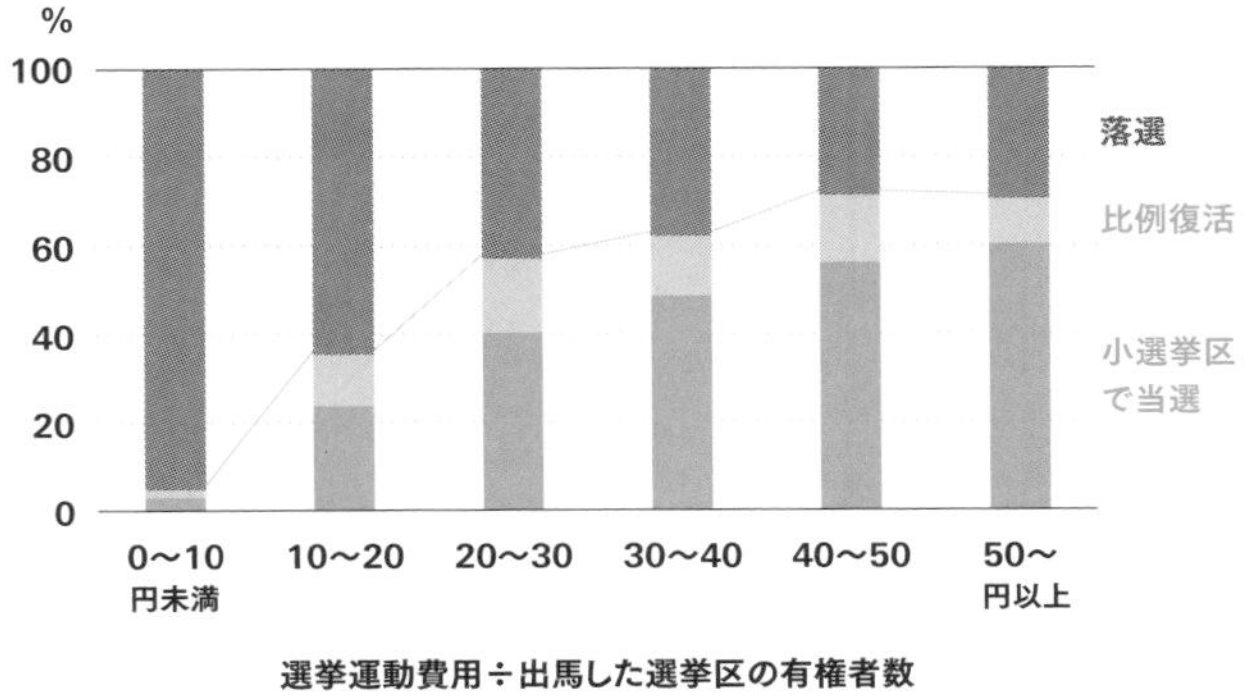

日本経済新聞社と富士通のデータサイエンスチームが
1996年から2017年まで8回の衆院選について小選挙区のデータを分析

力だけにものをいわせた選挙が難しい仕組みになっているものの、候補者間で差も出る。公示前の政党活動や供託金などは含まない。

総務省の公表をもとに候補者ごとに選挙区の有権者1人あたりの支出額を算出し、10円刻みで6つに分類した。0〜10円の候補者の勝率は4％にとどまった。10〜20円が35％、20〜30円が57％、30〜40円が62％と徐々に高まる。

選挙事務所の立ち上げ、ビラの印刷など選挙は出費が伴う。一部費用の公費負担の仕組みなどがあるが、資金力がある候補は有利といえそうだ。後ろ盾がない候補が容易に当選できる世界ではない。

若い頃から政治に近い環境に身を置き、政策や議会運営に精通した人物がいる意義はある。同時に多様な人材が政界に新規参入できる環境がなければ政治は変わらない。

11道府県、勢力振り子、衆院選の勝敗左右

衆院選の465議席のうち289は定数1を争う小選挙区だ。全ての小選挙区の歴代の勝利政党をみると、入れ替わりの激しさに地域差がみられる。振り子のように勢力が変わりやすいのは11道府県で、その結果は選挙の情勢を映し出す。

与野党が入れ替わりやすい11都道府県の分布
（丸数字は変動係数の大きさの順位）

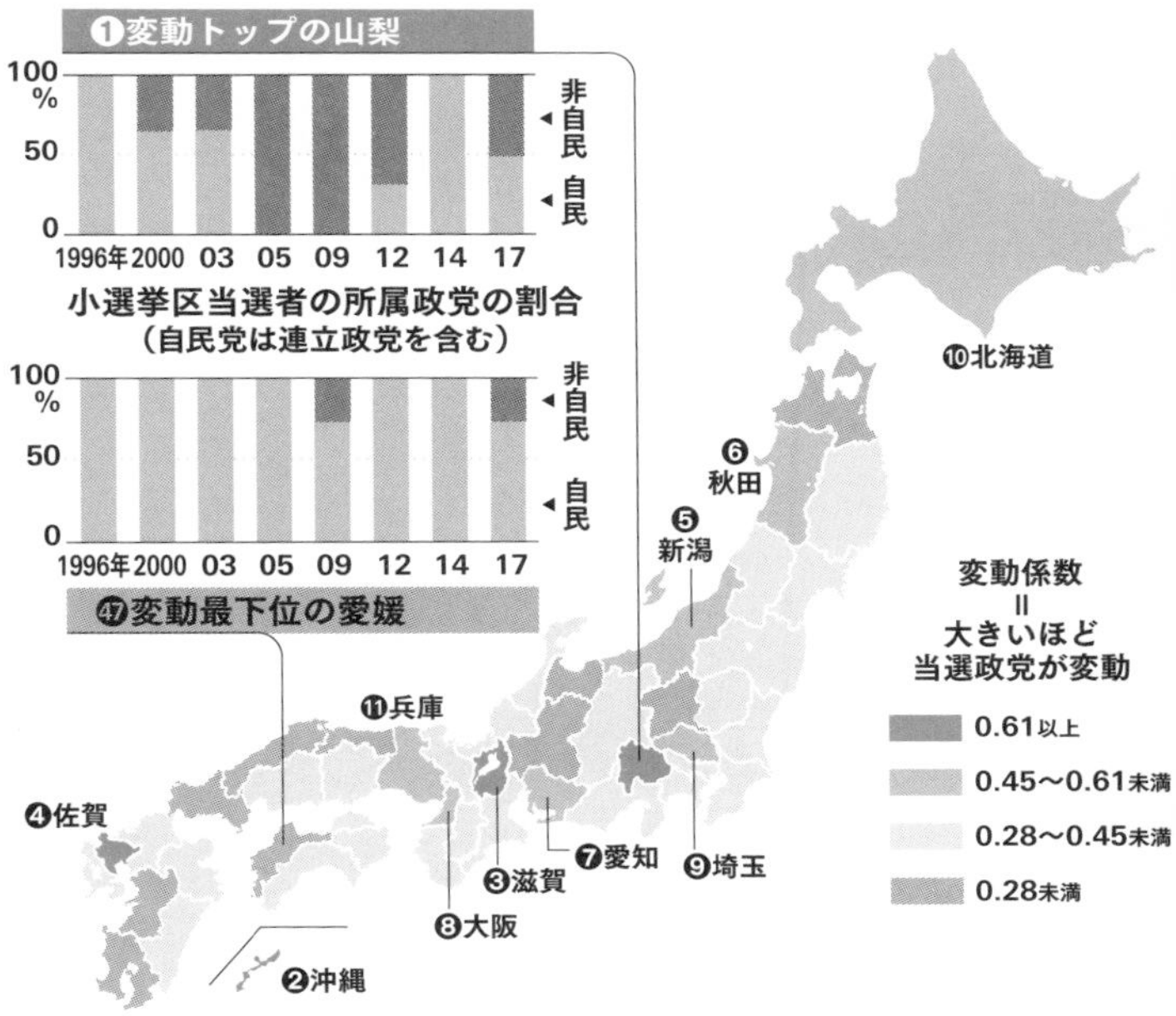

日本経済新聞社と富士通のデータサイエンスチームが
1996年から2017年まで8回の衆院選について小選挙区のデータを分析

政党には地盤となる地域がある例が多い。米国の民主、共和の二大政党はそれぞれ優位な州を持つ。両党の間で選挙のたびに勝者が変わりやすい州を「スイングステート」と呼ぶ。大統領選などはスイングステートの結果が勝敗を左右する。

日本の衆院選の結果に影響を与える日本版の「スイングステート」はどこか。

日本経済新聞社が作成した１９９６年から２０１７年までの衆院選の全選挙区、全候補者のデータベースを使って調査した。富士通のデータサイエンスチームと共同で8回の衆院選について、自民党などと非自民勢力との間の勝者の変化を「変動係数」を用いて分析した。

変動係数は複数のデータ集団のばらつき具合を比較できるようにした値だ。ひとつの集団の中でデータのばらつき具合を示す「標準偏差」を平均値で割って算出する。変動係数が大きければ勝者が頻繁に変わることを意味する。

都道府県ごとにみると、変動係数が０・61以上は4県、０・45〜０・61未満が7道府県だった。これらをあわせた11道府県が勝敗の入れ替わりやすい日本版「スイングステート」といえる。

数値が最も大きかったのは山梨県だ。自民は１９９６年に3選挙区で全勝し、２０００年と03年は2勝1敗、05年と09年は全敗、12年1勝、２選挙区に減った14年は全敗、17年は1勝だった。

2位は沖縄県、3位は滋賀県で、次いで佐賀、新潟、秋田、愛知、大阪、埼玉、北海道、兵庫の各道府県が続いた。都市部に限らず北から南まで分布する。

流動性が高いこれらの道府県の選挙結果は勝敗を占う。その端的な例が埼玉県だ。自民が単独過半数を取った05年、12年、14年、17年の4回の衆院選では、埼玉の15選挙区で自民の勝率がいずれも8割に達した。

自民が単独過半数に届かなかった1996年、2000年、03年は埼玉の勝率は40％台にとどまる。民主党に政権交代を許した09年は埼玉で全敗した。埼玉の勝敗が全体の選挙結果と連動している。

これとは対照的に8回の選挙を通した変化が少ない県も探った。変動係数が最小だったのは愛媛県で、自民が8回のうち6回の選挙で全4選挙区を独占した。自民が大敗した09年も3勝1敗と勝ち越した。

衆院選小選挙区当選者の女性比率――最高は新潟の3割

2021年の衆院選に立候補した女性は186人で、全候補者に占める割合は17・7％と2割に満たなかった。日本の衆院議員の女性比率は先進国で最低水準の1割程度だ。過去の衆院選データからは女性の政治進出を巡る地域差が浮かび上がる。

小選挙区比例代表並立制になった1996年から2017年まで8回の衆院選について日本経済新聞社が全選挙区、全候補者のデータをまとめた。これを基に都道府県ごとの女性の立候補や当落の状況を富士通のデータサイエンスチームと共同で分析した。

女性の小選挙区の当選者数は東京都が最も多かった。選挙区が多いため立候補者数も137人と全国最多で、延べ16人の女性が選出された。

当選者数の2位は15人の新潟県だった。3～5位は新潟県の倍以上の選挙区数がある大阪府の13人、埼玉県の11人、神奈川県の9人だった。6位以下は群馬県、岐阜県、静岡県と続く。

男女合計の当選者数に占める女性の数も調べた。新潟県は延べ48人中15人が女性で、比率は全国トップの3割超となる。

女性候補者が当選する割合も高い。この8回で新潟県の小選挙区から出馬した女性は延べ31人で、勝率が5割近かった。全国平均の10・9%を大きく上回る。田中真紀子氏や西村智奈美氏らが小選挙区で当選を重ねた結果だ。

横軸に女性候補者数、縦軸に女性当選者数をとったチャートに各都道府県を配置してみた。新潟県以外に群馬や福井などの各県も全国平均より当選率が高い。

8回の衆院選で1人も女性が小選挙区で当選していない「女性不在県」は全国で21府県あった。九州は7県のうち佐賀、熊本、大分、宮崎、鹿児島の5県が該当し、女性候補自体も少ない。

女性候補・当選者は都道府県差が大きい
（衆院選小選挙区の延べ人数）

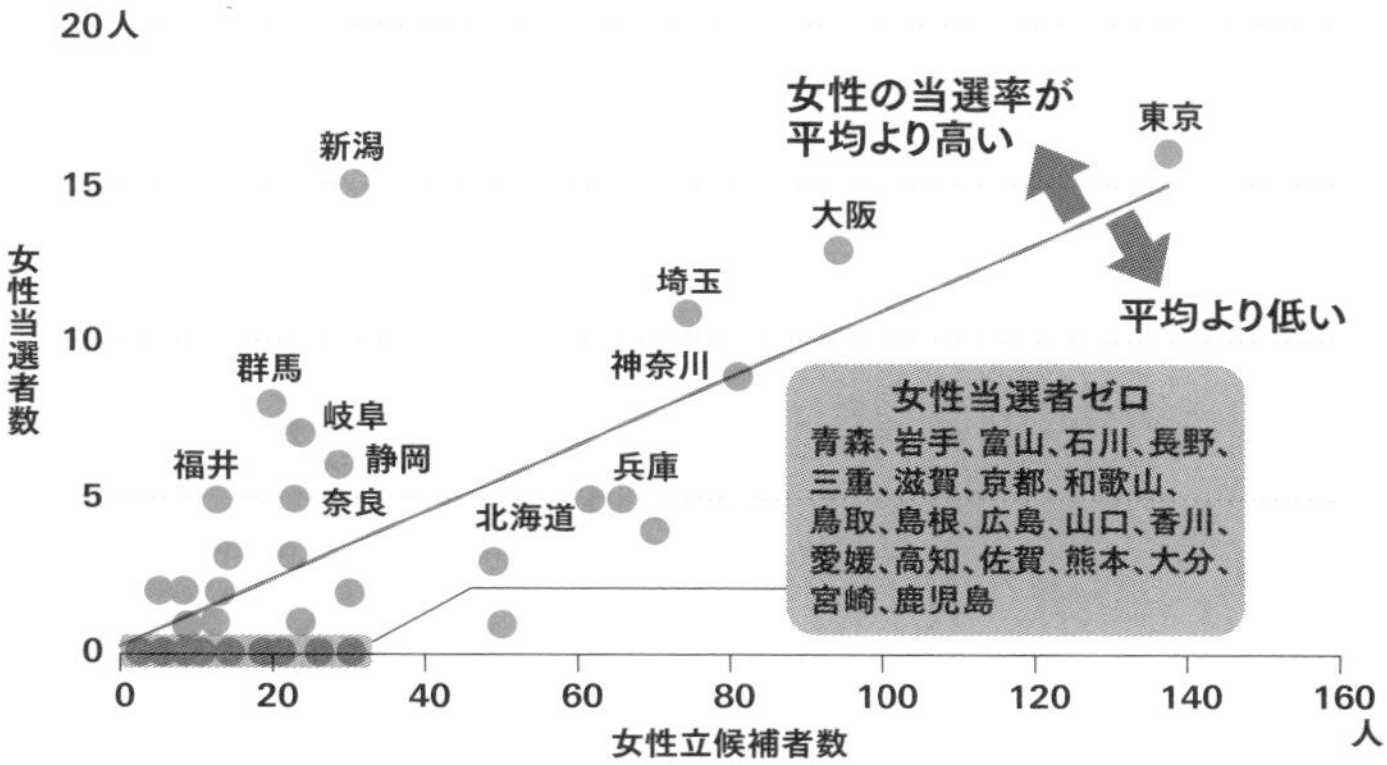

小選挙区の当選者に占める女性の割合
（都道府県別、当選者ゼロの県は除く）

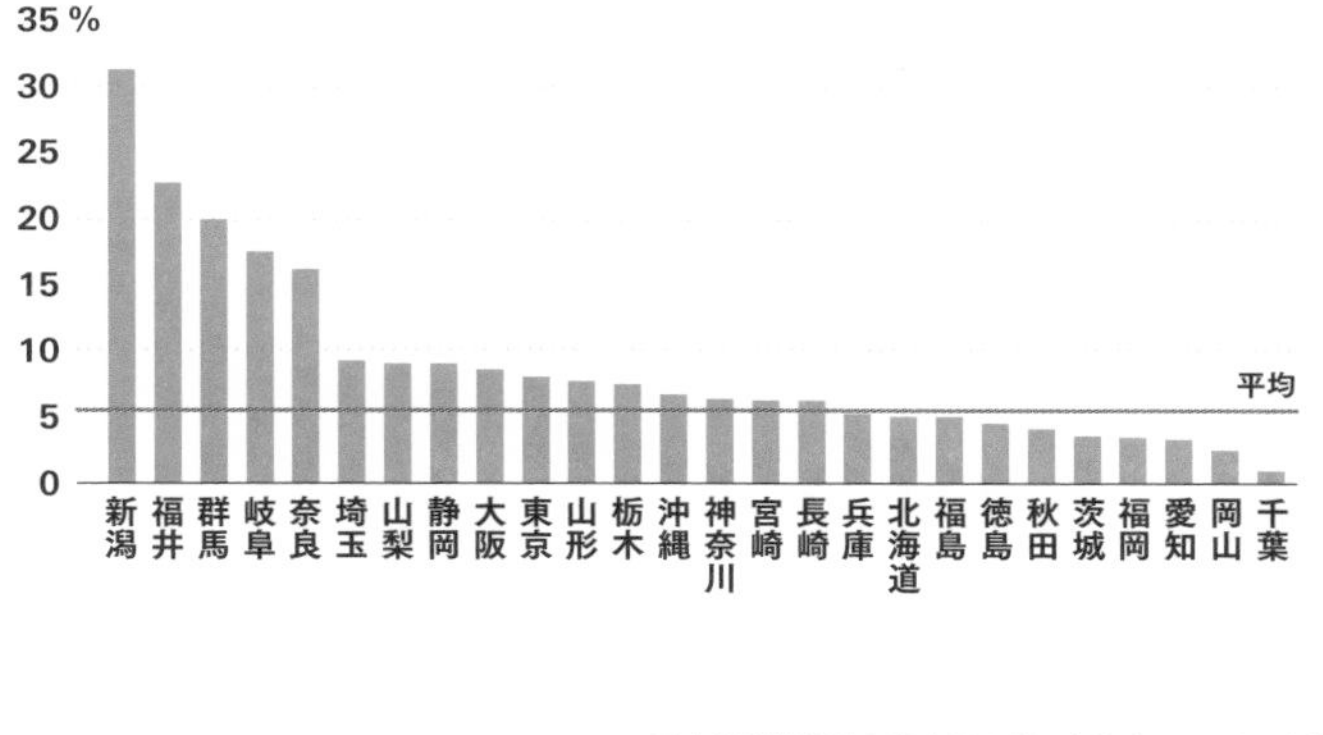

日本経済新聞社と富士通のデータサイエンスチームが
1996年から2017年まで8回の衆院選について小選挙区のデータを分析

国会議員の女性比率を高めるには女性候補が少なく、男性が当選を独占しがちな地域の変革が欠かせない。

「当落分岐」の選挙費用、20年で半額――自民1強など要因

衆院選で各候補が投じる費用は減少傾向にある。2017年の選挙期間に使われた金額を分析すると、当選する確率が落選する率を上回る平均額は860万円で20年間で半減した。小選挙区制の導入やインターネット選挙の解禁、「自民1強」といった要因がある。

日本経済新聞社は総務省の発表資料を基に、小選挙区比例代表並立制が導入された1996年から2017年まで8回の衆院選について全候補者の選挙運動費用のデータベースを作成した。富士通のデータサイエンスチームと共同で時系列変化を分析した。

候補者は公示日から投開票前日までの人件費や事務所賃料、交通費、印刷費などを選挙後に国に届け出る。有権者数に応じて選挙区ごとに定められた金額以下に収まるように活動する。政党や候補者が選挙期間外に使った資金は含まない。

小選挙区で当選した人の自己資金の平均支出総額は1996年に1409万円だった。2000～05年は1200～1300万円台で推移した。当時の民主党が勝利して政権交代した09

候補者が選挙期間にかける費用は減少傾向

当選者の平均選挙費用

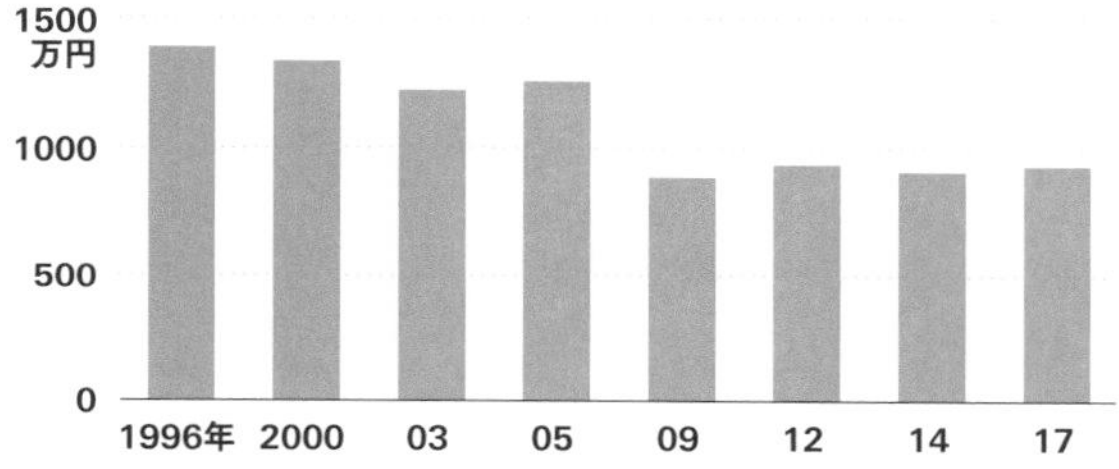

有権者1人あたりに投じた費用と当選率の関係

小選挙区の当選率

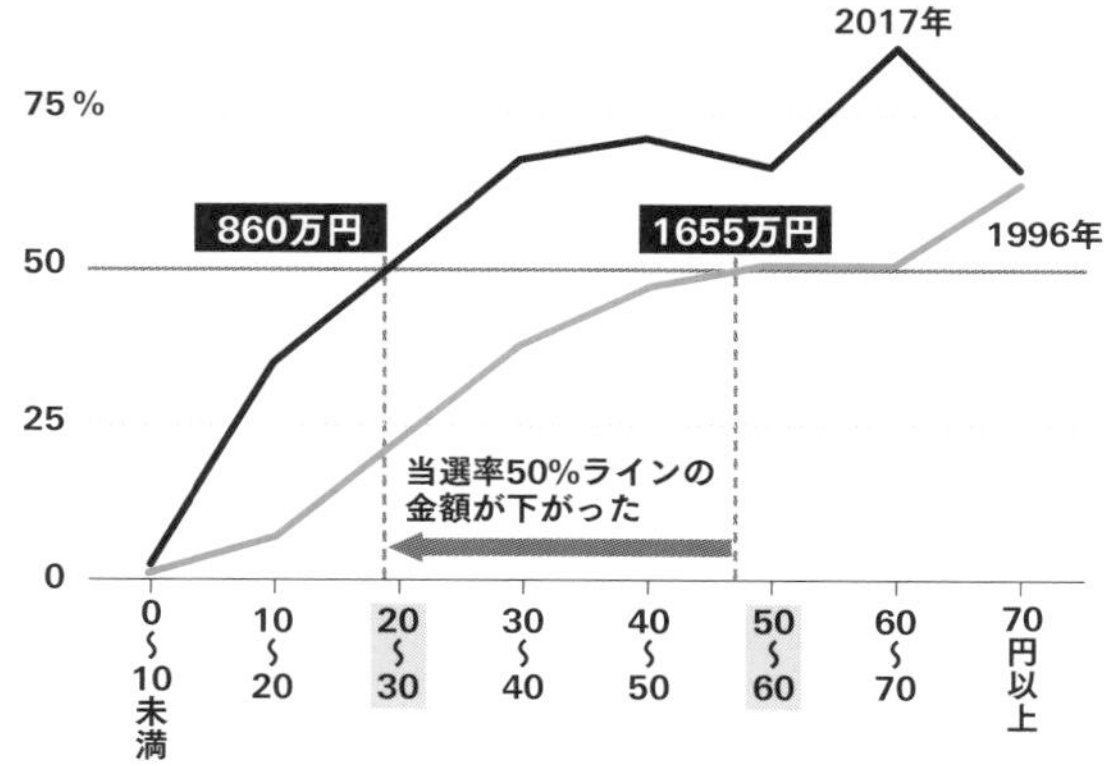

注／当選率50%線上の金額は当選する確率が落選する確率を上回る水準の選挙費用のモデル試算。
有権者1人あたり選挙費用の中央値に小選挙区の平均有権者数をかけて算出した

日本経済新聞社と富士通のデータサイエンスチームが
1996年から2017年まで8回の衆院選について小選挙区のデータを分析

年に８８５万円まで下がり、最近は９００万円台となっている。

候補者が選挙区内の有権者１人あたりにかけた金額を算出すると、多いほど当選しやすいのはほぼ変わらない。

そこでいくら投じれば当選しやすくなるかを調べ、当選率が50％になる「当落分岐点」を探った。

１９９６年衆院選は１票あたり「50～60円」をかけた候補の勝率が５割を超えた。中央値に小選挙区の平均有権者数をかけて試算すると、１６５５万円程度が必要という計算になる。

２０１７年衆院選の当選率５割を超すラインは「20～30円」だった。中央値に平均有権者数をかけると８６０万円ほどで、１９９６年と比べ半分の水準になった。

なぜ少ない選挙費用で当選する人が増えてきたのか。

考え得る原因の一つは選挙のやり方が変わり、96年以降の小選挙区比例代表並立制が定着したことだ。それまでの中選挙区制よりも選挙区の面積が小さく、効率的な活動が可能となった。

小選挙区での選挙を重ねるにつれ、大勢の運動員を雇って大規模な選挙戦を展開する陣営は減った。２００９年と12年の２度の政権交代で中選挙区制での選挙を経験していない議員の比率も高まり、この傾向が強まった。

日大の岩井奉信名誉教授は「政治資金への世間の目が厳しくなり派手な選挙戦をやりにくくなった」との見方を示す。

13年の公職選挙法の改正でネット選挙が解禁されたことも影響する。ＳＮＳ（交流サイト）の活用も増え経費削減につながった。

印刷費がかかるビラやポスターを減らしツイッターや対話アプリ「ＬＩＮＥ」に画像や動画を貼り付けて配信する候補者は多い。

ほかの理由に12年末からの自民1強の政治状況がある。データを分析すると、自民党にとって勝ちやすい選挙区ほど費用は少なく、苦戦した選挙区ほどかさむ傾向が読み取れる。

8回の衆院選で自民候補が1票を得るためにかけた平均金額を都道府県別に算出すると、最高額は沖縄県の２０５円だった。

2位以下は香川県の１９０円、山梨県の１８９円、岩手県の１７７円の順。香川を除く3県は１９９６年から２００７年まで8回の自民候補の勝率が5割以下で全国平均の62％を下回る。

自民は12、14、17年の3回の衆院選でいずれも小選挙区の7割を制する大勝を重ねた。野党は分裂や再編を繰り返し、自民1強の状況が続く。そのため大量の資金を投じる必要に迫られる自民候補が少なかった可能性はある。

当選に必要な資金が減るのは政治の参入障壁を下げる点で望ましい。一方で当選率50％になお１千万円近くかかり、選挙手法を工夫する余地はまだ大きいともいえる。

日本に潜む政治の分断、投票行動分析——40歳未満だけなら自民300に迫る

米国などでみられる政治の分断が日本にも潜む。2021年10月の衆院選は事前予想を上回る自民党の勝利だった。出口調査や自治体ごとの得票のデータをひもとくと40歳未満の層で強さが顕著で、高齢者と溝がある。東北や信越の農業が盛んな県で集票力を高める一方、大都市や女性層は勢いがなく、様々な断絶が浮かび上がる。

米国は政治の二極化の様相が強まっている。白人の中高年層は共和党が優勢で、「米国第一」を唱えたトランプ前大統領の誕生の原動力になった。対照的に若い世代は民主党支持が多数を占める。格差是正などを訴える急進左派を支える傾向にある。

日本はどうか。衆院選で自民は単独で絶対安定多数の261議席を得たが、背景に40歳未満の強い支持がある。

21年衆院選について共同通信社の出口調査のデータを用い、世代別や男女別に選挙を実施したらどうなるか試算してみた。

全国289の小選挙区について各層別に最も得票の多い候補者を割り出した。比例代表は全11ブロックの各党ごとの回答数をもとにドント方式で階層別に選挙をした場合の議席数を算出した。

自民40歳未満に強く

衆院選出口調査で属性別の議席占有率を試算（全議席）

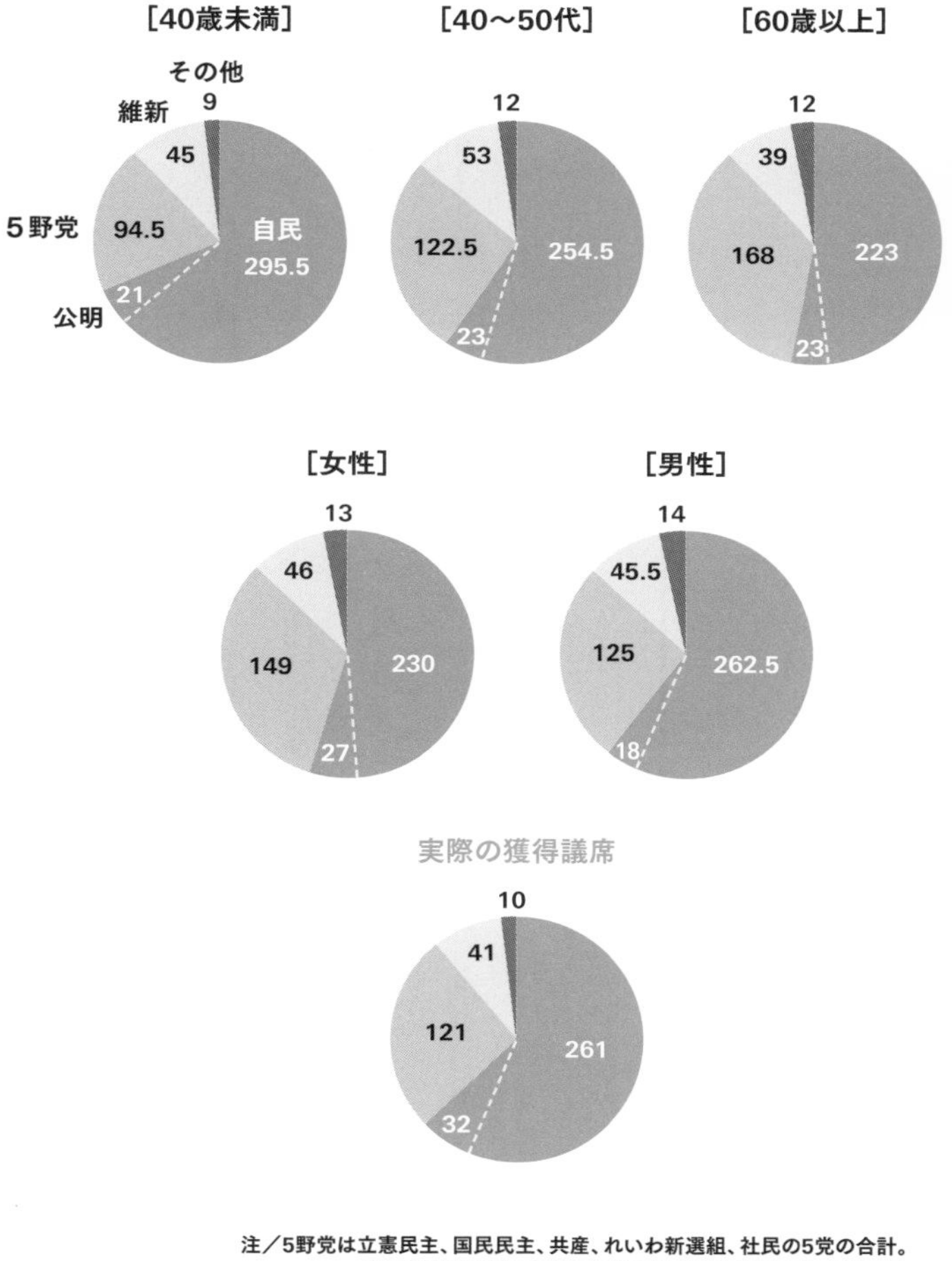

注／5野党は立憲民主、国民民主、共産、れいわ新選組、社民の5党の合計。
出口調査で複数の候補が同数の場合は0.5議席ずつ配分した

40歳未満の集計結果で全465議席を配分すると自民が295・5議席になった。実際の261議席を34上回る。立憲民主党の枝野幸男代表（当時）が勝った埼玉5区、菅直人元首相が取った東京18区も自民が勝つ。

同じ手法で60歳以上をみると40歳未満と対照的な結果が出た。自民は223議席で単独過半数を維持できない。米国と異なる形で世代間の差が浮き彫りになった。

男女別に分析しても自民との距離に違いがでる。女性層の試算で自民は230議席になった。実際より31議席少なく、単独過半数を下回る。

地域差も探った。都道府県別に自民の比例代表の得票率を17年衆院選と比べると、長野、高知、秋田、山形、福島の各県が6ポイントを超す伸びをみせている。

農業が盛んな地域が並ぶ。17年衆院選や19年参院選では環太平洋経済連携協定（TPP）への懸念から農業票が野党に流れたと分析された。21年衆院選は傾向が変わった。

反対に得票率が下がったのは8府県だった。日本維新の会が伸長した近畿は大阪の7ポイントを筆頭に全6府県で下落した。神奈川も低下、東京は上昇幅がわずかで、大都市部は自民に比較的厳しい結果になった。

若い世代は経済が成長せず、社会保障改革が進まなければ将来負担が膨らみかねない。この危機感が自民支持に傾く背景と考えられる。改革を強調した維新が近畿を中心に伸びた要因とも言えそうだ。

衆院選出口調査の試算の内訳をみると

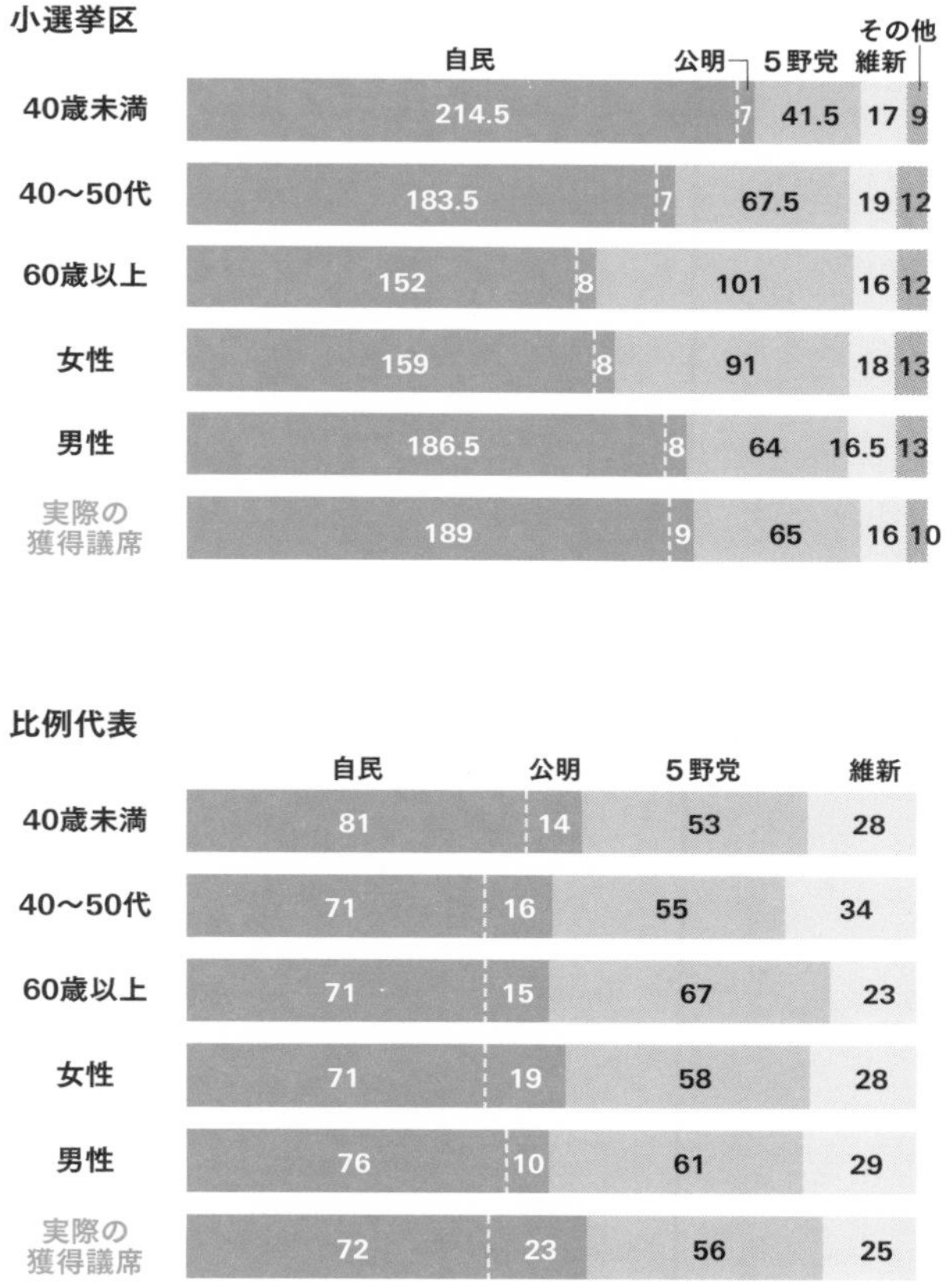

注／5野党は立憲民主、国民民主、共産、れいわ新選組、社民の5党の合計。
出口調査で複数の候補が同数の場合は0.5議席ずつ配分した

埼玉大の松本正生名誉教授は「30歳代は旧民主党への拒否感を持つ層が厚い」と指摘する。民主党政権下で就職活動を経験した年代にあたる。20歳代は「そもそも政治への期待値が低い」と話す。

一方で社保改革のあおりを受けかねない高齢者は分配志向の野党への支持を強めたとみられる。新型コロナウイルス禍で雇用や生活の打撃が大きい女性、感染が広がった大都市部は政権不信が根強い可能性がある。

22年夏には参院選がある。経済成長で未来への希望を示しつつ、苦境にあえぐ層をどう救済するのか。衆院選で垣間みえた分断の芽を摘むことができなければ、米国のような政治の二極化、民主主義の危機ともいえる状況が日本でも進みかねない。

自民の比例代表の得票率の増減
（2017年と21年の比較）

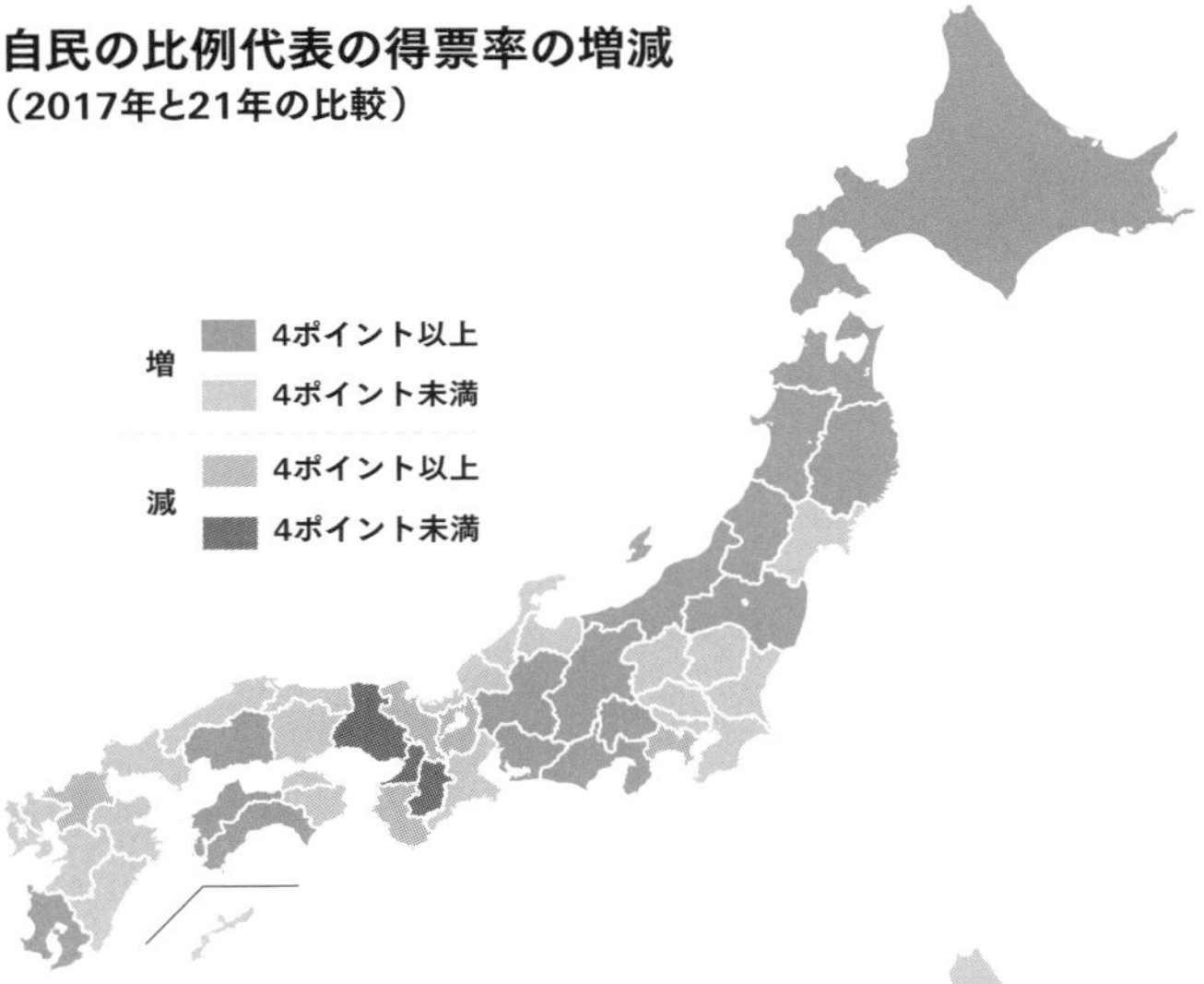

自民の比例代表得票率
（2021年衆院選）

分野別データ

分析篇

衆院選の期日前投票所（2021年10月、東京都新宿区）

一礼して初登院する衆院議員（2021年11月10日）

選挙1

選挙権年齢、世界の9割が18歳

――中南米は引き下げに熱心

日本は選挙権年齢を18歳と定めている。投票日翌日までに満18歳を迎えれば公職選挙で投票できる。戦後長く20歳だったが2016年夏の選挙から引き下げた。

18歳は世界で主流になっている。国立国会図書館の20年の資料によると、調査対象の187カ国・地域の9割近くで議会（二院制の場合は下院）の選挙権年齢が18歳だ。より若い16歳以上に設定している国も7カ国あった。このうちブラジル、アルゼンチン、エクアドル、ニカラグア、キューバの5カ国が中南米だった。ほかは欧州のオーストリアとマルタしかない。

反対に20歳や21歳にならないと認めないのは10カ国・地域だった。バーレーンやレバノン、クウェートといった中東の小規模な国、サモアやトンガなど太平洋の島しょ国などに限られる。

いまや18歳が「世界の標準」と言えるが、かつては21歳が一般的に用いられた。最も早く18歳に引き下げた地域は欧州や北米でなく南米だった。

世界の主流は18歳選挙権

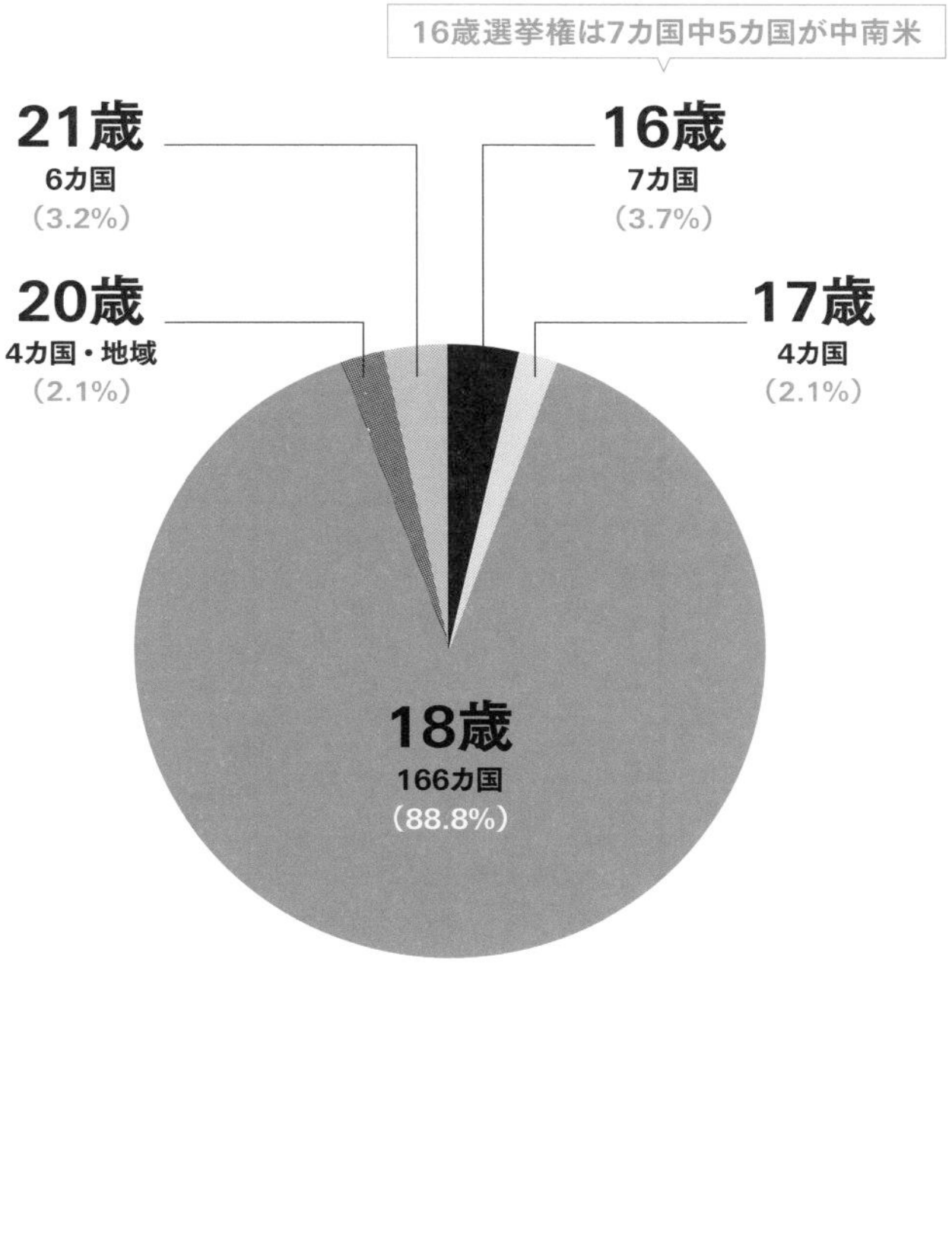

出所／国立国会図書館の2020年の調査に基づく。二院制の国は下院

アルゼンチンは1863年、徴兵制の登録年齢にそろえて選挙権を18歳以上にした。当時は女性参政権は認めなかった。ブラジルは1934年にクーデター政権が支持基盤を固めるため、若者の票に期待して下げた。

南米政治に詳しい日本貿易振興機構（ジェトロ）アジア経済研究所の菊池啓一氏は「近年の南米は選挙権年齢引き下げが左派政権による若者取り込みの手段になっていた面もある」と説明する。

多くの国で21歳以上としてきた米欧は70年ごろ変化が表れた。ベトナム戦争の長期化で学生らの反戦運動が活発になった。選挙権年齢の引き下げを求める若者の声が強まり、憲法改正で21歳から18歳に下げる動きが出た。

日本は戦後まもなく20歳以上の男女による普通選挙に改めた。それまでは25歳以上の男子だった。日本が米欧に先行してより低い年齢に設定した。

具体的な年齢は憲法には明記していない。15条3項で「成年者による普通選挙を保障する」と規定するのみで、18歳への引き下げも公職選挙法の改正による。

国や自治体の政治に参画する年齢が下がったのを背景に「成人」としての扱いにも議論が及んだ。2022年4月に施行する改正民法で成人年齢も20歳から18歳になる。

選挙権年齢を18歳にした年

1863年	アルゼンチン
1934年	ブラジル
1970年前後	英国／米国／西ドイツ／フランスなど
2016年	日本
2019年	韓国

注／ジェトロアジア経済研究所の菊池氏への取材、国立国会図書館の資料に基づく

選挙2

自民、大都市以外で強く
――岩盤県は西に多く

与党の自民党は大型国政選挙で7連勝中だ。地域ごとの自民党の得票率を分析すると、自民党を支える基盤の特徴が見えてくる。

東京23区と20の政令指定都市を「大都市」と区分し、それ以外の地域と比較すると明確な差が出る。2009～21年の5回の衆院選すべてで、自民党の比例代表の得票率は「大都市以外」が「大都市」を上回る。

直近の21年衆院選は大都市が32%弱で前回17年と同水準だった。「大都市以外」は35%を超え前回から1ポイント以上比率を高めた。大都市以外での強さが連勝の原動力になっている。

有権者の流出入が激しい都市部は有権者と政治の距離が遠くなりがちだ。選挙のたびに立場を変える「浮動票」も多いとされる。

一方で大都市以外は地域の組織が強固な傾向にあり、イベントなどが有権者との接触機会になる。一度強固な基盤を築くと他党に票が流れにくくなる。

都道府県別の自民党得票率（小選挙区）

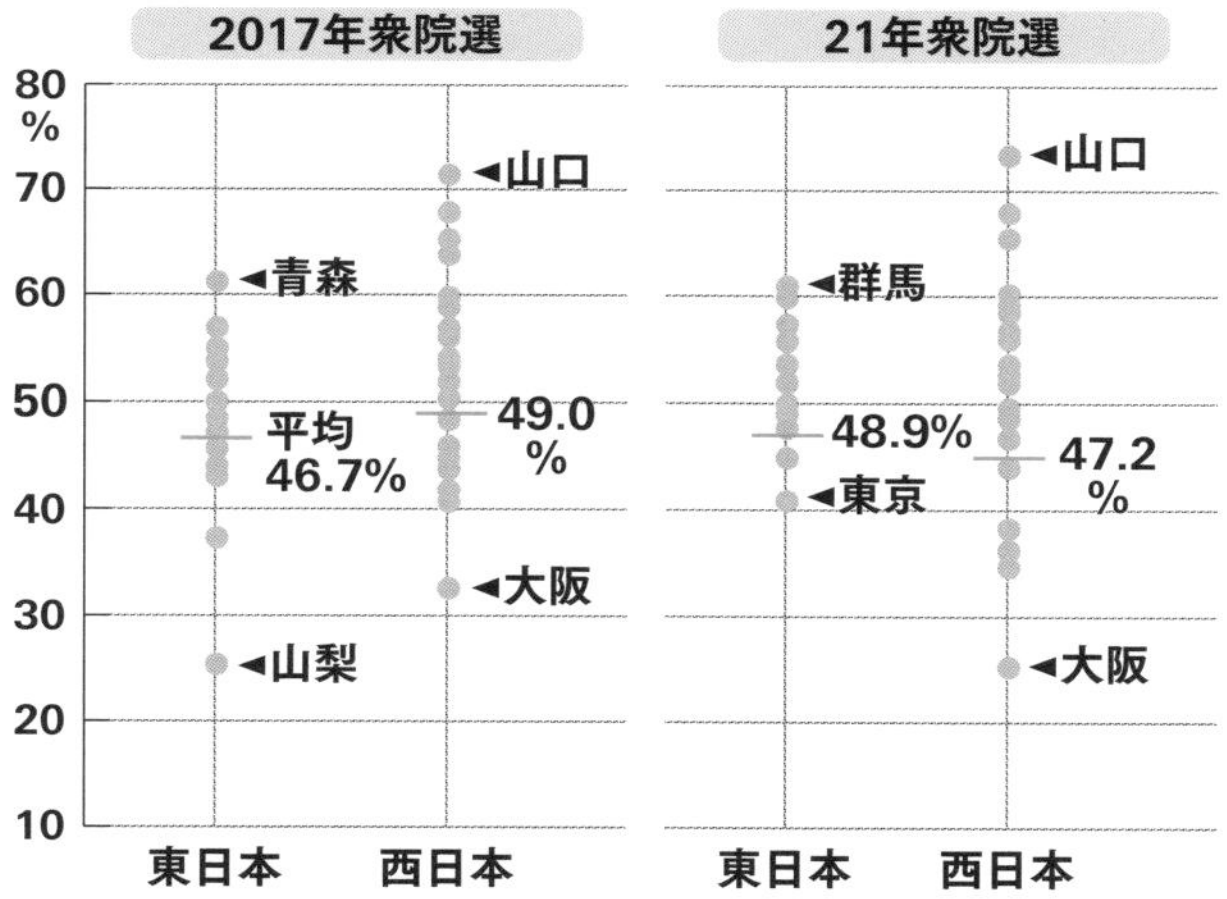

注／新潟、長野、静岡の各県は東日本に含め、それより西は西日本に分類した

特に秋田、山形両県など農業が盛んな地域で自民党の得票率上昇がみられた。その結果、大都市と大都市以外の差は拡大した。

21年の衆院選は全小選挙区の投票者の48・1%が自民党の候補に1票を投じた。都道府県ごとに割合をみると、最も比率が高いのが安倍晋三元首相の地元、山口県の73・3%だった。2位は鳥取県の68・3%、3位は富山県の68・0%だ。トップ3の顔ぶれは17年衆院選と変わらなかった。

21年はトップ10のうち6県が西日本だった。17年は9県を西日本が占めていた。47都道府県を東日本と西日本に分けて得票率の分布図をつくると、50%を超す県は西日本に多い。

その背景には様々な推測がある。

山口県は戦前の初代首相、伊藤博文の時代から多くの首相を輩出し、地元の政治家が政権に近かった。戊辰戦争で多くが旧幕府側についた東北地方は戦後になってもインフラ整備などが遅れがちだった。

1993年に自民党が分裂した際、自民党を離れた主要メンバーには東日本に地盤がある議員が目立った。岩手の小沢一郎氏や福島の故・渡部恒三氏らだ。

一方で21年衆院選の東日本と西日本の平均得票率をみると、差はほとんどなかった。自民党の東西の勢力差は縮小してきたといえる。

自民党は大都市以外で強い
（比例代表の得票率、過去5回の衆院選）

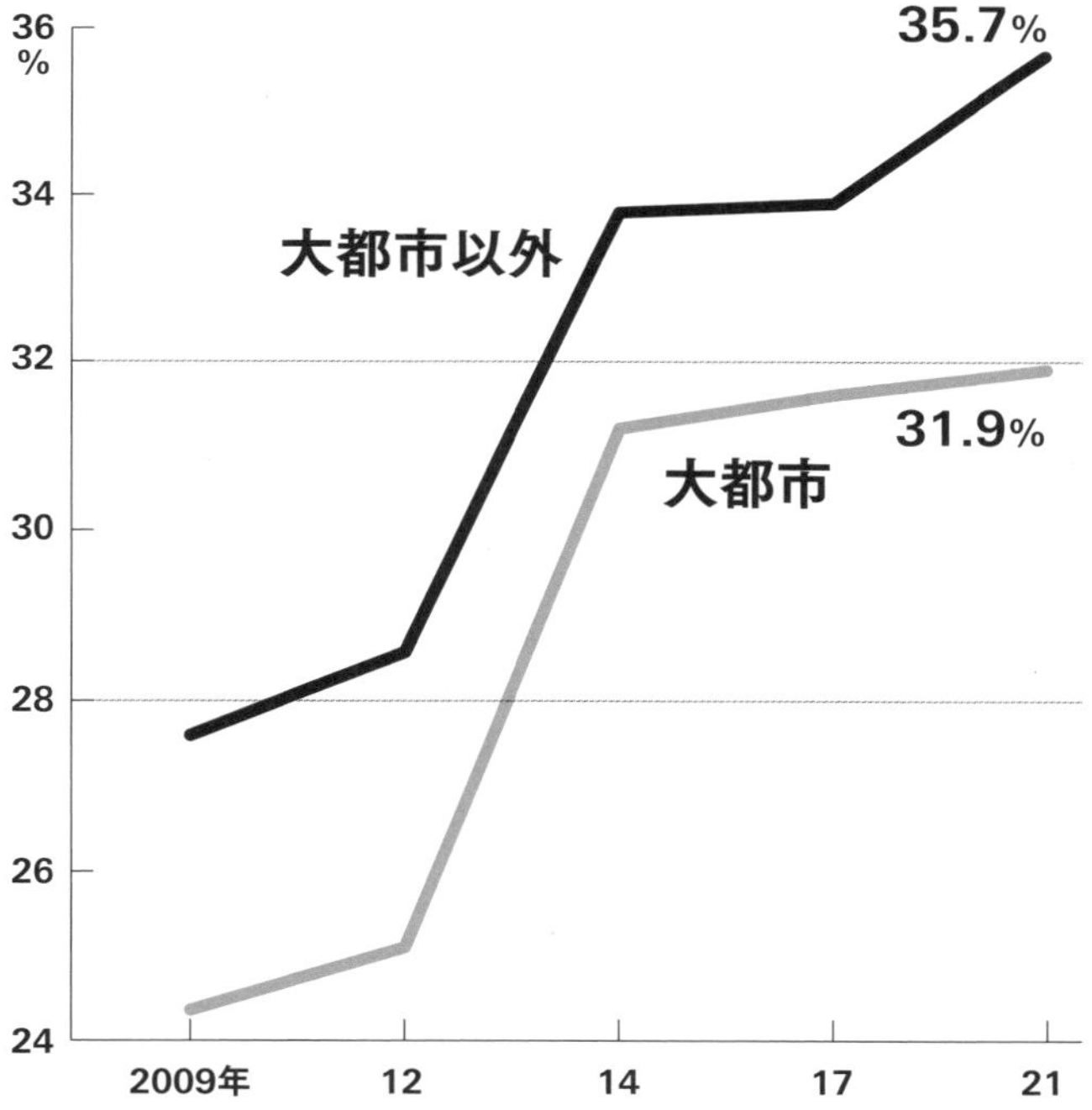

注／大都市は東京23区と20の政令指定都市の合計

選挙3

「民主系」党勢回復まだら模様
――関東や北海道に偏り

２００９年に政権を奪取した民主党は12年に下野して以降、再編と分裂を重ねた。「民主党系」の勢力は20年に衆参両院で１５０議席規模（当時）の新たな立憲民主党を結成したが、基盤は強固とは言えない。

17年の衆院選は直前に野党再編が起きた。民主党の後継政党、民進党の議員の多くが小池百合子東京都知事率いる希望の党に合流した。これに加わらなかった議員の一部が立憲民主党を立ち上げた。

民主系の系譜を引く立民、希望両党は比例代表で全国の票数の37・２％を獲得した。民主党が野党に転じた12年衆院選で得た16・０％、14年の18・３％と比べて伸び、大勝した09年の42・４％に近づいた。

再編効果は長続きしなかった。21年は民主党系の立民、国民民主両党の合計得票率は24・５％に下がった。野党第１党の立民の獲得議席は96と公示前の１１０を下回った。自民党の２６１議席と差がついた。

「民主系」政党の党勢回復は明暗が分かれる
（小選挙区の都道府県別得票率）

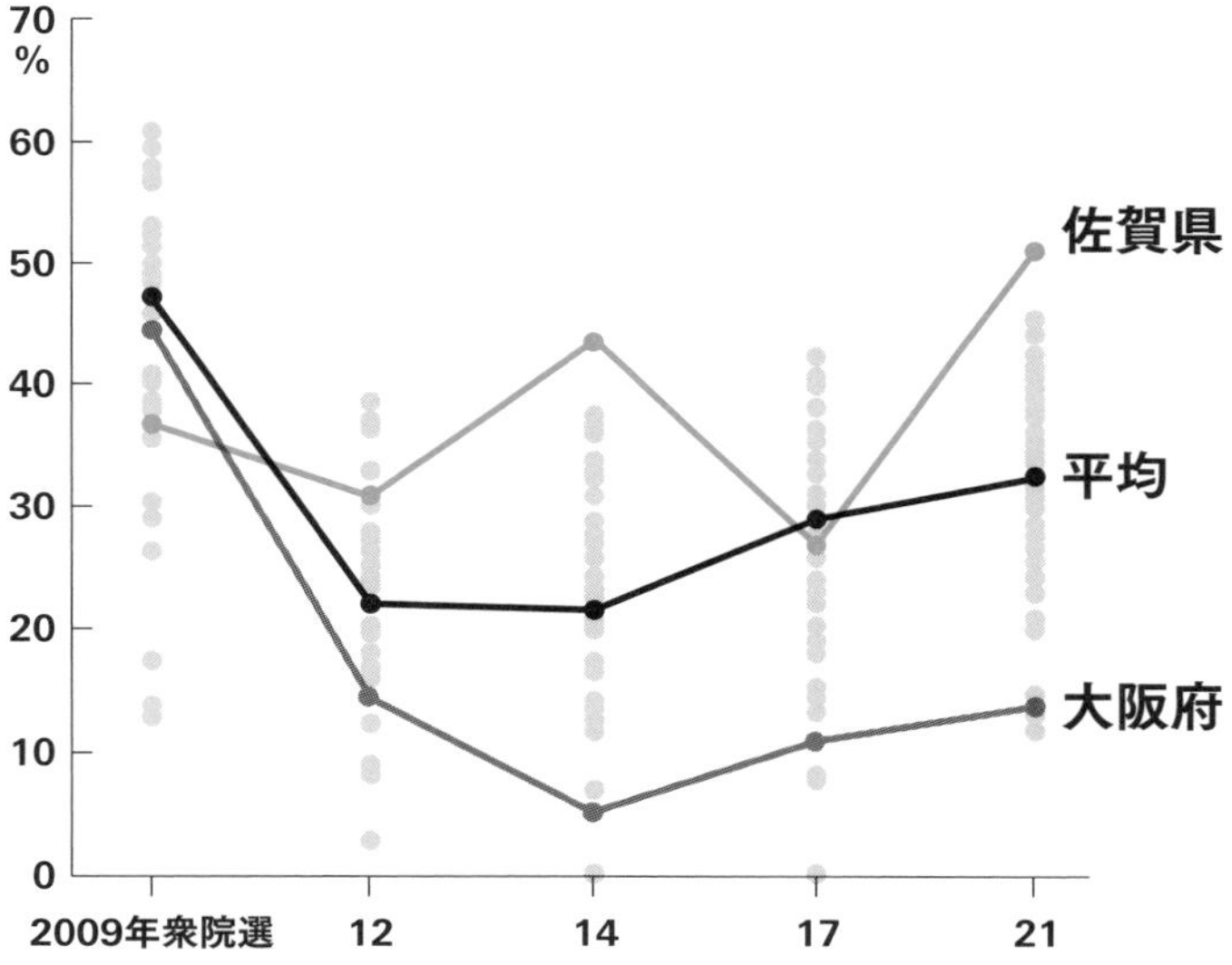

注／2009～14年は民主党、17年は旧立憲民主党と希望の党、
21年は立民と国民民主党の合算

地域別の状況に目を向けると、足腰の弱さが浮き彫りになる。

21年衆院選の小選挙区について、立民と国民の都道府県別の得票率を算出した。佐賀県は50％、北海道や岩手、福島、長野、愛知、三重、香川、長崎の各県は40％台に達し、17年から上昇した。対照的に大阪府や富山、山口、徳島、熊本各県は10％台にとどまった。

比例代表の得票率はどうか。

12年から21年の上昇の度合いを都道府県別にみると、上位5位は岩手、栃木など東日本が3県入った。自民党が固い地盤を築く広島県や徳島県、日本維新の会が強い大阪府は回復が鈍い。

20年9月に結党した現在の立民には旧立民のほか、旧国民民主党や無所属、社民党の議員も加わった。野党勢力の集約は進んだ。それでも旧民主系が当選を重ねる「野党地盤」はなかなか全国に増えない。

09年や17年の衆院選は民主党系の新人候補の当選が相次いだ。一時的な「風」で勢力が伸びても、野党が安定して票を固める基盤がある地域は限られる。

野党転落時からの支持の伸びには差がある
(比例代表の都道府県別得票率)

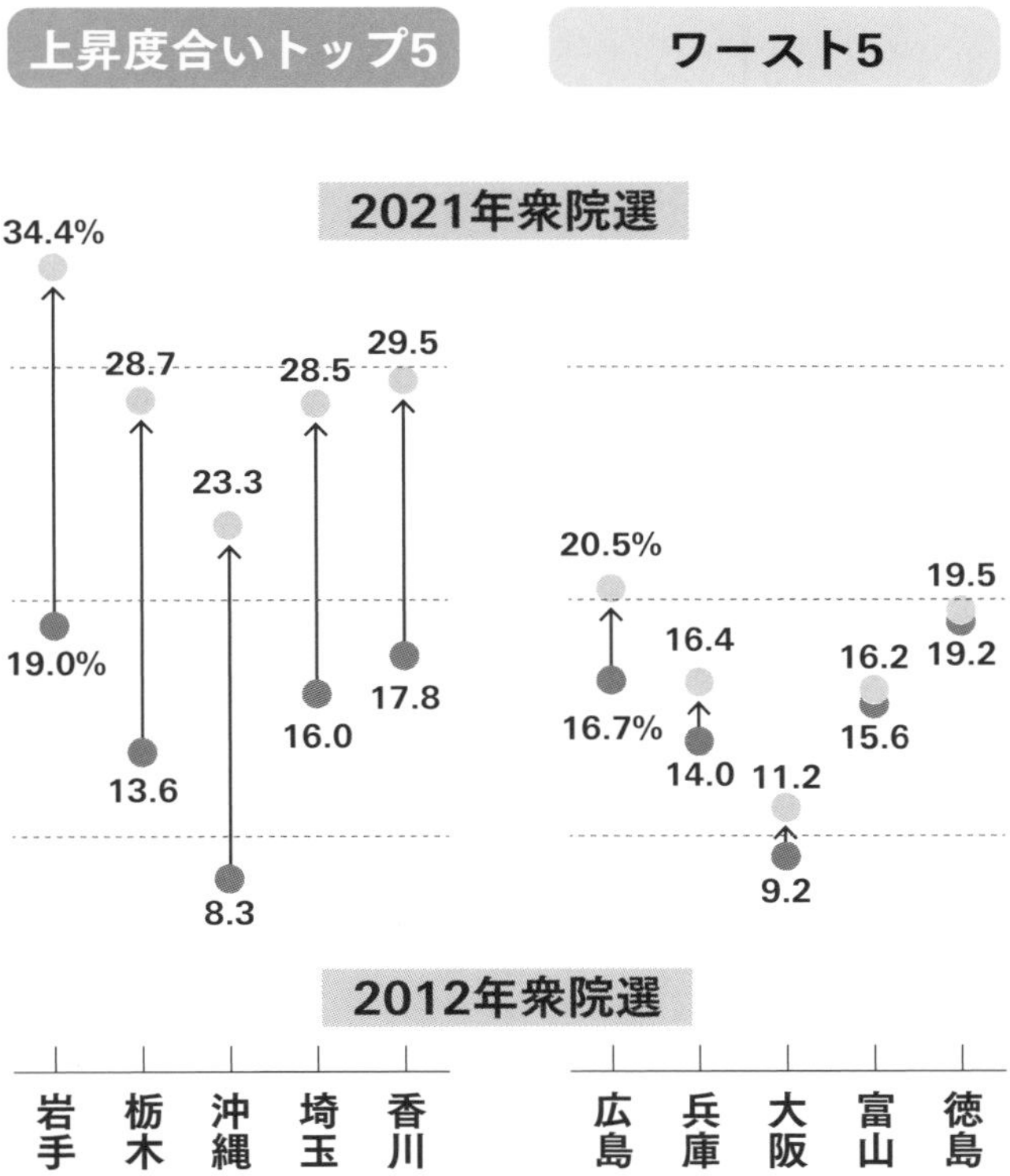

注/2012年は民主党、21年は立憲民主党と国民民主党の合算

選挙4

第三極、進まぬ脱「地域政党」
――地盤の拡大道半ば

ここ10年あまりの国政選挙では、自民、公明両党でも既存の野党でもない「第三極」と呼ぶ政党が一定の支持を得てきた。２０２１年衆院選では日本維新の会が41議席を得た。

第三極の勢いはどう推移してきたのか。09年以降の衆院選の比例代表について、自民党、民主党やその流れをくむ「民主系」政党、公明党、共産党以外に投じた人の割合を調べた。17年当時の立憲民主、希望両党、21年の立民と国民民主党は民主系に含めた。

二大政党対決の色合いが濃かった09年の12・４％から、民主党政権が大敗した12年は38・４％に急増した。「第三極」や少数政党を選んだ投票者が４割に迫った。

渡辺喜美氏が率いた「みんなの党」に加え、大阪市長だった橋下徹氏らによる当時の「日本維新の会」が勢力を伸ばした。既成政党以外の選択肢を示し、特定の支持政党を持たない無党派層などから票を集めた。

「第三極」政党への票は増減を繰り返す
（自民、旧民主系、公明、共産以外の政党の合算、比例代表）

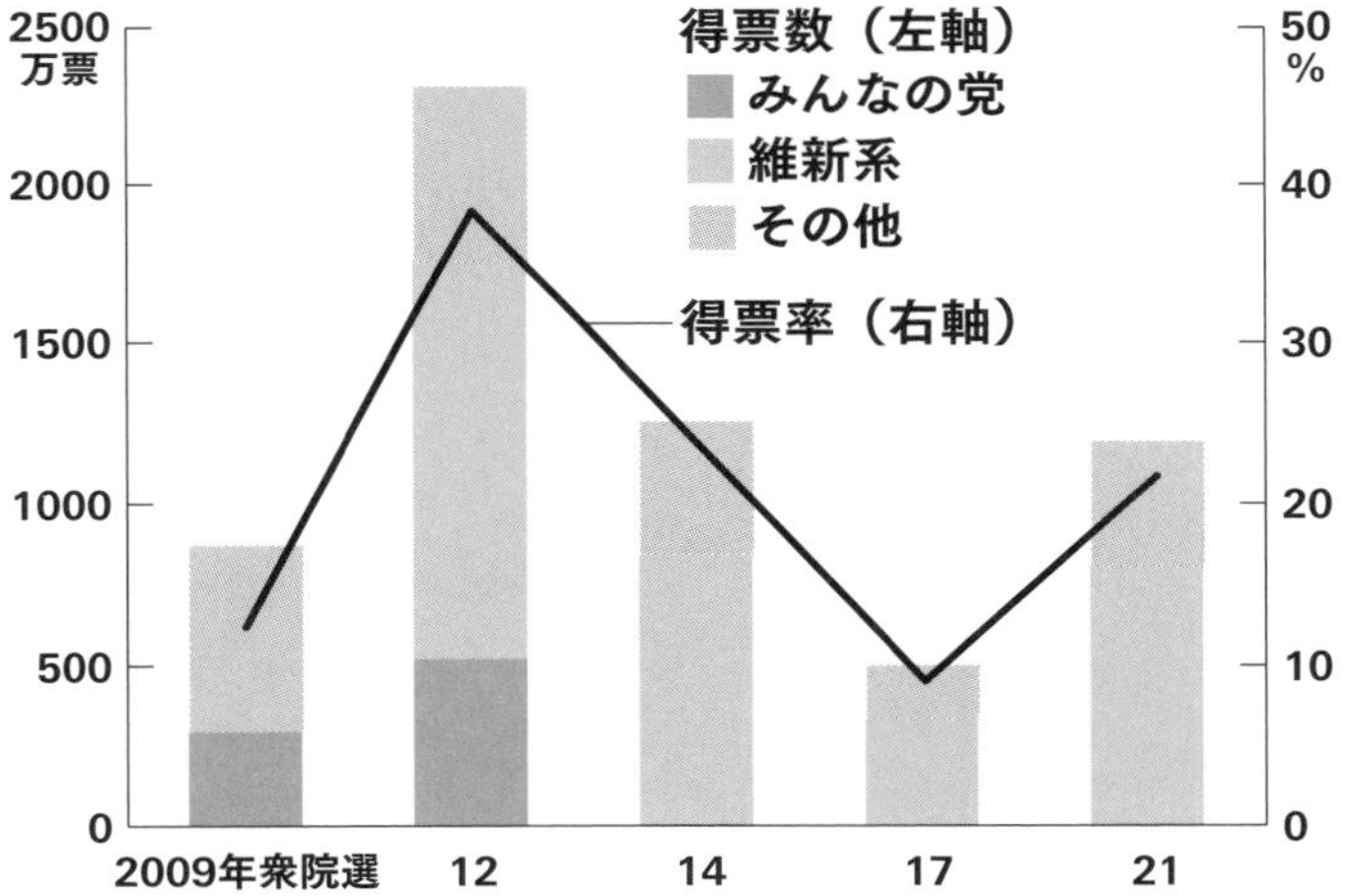

注／維新系は12、17、21年が日本維新の会、14年は維新の党

14年は23・5％、17年は9・1％と失速した。17年の衆院選は希望の党をはじめ、民主系勢力の再編に注目が集まった。21年衆院選は21・2％で復調した。

第三極政党の得票率を都道府県ごとにみると、新政党の全国展開がいかに難しいか浮き彫りになる。12年はみんなの党と維新系政党をあわせた得票率が43都府県で2割を超した。21年は2割超えは大阪、京都、滋賀、兵庫、奈良、和歌山の6府県のみだった。関西に集中する。

みんなの党は発足直後の09年に渡辺氏の地元、栃木県で得票率20・9％に達した。12年衆院選は関東を中心に複数の県で1割を超える票を集めたが、14年に党内の方針の相違から解党した。

大阪の地域政党がベースになった維新系はどうか。12年衆院選は当時の維新が大阪府で30％を超す票を集めた。ほかの多くの都道府県も20％前後まで伸ばした。21年は大阪は42・5％となり、伸長がみられるが、半数以上の道県では10％を下回る。地域差が大きい。

第三極政党は既得権益の打破と保守的な政策をともに掲げる傾向がある。自民党政権に好感を持たず、リベラルな政策が目立つ民主系勢力にも批判的な有権者の受け皿になった。一方で支持組織などは限られる。小選挙区で自民と民主系の候補を破って当選する基盤は全国に広がったとはいえない。

足元の「第三極」支持は大阪が突出する
（みんなの党、維新系政党の合計、比例代表）

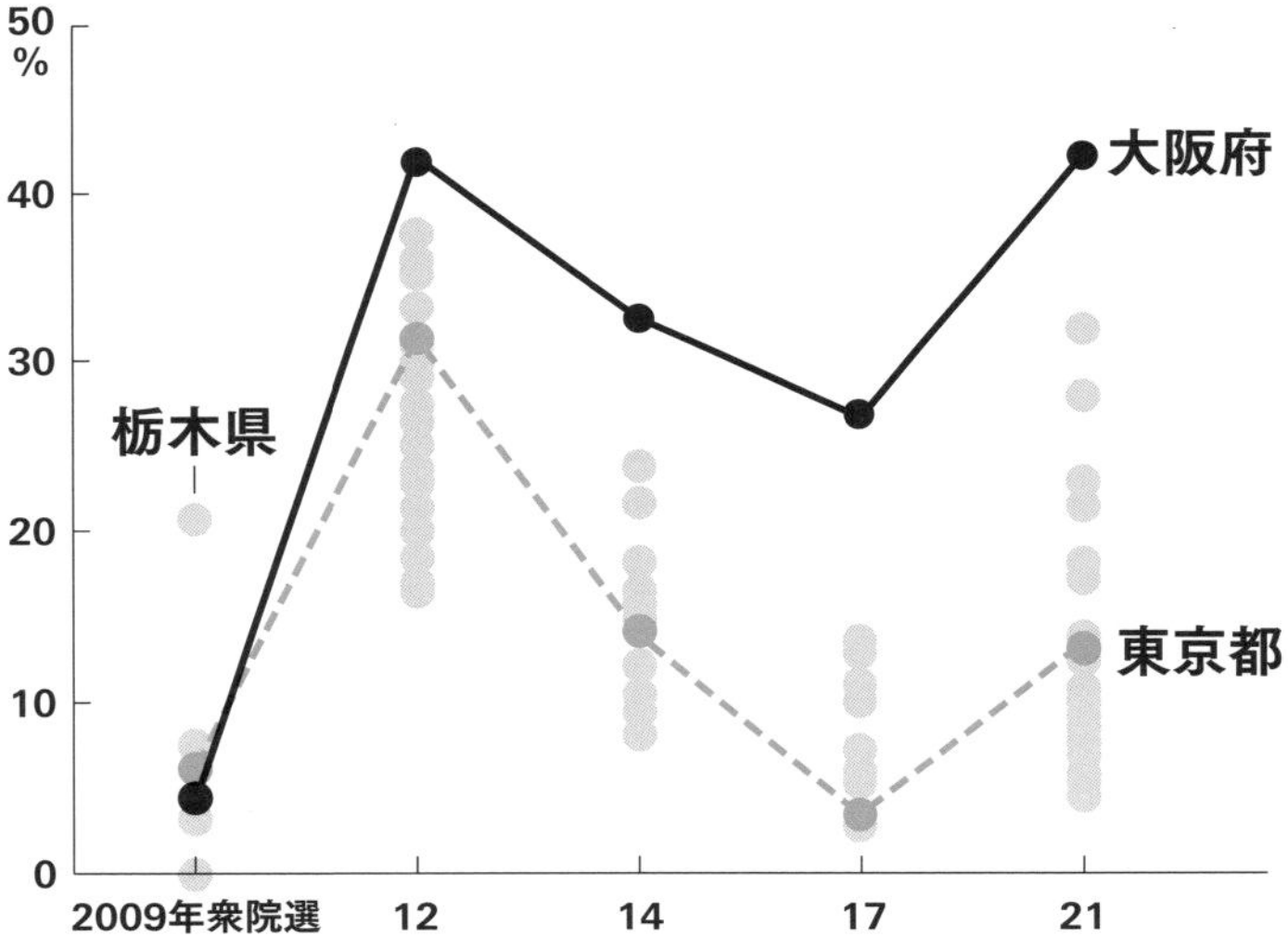

選挙5

選挙制度、半数弱が比例代表制
——小選挙区は英連邦に普及

衆院選が1996年から小選挙区比例代表並立制になって四半世紀がすぎた。列国議会同盟（IPU）のデータによると、日本のように複数の選挙制度の混合方式をとるのは182カ国中32カ国しかない。ほかにドイツや韓国などが該当する。

最多は完全な比例代表制の81カ国で全体の半数弱を占める。小選挙区制など選挙区で多くの票をとった候補を選ぶ多数代表制は64カ国だった。

長い議会制の歴史を持つ英国の下院は1選挙区で最多得票の1人が当選する小選挙区制をとる。1885年に小選挙区制を導入する前は1選挙区から2人を選んでいた。当時の保守、自由の二大政党が大政党に有利な小選挙区制に着目した。

近代競馬の発祥地の英国で小選挙区制は競馬になぞらえFPTP（ファースト・パスト・ザ・ポスト＝1位通過）制度と呼ばれ、定着した。競馬に鼻先差の勝利があるように、小選挙区の選挙も他候補を1票でも上回れば勝ちとなる。

選挙制度で英国の影響を受けた国も多い。特に英国の植民地だった国などで構成す

各国の選挙制度

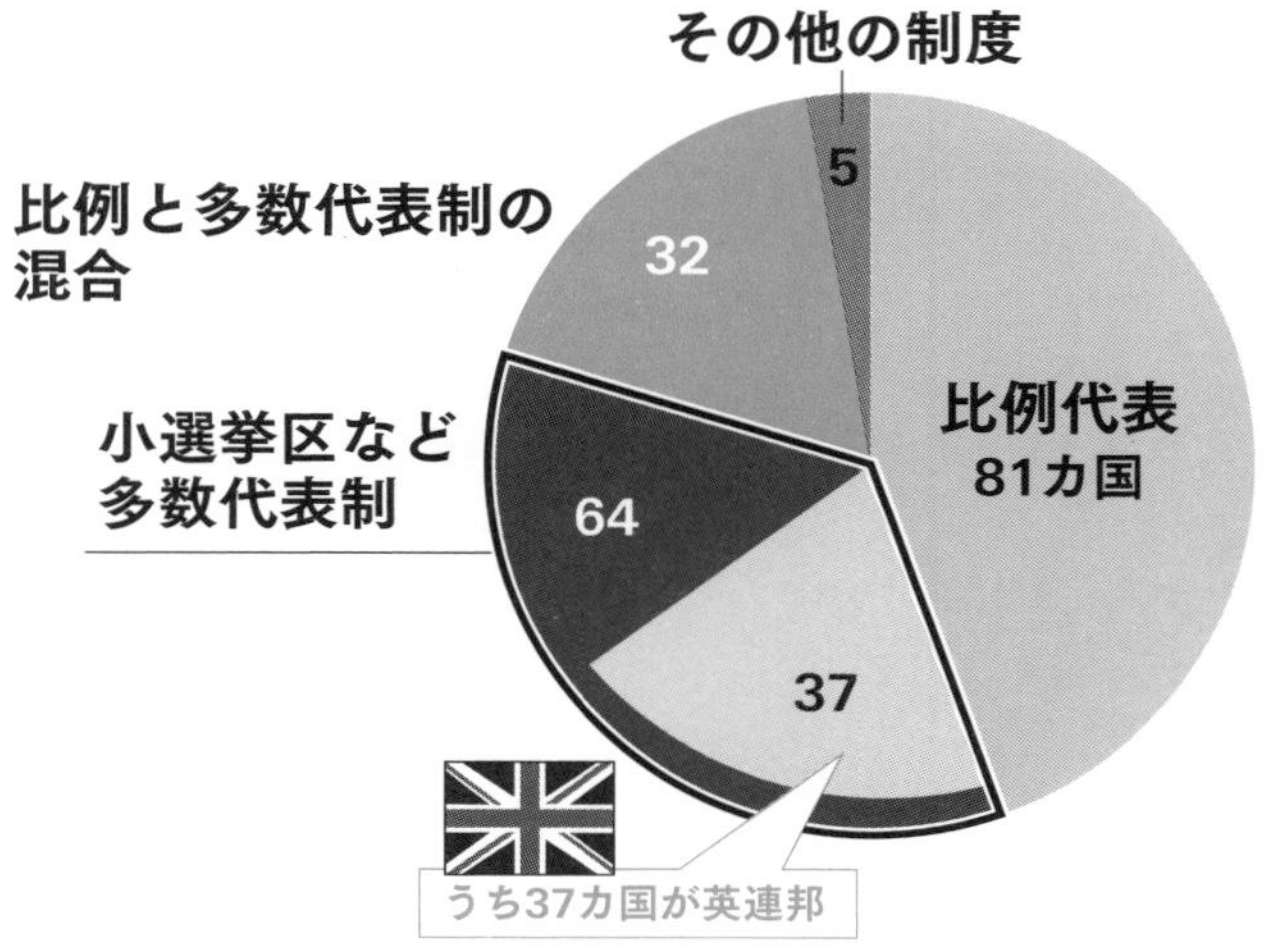

注／列国議会同盟（IPU）のデータをもとに作成。
二院制の国は下院

る英連邦の54カ国をみると、7割の37カ国が多数代表制をとる。世界で多数代表制を導入する国の過半数を占める。英国から独立した米国の下院も小選挙区制だ。

フランスも小選挙区制を導入する。東南アジアでも旧英領のマレーシアや旧仏領のベトナム、ラオスなども多数代表制をとる。

旧オランダ領のインドネシアは比例代表制を取り入れた。オランダは小選挙区制ではなく比例代表制だ。

欧州は英仏を除くと比例代表制を取り入れる国が多い。比例代表制のしくみを考案したのは欧州の数学者らだった。小選挙区制の選挙は死票が多く、民意をくみきれないと問題視した。

考案者は19世紀のベルギーの数学者、ドントなどが知られる。政党ごとに候補者名簿を作成し、各党が得た票数に比例して議席を分配する方法を考えた。日本の衆院選や参院選の比例代表もこの「ドント式」を採用する。

国政選挙の本格的な比例代表制は、ドントの母国のベルギーが1900年に実施したのが先駆けだ。欧州の小規模な国や南米などを中心に広まった。比例代表は少数政党が議席を確保しやすい。

旧英領のニュージーランドは96年の選挙で、英国流の小選挙区制からドイツに近い小選挙区比例代表併用制に転換した。保革の二大政党のほか少数政党が議席を得た。

英連邦の選挙制度

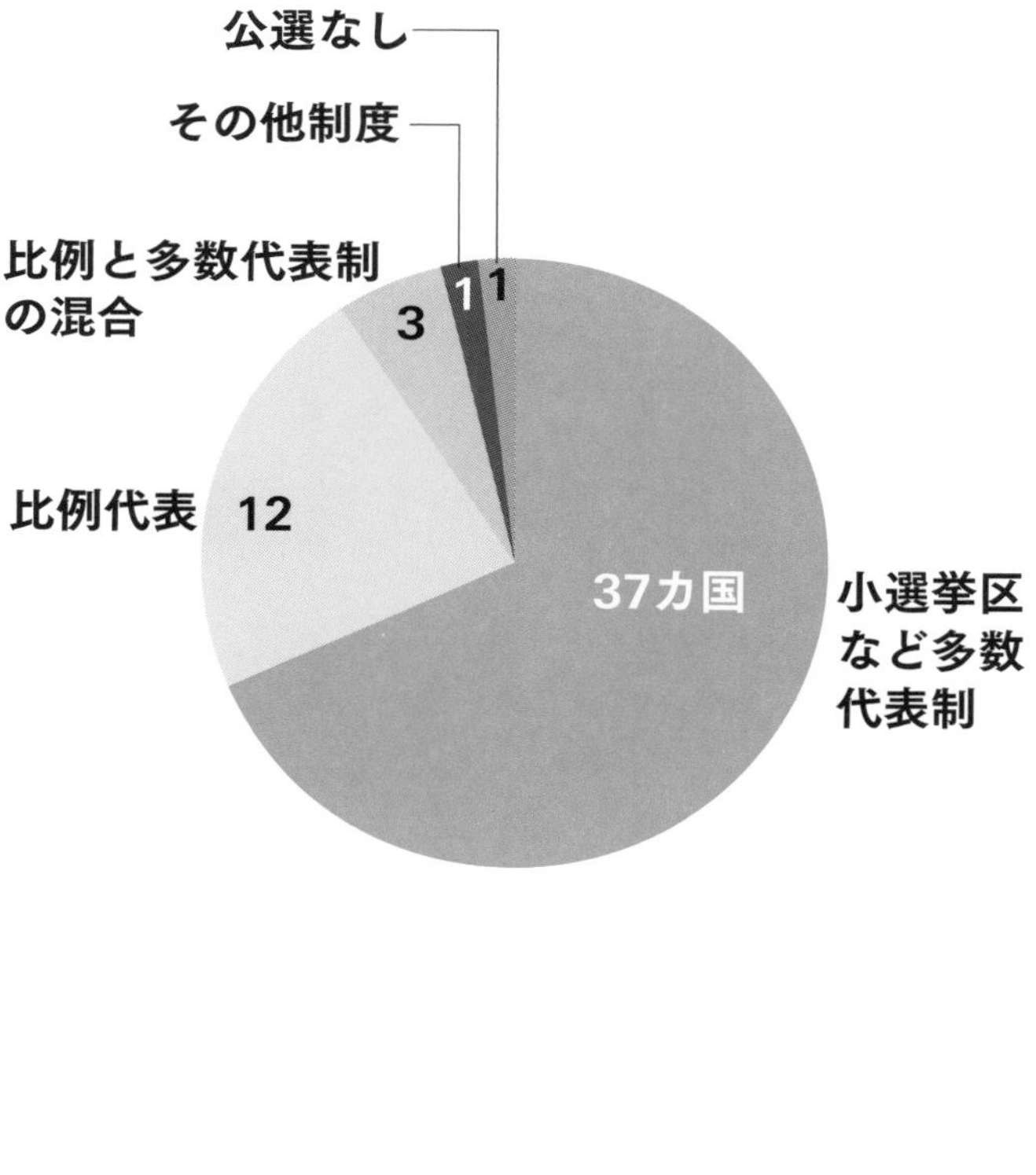

注／列国議会同盟（IPU）のデータをもとに54カ国について分類。
二院制の国は下院

選挙6

補選・再選挙、自民系勝利6割超
――不祥事や相手の「弔い選挙」で苦戦

2021年4月の衆参両院3つの補欠選挙・再選挙で自民党は1議席も得られず、野党が推した候補がいずれも勝利した。

2つは自民党議員の「政治とカネ」にまつわる辞職や当選無効に伴うもので、1つは野党議員の死去が理由だった。不祥事関連や相手の「弔い選挙」で与党は厳しい戦いを強いられた。同年10月の2つの参院補選は、自民党の1勝1敗だった。

補選は議員の死去や辞職といった要因で一定の欠員が生じた場合に実施する。再選挙は当選者が足りなかったり、当選無効になったりした際などに選挙を再度行う。

補選や再選挙は2000年10月から年2回に集約された。4月の第4日曜日と10月の第4日曜日に投開票される。

00年10月から21年10月までの全52件の補選・再選挙をみると、理由でもっとも多いのは議員の死亡の19件だった。政治とカネなどの不祥事が15件で続く。知事など首長選への出馬が13件、参院から衆院へのくら替え出馬が5件あった。

弔い選挙は後継候補に有利
2000年10月から21年10月までの補選・再選挙の勝率

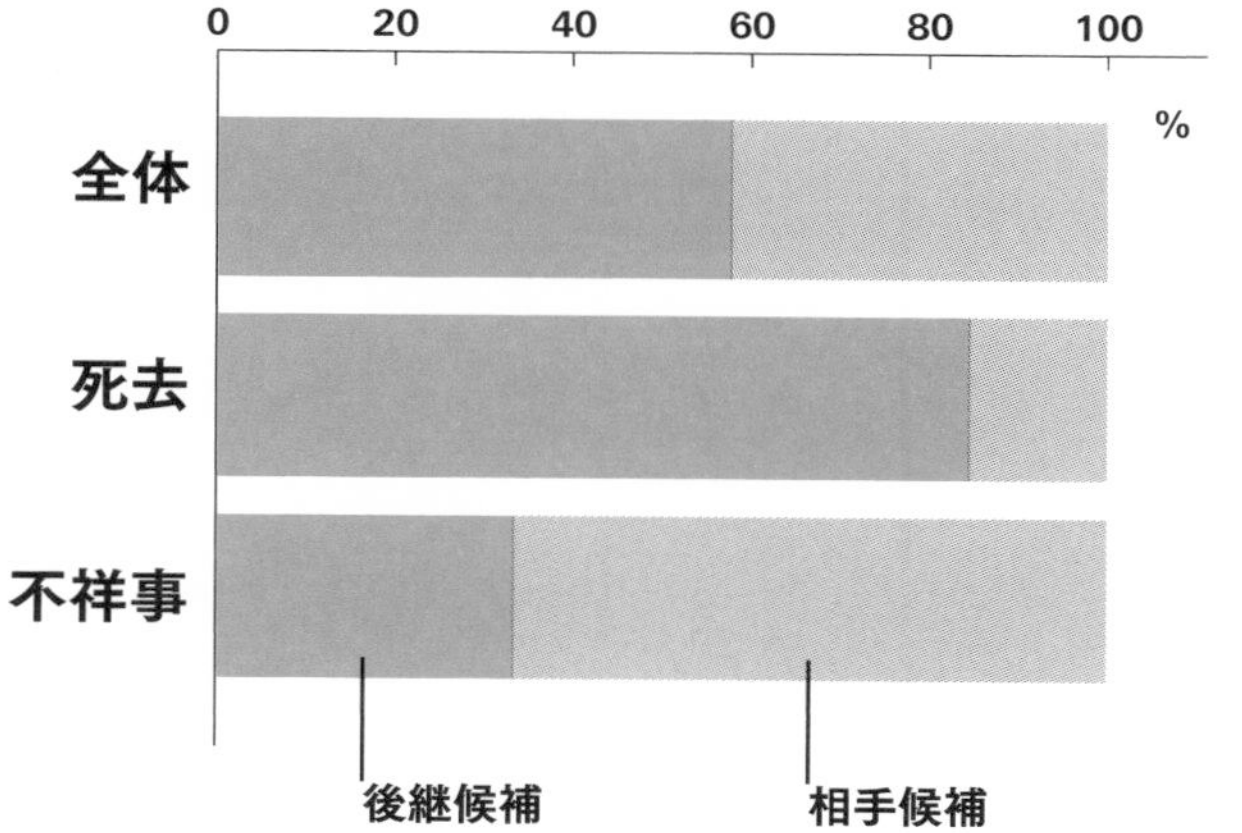

注／自民、公明両党系（保守分裂などの無所属を含む）と「その他の勢力」にわけて集計

52件のうち選挙後に公認・入党した例を含めて自民党系の勝利が6割を超す。不祥事に絡む選挙は、辞職した側の分が悪い。自民系議員の不祥事による計10件のうち、自民系が議席を維持できたのは半数の5件だ。21年4月は衆院北海道2区の補選、参院広島選挙区の再選挙ともに議席を得られなかった。

非自民・公明系議員の不祥事に伴う過去5件は、自民系が4件で議席を奪っている。

「弔い選挙」は亡くなった議員の側が優位に戦う傾向にある。

21年4月は参院長野選挙区の補選で、亡くなった立憲民主党の羽田雄一郎元国土交通相の弟、羽田次郎氏が当選した。死去した議員側の勢力の勝率は84％にのぼる。

21年4月の3選挙で最も接戦になったのは参院広島選挙区だった。

広島県は岸田派を中心に自民党が強い基盤を維持してきた。14～19年の衆参両院の選挙は自民党候補の得票率が50～57％を保っていた。21年4月の補選は44％で逆風を物語った。

広島県の自民候補の得票率
（衆院小選挙区の合計、参院選挙区）

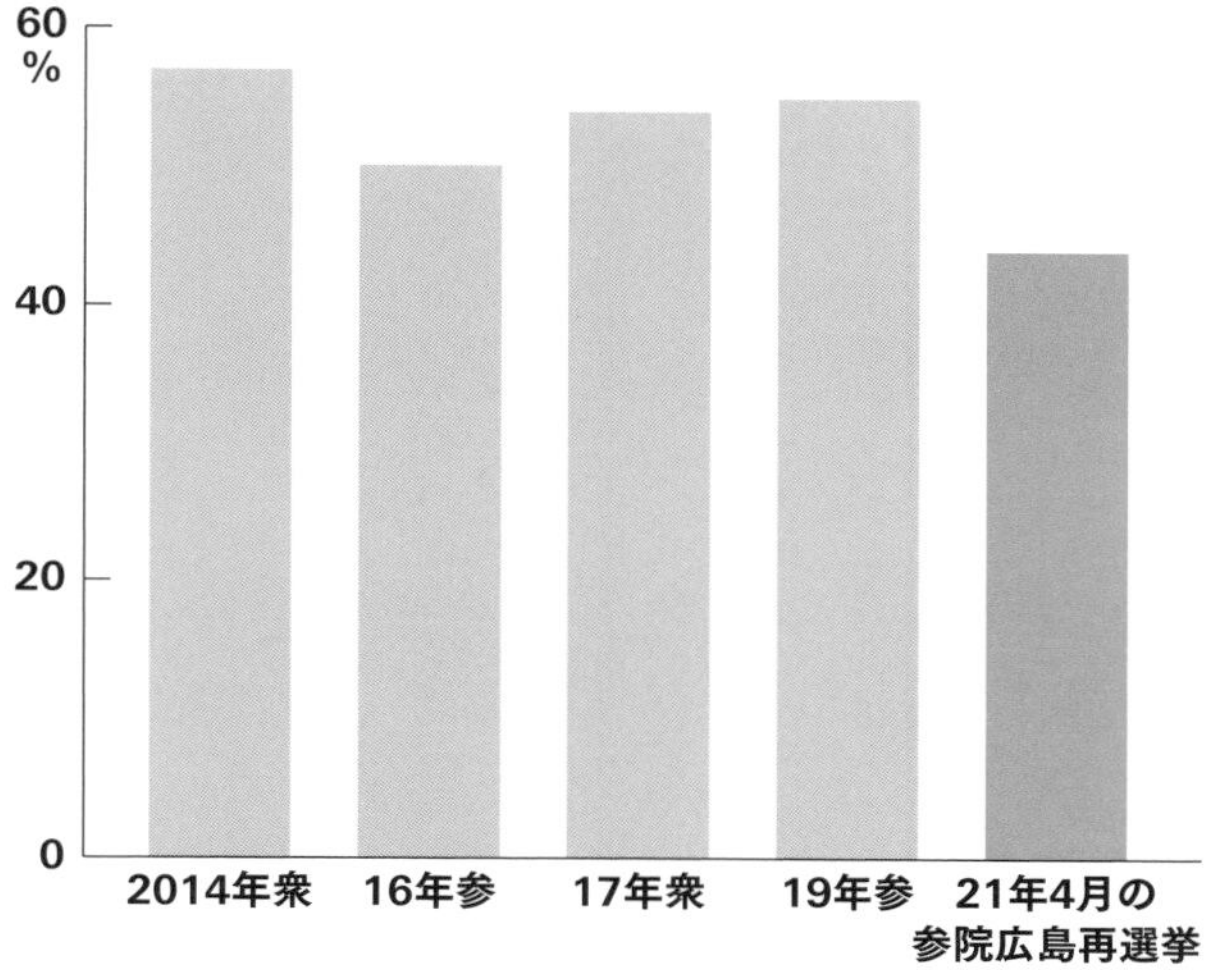

選挙7

国政選挙、3割が期日前投票
――利便性向上で主流に

新型コロナウイルスの流行で投票は感染対策も重要になっている。新型コロナ禍で「3密」を避ける手段の一つとして期日前投票制度の活用が挙がる。公示や告示の日の翌日から投開票日の前日までの間、事前に投票できる。

2021年の衆院選は総務省発表で2058万人ほどの有権者が期日前に投票した。全投票者に占める割合はおよそ35%だった。17年の衆院選は期日前の利用が2100万人を超えた。投開票日の当日の台風接近に備えて、自治体が積極的に期日前投票の利用を呼びかけた。19年の参院選も期日前投票の比率が33%に及んだ。

期日前投票制度は03年の公職選挙法改正で導入した。最初の大型国政選挙だった04年参院選の利用率は12・4%だったが、上昇傾向にある。

制度ができる前は、選挙期日に仕事や冠婚葬祭などで投票に行けない場合には不在者投票を用いた。

投票用紙を封筒に入れて署名し、送付するといった手間がかかる。いまも選挙人名

期日前投票の比率は3割台に

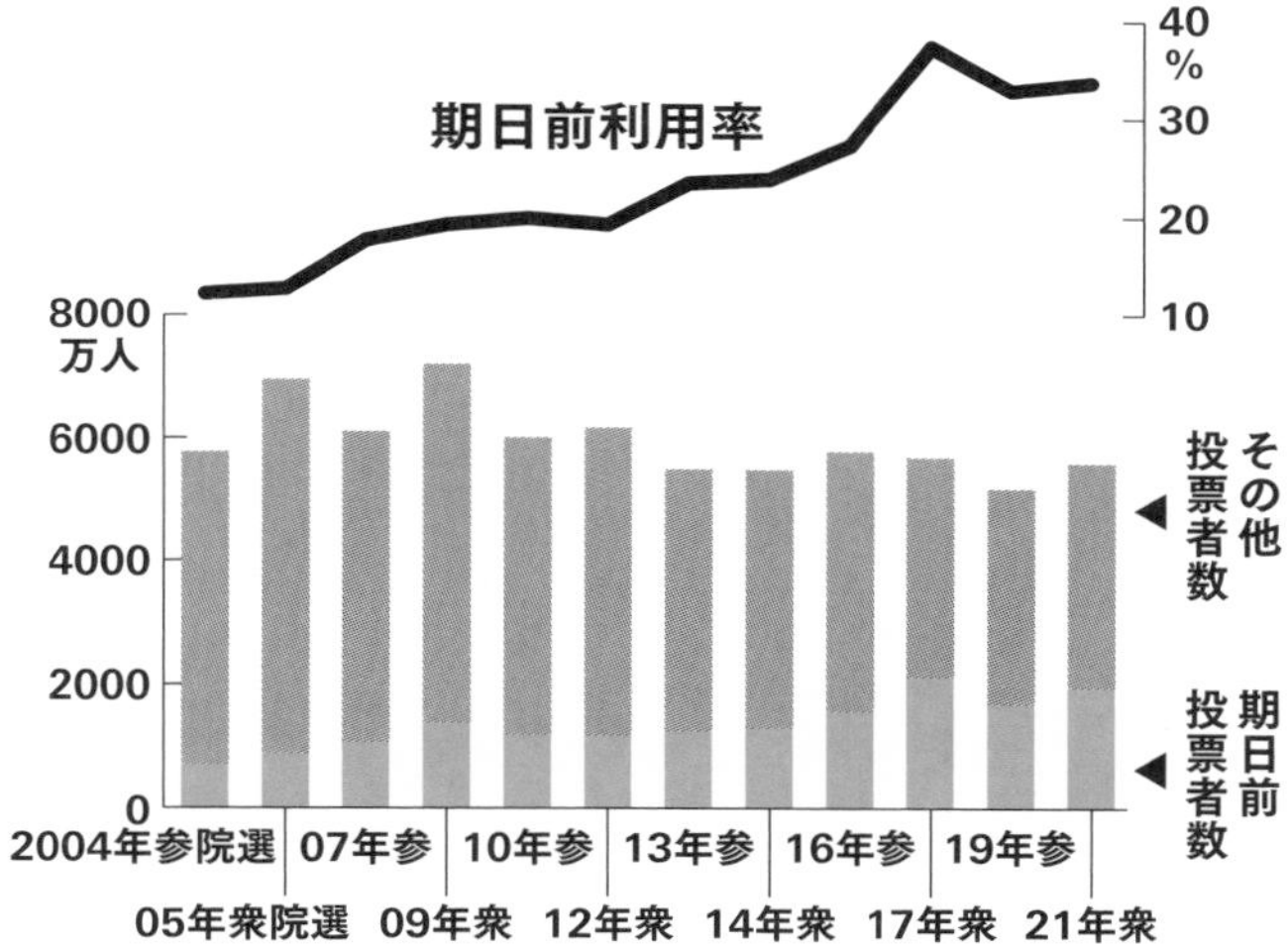

注／選挙区。期日前利用率は全投票者に占める期日前投票者数の割合。
出所／総務省

簿の登録地以外の自治体で投票する場合などに使う仕組みとして残る。

期日前投票は有権者本人が直接投票箱に票を投じる。不在者投票より気軽に利用できる。駅構内や商業施設、大学などに期日前投票所が設けられる例もある。イオンは19年参院選でイオンモールなど全国でおよそ100カ所に期日前投票所を設置した。

支持層の投票意欲が衰えないうちに票を積み上げるため、期日前投票を促すのが選挙の基本戦術になりつつある。安倍晋三元首相は街頭演説で、「昔の恋人も探し出して……」と笑いを誘いながら期日前投票を呼びかけるのがお決まりだった。

利用状況には地域差がある。

17年衆院選の状況を都道府県別にみると、期日前の利用率が最も高かったのは秋田県の52・83%で半数を超えた。沖縄県（48・82%）と和歌山県（48・27%）が続いた。最も低い北海道は29・66%だった。

コロナ禍で海外でも期日前に投票できる制度に注目が集まる。

20年の米大統領選は郵便投票を含む期日前投票が1億人超と過去最多に膨らんだ。記録的な高投票率につながった。各州はコロナ対策で郵便投票を使いやすいよう基準を緩めた。結果の判明の遅れにも結びついた。

2017年衆院選の期日前投票利用率

1位	秋田県	52.83%
2位	沖縄県	48.82
3位	和歌山県	48.27
	全国平均	37.54
45位	青森県	32.08
46位	山形県	30.99
47位	北海道	29.66

出所／総務省

選挙8

衆院選投票率、直近は50％台
――小選挙区制のもと低下

２０２１年の衆院選の投票率（小選挙区、速報値）は55・93％だった。現行憲法下の大型国政選挙の投票率をみると、特にこの30年ほどは低くなる傾向が続く。

衆院選の投票率は１９９３年までほぼ70％前後で推移してきた。96年の衆院選で初めて60％を割り、以降は低迷が続く。96年はそれまでの中選挙区制に代えて小選挙区比例代表並立制を導入して初めての選挙だった。

選挙区あたり複数の当選者を選ぶ中選挙区制は激戦になりがちで、死票も少ない。政権党の自民党は過半数を得るため、各選挙区に複数の候補者を擁立した。「同士うち」の延長線で党内派閥間の競争が顕著になった。

小選挙区制でもせめぎ合いがあれば、有権者の関心は高まると言える。当時の小泉純一郎首相が「刺客」をたてた２００５年の「郵政選挙」、当時の民主党が政権を獲得した09年の衆院選の投票率は60％台後半と比較的高かった。

一方で直近は50％台の低水準が続く。

衆院選の投票率

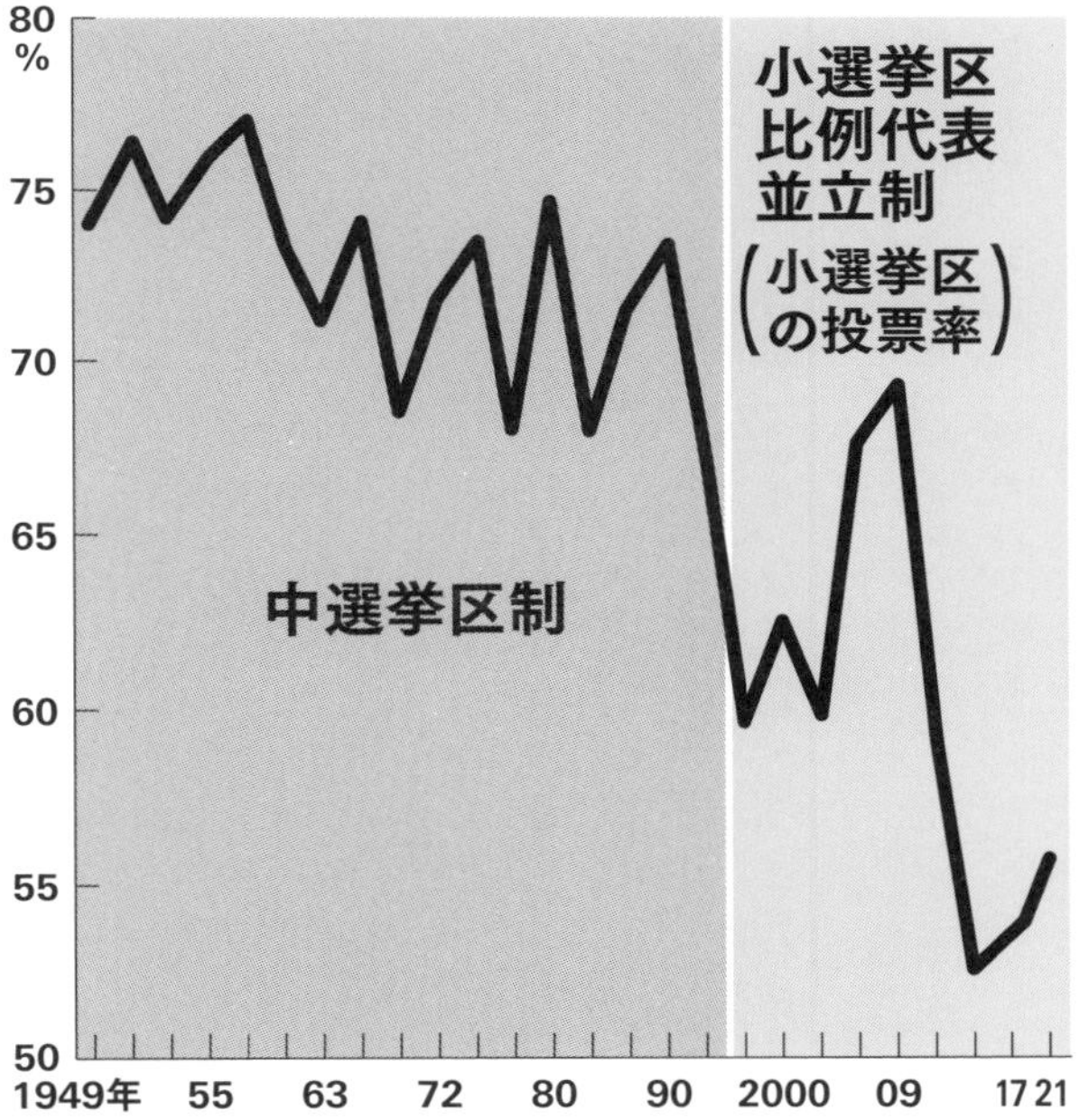

出所／総務省。2021年は速報値

参院選の投票率は衆院選に比べて低い傾向がある。昭和でも60％割れが3回あった。参院の選挙区は都道府県単位で、人口の少ない県は2県あわせて改選数1の「合区」という例もある。衆院に比べ候補者と有権者との距離は遠い。

戦後の大型国政選挙で投票率が最も低かったのが1995年の参院選だ。有権者の半数以上が棄権し、44・52％を記録した。「水と油」だった自民党と旧社会党が連立を組んだ村山富市政権のもとでの選挙で、少なからぬ有権者が関心を失ったといわれる。

投票率は世代差も大きい。総務省がまとめた衆院選の年代別投票率をみると、30年以上にわたり60歳代が最も高い。

2017年衆院選をみると60歳代が72・04％に達した。対照的に20歳代は33・85％で最も低い。選挙権年齢の18歳への引き下げで有権者となった10歳代の投票率は40・49％だった。選挙への関心を高める狙いで、模擬投票などを実施する学校現場もある。

地域差もある。21年衆院選の都道府県別の投票率（速報値）をみると、最高は山形県の64・34％だった。一方で下位には自民党が独占した山口県などが並ぶ。

地域差は高齢人口の比率と相関があるようにみえるものの、高齢化率の高い県でも投票率が低いケースがある。年齢のみで決まるわけではないようだ。

海外はどうか。米下院選は大統領選と同時でない「中間選挙」で30％台の場合もある。米国と同じ小選挙区制の英国の下院選は60％台が続く。

若年層で下落が顕著
（2017年衆院選までの年代別投票率）

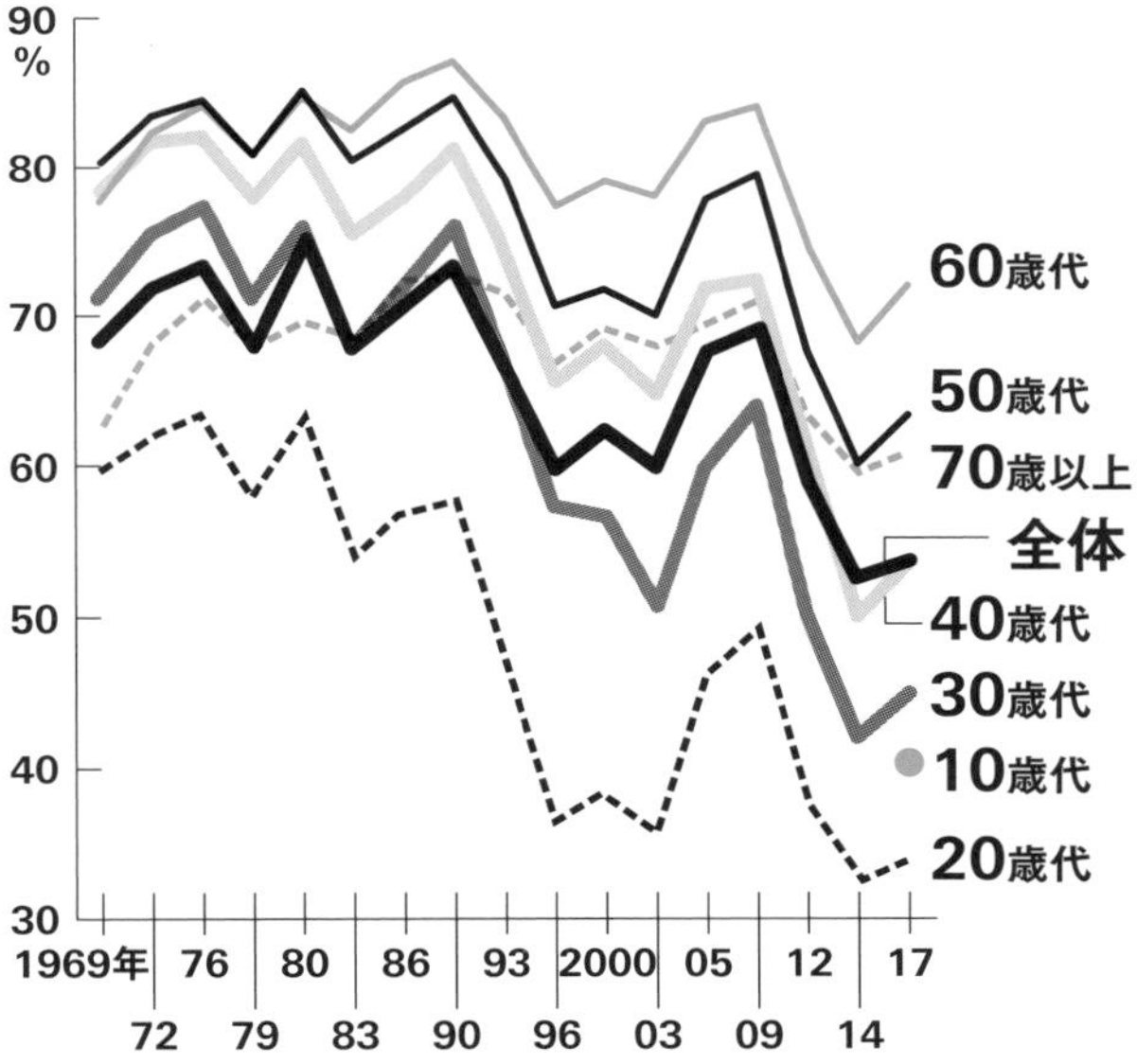

注／総務省まとめ、年代別の数値は抽出調査

高さが目を引くのはオーストラリアだ。下院選の投票率は一貫して90%を上回る。同国は正当な理由がなく棄権すると金銭的なペナルティーが科される。

2021年衆院選の都道府県別投票率（小選挙区、速報値）

上位	
山形	64.34%
新潟	63.16
島根	61.55
山梨	60.57
岩手	60.38

下位	
茨城	52.54
広島	52.13
福岡	52.12
岡山	50.94
山口	49.67

選挙9

選挙違反、40年で300分の1未満
——17年衆院選は46人

2021年4月25日投開票の参院広島選挙区再選挙は、19年参院選を巡る買収事件で有罪判決が確定した河井案里氏の当選無効に伴うものだった。河井氏が所属していた自民党は「今度こそ信頼できる間違いのない人物を」と新人候補への支持を唱えたが、野党系候補が勝利した。

公益財団法人「明るい選挙推進協会」の資料によると、選挙期日後90日の時点における検挙数は17年衆院選で41件46人だった。件数と人数ともに最も少なかった。40年ほど前の1979年の1万4412人から300分の1未満に減った。件数も8528件から200分の1未満になった。

選挙の公正さは政治の信頼に関わる。かつて「飲ませる、食わせる」が横行した選挙風土からの脱却は進んでいる。

腐敗選挙の浄化に向けて効いたのは94年の公職選挙法などの改正だ。

リクルート事件をきっかけに議論が進んだ政治改革論争の帰結として実現した。衆

衆院選の選挙違反検挙数

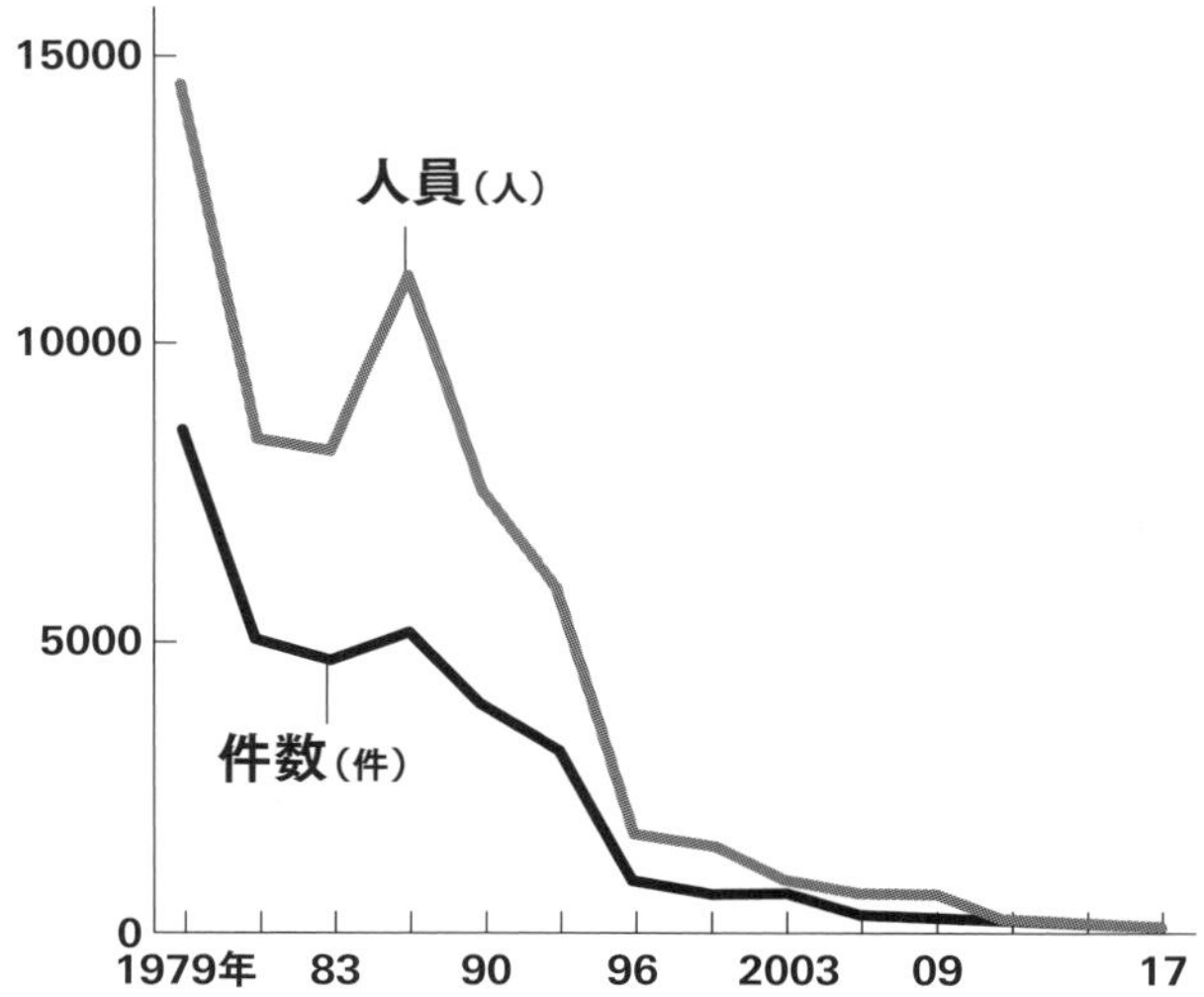

注／選挙期日後90日時点
出所／明るい選挙推進協会

院選への小選挙区制導入や政党交付金の創設などが盛られ、派閥でなく党執行部主導の選挙や資金集めが定着する流れをつくった。

それと並ぶ柱の一つに選挙違反の「連座制」の強化があった。連座制は、陣営幹部が有罪ならば候補者本人も議席を失う仕組みだ。

94年の法改正で、選挙運動の責任者の「総括主宰者」や親族らに限られていた対象者を秘書、政党や後援会などで管理・指揮を担う「組織的選挙運動管理者等」に広げた。罰則に「同一選挙区からの5年間の立候補禁止」も加わった。候補者が「私は知らなかった」と言い逃れしにくくなった。

導入後初の96年衆院選で選挙違反の検挙数は93年衆院選（３０２１件）から7割少ない８８６件に急減した。その後も減少傾向は続いた。

２０１７年衆院選の選挙違反の内訳をみると、「買収」が20件、ポスターを破るなどの「自由妨害」は10件だった。

選挙には細かいルールがある。例えば選挙カーから候補者名を連呼する人は「ウグイス嬢」などと呼ばれ、日当は1万5千円以下と決められている。

政治が信頼を得るにはこうした決まりを徹底する取り組みとともに、時代に合わないルールがあれば改める不断の議論が要る。

2017年衆院選の選挙違反検挙件数の内訳

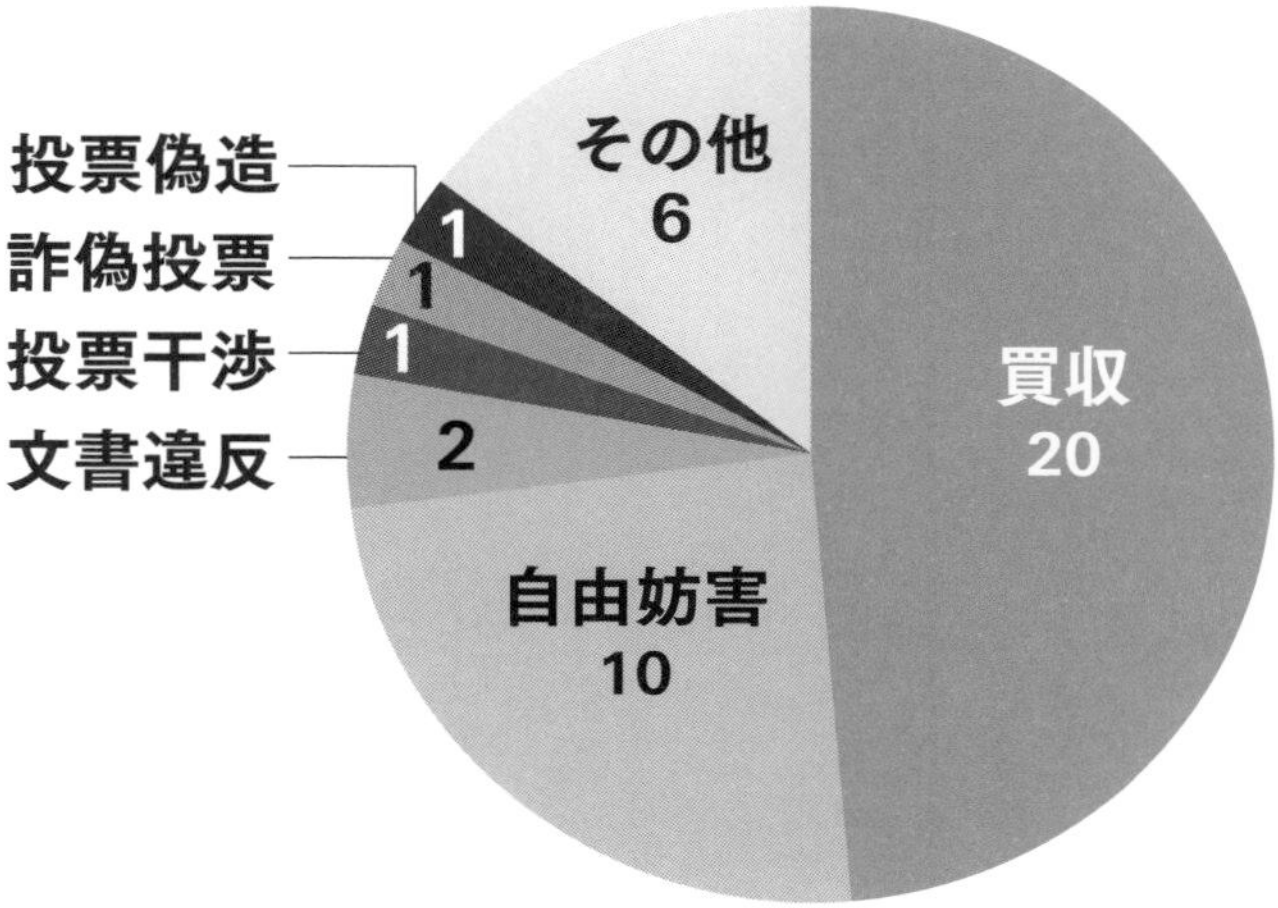

注／選挙期日後90日時点
出所／明るい選挙推進協会

選挙10

首都の自民浮沈、衆院選占う
――議席4割が国政選勝利の目安

2021年7月4日投開票の東京都議選は衆院選の前哨戦として各党が力を入れる注目の選挙になった。自民党は定数127のうち4分の1ほどの議席を得て、第1党になった。

都議選は直後の国政選挙を占う。過去30年ほどをみると、都議選で自民党が全体の4割程度の議席を占有した年は大型国政選挙でも勝利する傾向が浮かび上がる。

平成になった1989年以降、都議選と衆院選、参院選を同じ年に実施したのは8回ある。このうち都議選の自民党の議席占有率が四捨五入で4割に届いた3回は、いずれも国政選で5割以上の議席を獲得した。

東京は無党派層が多く、都議選は風を示す選挙と位置付けられる。衆院選で接戦の選挙区の情勢に連動しやすいとの分析がある。

選挙区あたりの定数は1から8まで幅がある。現在7つある1人区は衆院選の小選挙区などと同様に政党間の選挙協力が結果を左右する。

都議選で1～2人区は37議席を占める

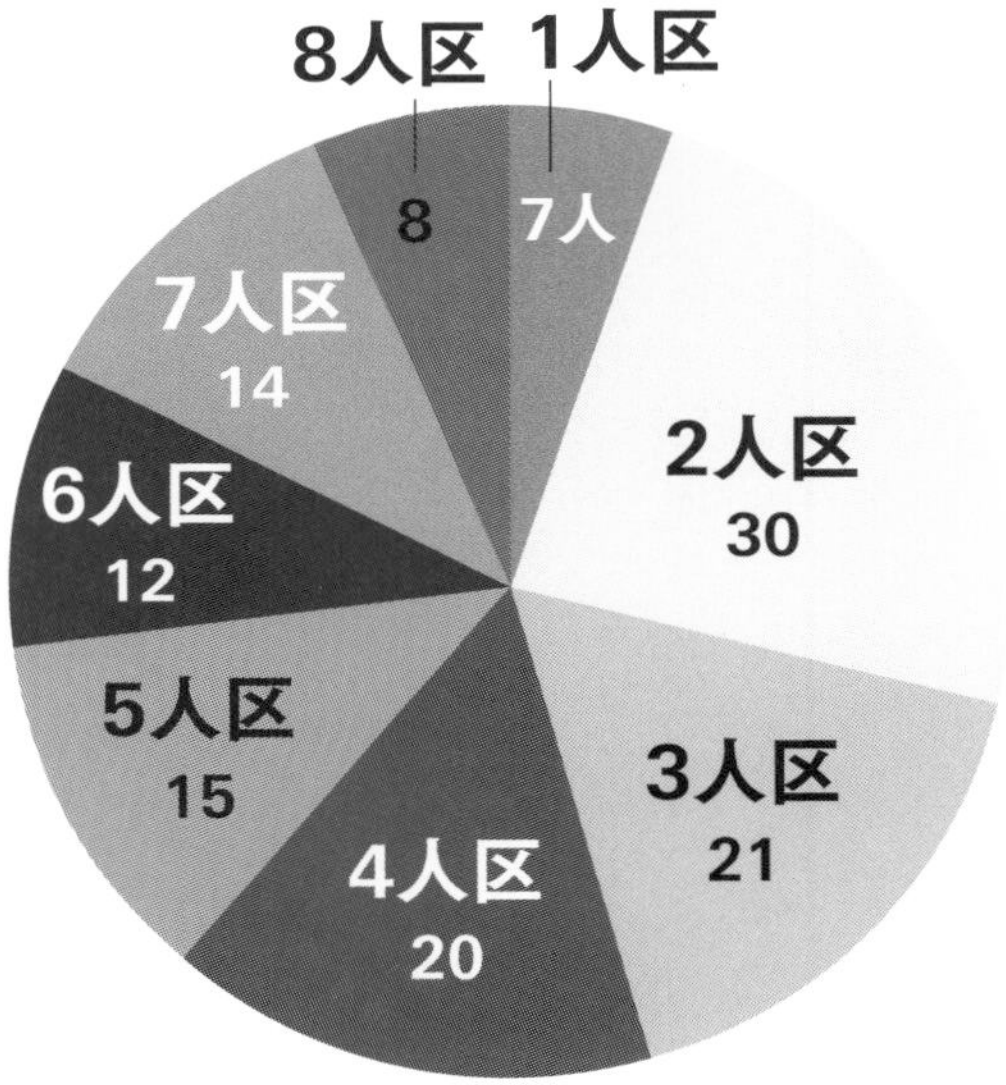

注／数値は「○人区」から選出する議席の合計。
2021年の選挙から適用

都議選には直後の国政選挙の「先行指標」になってきた歴史がある。自民党が4割を超す議席を得た01年や13年は直後の参院選で勝利した。4割弱だった05年は2カ月後の衆院選で大勝した。

一方で自民党の議席が3割前後だと、国政選挙は振るわないケースが多かった。都議選で躍進した非自民の勢力は直後の国政選挙でも追い風が吹く例が目立つ。

1989年7月の都議選は自民党が改選前から20議席も減らす厳しい戦いになった。社会党は推薦を含め議席を3倍に増やした。

同月の参院選で自民党は参院の半数を割り、宇野宗佑首相が退陣した。当時の社会党の土井たか子委員長は「山が動いた」と表現した。

4年後の93年6月の都議選は前年に結党した日本新党が一気に20議席を占めた。社会党は大幅に減らし、自民党はほぼ横ばいだった。

直前に衆院で宮沢喜一内閣への不信任が決議され、都議選の3週間後に衆院選が実施された。自民党は半数を下回り、日本新党は35議席を得た。同党を率いた細川護熙氏のもと非自民政権が発足した。

09年7月の都議選では自公両党あわせても半数に達せず、第1党になった民主党に議会運営の主導権が移った。麻生太郎首相が衆院解散に踏み切ると、民主党は308議席と大勝し鳩山由紀夫政権が誕生した。

自民が都議選で4割程度とった年は国政選も勝利
（改選議席の占有率）

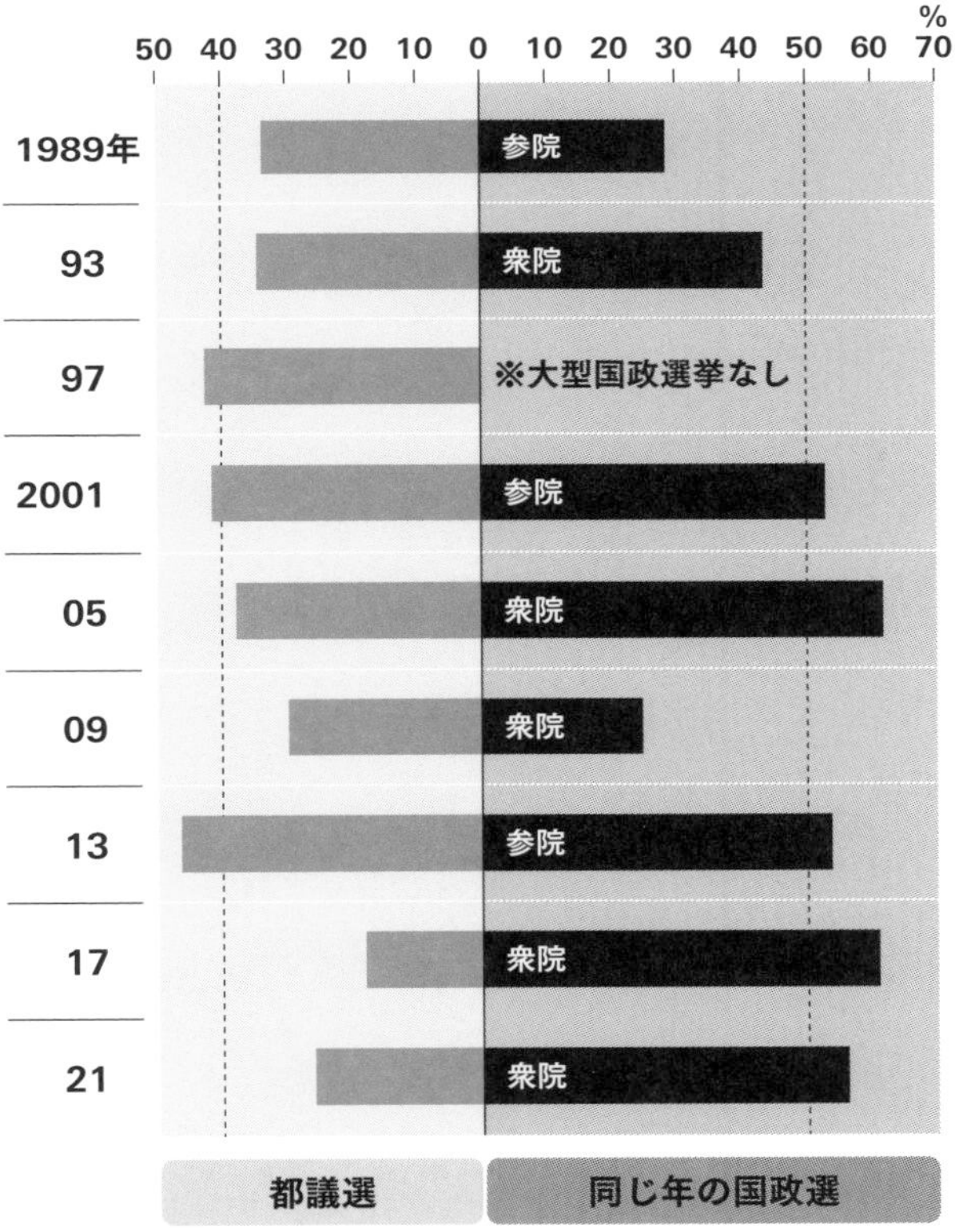

17年以降は違った傾向が出ている。

17年都議選は自民党が23議席と結党以来の大敗を喫し、小池氏が率いる都民ファーストの会が最大勢力になった。3カ月後の衆院選は小池氏らが立ち上げた新党「希望の党」と枝野幸男氏らが設立した立憲民主党とで政権批判票が分散した。結果として自公が3分の2を維持した。

21年も都議選で自民党は3割に満たない33議席だったが、衆院選は単独過半数を保った。衆院選直前に首相が交代した。

非自民の勢力が躍進すると…

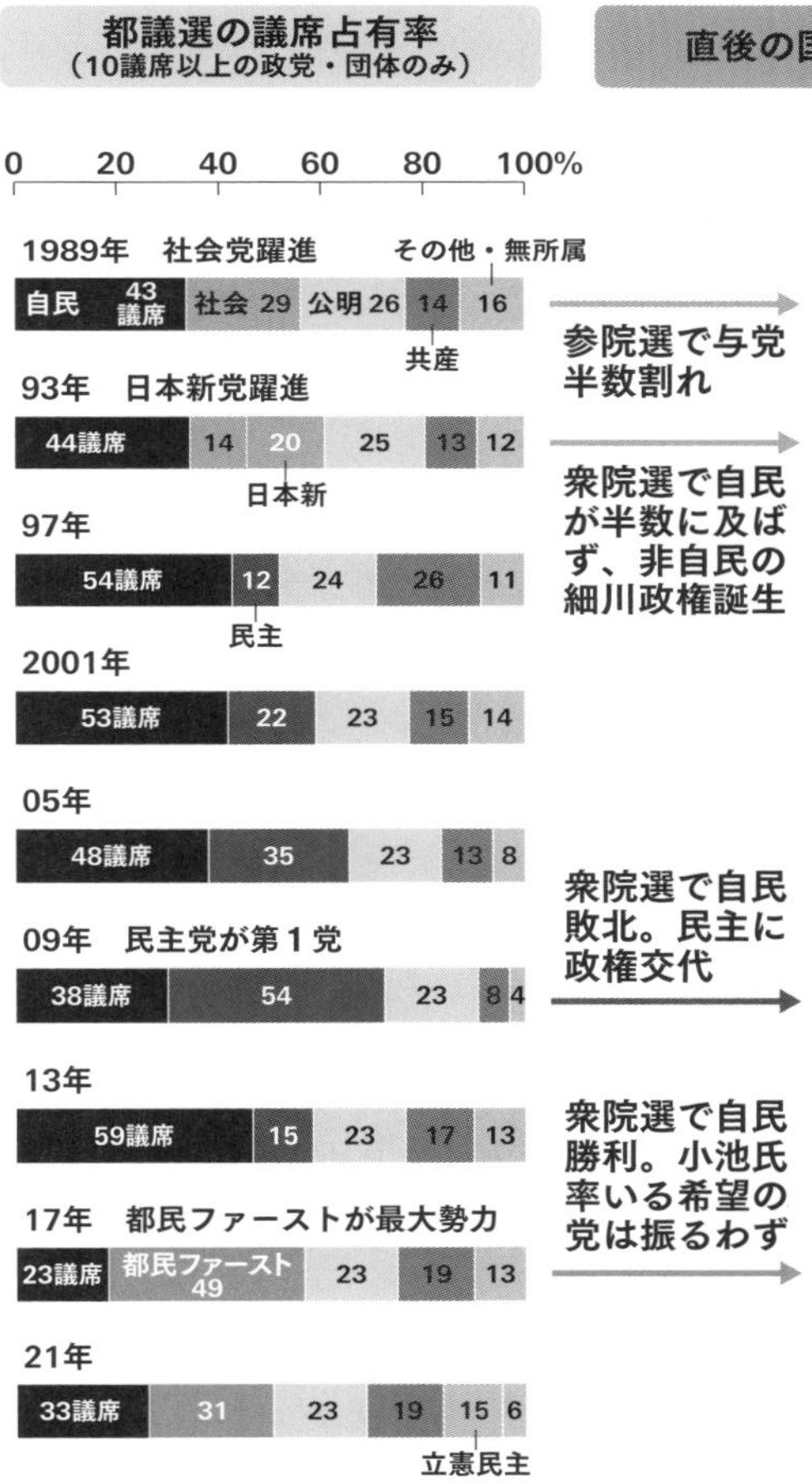

注／東京都選管の都議選の記録に基づく。
当選後の追加公認は含めない

選挙11

国政の在外投票、投票率2割前後
——2万人ほどに低迷

国政選挙や憲法改正の国民投票は、海外に住む日本人も大使館をはじめとする在外公館の投票所や郵便などで投票できる。補欠選挙や再選挙も対象になる。２０２１年4月には再選挙で初めて在外選挙を実施した。

大型国政選挙の投票率は2割前後と全体に比べて低水準で推移する。あらかじめ「在外選挙人名簿」への登録手続きが必要なことや、海外で日本の政治に関心を持ちにくい環境が低調さの背景とみられる。

在外邦人は２０００年の衆院選から国政選挙で投票できるようになった。当時は比例代表のみ一票を投じられた。最高裁は05年に比例代表しか在外投票を認めないのは違憲と判断した。07年参院選から選挙区の投票に参加できるよう改めた。

投票率は在外選挙人名簿に登録された人数をもとに出す。2割前後といっても海外で暮らす18歳以上の日本人全体の2割が投票したとは言えない。名簿の登録は出国前に国内の居住自治体に届け出るか、海外へ転居後に在外公館で申請する。

在外投票の投票率

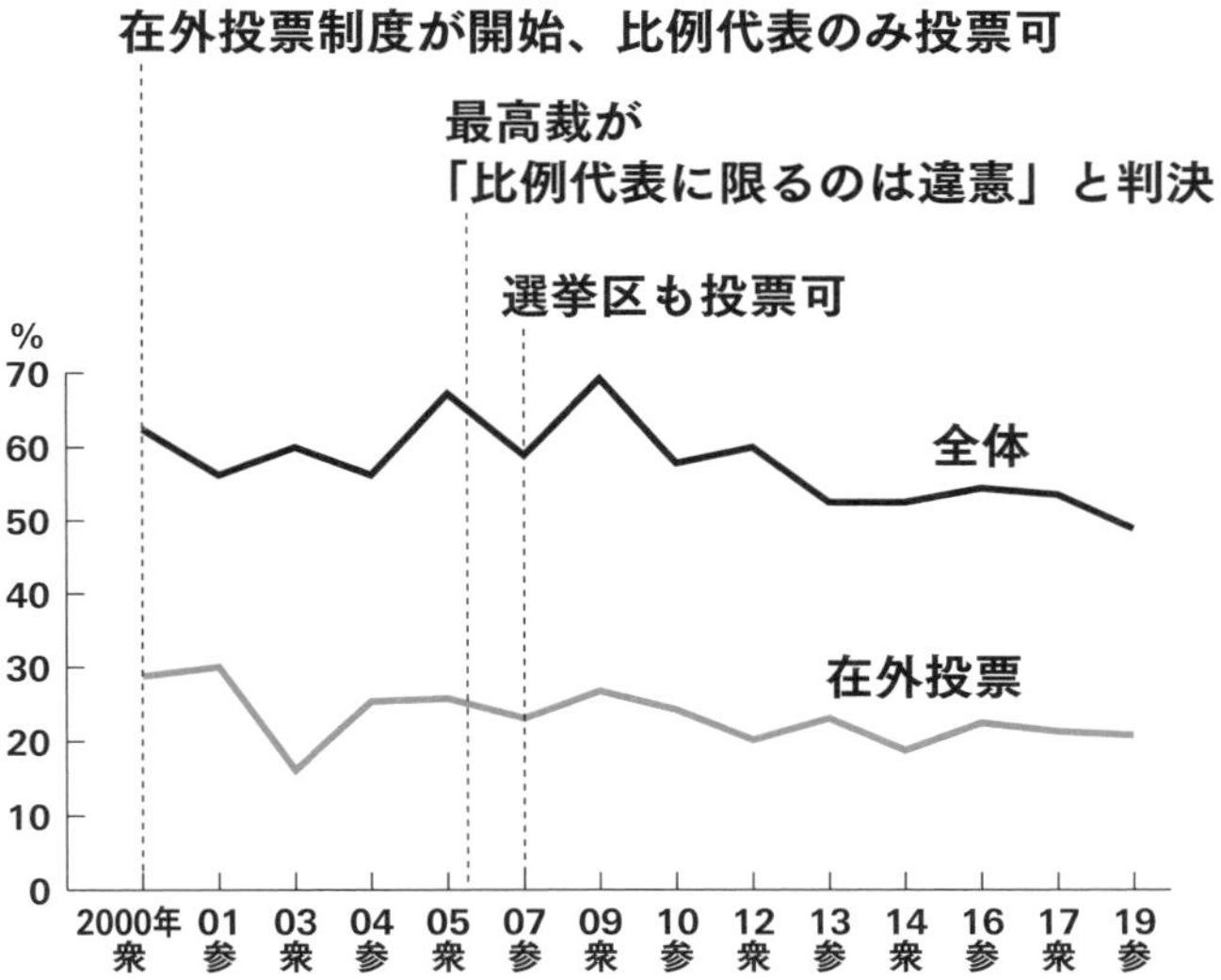

注／総務省の統計をもとに作成

外務省の海外在留邦人数調査統計によると19年10月1日時点で、海外に3カ月以上滞在する日本人は141万人いた。このうち選挙権がある18歳以上は110万人程度とされる。

20年9月時点で在外選挙人名簿に登録しているのは9万7315人にとどまった。そもそも有権者として登録している層が在外邦人の10分の1に満たない計算になる。

もし海外在住の18歳以上の邦人数を分母とすれば、分子となる国政選挙の在外投票数は2万ほどのため実際の投票者の割合は2％程度になる。

投票方法は①在外公館での投票②郵便投票③日本に一時帰国時などの投票――から選べる。郵便投票はほとんど活用されておらず、在外公館での投票が9割を占める。

日本に一時帰国中の扱いには見直しを求める声がある。最高裁の裁判官が適任かを選ぶ国民審査は対象者がいれば衆院選と同時に実施する。ところが在外邦人は現状で投票できない。国を相手に法廷闘争が続く。

低調な在外投票は皮肉にも新たな選挙システムの実験場としての役割を果たす。総務省は国政選挙でネット投票の導入を視野に、まずは投票者数の少ない在外投票での実施を検討する。

2019年参院選の在外投票（比例代表）

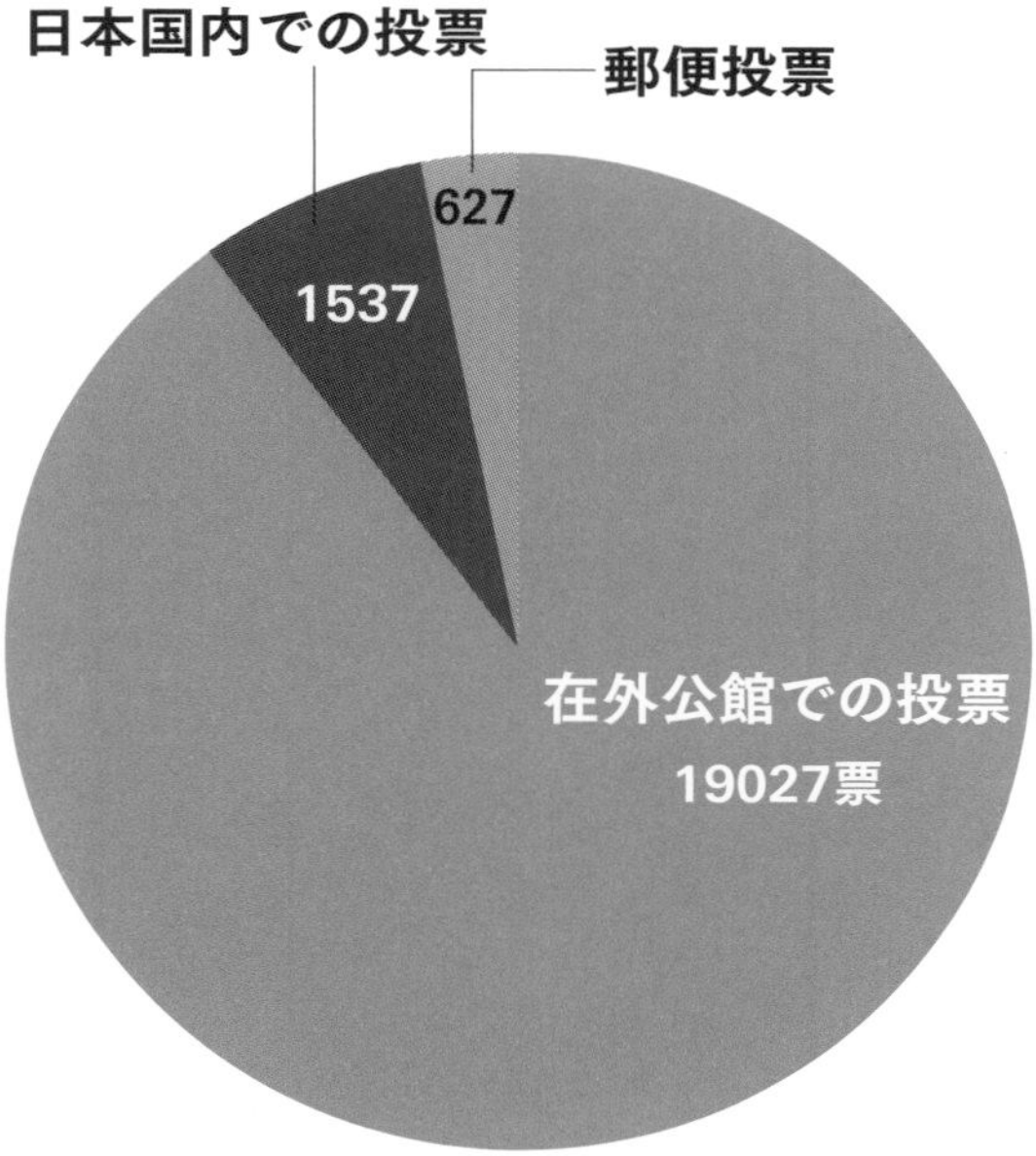

出所／総務省

選挙12

不信任案直後の解散、30年で3回のみ
――7割は会期末提出

終盤国会は野党が対決姿勢を示すために衆院に内閣不信任決議案を提出する場合が多い。高めの内閣支持率が続く近年は、野党側に衆院解散を誘発しかねないとの警戒もある。

内閣は不信任案が可決されると、憲法の規定により10日以内に衆院を解散するか、総辞職しなければならない。過去30年に提出された不信任案を分析すると、提出から2日以内に解散したのは3例のみだ。

通常国会の召集が1月になった１９９２年から２０２１年までの国会の議事録を確認すると、不信任案の提出は28回あった。

このうち８割にあたる23回は与党が否決し、解散に至らなかった。採決せず解散しなかった事例も1件ある。

可決されて衆院を解散したのは１９９３年の宮沢喜一内閣の1例だけだ。自民党が割れて一部が賛成に回った結果だった。

不信任案が提出された後、採決せずに首相が解散したのは2例。2000年の森喜朗内閣と05年の小泉純一郎内閣だ。いずれの状況も不信任案が解散を後押ししたとは言い難い。

森内閣のときは衆院議員の任期満了が近く、野党が提出を決めた時点ですでに解散を表明していた。小泉氏が解散を決断した理由は、郵政民営化法案が参院で否決されたことだった。

提出後に採決しないまま内閣総辞職したケースも1例ある。1994年の羽田孜内閣だ。

羽田氏が首相に指名された直後に社会党が連立を離脱し、少数与党の政権となった。解散しても衆院選で勝てる情勢にはなく、解散ではなく総辞職を選んだ。

データ上は不信任案の提出が解散には直結してはいない。一橋大の中北浩爾教授は「過半数を握る与党は93年の自民党のように分裂しない限り不信任案を否決できる」と語る。

2012年に第2次安倍政権が発足して以降、野党の支持率は低迷している。自民党が割れる状況は想定しにくい。中北氏は「野党は対決姿勢を示すために不信任案を使う。出来レースになりがちだ」と指摘する。

通常国会で不信任案が提出された23回をみると、大部分が会期末まで1週間以内に迫った時期の提出だった。

月別では6月が最多で12回あった。野党は重要法案などの審議で与党との溝が深くなった局面で出す傾向がある。

新型コロナウイルスの感染が拡大した20年は、野党が不信任案を出さなかった。それまでは5年連続で提出していた。コロナ対応が必要な時に与野党が争うと有権者から反発を受けかねないとの懸念があった。

この30年間の通常国会で不信任案が4月に提出されたことはない。

不信任案と衆院解散の関係

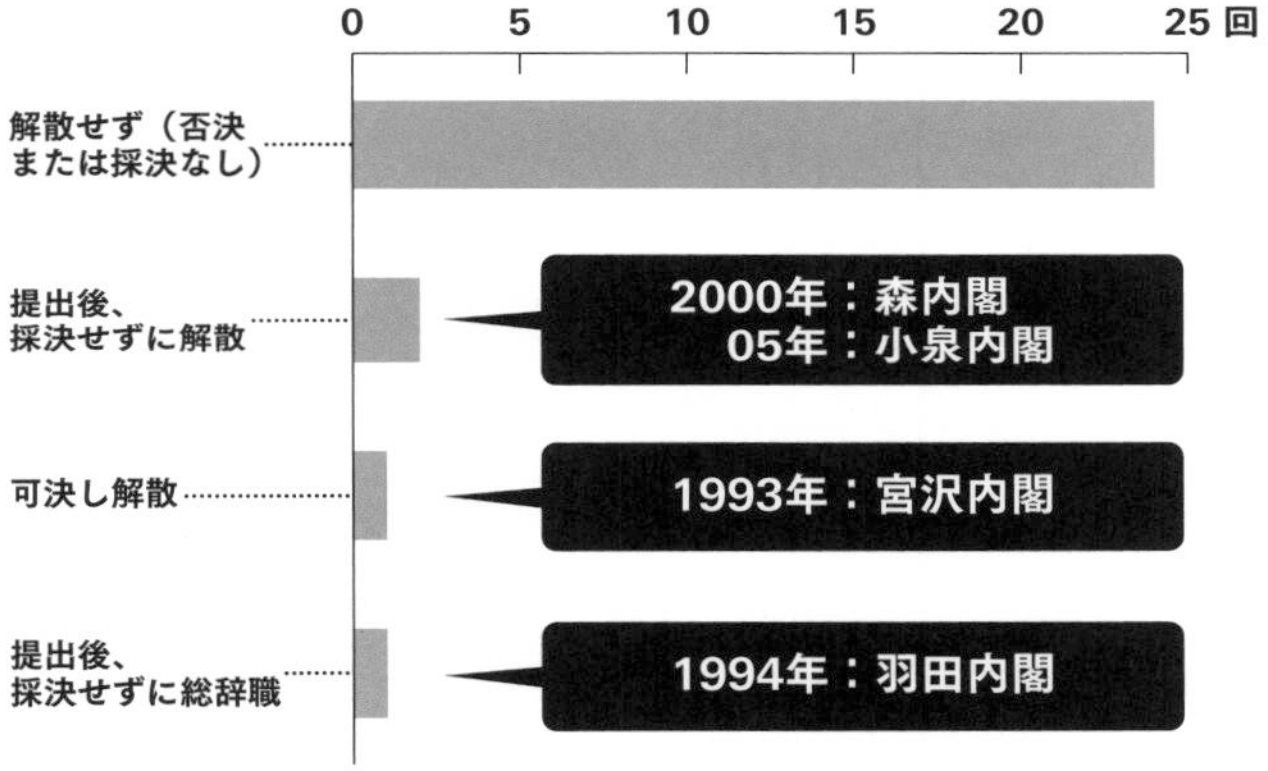

通常国会では終盤となる6月以降の提出が多い

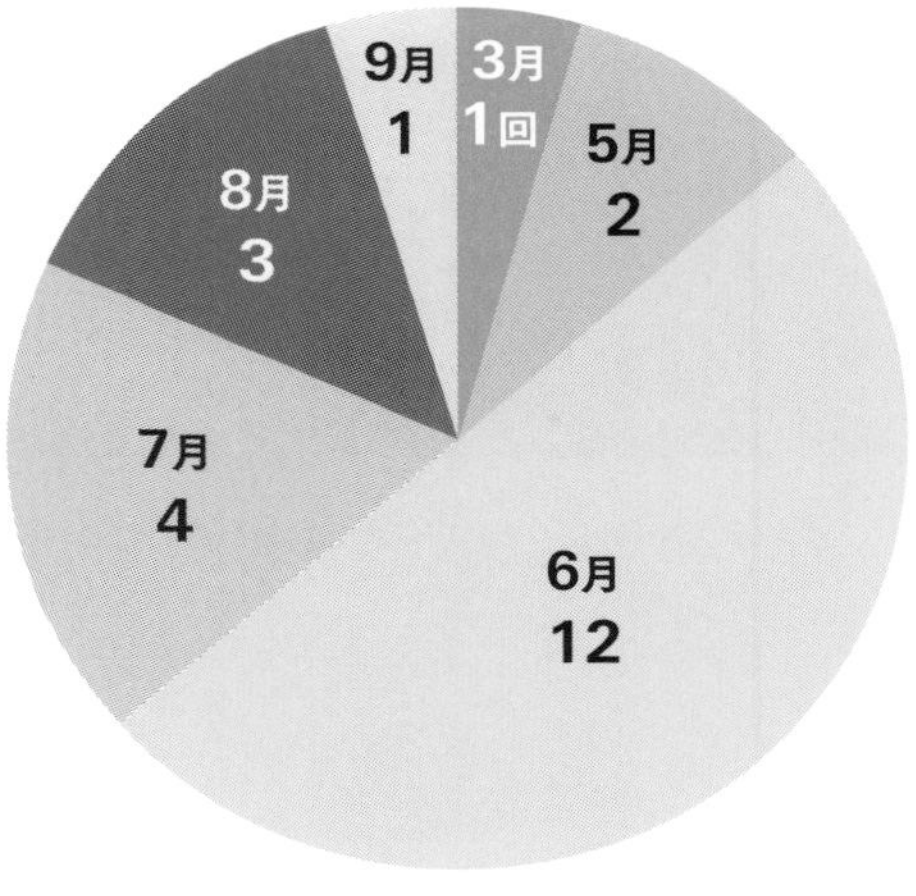

自民党大会であいさつする田中角栄首相（1973年1月）

メルケル氏は2021年までドイツの首相を務めた＝ロイター／アフロ

指導者1

日米韓首脳、平均は60歳超
――議員年齢の高さと相関性

2021年6月の主要7カ国首脳会議(G7サミット)には幅広い年齢層の指導者が集まった。最年少はフランスのマクロン大統領で当時43歳だった。年長者はバイデン米大統領の78歳、イタリアのドラギ首相の73歳、日本の菅義偉首相の72歳と続いた。

00年以降に就任した主な先進国の首脳の平均年齢を21年7月時点で算出した。日米や韓国は60歳を超える。英国やドイツ、カナダは50歳代前半。フランスは40歳代だ。

首脳の年齢は各国の国会議員の年齢層と相関性がある。縦軸に首脳の就任時年齢の平均、横軸に国会議員(二院制の国は下院議員)のうち45歳以上の割合をとった分布図のグラフをつくった。

大まかに3つのタイプに分かれる。①議員の平均年齢が高めでリーダーも高年齢の「日米韓型」、②議員の年齢もリーダーも比較的若年の「英独仏型」、③議員の平均年齢は低いものの、首相は若干高めの「イタリア型」だ。

日米は現職の国会議員が当選を重ねるケースが目立ち、世代交代が進みにくい。米

議員の平均年齢が高ければリーダーも高齢に

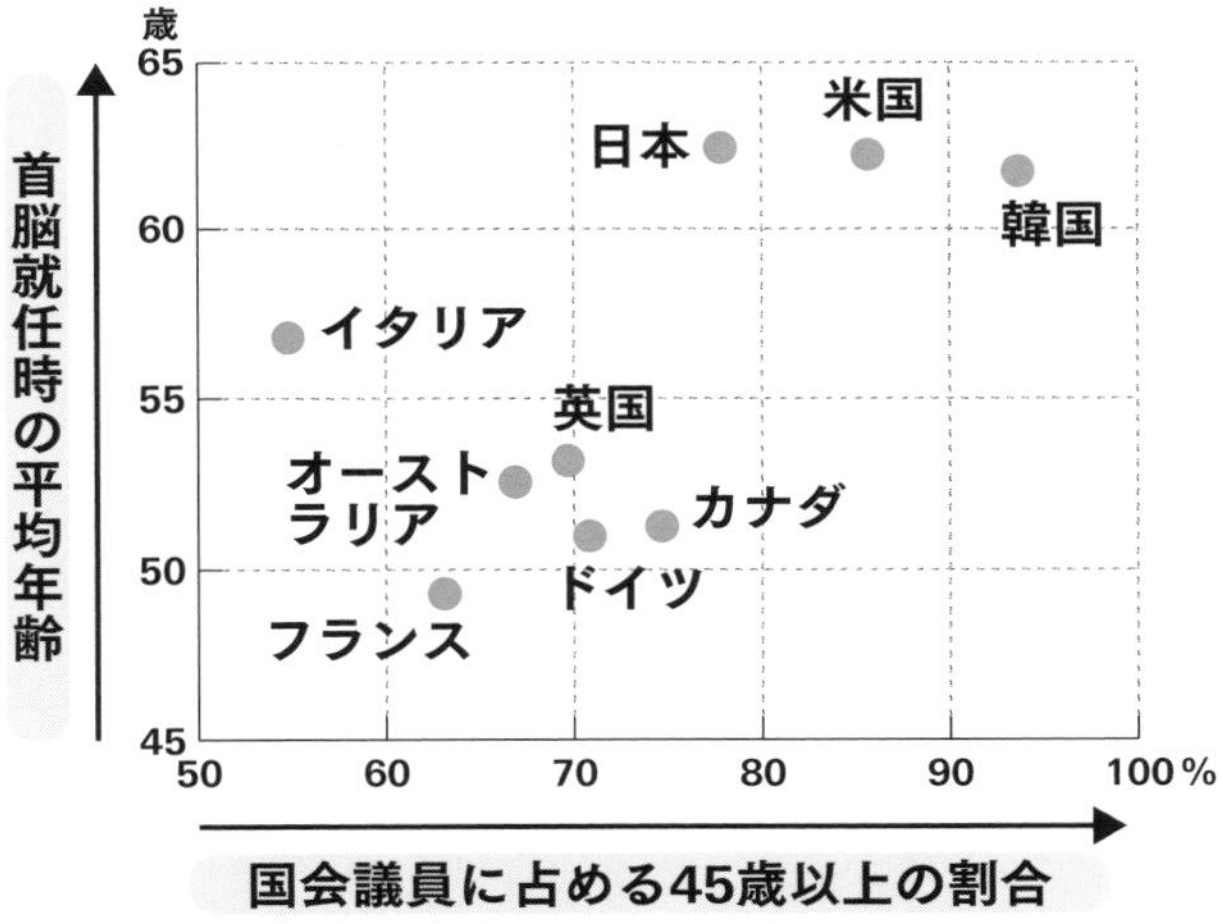

注／2000年以降に就任した人物を対象に21年7月時点で算出。再登板は除く。
45歳以上の議員の割合は列国議会同盟（IPU）の18年のデータに基づく

国は地方議員などの公職や弁護士から議員を目指すルートが定着しているのも、高年齢になりやすい一因といえる。

韓国は日本以上に年功序列が厳しい社会というのも影響しているとみられる。

イタリアは国会議員に占める45歳以上の割合が55％とG７で最も低い。その一方で首相の平均年齢は50歳代後半と欧州の主要国よりやや高齢だ。

イタリアは政党が乱立し首相を選べず組閣できない事態に陥ることがある。大統領が重鎮の学者を首相に任命し「実務家内閣」をつくる例も目立つ。21年に就任したドラギ氏は欧州中央銀行（ＥＣＢ）総裁などを歴任した経済学者だ。

日本の首相は現行憲法下、全て衆院議員から選ばれてきた。衆院議員の被選挙権は25歳以上だ。米大統領が35歳以上、韓国の大統領は40歳以上となっている。

日本の首相の最年少と最高齢はいずれも歴史の節目をつくった人物だった。伊藤博文は44歳で初代首相に就いた。現在の１０１代の岸田文雄首相に至るまで、最年少記録は破られていない。戦後に限ると安倍晋三氏の52歳となる。

就任時の最高齢は太平洋戦争を終戦に導いた鈴木貫太郎首相の77歳だ。現行憲法下では石橋湛山、宮沢喜一両氏の72歳だった。続いて71歳で就任したのは菅義偉氏のほか、鳩山一郎氏、親子で首相となった福田赳夫、康夫両氏となる。

日本の歴代首相の就任年齢（岸田文雄首相まで）

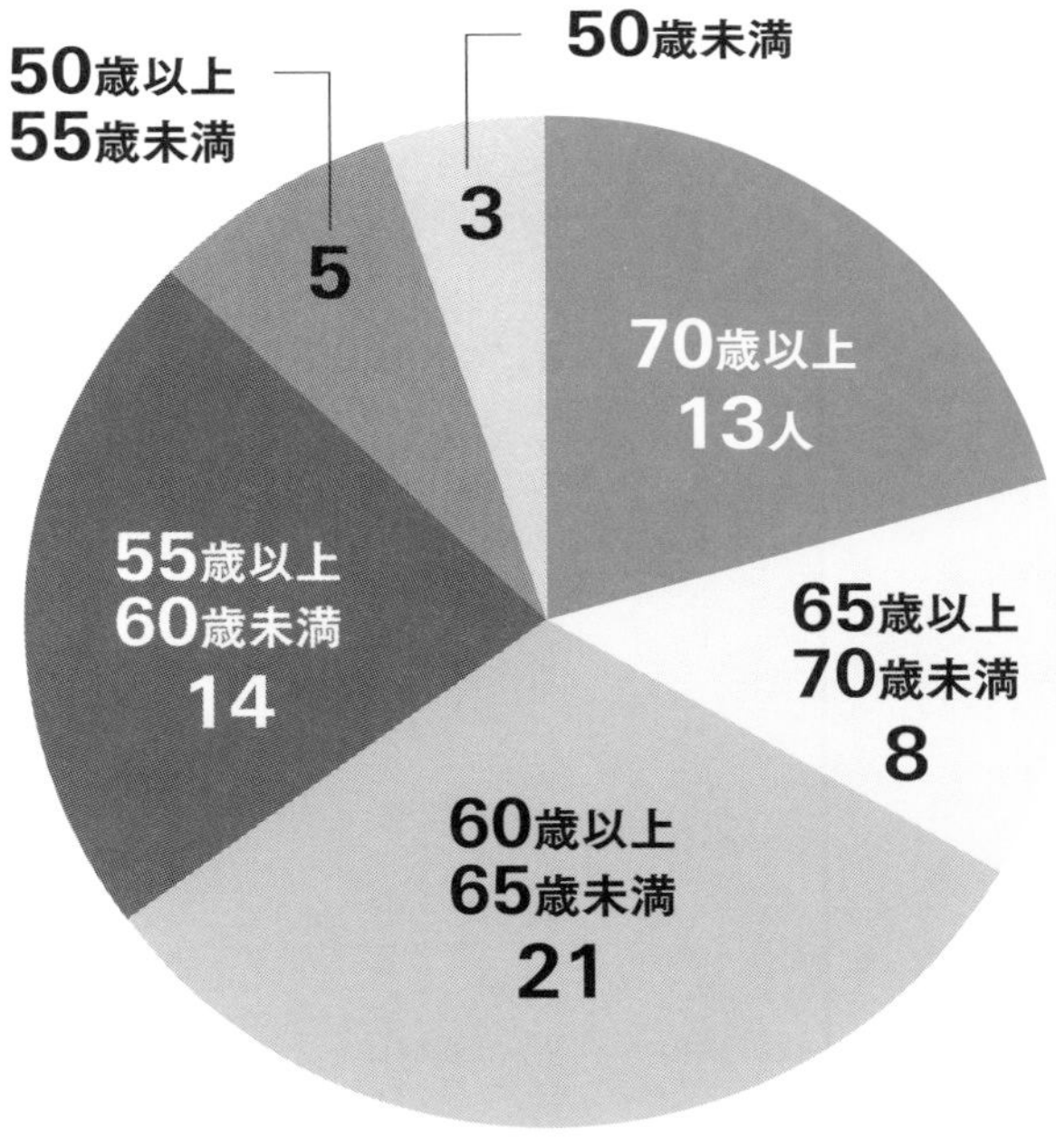

注／官邸HPより作成。
1期目のみ対象

指導者2

自民総裁、43%が官房長官経験者
――平成以降、経済閣僚減る

1955年に結党した自民党は岸田文雄首相まで26人の総裁が誕生した。下野した期間の2人を除く24人は首相に就任した。日本のかじ取りを担ってきた歴代総裁の経歴を分析すると、昭和の時代と平成以降で違った傾向がみえる。

元号が平成に変わる前に総裁になったのは、初代の鳩山一郎氏から竹下登氏まで12人いる。過半数が就任前に主要な経済閣僚を務めた。

通産相（現・経済産業相）経験者は58%、蔵相（現・財務相）は50%を占める。党務をしきる幹事長も58%が就いた。

田中角栄氏は総裁の条件として「党三役のうち幹事長を含む2つ、蔵相、通産相、外相のうち2つ」を掲げた。自ら三役の幹事長と政調会長、蔵相と通産相を歴任した。

平成以降の宇野宗佑氏から岸田氏までの14人をみると、通産相・経産相が29%、蔵相・財務相が21%にとどまる。

割合が高まったのが官房長官で43%に上る。昭和では25%だった。

派閥トップが減り、世襲が増えた

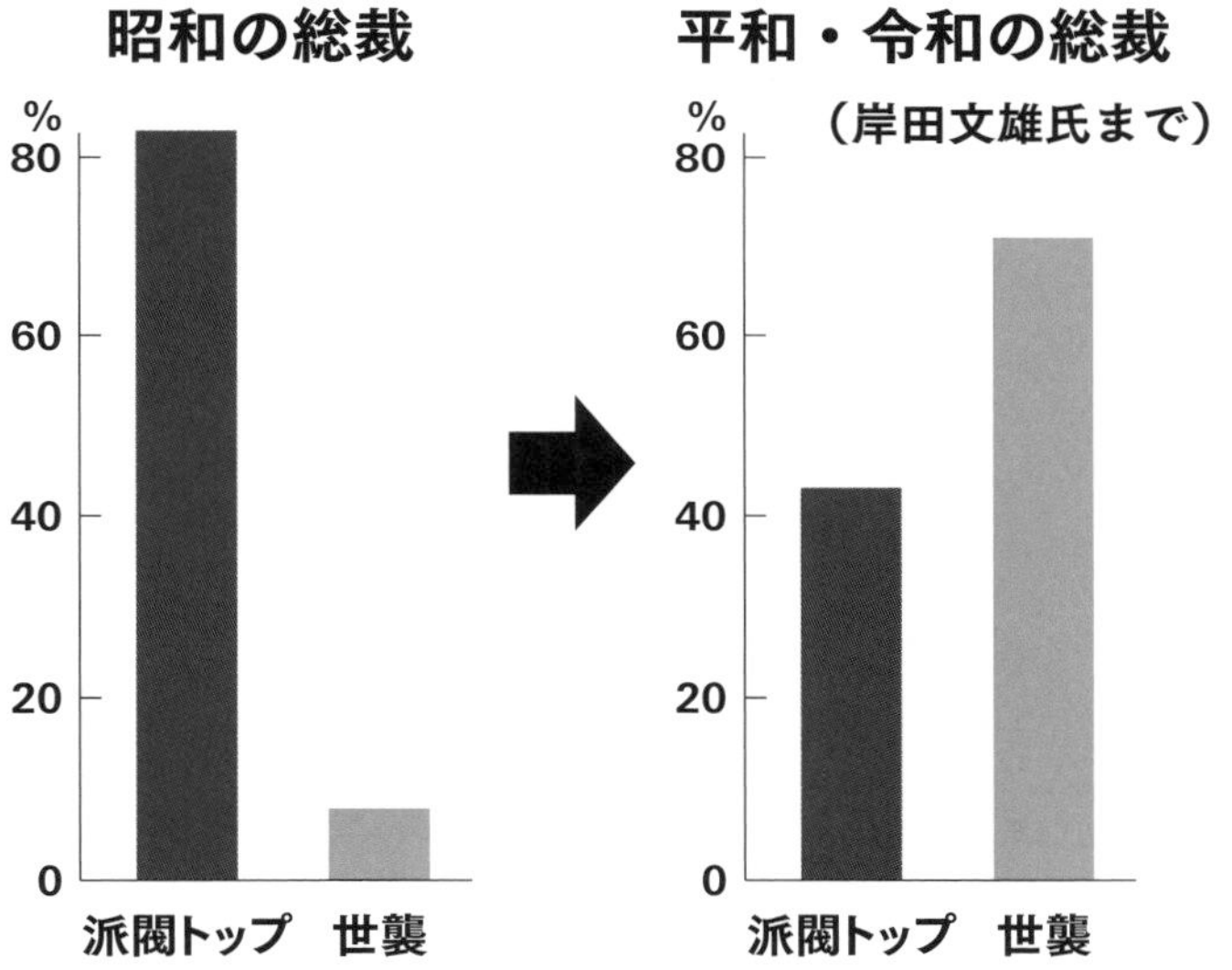

注／派閥トップは総裁選出時。
派閥創業者もトップに含めた。
父が衆院議員だった場合を「世襲」とした

令和初の新総裁になった菅義偉氏は就任直前まで官房長官。宮沢喜一氏や小渕恵三氏、福田康夫氏も経験者で、安倍晋三氏は小泉政権で務めた。

昭和の高度経済成長期は富の再配分に関わる大蔵省や通産省が力を持った。幹部官僚の権限は大きく、両省との人脈は政府の手綱さばきに不可欠だった。

平成以降の変化の要因は政治改革だ。衆院選に小選挙区制を取り入れ、1選挙区で1人しか当選しないしくみで党主導の選挙に変質した。

総裁は選挙の「顔」としての素養が求められ、官邸のスポークスマンである官房長官の存在価値が高まった。

省庁再編で進んだ官邸主導の政策決定も影響する。調整役である官房長官の役割が重要になり、政策運営を身につけるのに役立つポストにもなった。

昭和期は中選挙区制で自民党所属の複数候補が選挙区で競った。候補が派閥に分かれて戦い、資金や運動で後押しする派閥領袖が影響力を持った。昭和の総裁は83%が総裁就任時に派閥トップといえる存在だった。

平成以降は43%に下がった。脱派閥を印象づけるため直前まで森派会長だったが無派閥で総裁選に出馬した小泉純一郎氏のケースもある。

増えたのが世襲だ。昭和の8%から平成・令和は71%となった。岸田氏も父・文武氏が衆院議員で世襲といえる。

就任前に5つの役職を経験した歴代総裁の割合

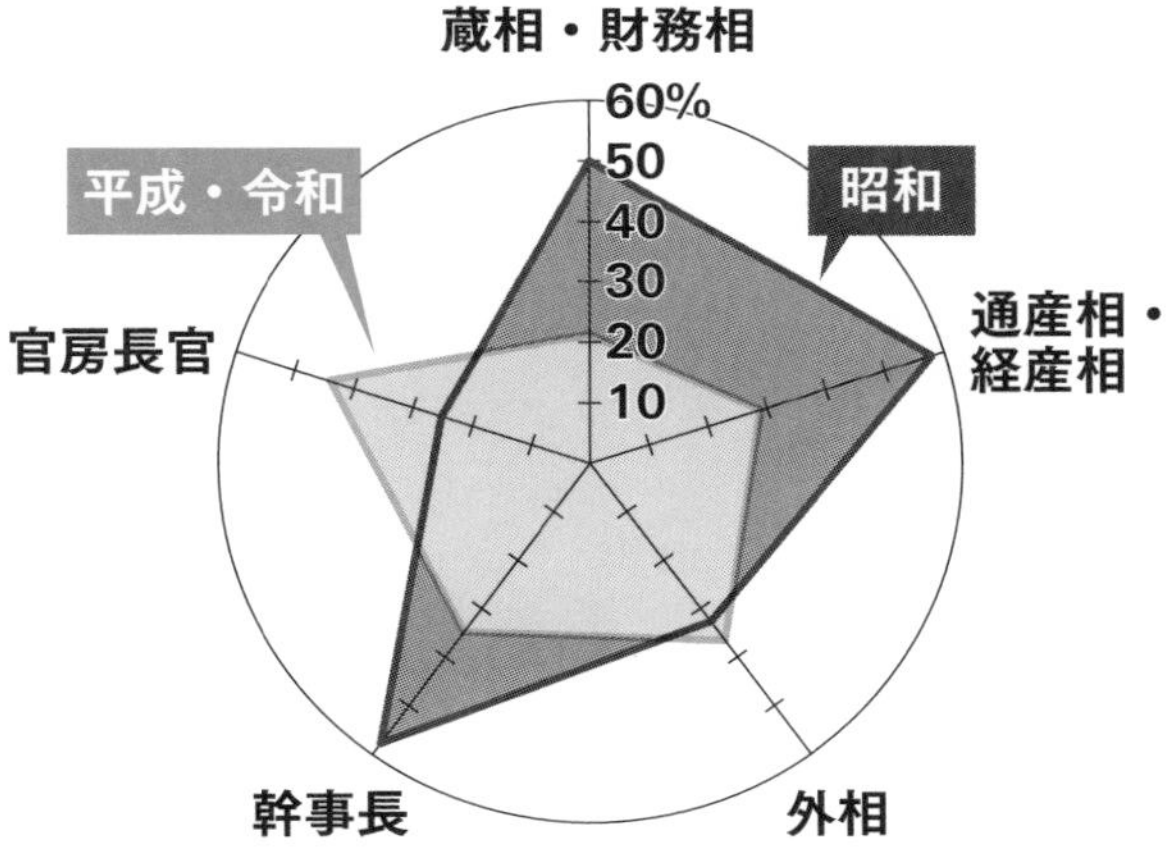

注／昭和は鳩山一郎氏から竹下登氏までの12人、
平成・令和は宇野宗佑氏から岸田文雄氏までの14人について、
衆院初当選後に任命された役職を数えた

指導者3

首相適齢期、衆院当選10回
――閣僚別平均、財務相が最多

戦後、首相に就いた指導者は35人いる。初就任時の衆院議員の当選回数をみると10回が最も多い。現行憲法で首相になるには国会議員で、衆院の首相指名選挙で過半数を得なければいけない。キャリアを積める「勤続年数」がものをいう世界でもある。

過半数の21人が8回以上で首相になった。田中角栄氏や小泉純一郎氏は10回、竹下登、橋本龍太郎両氏は11回、小渕恵三氏は12回だった。中曽根康弘氏は14回を重ねていた。

平成・令和に初めて就任した18人でみても、10回が5人でトップとなり、岸田文雄首相ら9回が4人で続く。

当選7回以下と比較的短い議員歴で首相になったのは35人中14人と少数派だ。岸信介氏（3回）や池田勇人氏（5回）のほか、近年は第1次政権時の安倍晋三氏（5回）がいる。

民主党政権では鳩山由紀夫氏が8回、菅直人氏が10回だった。野田佳彦氏は5回と

戦後首相35人の初就任時の衆院当選回数（敬称略）

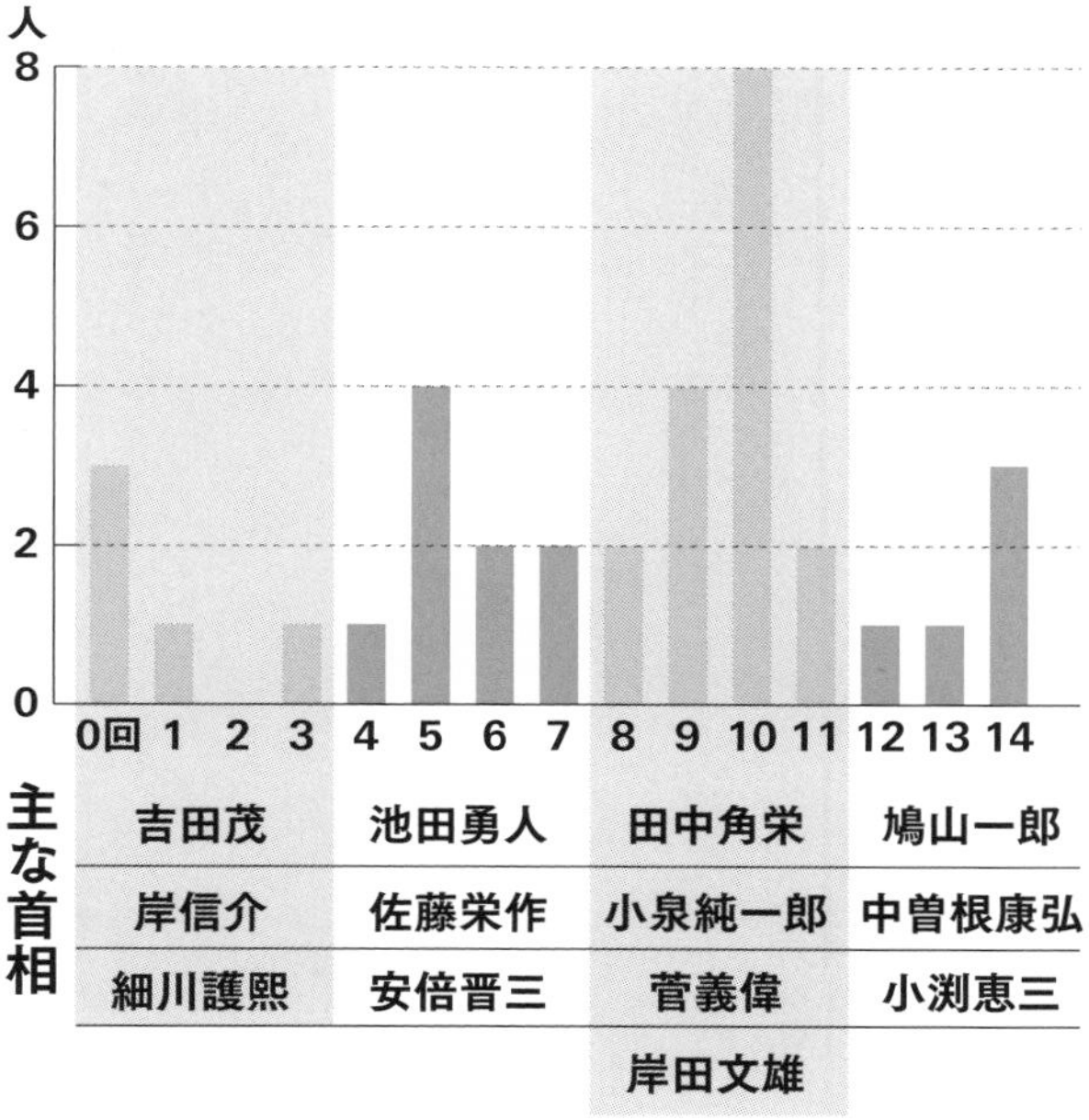

少ないが、経験重視型なのは自民党とあまり変わらない。

現憲法施行前で衆院当選歴なく首相になった吉田茂氏ら3人を除くと、当選回数の最少は細川護熙氏の1回だ。日本新党代表として参院議員からくら替え出馬した1993年衆院選で初当選した。自民党が半数を下回り、非自民連立政権の首相に推挙された。

省庁のトップに立つ閣僚はどうか。1府12省庁になった2001年以降、首相を含めて継続比較できる13のポストについて衆院当選回数の平均を調べた。第2次森改造内閣から第2次岸田内閣までの33内閣の発足時を集計対象にした。留任・再任も含め計算した。

参院議員や非議員の閣僚を除くと平均が最も多いのは財務相の9・0回だ。首相の8・4回より多い。第2次安倍内閣以降から8年以上財務相を務めた麻生太郎氏や、小泉内閣の塩川正十郎氏らは首相の当選回数を上回る。予算編成を仕切る財務相に経験豊富な先輩議員を配置し、政権運営の重しや相談相手とする意図が表れる。

平均最少は環境相の5・4回だった。小泉内閣で現東京都知事の小池百合子氏は3回、民主党政権は細野豪志氏が当選4回でそれぞれ就任。安倍氏も当選4回の小泉進次郎氏を初入閣させた。現職の岸信夫防衛相は衆院3回で初入閣したが、参院でも当選2回。参院議員の実績を含めて適齢期と映るケースもある。

閣僚の平均衆院当選回数
（2001年の省庁再編後）

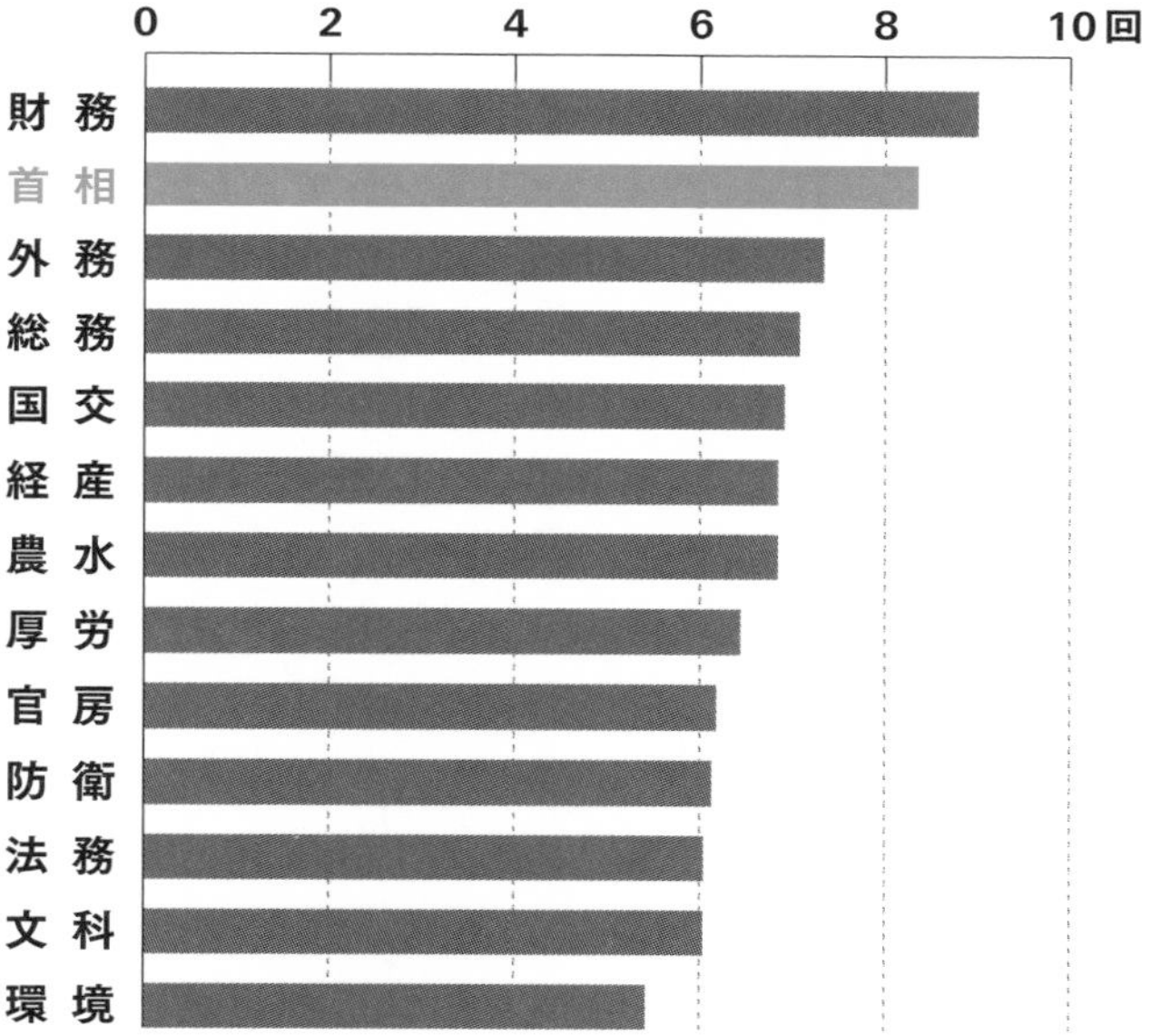

注／第2次森改造～第2次岸田の33内閣（発足時）を集計。
留任・再任はその都度数えた。
参院議員・非議員は母数から外した。
防衛は旧防衛庁長官を含む

指導者4

女性トップ、日米はゼロ
——議員比率、首位はルワンダ

日本で「女性宰相」の待望論が浮上して久しい。G7のうち3カ国で女性のトップが誕生した。日本で首相候補を増やすには、「予備軍」となる女性国会議員が増える必要がある。国会議員に占める比率は世界で下位グループに沈む。

直接・間接の選挙で選ばれる大統領や首相をみると、G7のうち英国、ドイツ、カナダが女性トップを出した。ドイツのメルケル氏は2021年まで16年間にわたり首相だった。

英国は「鉄の女」として知られるサッチャー氏のほか、メイ氏がいる。カナダは1993年に4カ月ほどの短期間だがキャンベル氏が初の女性首相に就任した。

米国、フランスでヒラリー・クリントン氏、ロワイヤル氏がそれぞれ初の女性大統領を狙ったが、かなわなかった。

日本では首相を事実上選ぶ自民党総裁選に出馬した女性は小池百合子氏（現東京都知事）と21年の高市早苗、野田聖子両氏の3人だ。野党第1党トップには社会党の土

女性の政府トップがいる国・地域の割合

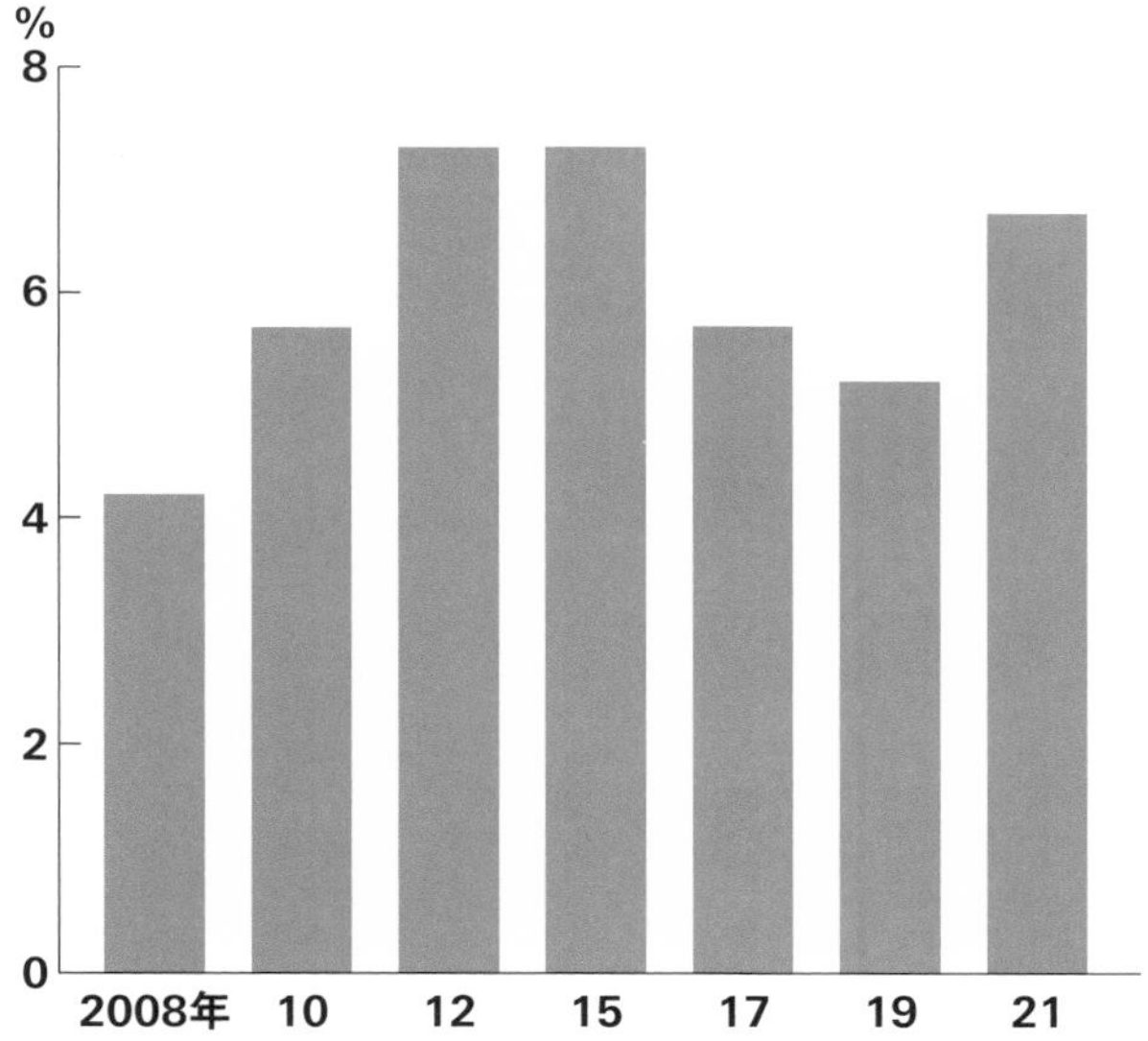

出所／列国議会同盟の資料

井たか子委員長、民進党の蓮舫代表がいた。

列国議会同盟（ＩＰＵ）は数年に1度、世界各国の政府トップに占める女性の割合を公表してきた。21年1月時点の女性トップは13人。１９３カ国・地域のうち６・7％だった。

女性議員の数はどうか。ＩＰＵの同年4月時点のデータによると、国会議員（下院議員に相当する役職）の女性比率がＧ７で最も高いのはフランスの39・５％で27位になる。英国は33・９％、ドイツは31・５％、カナダは29・６％だった。米国は27・２％で67位。日本は９・９％の１６６位と低い順位にとどまる。

首位はアフリカのルワンダで61・３％だ。１９９０年代に大規模な虐殺があったが、近年は経済成長が著しい。内閣府によると、国の指導的機関で最低3割を女性とするよう憲法が規定している。

47都道府県知事で女性は小池氏と山形県の吉村美栄子知事の２人。都道府県議の女性比率は総務省の20年末時点の調査で11・５％だった。

日本政府は20年代の早期に社会で指導的地位における女性が占める割合を30％にする目標を掲げる。女性の政治家を増やす環境整備は待ったなしだ。政治分野の女性参画拡大を目指す改正推進法が成立した。女性議員や候補者へのセクハラなどの防止策を国や自治体に求める。

日本では首長の女性比率が特に低い

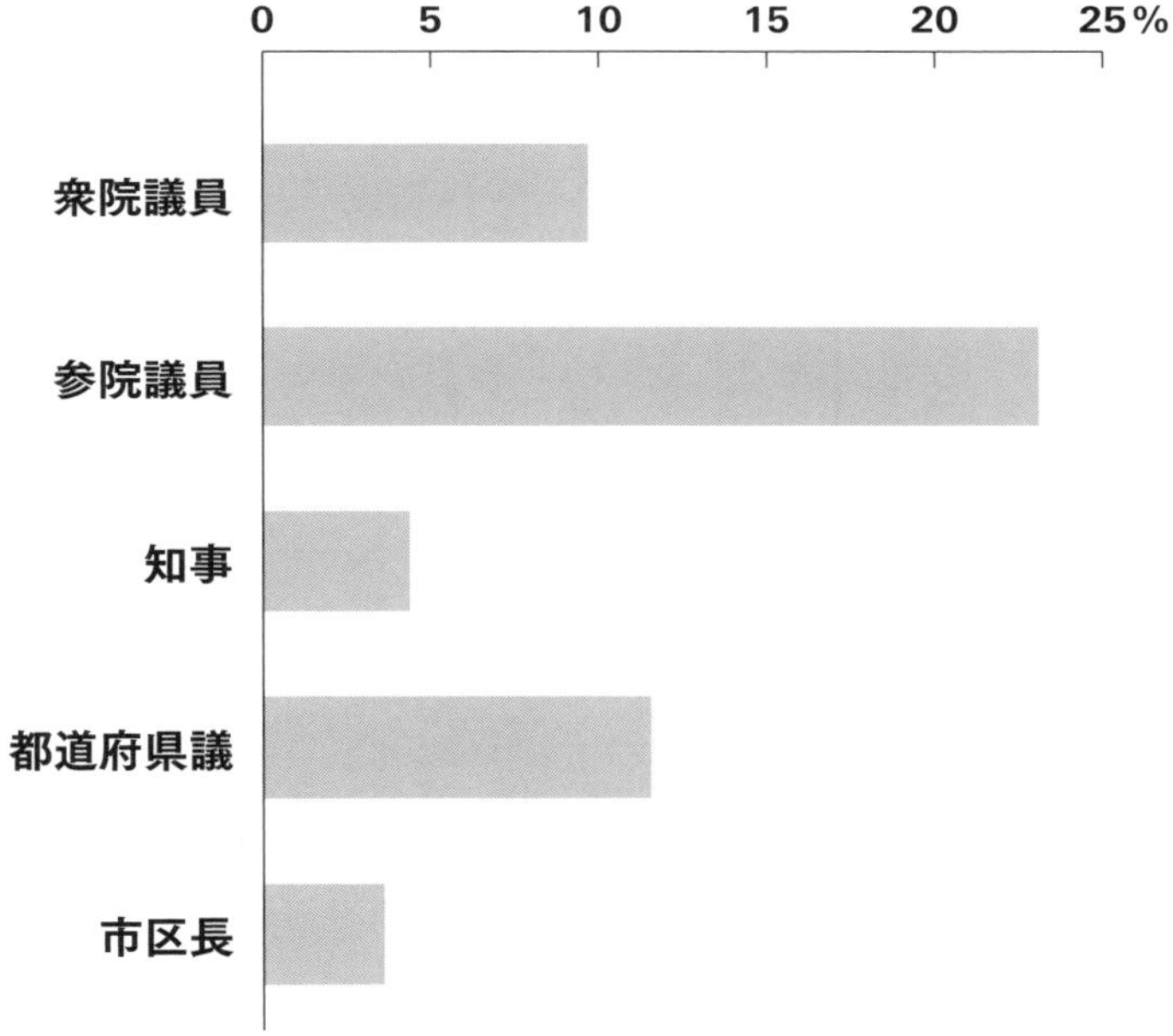

注／都道府県議は2020年末時点。他は21年末

指導者5

閣僚増員、10年で3人
――菅内閣20人、省庁再編前に逆戻り

2020年9月に発足した菅内閣は閣僚を第4次安倍再改造内閣より1人増やした。25年の国際博覧会（大阪・関西万博）の担当閣僚を新たに置いたためで、初代万博相に井上信治氏が就いた。菅内閣で首相を除く閣僚数は20人になり、21年10月に発足した岸田内閣も同人数だ。12年創設の復興相、15年の五輪相とあわせてここ10年間で3人増えた。首相を除く閣僚数の上限は01年の省庁再編前に戻っている。

1885年の内閣制度発足時は9人だった。戦後、1947年施行の内閣法で「16人以内」と定められた。その後、官房長官などが加わった。田中角栄首相時代の74年、国土庁の誕生以降は「20人以内」となった。

99年1月にできた自民党と自由党の連立政権は行政スリム化で閣僚数削減を推進した。小渕恵三首相は連立に伴う内閣改造で閣僚数を20から18に減らした。

両党は閣僚数を「14人以内」とし「特別に必要がある場合」は「17人以内」にできる内容でも合意した。政府は2001年の中央省庁再編にあわせて内閣法で規定した。

首相を除く閣僚における数の上限（戦後）

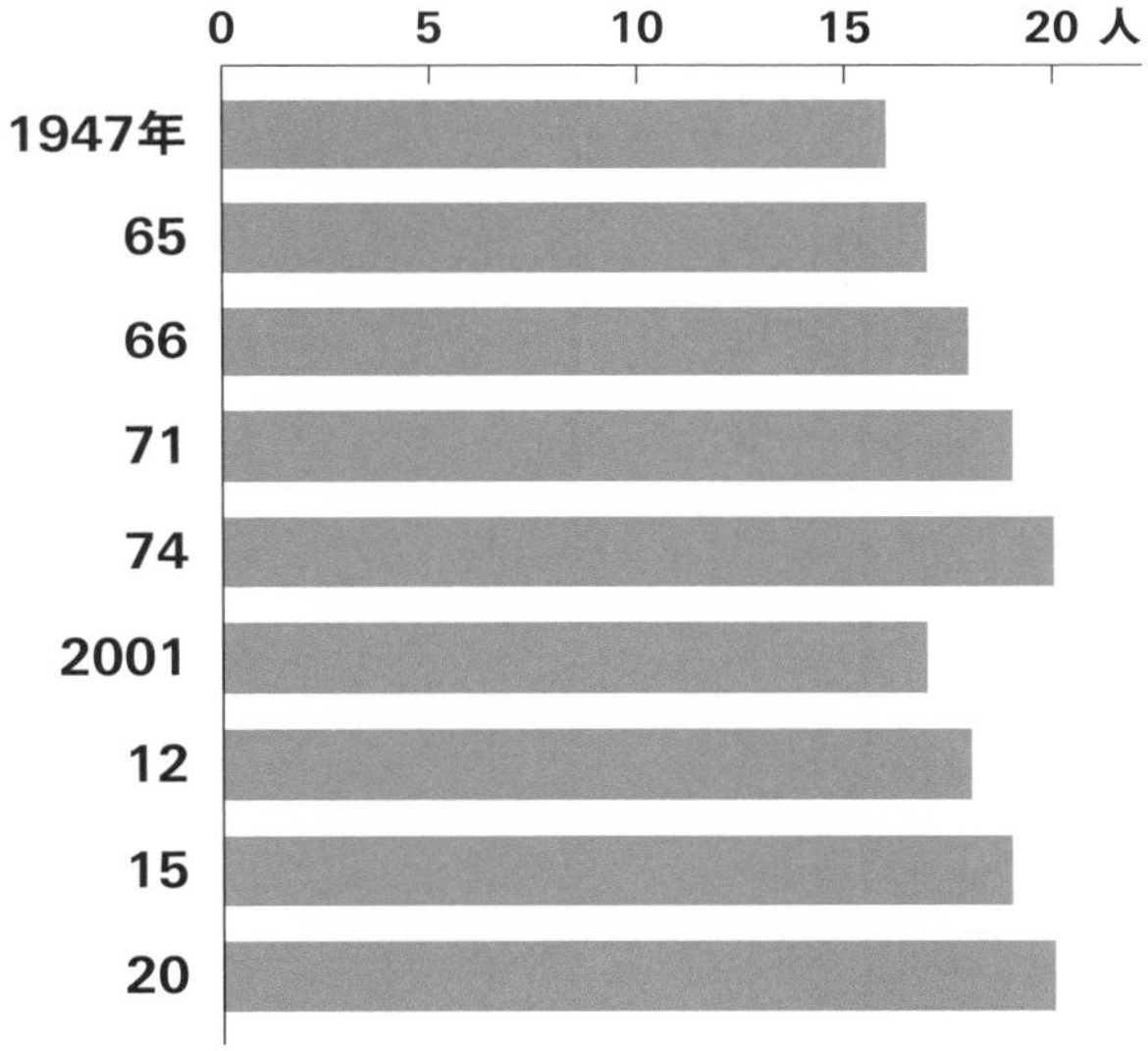

注／「特別に必要がある場合」の増員を含む
出所／首相官邸

再編直前の00年12月に発足した第2次森改造内閣は上限の17人を任命した。その後も上限まで起用する政権が目立つ。重要政策は多様で、与党での入閣待機組の要望にこたえる必要もあった。

ここ10年間で増えた閣僚数は臨時的な措置の位置づけだ。東日本大震災に伴う復興庁設置で復興相を置いた。五輪相は東京五輪・パラリンピックに向けた特別措置法で設けた。万博相を含めて期限がある。

菅内閣で閣僚ポストの女性の割合は10％の2人。岸田内閣は15％の3人だ。女性閣僚が戦後最多となった小泉内閣でも5人で割合は3割に満たなかった。

IPUなどの資料によると、21年1月時点でカナダやフランス、米国は女性比率が5割前後となる。

閣僚の途中辞任はどうか。7年8カ月の歴代最長となった第2次以降の安倍政権は10人に上る。14年9月の内閣改造で入閣した小渕優子経済産業相と松島みどり法相は不祥事で翌10月に退いた。19年に初入閣した菅原一秀経産相と河井克行法相も就任翌月に政治とカネの問題で辞めた。

年別では宮沢喜一氏や細川護煕氏が首相だった1993年に1年間で6閣僚が職を辞した。宮沢内閣不信任決議案に賛成票を投じるため2人が辞任した。

閣僚ポストに占める女性の割合

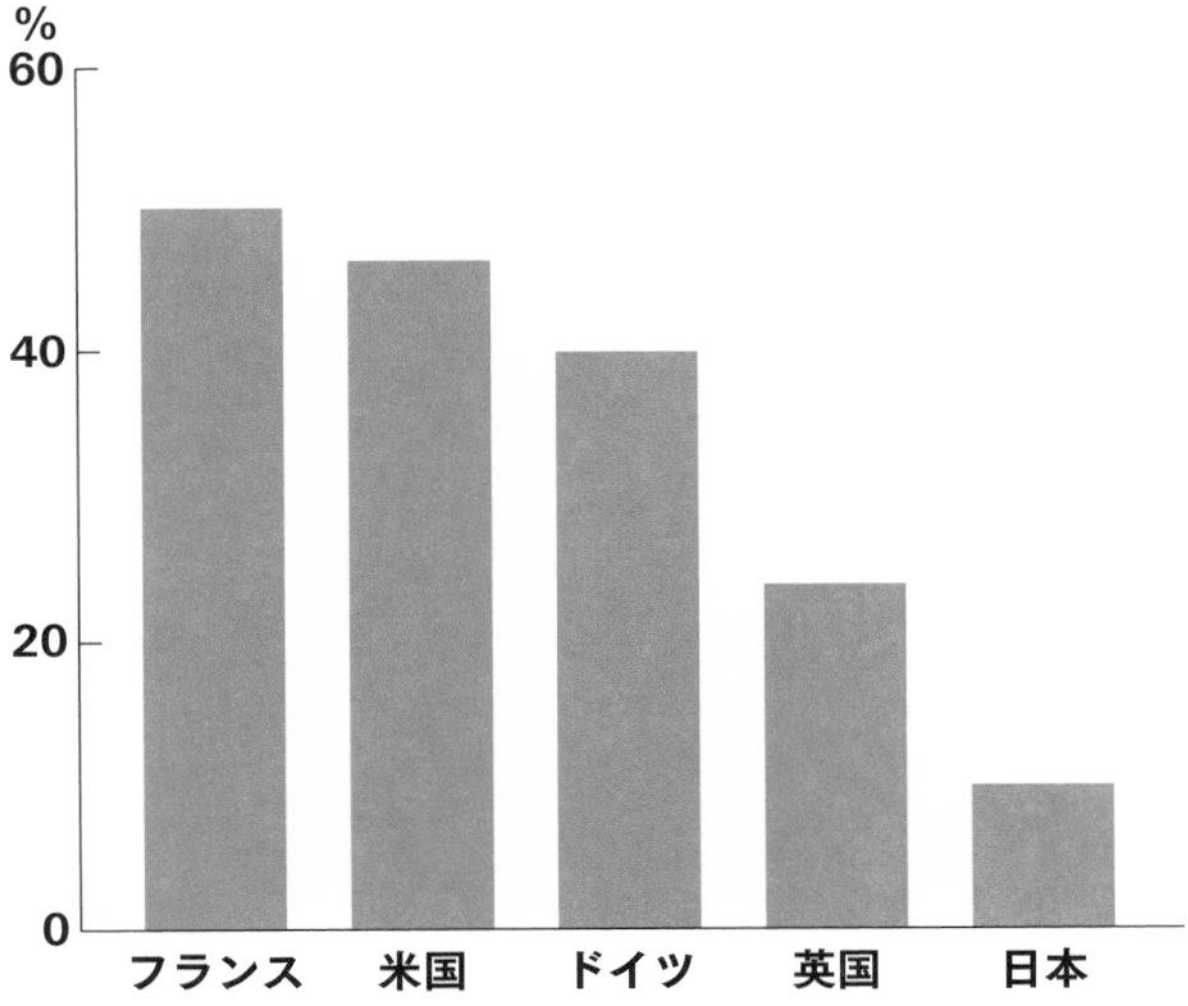

注／2021年1月時点
出所／列国議会同盟と国連「UNウィメン」

指導者6

知事・政令市長、平均61歳
――国会議員・官僚出身が半数

新型コロナウイルスへの対応で都道府県知事の指導力が試されてきた。

地方自治体のトップに就く人材の出身や年齢などの傾向はどうなのか。２０２１年末時点で都道府県知事47人と政令指定都市の市長20人について調べた。

67人の平均年齢は61歳。年代別の最多は60歳代の26人だった。50歳代が19人、70歳代が12人と続く。50歳以上が9割弱を占める。40歳代は10人で、20～30歳代はいない。

市長は25歳、知事は30歳以上になれば立候補できる。とはいえ、都道府県や政令市の有権者数は多く、知名度や人脈、実績がものをいう。行政や政治経験の豊富な年配の人材に待望論が出やすくなる。

全国知事会によると、30歳代で知事になった例はまれだ。戦後生まれでは三重県の鈴木英敬前知事（就任時36歳）、北海道の鈴木直道知事（同38歳）、２００８～11年に大阪府知事を務めた橋下徹氏（同38歳）の3人しかいない。

知事や市町村長の任期は4年だが当選回数の制限はない。21年1月時点で現職知事

就任直前の経歴の割合

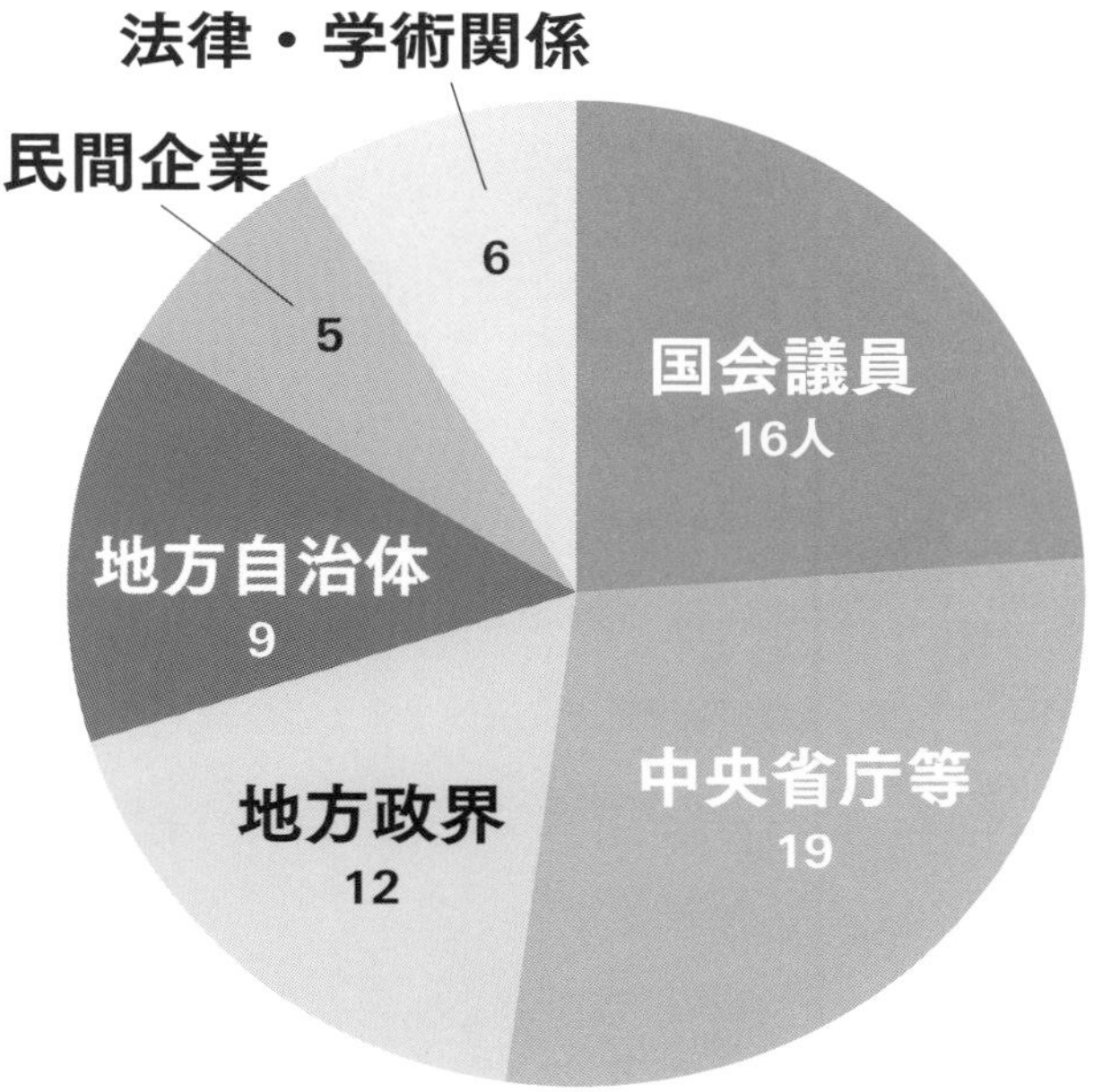

注／2021年末時点の知事・政令市市長67人を集計。
中央省庁等は独立行政法人職員などを含む。
地方政界は知事、市長、地方議員

の最多は石川県の谷本正憲知事で7回に達している。在職日数は1万日を超えた。有権者から直接選ばれさえすれば長期にわたりトップを続けられる。当選を何度も重ねる「多選」には批判があり、制限する法整備が何度も議論になってきた。

知事や市長になる前の経歴はどうか。67人のうち国会議員や省庁の官僚などからの転身組が計35人で、全体の半数強にあたる。

国会議員出身者では環境相や防衛相を務めた小池百合子東京都知事や、安倍政権で沖縄・北方相を担当した山本一太群馬県知事らがいる。

野党系も旧民主党政権で防衛政務官を経験した大野元裕埼玉県知事、衆院議員出身で日本維新の会の吉村洋文大阪府知事らがいる。

官僚出身は元復興次官の西脇隆俊京都府知事、元経済産業次官の広瀬勝貞大分県知事らだ。

地方政界や副知事・副市長を経てトップに立つ人は3割程度に上る。熊谷俊人千葉県知事は千葉市長、村井嘉浩宮城県知事は宮城県議から就任した。

福島県の内堀雅雄知事ら副知事を経て知事になるコースもある。

60歳代、1期目が多い

知事と政令市市長67人の年齢と当選回数（2021年末時点）

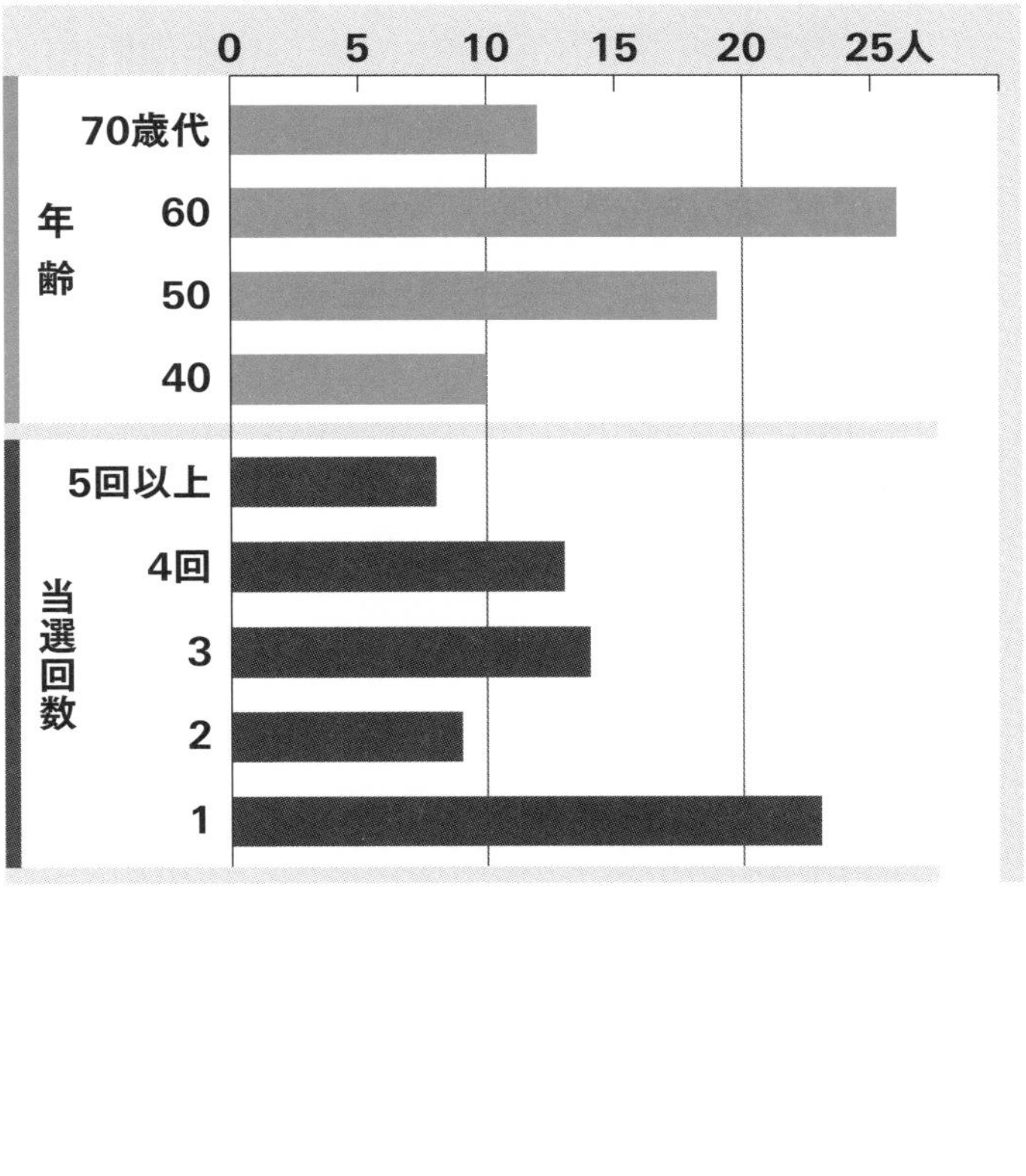

指導者7

旧民主系党首、枝野氏が最長

——在職1000日超は3人、共産・志位氏は21年

自民党が民主党から政権を取り戻して2022年12月で10年になる。野党の低迷で政権交代は遠い状態だが、野党第1党の党首は衆院選の結果次第で常に次の首相になる可能性を秘める。

自民、社会両党の55年体制が終わり、非自民政権の発足と挫折を経て1998年に発足したのが民主党だ。以降、同党出身議員が中心となる政党が自民党と対峙してきた。民主党は2003年に自由党と合併し09年に政権を奪取した。12年の下野後、民進党、立憲民主党が野党第1党として自民党の対抗勢力となった。

1998年以降、旧民主系のこれらの党の歴代党首が選ばれた日から後任の選出日までを「在職日数」として比較した。立憲民主党の枝野幸男氏が代表を辞任した2021年11月12日までの在職日数は旧国民民主党と合流前の旧立民時代を含めて1502日で最も長い。

旧立民は枝野氏が17年10月の衆院選を乗り切るために支持議員らと結党した。公示

在職日数の長い野党第1党党首

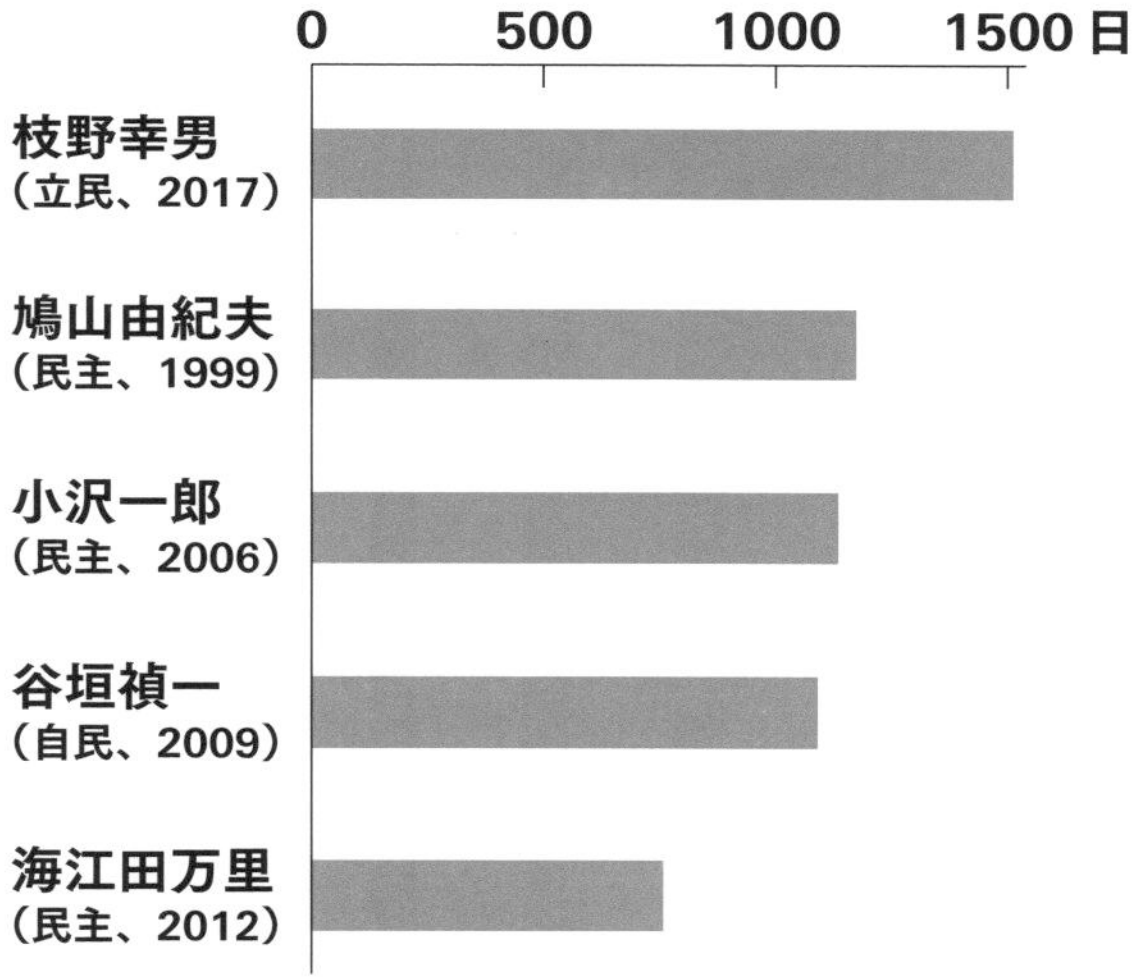

注／敬称略。98年以降。
カッコ内は就任年

前は希望の党などより少ない勢力だったが、選挙で55議席をとり衆院で野党第1党の座を得た。20年9月に旧国民民主党と合流し今の立民となった。枝野氏は同年の代表選で旧国民出身の泉健太氏を破って「長期政権」を築いた。

旧民主党では1999年9月就任の鳩山由紀夫氏が1173日、2006年4月就任の小沢一郎氏が1136日で続く。枝野氏を加えた3氏が1000日を超えた。

鳩山氏は1998年の結党時の代表だった菅直人氏を代表選で破った。小沢氏は2007年参院選で大勝し衆参で多数派の異なる「ねじれ国会」を主導して自民党政権の基盤を崩した。後任の鳩山代表時代に政権交代を実現した。

同時期の首相の在職日数をみると、12年12月就任の安倍晋三氏が2822日、01年4月就任の小泉純一郎氏の1980日の順で長い。

09〜12年には自民党が下野し野党第1党だった。自民党のホームページを参考に計算すると、谷垣禎一氏は1092日間総裁を務めた。民主党政権で首相だった鳩山、菅、野田佳彦各氏の在職日数はそれぞれ266日、452日、482日だ。

00年以降、民主党と立民は野党として衆院選を7回戦っている。最も大勝したときは鳩山代表の09年で308議席を獲得した。03年は菅代表時代で177議席を得た。

政党要件を備える野党7党の現職党首のうち、在職期間の最長は共産党の志位和夫委員長だ。00年11月の就任から21年が過ぎている。

野党第1党の衆院選獲得議席

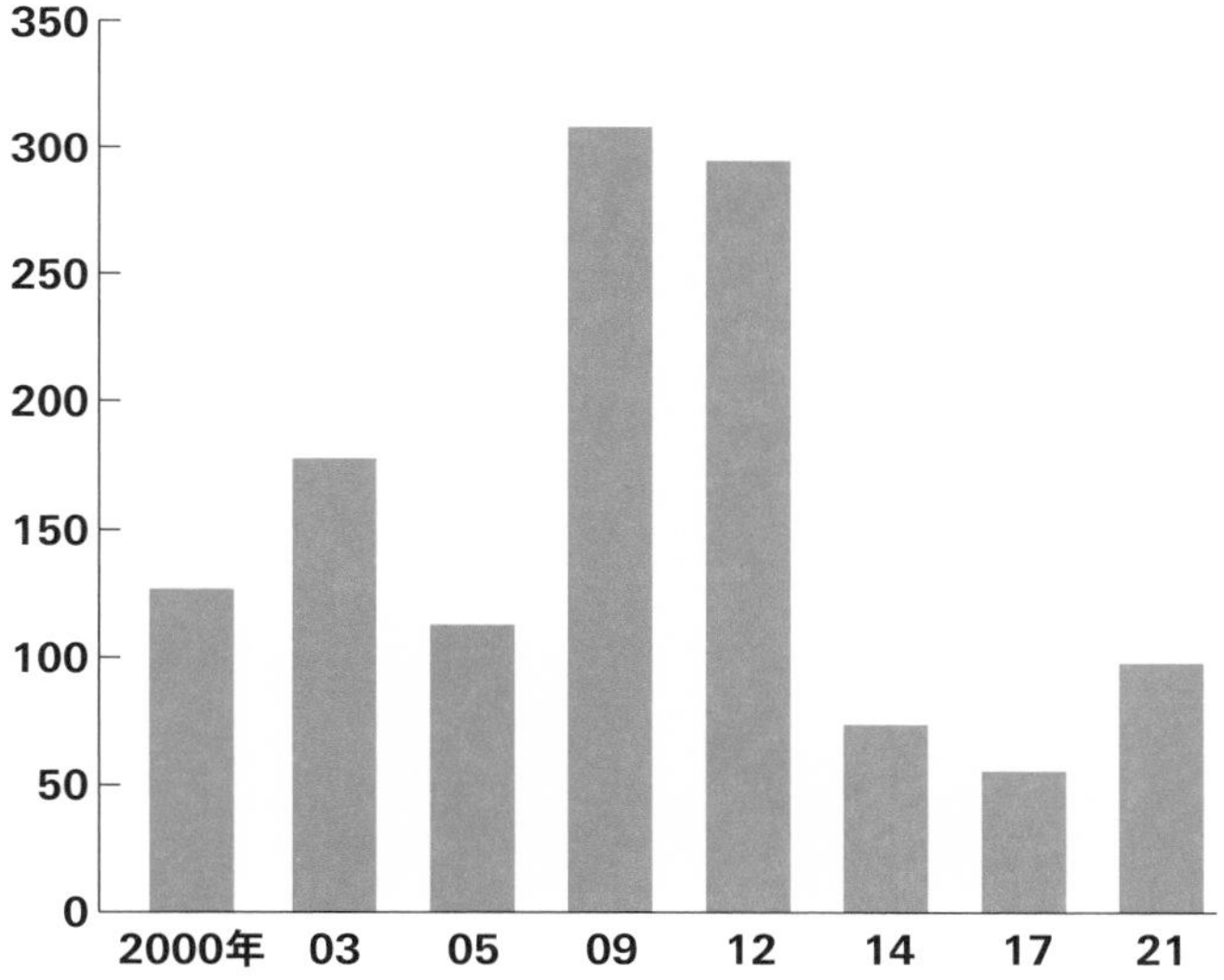

注／2000〜09年と14年は民主。
12年は自民。17年と21年は立民

指導者8

首相交代、平均2年で
——G7、イタリアに次ぐ短さ

2021年6月の英国での主要7カ国首脳会議（G7サミット）は2年ぶりに対面で開いた。当時の菅義偉首相やバイデン米大統領ら初参加組がいる一方、ドイツのメルケル首相は15回目。常連の首脳は会議の駆け引きで経験を生かし、有利に運びやすいといわれる。

日本が小選挙区制で衆院選を実施した1996年以降、2021年7月時点で現職の1代前までのG7首脳の任期の平均を調べた。日本の首相の平均在任日数は821日で、2年余りで交代する計算になる。G7でイタリアに次いで短かった。

最長はドイツの4228日だ。21年12月まで政権を維持したメルケル氏を算出の対象から外しても際立つ。ドイツの解散権は首相ではなく大統領にあり、行使が限定され、連邦議会選挙は原則4年に1度になる。比例選挙で5%以上の得票率もしくは選挙区で3議席以上とれない政党は議席を認めず、党の分裂を防いでいる。

メルケル氏は16年間で自身が率いる中道保守政党が単独で政権を担った時期は一度

G7首脳の在任期間

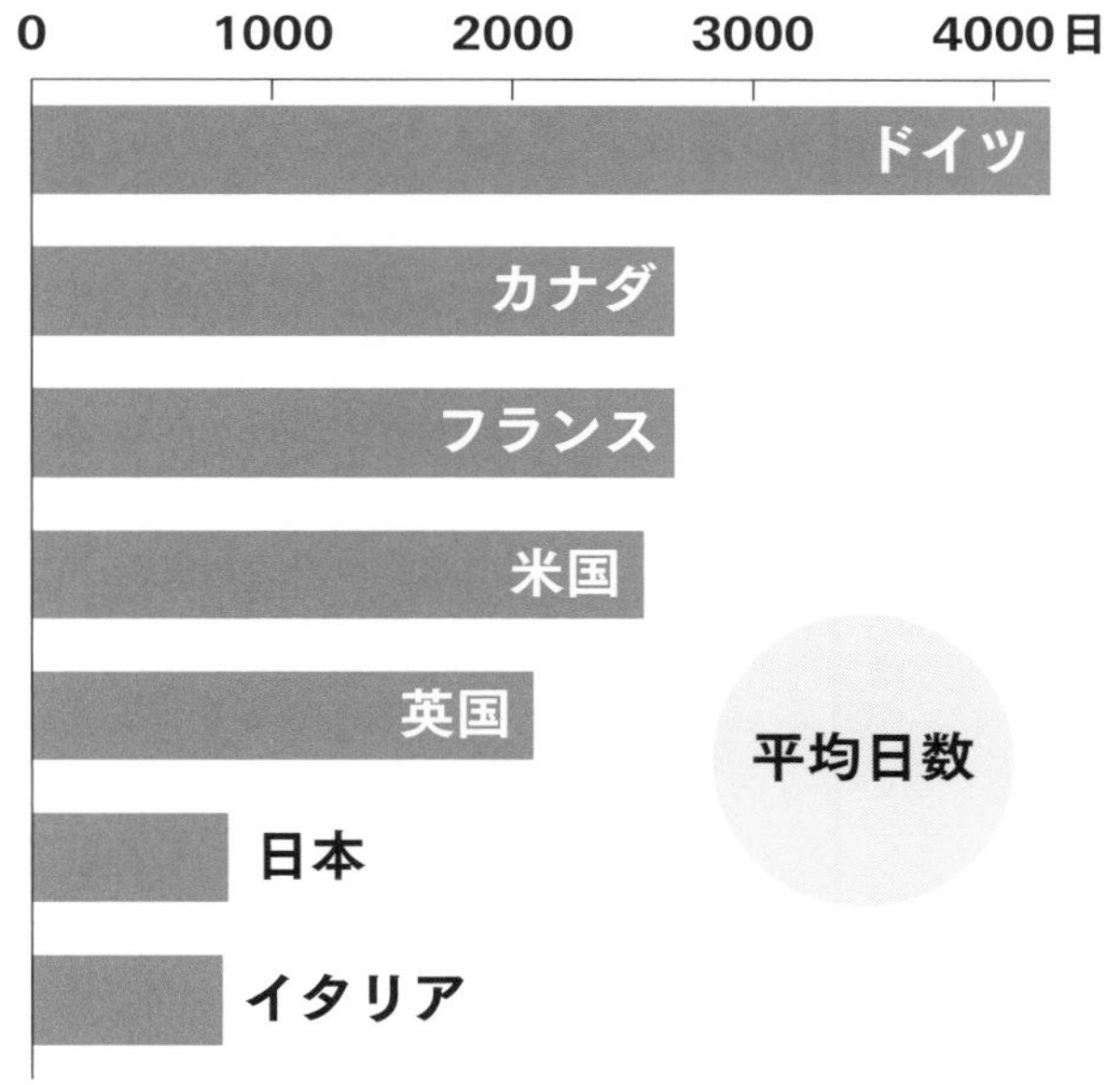

注／各国首相官邸のHPなどを基に作成。
1996年1月時点の首脳から、2021年7月時点の現職の1代前までの平均

もなく、連立相手をたびたび変えて安定政権を築いた。

大統領制の米国は最長2期8年、フランスは連続2期10年と決まっている。日本と同じ議院内閣制をとる英国とカナダの首相は総選挙の敗北に伴う退陣が目立つ。

日本の歴代最長は安倍晋三氏の連続2822日だ。5年以上務めたのは安倍、佐藤栄作、吉田茂、小泉純一郎の4氏だけになる。最短は太平洋戦争の終戦直後の東久邇宮稔彦内閣の54日だった。

日本は自民党政権が続き、党総裁が首相を務めてきた。自民党の発足後、非自民勢力による政権交代は2回に限られる。自民党は派閥間などで主流派と非主流派による「疑似政権交代」で有権者に変化を見せた。政権選択選挙となる衆院選とは別に3年に1度の参院選や自民党総裁選もある。橋本龍太郎内閣や第1次安倍内閣は参院選で大敗後に退陣した。

英国やドイツ、カナダは上院の権限が制約され、政権交代など国政全体に及ぼす影響力は日本ほど大きくない。

イタリアは上院と下院が対等で、小政党が乱立する。首相を選べず組閣できない場合、大統領が学者をピンチヒッターの首相に任命して「実務家内閣」を立ち上げるのが慣例になっている。21年2月に就任したドラギ首相は欧州中央銀行（ＥＣＢ）総裁などを歴任した経済学者で、現職の国会議員ではない。その前のコンテ氏も議員ではなく本職は法学者だった。

日本の歴代首相の連続在任期間（菅義偉氏まで）

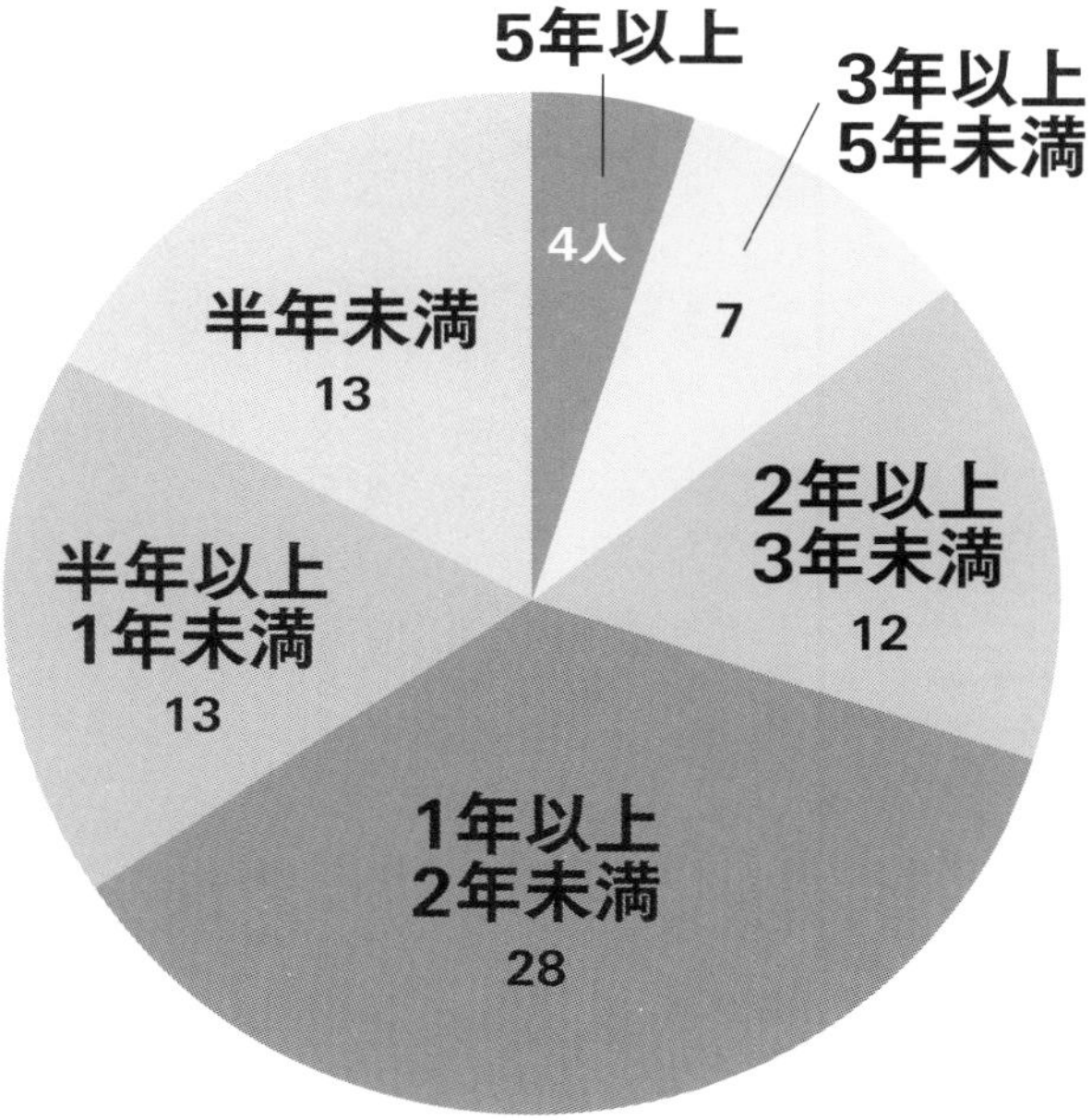

指導者9

首相の出身選挙区、群馬が最多4人
――現憲法下、神奈川・広島・山口は3人

憲法は67条で首相について「国会議員の中から国会の議決で指名する」と規定する。1947年の日本国憲法施行後、新しく首相に就いた片山哲氏から数えて、現職の岸田文雄氏まで33人の首相が誕生した。

首相官邸ホームページの「内閣総理大臣一覧」などで33人の歴代首相の出身選挙区の所在都道府県を調べると、群馬県が最多の4人だった。福田赳夫氏や中曽根康弘氏、小渕恵三氏、福田氏の長男の康夫氏がいる。

4人とも中選挙区時代に衆院群馬3区で戦ってきた。同選挙区は「上州戦争」と呼ばれ、福田赳夫氏と中曽根氏の国政での権力闘争をにらんだ対決が繰り広げられた。

両氏の後塵を拝してきた小渕氏は「ビルの谷間のラーメン屋」と自嘲しつつ当選を重ねた。最大派閥だった竹下派を継承し、98年には首相に就いた。福田赳夫氏の地盤を継いだ康夫氏は2007年に首相になった。

群馬県に次いで3人を輩出したのが神奈川県と広島県、山口県となる。神奈川は片

現行憲法下の歴代首相の選挙区

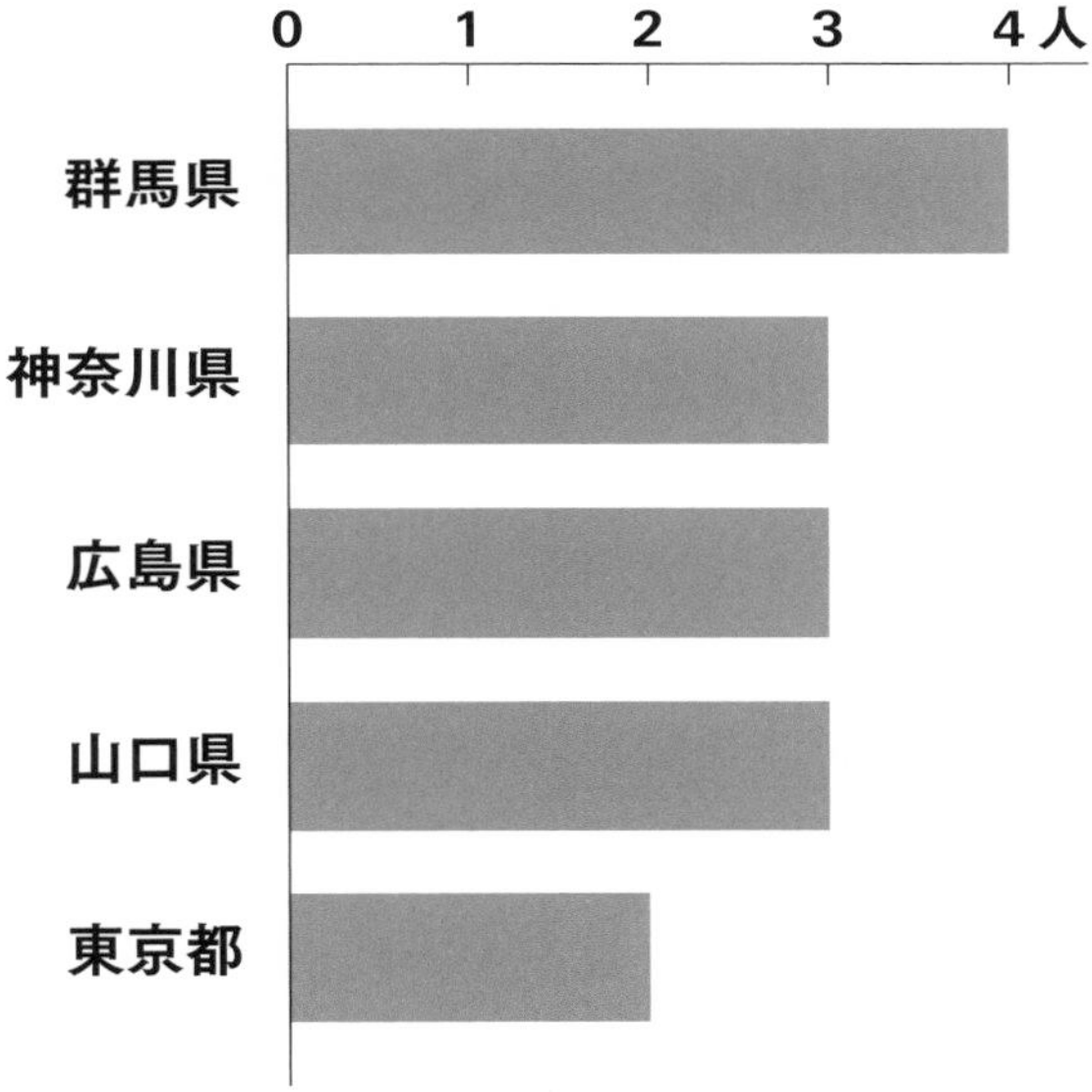

注／選挙区の所在都道府県
出所／首相官邸HPなど

山口氏、小泉純一郎氏、菅義偉氏が該当する。広島は池田勇人氏と宮沢喜一氏のほか、両氏がトップを務めた派閥「宏池会」の現会長、岸田氏も衆院広島1区の選出だ。山口は岸信介氏、佐藤栄作氏、安倍晋三氏があてはまる。

東京都が2人で続く。

田中角栄氏の新潟県、大平正芳氏の香川県などを含め、現行憲法下で23都道府県の選挙区から首相が出た。

戦前など現憲法施行前を含めた出身地はどうか。官邸ホームページの一覧をみると、戦後は「選挙区」、戦前は「出生地」を原則として掲載している。

これを基に集計すると、山口県は初代の伊藤博文氏や桂太郎氏らが加わり、8人で最も多くなる。首相の通算在任日数の上位4人は安倍、桂、佐藤、伊藤各氏の順で「山口出身」が独占する。

「雪深い秋田の農家に生まれ、地縁、血縁のない横浜でまさにゼロからのスタート」。菅氏は20年10月の所信表明演説で自身の選挙区、衆院神奈川2区がある横浜市だけでなく、生まれ育った秋田県に言及した。

選挙区と出生や出身の地域が異なるケースも少なくない。

安倍氏は東京都生まれで、山口県が地盤の父、晋太郎元外相の後を継いだ。岸田氏は東京都で生まれ、選挙区は広島だ。

選挙区と出身・出生地が異なる例がある

歴代首相	選挙区	出身・出生地
岸田文雄氏	広島県	東京都
菅 義偉氏	神奈川県	秋田県
安倍晋三氏	山口県	東京都
菅 直人氏	東京都	山口県
細川護煕氏	熊本県	東京都

注／選挙区の所在都道府県
出所／首相官邸HPなど

議員1

解散はいつが多いか
——データで見ると「秋」「任期3年超え」

現行憲法下での26回の衆院選をみると、任期満了によって実施したケースは三木武夫内閣だった1976年に迎えた1回しかない。残りの25回は全て解散に伴うものだ。任期の始まりとなる投開票日から解散までの日数を平均するとおよそ1000日だった。

衆院解散はどのタイミングが多かったのか。最多は選挙後3年を超えてからのケースで、12回あった。続いて2～3年の7回、1～2年の4回、1年以下の2回の順だ。任期満了まで残り半年をきって解散に踏み切った例は、1952年、90年、2000年、09年、21年の5例ある。

最も満了ギリギリまで引っ張ったのは21年だ。10月4日に就任したばかりの岸田文雄首相が任期満了の21日まで残り1週間の14日に解散した。投開票日は31日で、戦後初めて任期満了日の後になった。自民党は15議席減らした。

09年は当時の麻生太郎首相が任期まで2カ月を切った1410日目で解散した。リ

任期3年超えの解散が多い

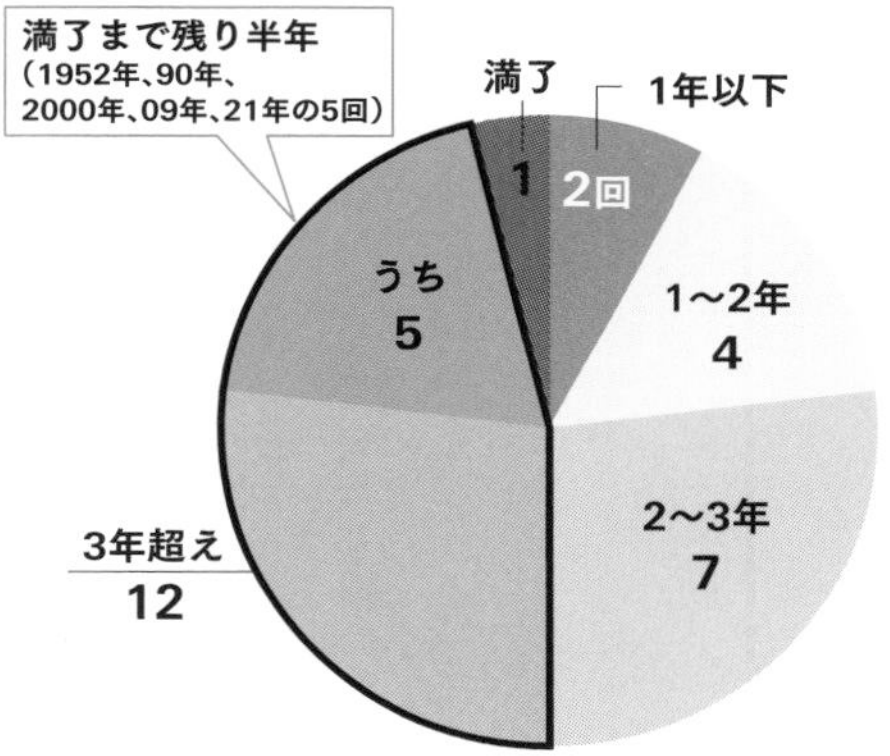

注／現行憲法下の26回の衆院選の前の在任期間。日経調べ

衆院解散は年後半が多い

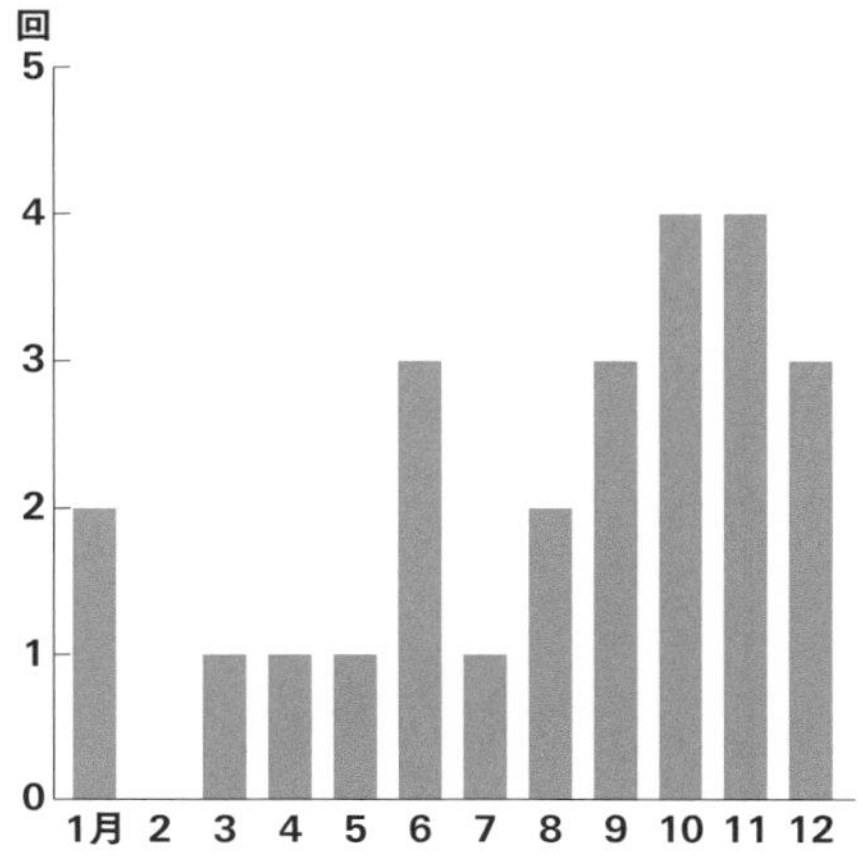

ーマン・ショックの対応に加え、内閣支持率が上向かない状況が続いて「追い込まれ解散」といわれた。自民党は大敗し、当時の民主党が政権を獲得した。

残り3例も時の第1党が議席を減らしている。1952年の自由党は公示前から45議席、90年の自民党は20議席、2000年の自民党は38議席をそれぞれ失った。データ面だけでみると「追い込まれ解散」は政権党に不利になる。

実際はそう単純ではない。1990年は自民党が89年参院選で消費税導入やリクルート事件を受け初めて過半数割れした後の衆院選だった。議席を減らしたものの善戦と評された。2000年は森喜朗首相の失言などによる逆風下、与党で絶対安定多数の議席数は確保した。21年も事前予想より伸び、自民党単独で絶対安定多数を保った。

逆に前の衆院選から解散までの期間が最短だったのは1953年。吉田茂首相（当時）の「バカヤロー」発言をきっかけに内閣不信任決議案が可決され、5カ月で解散した。

解散時期を月別でみると、10月と11月の4回が最多だ。6、9、12の各月が3回ずつで続く。1〜6月までの上半期が8回なのに対して、7〜12月の年後半は17回と集中している。9〜12月で全体の過半を占める。

予算審議や重要法案の審議を抱える通常国会は、審議が止まる解散に踏み切れる期間を見いだしにくい事情がある。

時々の政治日程が解散時期を左右する。2021年は7月4日投開票の東京都議選、同月23日開幕の東京五輪などがあった。パラリンピックが9月5日に終わり、その月の自民党総裁選で岸田氏が新総裁に選ばれた。

次の解散はいつなのか与野党は時期に神経をとがらせる。

国会議員の数、英仏より少なく

——18万人で1議席

国会の定数は公職選挙法で衆院465、参院248の計713と決まっている。2018年の法改正で参院が6議席増加した。参院は3年ごと半数を改選するため19年参院選で議席は242から3増えて245になった。22年に3加わり法定の248に達する。

税負担などの観点で議員数を減らすべきだという議論は消えない。12年、旧民主党政権で野田佳彦首相は自民党の安倍晋三総裁に定数削減での協力の約束と引き換えに衆院を解散した。日本維新の会は19年参院選や21年衆院選の公約で3割削減を訴えた。

日本の議員数は過剰なのだろうか。世界の国会議員が参加する列国議会同盟（IPU）が21年3月時点で公開しているデータをみると、日本は192カ国のうち法定議席数が8番目に多い。

最多は中国の全国人民代表大会の3000だった。二院制の英国、イタリア、フランスが続く。

欧州の主要国と比べ日本は人口あたりの定数が少ない

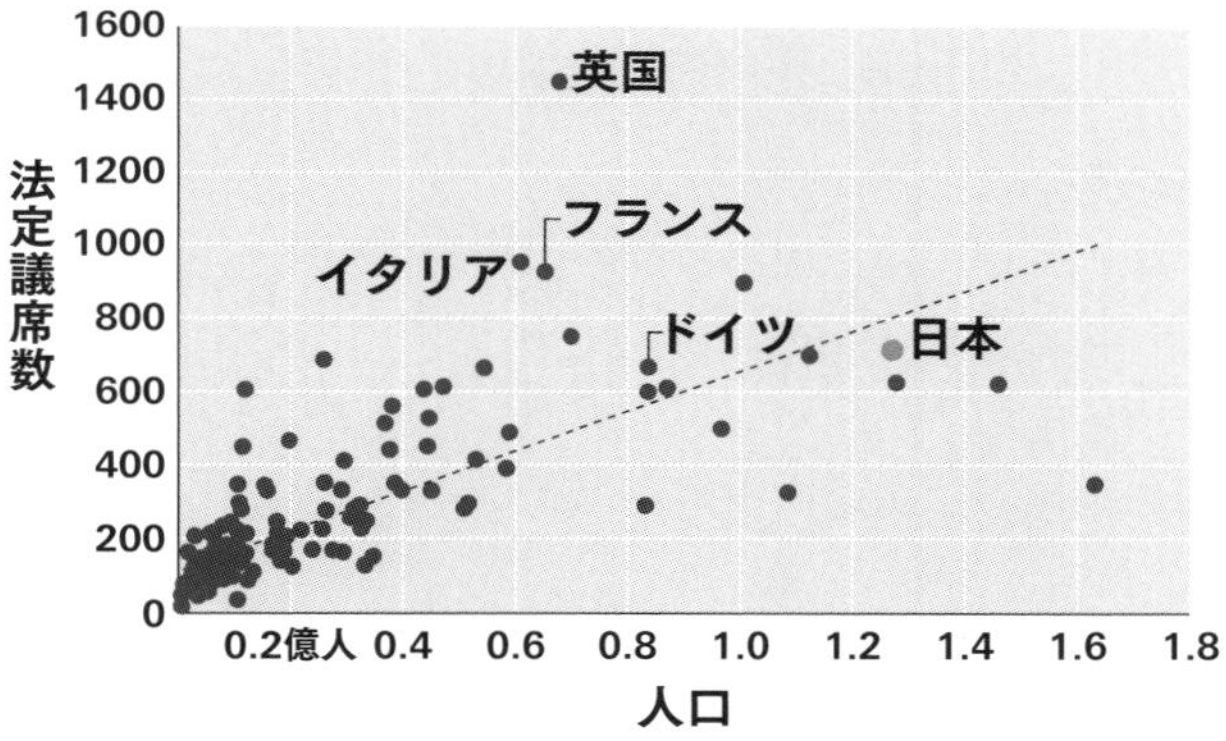

注／法定議席数は列国議会同盟まとめ（2021年3月時点の公開データ）、
人口は国連の2019年推計

このうちイタリアは20年9月、国会の定数を減らす憲法改正の国民投票で賛成が7割ほどに達した。次回選挙から上下両院それぞれの定数が3分の1以上削られ、日本より少なくなる。

適正な規模を考えるにあたって人口比という視点がある。国民が少ない国ほど議会の定数も小さいという傾向がみられる。島しょ国のミクロネシアやツバルなどは20に満たない。

IPUのデータによると日本の議員1人当たりの人口は18万人弱だ。日本より多いのは17カ国に限られ、経済協力開発機構（OECD）に加盟する37カ国では米国とメキシコだけとなる。日本は人口規模のわりに国会議員の少ない国と言える。

衆参両院の定数は戦後と比べるとほとんど変わっていない。現行憲法を施行した1947年の時点で衆参あわせて716だった。衆院は旧帝国議会の衆院と同等の466、旧貴族院を廃して新たに設けた参院は250と定めた。

大都市の人口増加に伴う積み増しや沖縄県の本土復帰による増員などを経て、衆院定数は86年に512まで膨らんだ。94年の政治改革で議席を500に減らしたのを機に、段階的に減らしている。

参院は沖縄復帰で2増えたのを除けば、50年間以上変動がなかった。21世紀に入って1票の格差の是正などで増減がある。

日本の国会定数は戦後大きく変わっていない

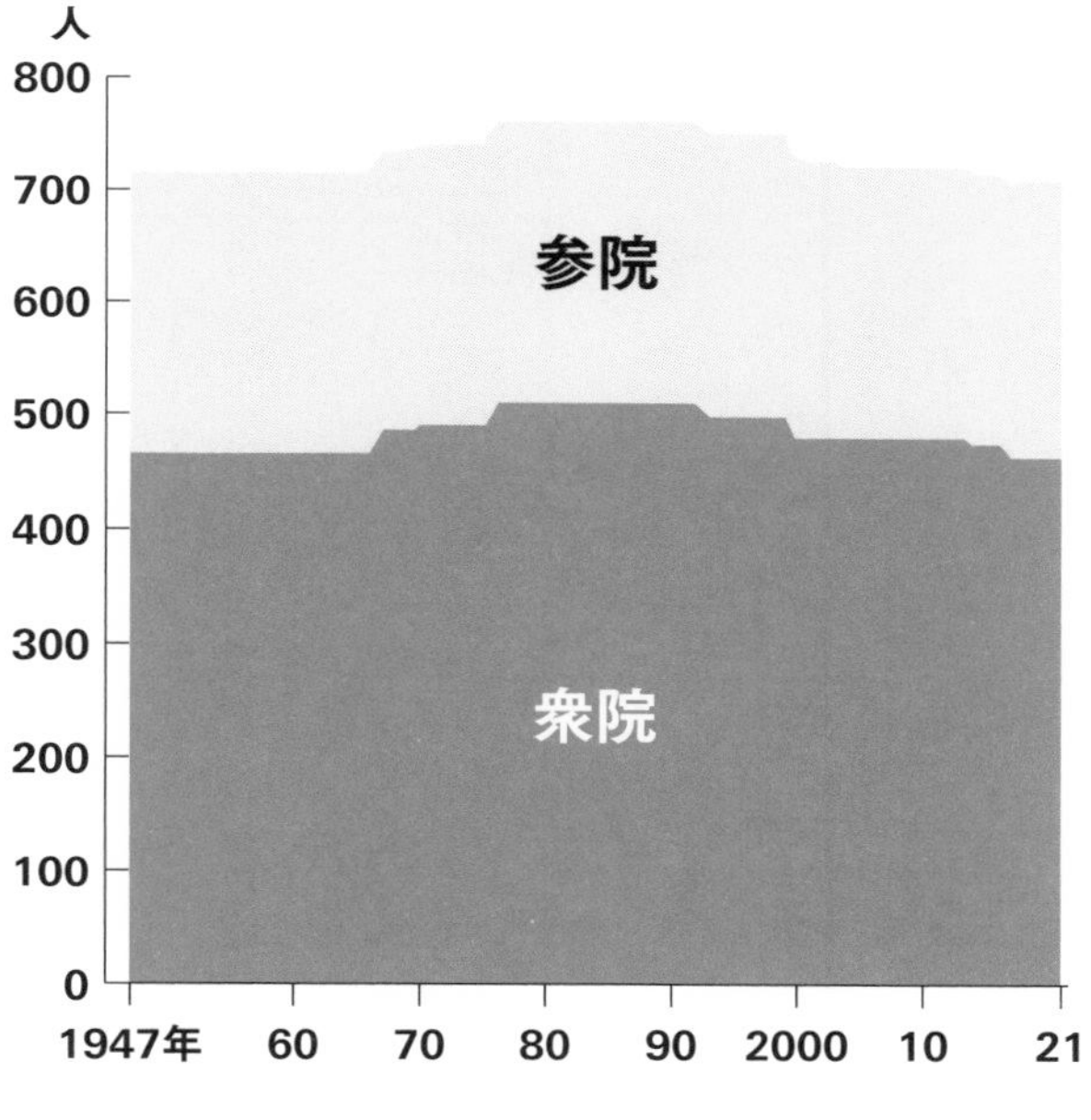

注／2020年の衆院事務局「衆議院の動き」の情報を基に作成

衆院の女性比率1割以下
――途上国の平均下回る

2021年の衆院選の当選者をみると全体の9・7％にあたる45人が女性だった。列国議会同盟（IPU）のデータによると、世界各国の議会（二院制の場合は下院）における女性議員の比率の平均は25・5％だった。途上国に限っても21・7％で、日本の衆院の低さが際立つ。

参院は56人で女性が全体の2割を超す。それでも衆参両院あわせて1割台で、国際的には低水準だ。

1946年4月10日、日本で初めて女性が参加した衆院選が投票日を迎えた。女性は候補者の2・9％だったが、当選者の8・4％を占めた。

その後は衆院議員の女性比率はおおむね1～2％と低迷を続けた。転機は中選挙区制から小選挙区比例代表並立制に切り替わった96年の衆院選で、当選者の4・6％まで高まった。

その後も女性議員は増える傾向にあるが、ペースは緩慢だ。政党が現職候補を優先

日本の女性議員比率は途上国平均に遠く及ばず

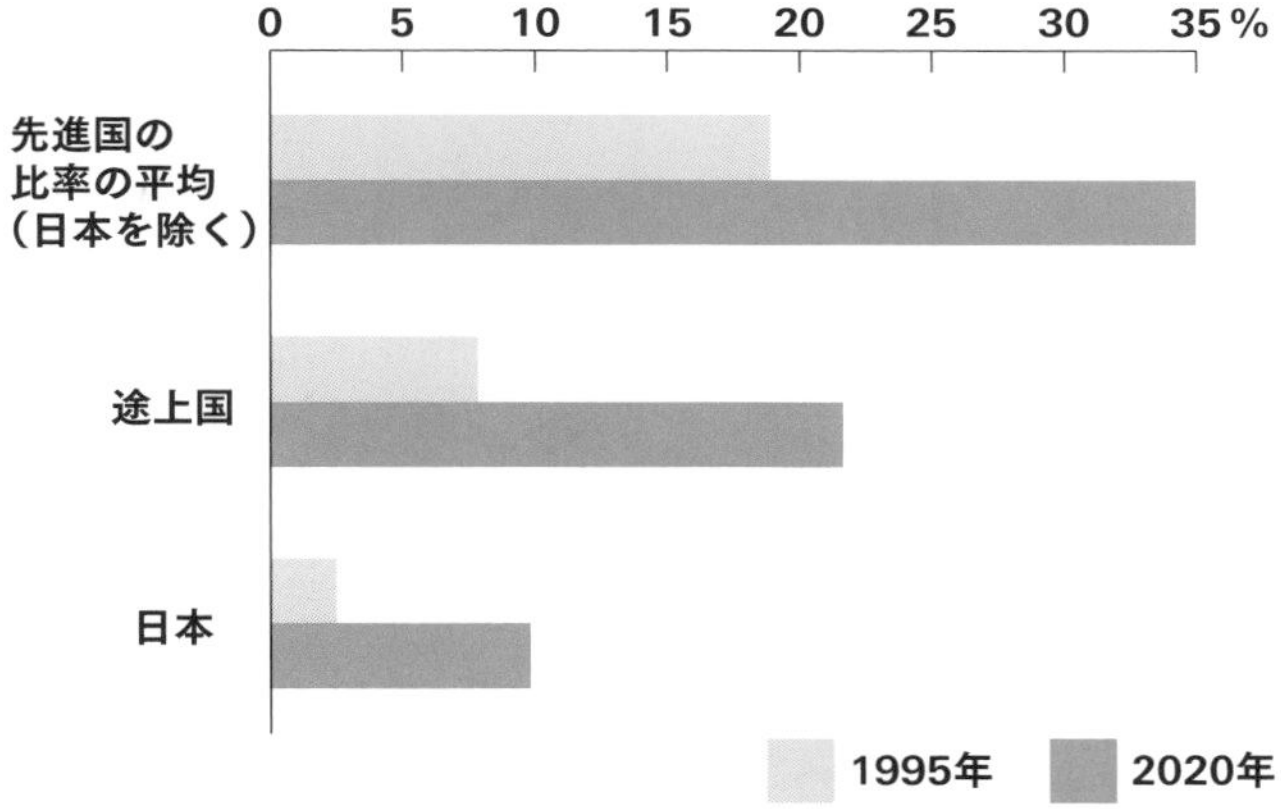

注／列国議会同盟（IPU）のデータをもとに作成。二院制の国は下院の比率。
先進国は95年時点で経済協力開発機構（OECD）に加盟の26カ国

し、女性の新人候補の擁立をためらう傾向がうかがえる。

IPUのデータによると、95年に日本は国会議員の女性比率で140位台だった。2020年は166位まで順位を落とした。各国のスピードに日本は追いつけていない。

近年はOECD加盟国以外の途上国の躍進が目立つ。1995年はスウェーデンやノルウェーなど北欧諸国が上位に名を連ねていた。2020年は1位がルワンダの61%、2位はキューバの53%だった。

一定以上の議席や候補を女性に割り振る「クオータ制」が促進策になっている。ルワンダは03年の選挙からクオータ制を導入し、議会の少なくとも30%を女性枠と定めた。

すでに103カ国がクオータ制を取り入れている。特に比例代表制をとる国は7割弱がクオータ制を採用する。小選挙区制など多数代表制の国家では3割弱にとどまる。

日本政府は21年4月に始まった第5次男女共同参画基本計画で、国会議員の女性候補を25年までに35%に引き上げる目標を掲げる。

衆院選は小選挙区比例代表並立制をとる。比例代表は小選挙区で落選した議員が復活当選を期する枠という側面が強い。議員の多様性を確保する工夫が制度上も必要になっている。

クオータ制は比例代表制と親和性がある

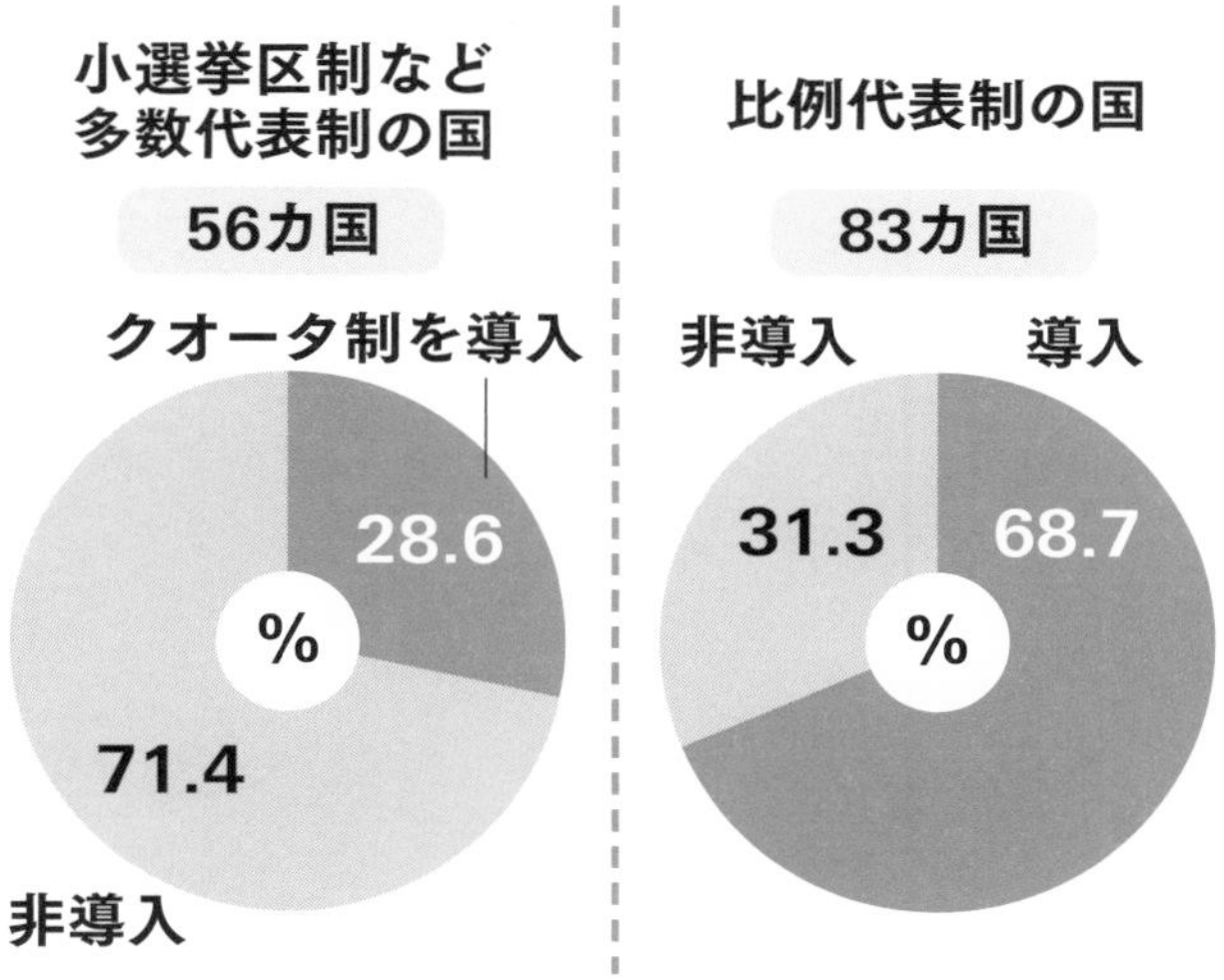

注／列国議会同盟（IPU）の統計をもとに作成。二院制の国は下院。
小選挙区比例代表並立制の日本の衆院のように複数制度の混合制の国を除く

被選挙権年齢、衆院は25歳

――世界は「18歳」が最多

選挙で立候補、当選できる「被選挙権年齢」は衆院議員が25歳、参院議員が30歳に定められている。現行憲法下の１９４７年以降変わっていない。米国の下院25歳、上院30歳という例を参考にしたとも言われる。

投票できるようになる「選挙権年齢」は２０１５年の公職選挙法改正で20歳から18歳に改まった。21年衆院選では多くの政党が公約などで被選挙権年齢の引き下げに言及した。

自民党は「引き下げの方向で検討する」と記した。立憲民主党は衆院、参院など各選挙で５歳引き下げると訴えた。

諸外国と比べて日本の被選挙権年齢は高いのだろうか。

国立国会図書館が20年６月に公表した資料によると、日本の衆院にあたる下院（一院制の議会を含む）の被選挙権年齢は18歳が最多だった。65カ国・地域と全体の33・3％にあたる。

世界各国・地域の下院の被選挙権年齢

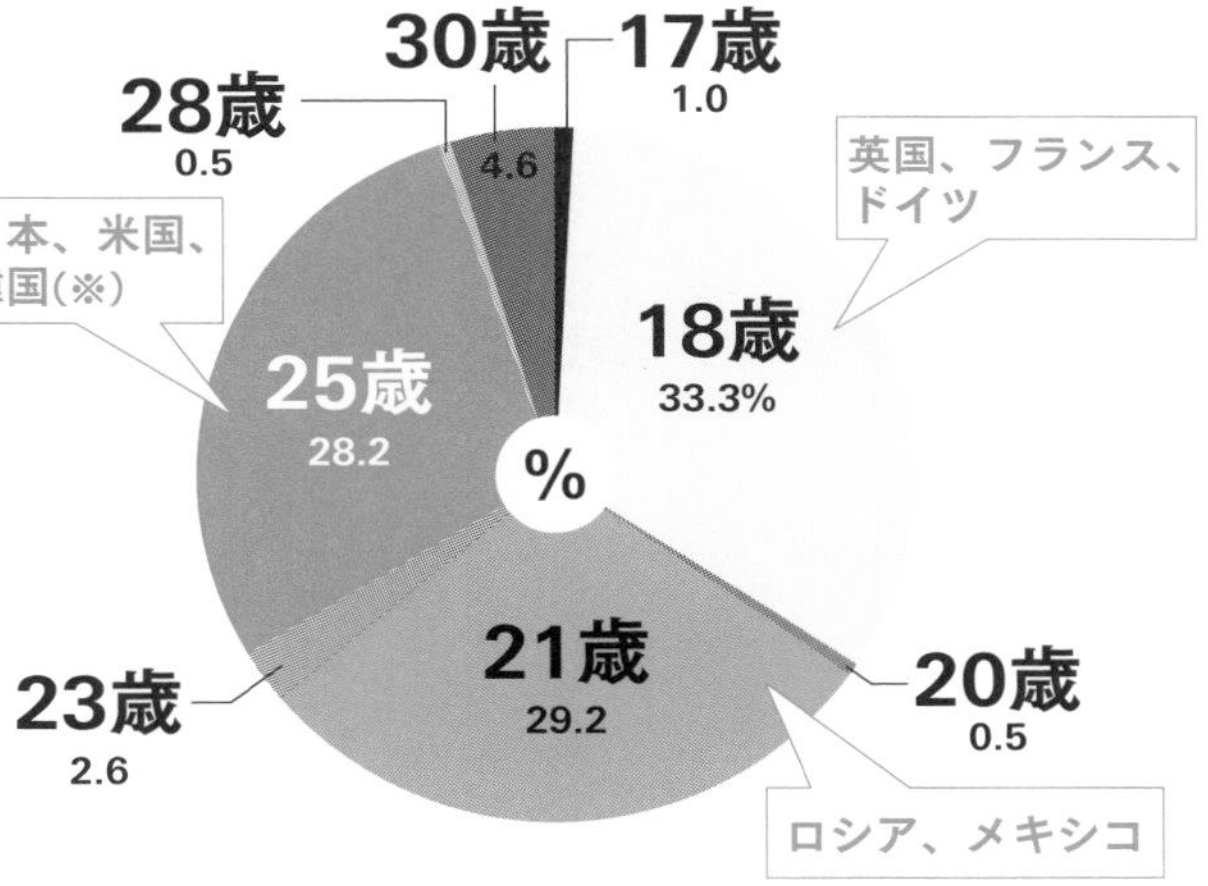

（※）韓国は18歳に引き下げ
（21年12月に法改正案を可決）

注／一院制採用国を含む。四捨五入の関係で合計は100にならない
出所／国立国会図書館の2020年6月の資料

21歳が57カ国・地域（29・2％）、日本と同じ25歳が55カ国・地域（28・2％）で続いた。

ＯＥＣＤの加盟国（20年加盟のコロンビア、21年加盟のコスタリカを除く36カ国）に絞ると、18歳が21カ国（58・3％）で過半に達した。

先進国は若者の政治参画を促す方向に制度変更する傾向がある。フランスは11年の法改正で下院の被選挙権年齢を23歳から18歳に、英国も06年の法改正で21歳から18歳に下げた。アジアでも韓国国会が21年12月に18歳に引き下げる法改正案を可決した。

日本の参院にあたる上院は国・地域ごとにばらつきが大きい。日本と同様の30歳が全体の24・3％と一番多かった。18歳は20・3％で、35歳と40歳もそれぞれ14・9％だった。

日本のように選挙権年齢と被選挙権年齢が異なる国は多い。下院で被選挙権年齢が選挙権年齢より高い国は122カ国・地域と65・2％で、両年齢が一致する65カ国・地域（34・8％）を上回る。ＯＥＣＤ加盟国は一致する国が5割にのぼる。

日本は地方選挙でも被選挙権年齢に区別がある。都道府県知事選は参院と同じ30歳以上が条件になる。都道府県議、市区町村長、市区町村議の各選挙は25歳以上で、衆院と同じ年齢に設定している。

日本の各選挙の被選挙権年齢

国政選挙	
衆院議員	25歳
参院議員	30歳

地方選挙	
都道府県知事	30歳
都道府県議	25歳
市区町村長	
市区町村議	

議員5

衆院議員、40歳未満は1割切る
——日米韓で若手少なく

日本の国会には若手議員が少ないとされる。列国議会同盟（ＩＰＵ）が２０１８年に発表した統計によると、衆院の40歳未満の議員比率は８％だった。最も割合が大きいのがデンマークの41％で、世界平均は17％となっている。日本は高齢人口の割合が高い。世界銀行の19年の統計によれば、65歳以上の人口は28％に及ぶ。

高齢化が進んでいても議員の年齢が高いとは限らない。イタリアの高齢化率は23％と日本に次ぐ水準だが、議員は40歳未満が33％いる。

対照的に主要国で日本より若手の割合が低いのが韓国と米国だ。40歳未満の議員は韓国が２％、米国が７％で若い政治家の層が薄い。人口の高齢化率は韓国が15％、米国は16％で日本よりも低い。

韓国は日本以上に年功序列が厳しい社会といわれる。米国は地方議員などの公職や弁護士から下院議員を目指すルートが定着する。

40歳未満の国会議員の割合

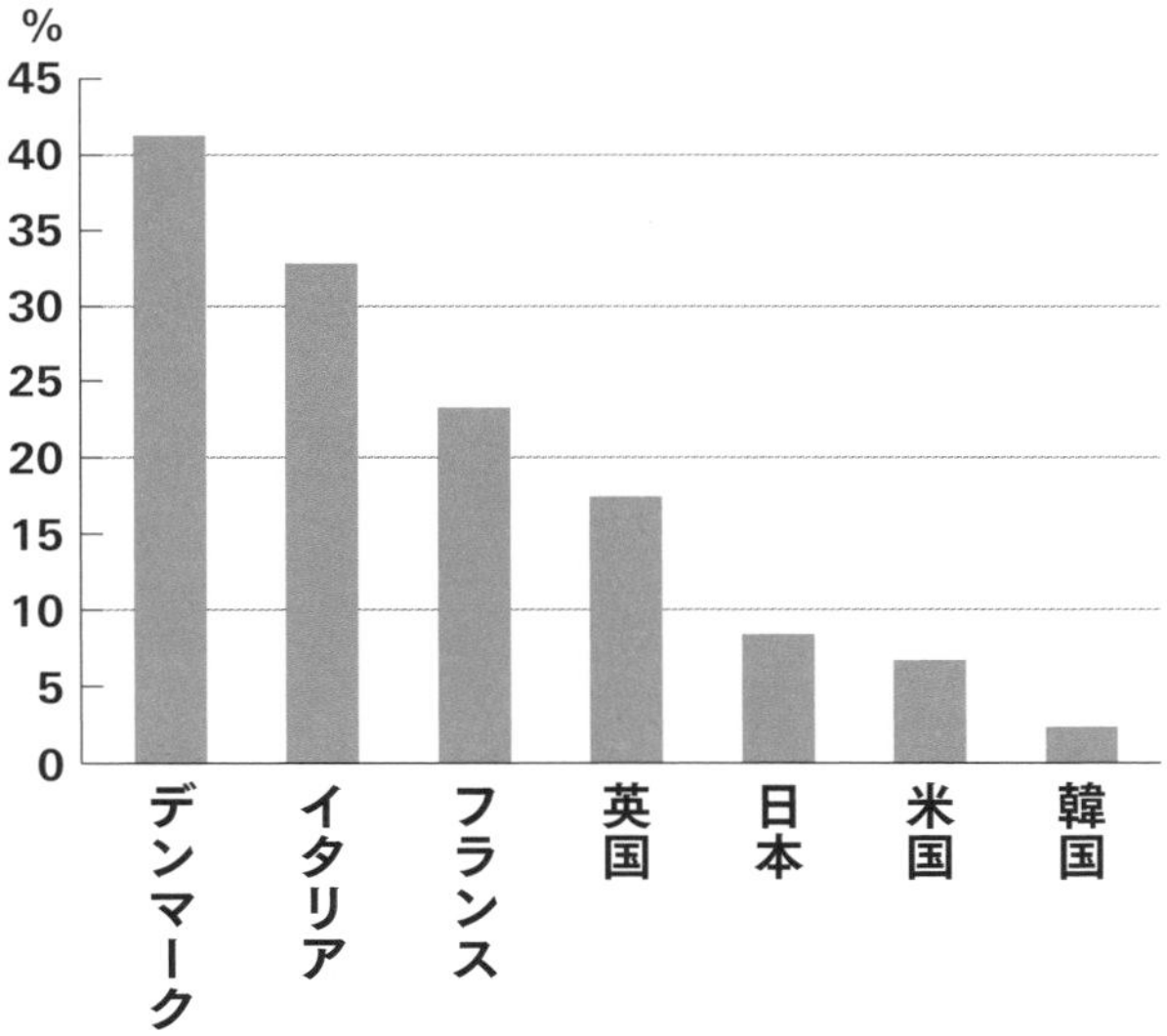

注／列国議会同盟（IPU）の集計による。二院制の国は下院

議員の年齢分布は各国の政治意識や慣習に左右されるだけでなく、選挙制度の違いに由来する側面もある。

若手議員の比率が高い国には特徴がある。被選挙権が18歳からと低く、比例代表制を採っている。デンマークやフィンランド、スウェーデン、オランダなどが当てはまる。政治教育に熱心で、投票率も高い傾向にある点でも共通する。

欧州でも英国やフランスは相対的に高齢議員が多い。両国は小選挙区制を導入している。

候補者を立てる政党はどうか。自民党は衆院選の比例代表候補に73歳定年制を適用している。青年局などが「定年制を堅持すべきだ」と主張する一方で、党内に「高齢化が進む日本で高齢者を公平に扱うとのメッセージが必要だ」との意見もある。

主要国の大政党が国政選挙の候補者に年齢の上限を設ける例は珍しい。自民党の17年の資料によると、ベルギーの社会党が規約で投票日に65歳超の候補者は全体の15%以内と定める。

法律で候補者や議員の年齢に上限を設定する国もある。カナダの上院議員は、満75歳になると退職する。イランやソマリアは、75歳以下でないと立候補できない。ブータンは、立候補の申請が認められるのが65歳以下と定めている。

北欧は若手議員が多い

	40歳未満の議員	被選挙権	選挙制度
デンマーク	41.34%	18歳	比例代表
フィンランド	36	18	比例代表
ノルウェー	34.91	18	比例代表
スウェーデン	34.1	18	比例代表
オランダ	33.33	18	比例代表
イタリア	32.81	25	混合
フランス	23.22	18	小選挙区
ドイツ	17.59	18	混合
英国	17.38	18	小選挙区
カナダ	17.11	18	小選挙区
日本	8.39	25	混合
米国	6.67	25	小選挙区
韓国	2.33	25	混合

注／列国議会同盟（IPU）の2018年の統計による。二院制の国は下院。
選挙制度「混合」は小選挙区と比例代表の両方を取り入れ

議員6

議員任期、衆院は4年

——世界は5年が最多

憲法45条は、衆院議員の任期を4年と定める。衆院解散の場合は「その期間満了前に終了する」と記す。

ＩＰＵのデータによると、日本の衆院にあたる下院または一院制の議会の任期で最も多いのは5年だった。１８９カ国のうち英国、フランス、イタリアや中国など１０３カ国が該当する。

日本と同じ4年も74カ国と多い。カナダやドイツを含む。リベリアなど3カ国は6年だ。オーストラリアやメキシコなど7カ国は3年、米国とミクロネシアの２カ国は最も短い2年だった。

二院制の国の上院はどうか。日本は憲法46条で参院の任期を6年と定める。3年ごと半数を改選し、解散はない。次の選挙は２０２２年夏を予定する。

ＩＰＵのデータで任期が記載されている73カ国の上院をみると、日本を含め6年が18カ国ある。仏上院の元老院は日本同様に3年ごとに選挙があるが、日本のような国

世界の議員任期

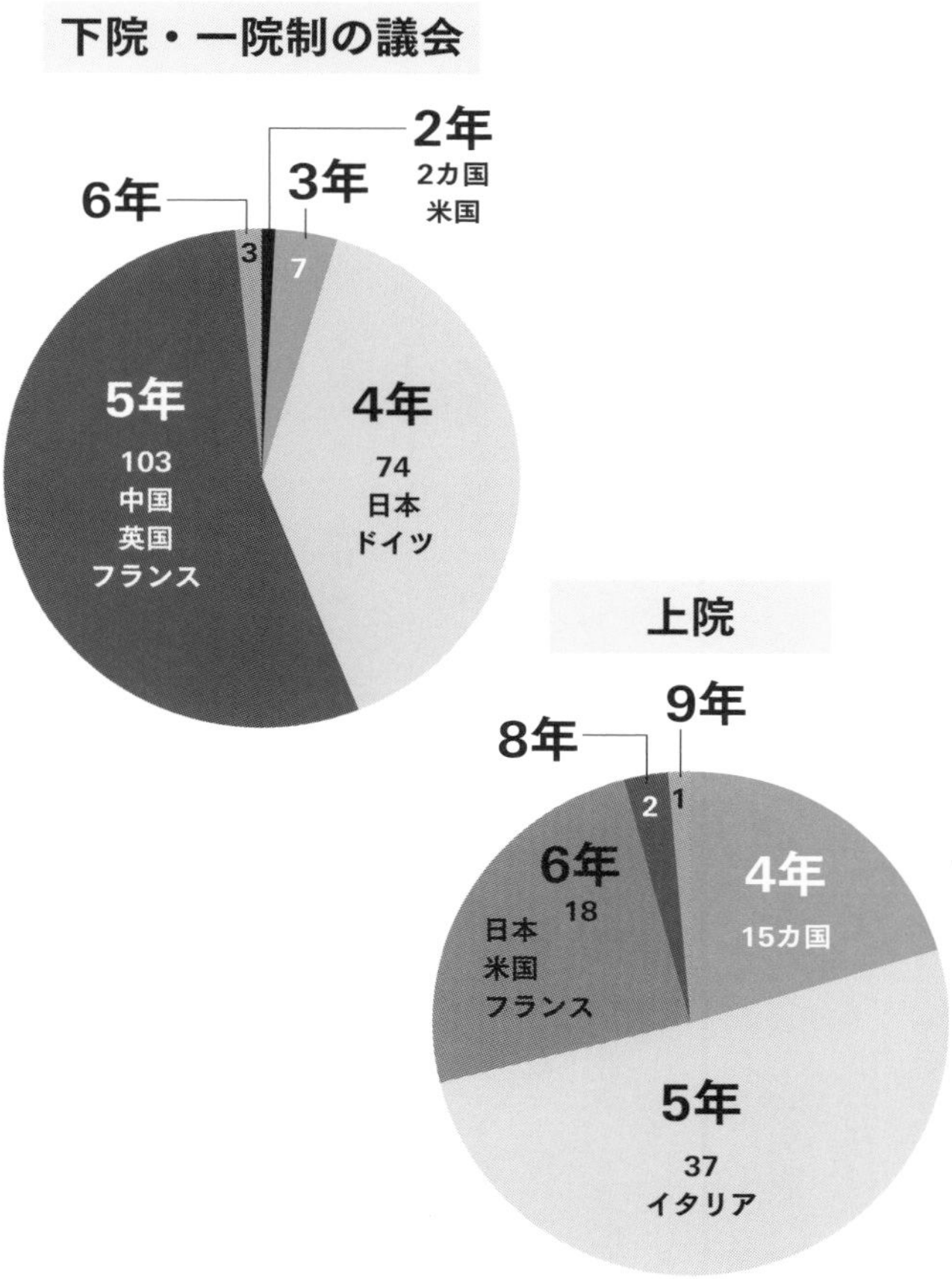

注／国名は代表例。任期がない国などは含めない。
議会の一部に任期が異なる議員がいる場合もある。
出所／列国議会同盟（IPU）

民の直接選挙でなく、地方議員らが間接的に選ぶ。

米上院も6年で、2年ごとに3分の1を改選する。2年ごとに全員を選ぶ下院、4年ごとの大統領と任期が異なる。大統領選がない年の上下両院の選挙は「中間選挙」と呼ばれ、政権の信任投票の意味合いを持つ。

上院でも最も多いのは下院と同じ5年だった。イタリアなど全体の半分にあたる37カ国が採用する。スペインなど15カ国は4年で、なかには8、9年と長期の国もある。73カ国とは別に英国のように基本的に終身制の上院もある。ドイツやロシアは州政府などの代表で構成する。

解散は国によって制度が異なる。米国はない。

英国は下院に解散があるが、11年に首相の解散権を制限する議会任期固定法が成立した。欧州連合（EU）離脱を巡る政治停滞を招いたと指摘され、英政府は20年12月に同法を廃止する方針を打ち出した。

日本で国会議員の任期を見直す動きは大きくない。衆参両院ともに世界の下院、上院で2番目に多い年数に設定しており、国際的にみても一般的な水準と言える。

地方自治体は、都道府県知事や市区町村長、都道府県議、市区町村議がいずれも任期「4年」と決まっている。

日本の議員や自治体首長の任期

国	
衆院議員	4年（解散あり）
参院議員	6年（解散なし） ※3年ごとに半数改選

地方	
都道府県知事	4年
市区町村長	
都道府県議	
市区町村議	

議員7

衆院選当選、新人は平均2割
──長期政権は新旧交代に壁

衆院選のたびに議員の交代はどれだけ起こるのか。現行憲法下で実施した26回の衆院選の当選者に占める新人の比率の平均を出すと、19・8%になる。元職の10・3%をあわせ、おおむね3割が入れ替わっている計算になる。

新人の割合が最も大きいのは現行憲法下で最初に実施された1949年衆院選で41・2%だった。少数与党だった民主自由党が吉田茂首相のもとで勝利した。最小は史上初の衆参同日選だった80年の6・8%だ。大平正芳首相の急死もあって自民党が圧勝し、最も議員の顔ぶれが変わらなかった選挙になった。

選挙制度の違いの影響はどうか。1選挙区から複数人が当選する中選挙区制だった93年以前の選挙の新人比率の平均は18・6%だった。96年からの小選挙区比例代表並立制では平均22・4%になっている。

「小選挙区制になって新陳代謝が起こりにくくなった」。当選歴の多い議員からはこんな声も出るが、データ上からは大きな差はみえてこない。

衆院選の当選者の新人比率

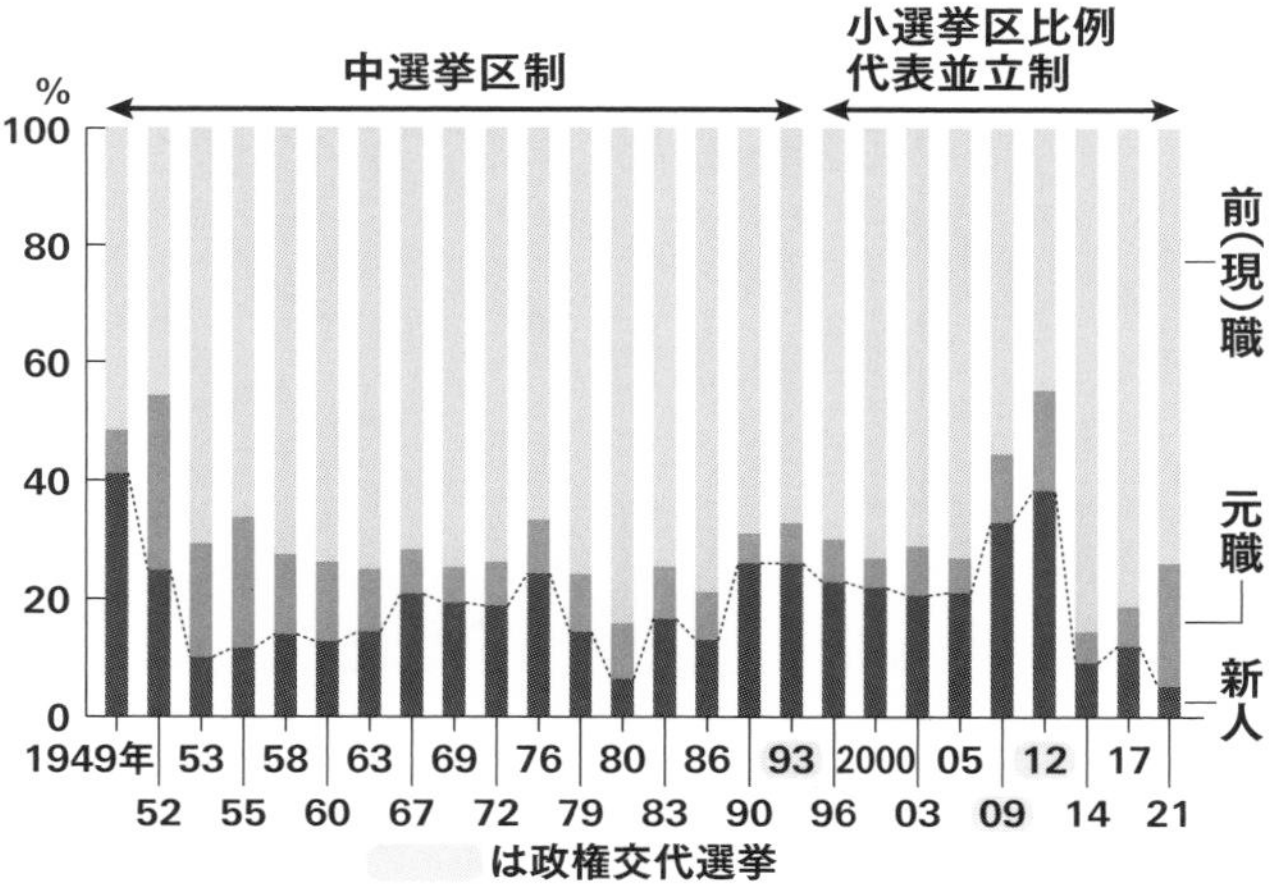

小選挙区比例代表並立制になって以降の衆院選をみると、2012年の38・3%が最も新人の割合が高くなっている。09年の32・9%が続く。

ともに「政権交代」が実現した。12年衆院選は自民党が政権を奪還し、09年は民主党が与党になった。12年は184人、09年は158人がそれぞれ初当選している。

他国をみると劇的な例がある。1993年のカナダの総選挙は与党が解散前から150議席以上減らしてわずか2議席になる大敗北を喫した。小選挙区制のもとで地滑り的な政権交代が起きた。

対照的に政権が安定すると、議員の入れ替えは滞りがちになる。

2014年と17年の2回の衆院選は、新人がいずれも1割程度にとどまった。前職の比率は8割を超え、議席のほとんどが維持された。安倍晋三元首相の長期政権のもと、新人には参入障壁は高かったといえる。

新しい政党は新人の比率が高い例が目立つ。17年衆院選で当時の立憲民主党は43%と突出した。日本維新の会、希望の党の18%が続いた。自民党は281人が当選したが、初当選だったのは19人で、率にして7%にとどまった。

政党別の当選者の新人比率（21年衆院選）

政党	当選者	うち新人	新人比率（%）
自民党	261	33	13
立憲民主党	96	16	17
日本維新の会	41	27	66
公明党	32	9	28
国民民主党	11	4	36
共産党	10	0	0
れいわ新選組	3	3	100
社民党	2	0	0
NHK党	0	0	0

議員8

地方議員、20年で半減
――都道府県議の半分が「自民」

2021年は地方自治体の首長や議会の選挙が集中する統一地方選の年でないものの、春などに選挙が相次いだ。夏には全国的に注目が集まる7月4日投開票の東京都議選があった。

ここ20年で地方議員の数は半減した。総務省によると、00年末の6万1941人が20年末は3万2251人と48％減った。

47都道府県議会の議員は20年末時点で2643人と、00年末（2888人）に比べて8％減にとどまる。都議の定数は、1997年に127人になってから変わっていない。

地方議員の減少は、主に市区町村議が大幅に少なくなったのが要因だ。市区町村議の数は、5万9053人（2000年末）から2万9608人（20年末）に半減した。

政府は少子高齢化の対応や行政改革のために、1999年から「平成の大合併」を推進した。合併特例債などの財政支援と地方交付税の削減を背景に、小泉純一郎政権

地方議員数は3万人近く減った

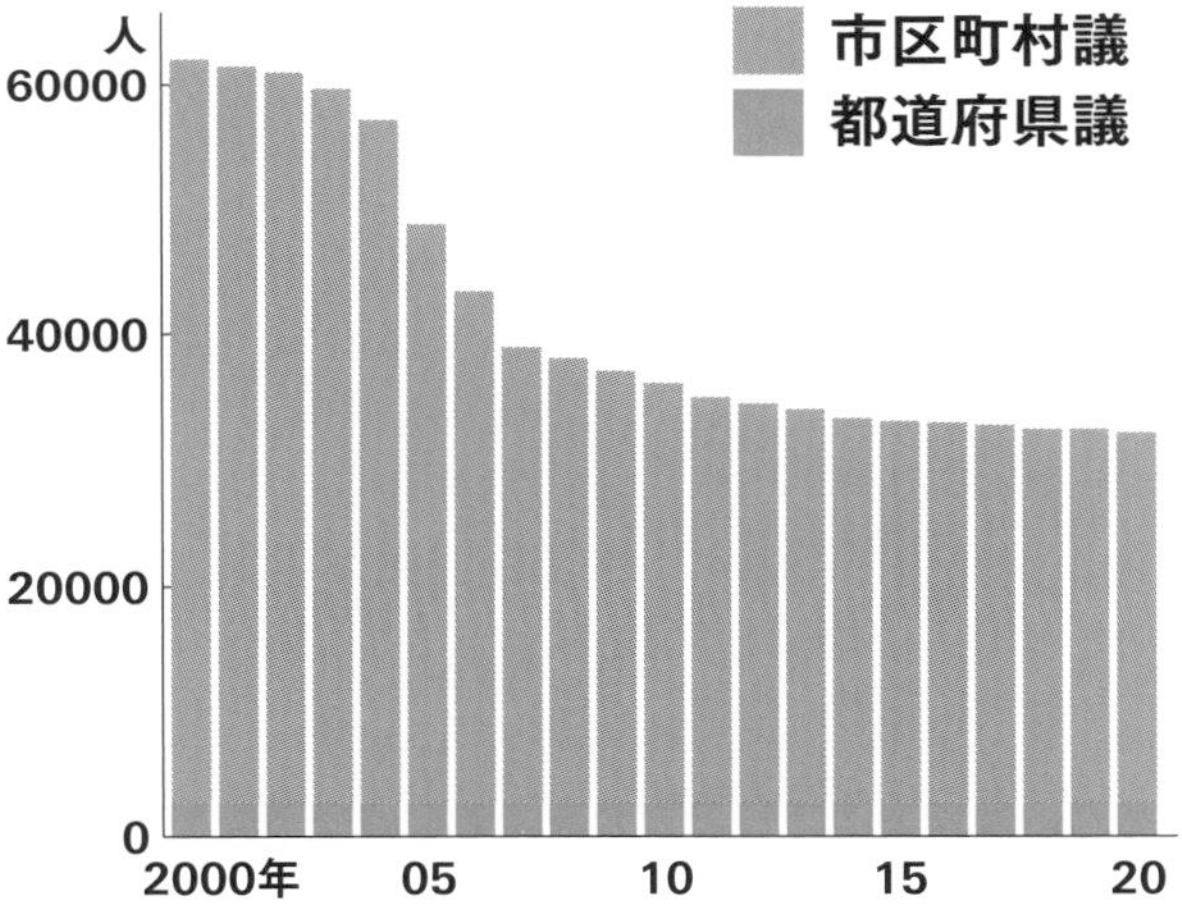

注／各年末時点
出所／総務省

の時代に一気に進んだ。

99年3月に3232あった市町村数は、2004年3月から06年3月までの2年間で1300程度減った。14年4月に1718になった。

1市当たりの平均議員数も減っている。全国市議会議長会によると、19年末は23・2人で、10年前から3人程度少なくなった。

地方議員の党派別の数をみると、都道府県議は自民党が半数を占める。00年末に48％で、20年末は49％だった。20年の間にほとんど変化がない。

国政の影響をあまり受けず強固な基盤を築いて地域に根ざしやすい。複数人が当選する選挙区が多いため、安定して議席を維持できる。

知事選などで長く力を持ってきた県議らの勢力が国会議員と対立して、保守分裂選挙を招くケースも相次ぐ。21年1月の岐阜県知事選は「岐阜政界のドン」と呼ばれる県議らが主導して地元国会議員らが推す現職知事に対抗馬を立てた。

市区町村議は無所属が多い。20年末で7割を占める。無所属以外では公明党が最多で9％の2706人となった。共産党の2488人、自民党の2179人が続く。

都道府県議と市区町村議を合わせると、所属政党で最多は自民党の3462人で、次いで公明党の2909人が多い。公明党は党中央幹事会に地方議員を含め、地方のネットワークを重視する。

都道府県議は自民が多い

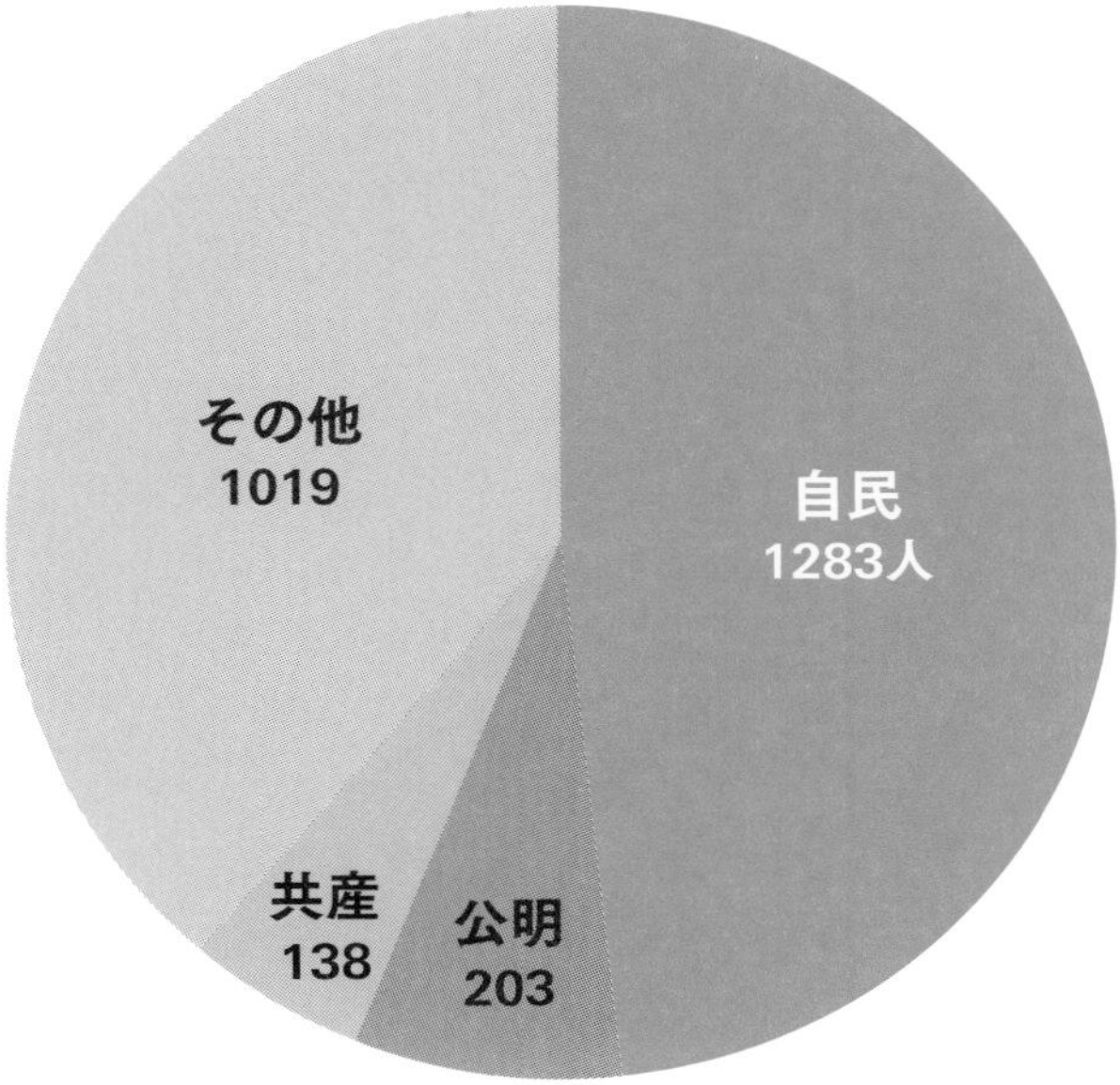

注／2020年末時点
出所／総務省

議員9

当選回数、与党最大勢力は「4回生」
――野党は新人多く

議員は選挙で有権者に選ばれなければ職務を続けられない。一寸先は闇の世界で当選回数を重ねるのは容易ではない。

2021年衆院選で当選した465人の当選回数の平均は4・6回だ。自民党と公明党をあわせた与党議員は5・1回、自公以外の政党をあわせた野党議員は4・1回で、平均すると与党の方が当選を積み重ねた議員が多い。

政権が交代した2009、12年の衆院選後は3・5～3・6回だった。それが14年の衆院選後は4・3回、直近の17年は4・7回と次第に大きな数になっている。17年衆院選は当選1～2回の当選者が全体の2割しかいない。平均回数の上昇は、安倍晋三元首相のもとでの自公政権の安定を映している。

当選回数別の人数をみると、与党議員は当選4回が81人（別に参院選の当選歴を持つ議員含む）と最も多かった。大部分は、自公が民主党から政権を奪還した12年衆院選で初勝利し、14、17、21年と続けて当選した議員だ。

直近は当選1～2回が全体の3割
（衆院選後の当選回数別議員割合）

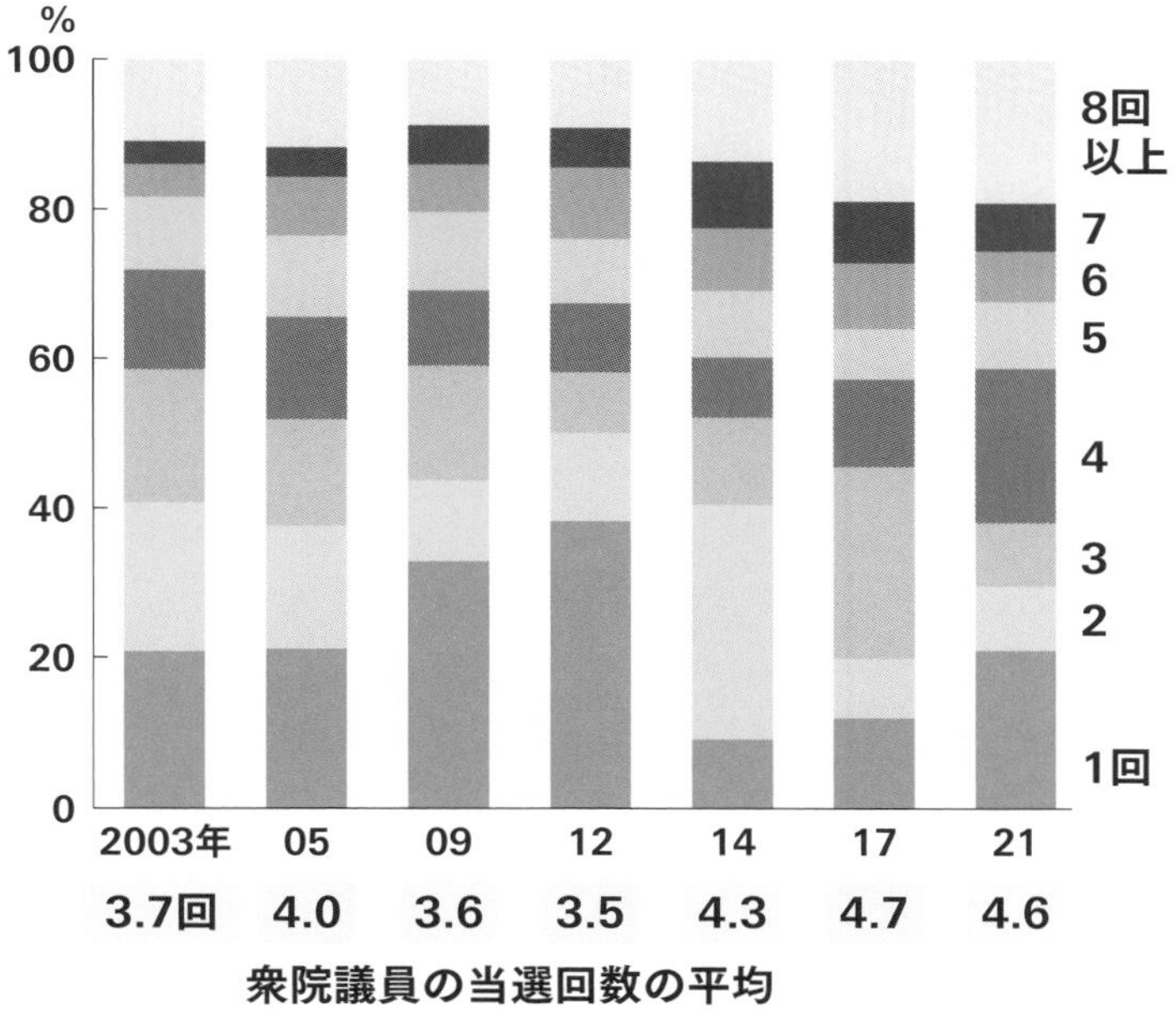

10年程度の議員経験を生かし、副大臣・政務官や部会長などを務めて政府や党の実務を支える世代といえる。自公に追い風が吹く選挙しか経験がなく、緊張感に欠く不祥事を起こした議員も出たため、「魔の4回生」とも呼ばれる。

与党の第2勢力は当選1回だ。岸田文雄首相の下で初めての選挙を戦った「岸田チルドレン」と言える。当選5回が3番目に多い。郵政解散で自民が大勝した05年衆院選で初当選した後、民主党が政権交代した09年で敗れ、12年に復活した議員が当てはまる。

野党議員は当選1回が51人で最も多い。うち27人が日本維新の会に所属する。21年衆院選は第3極の維新が躍進し、多くの新人議員を送り出した。立憲民主党など野党は自民1強で向かい風の選挙が続いてきた。支持基盤を構築しきれず、2度、3度と当選を重ねる議員は少なくなる。

戦前を含む全衆院議員で最も当選回数を重ねたのは、「憲政の神様」と呼ばれた尾崎行雄だ。1890年の第1回総選挙から25回連続当選した。この記録は誰にも破られていない。戦後でみると、故・中曽根康弘元首相と故・原健三郎元衆院議長がともに20回当選を重ねた。現役の衆院議員は立民の小沢一郎氏が当選18回に達している。

与党の「4回生」が衆院で最大勢力

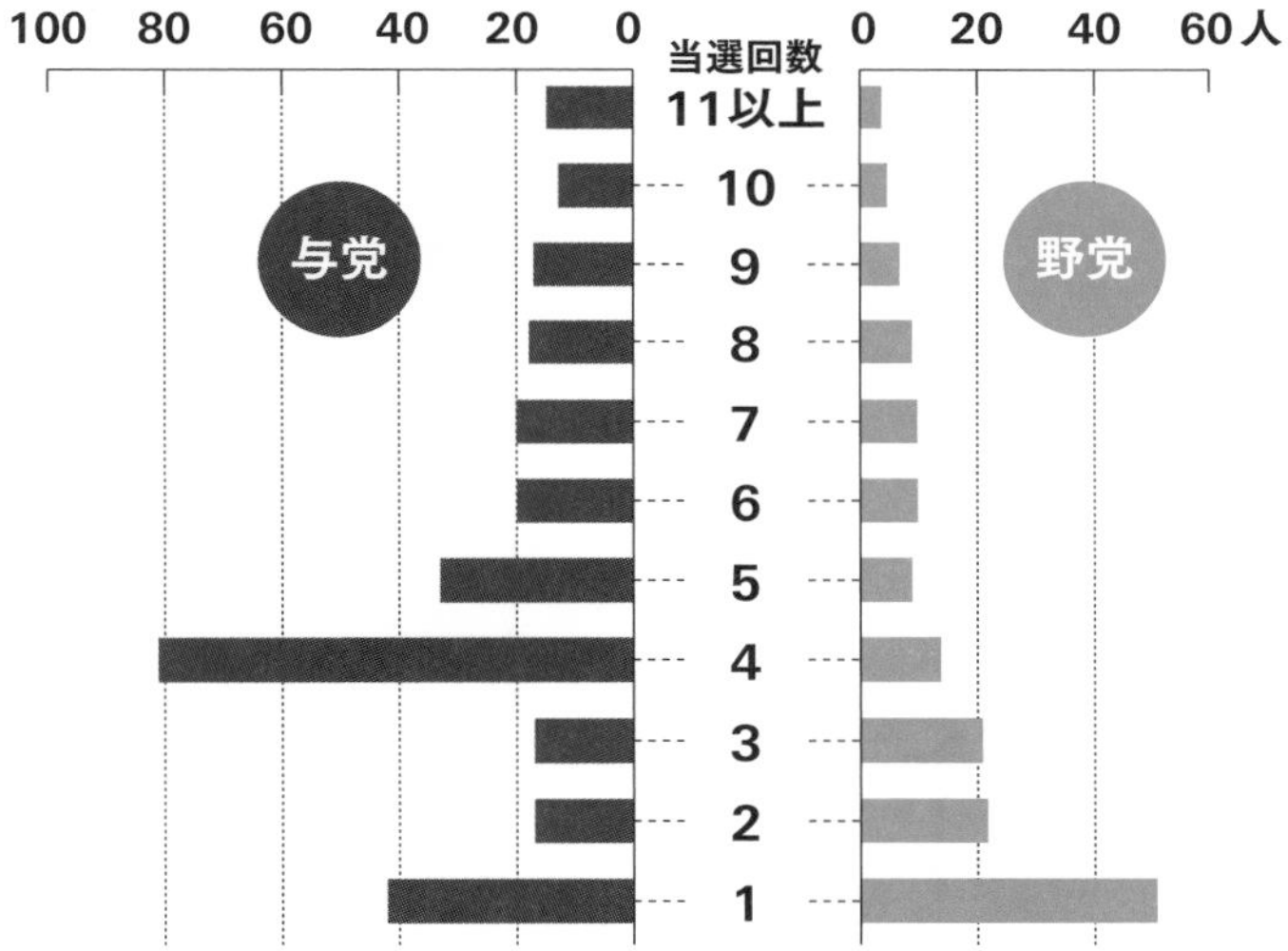

霞が関の官公庁は長時間労働が課題になっている

霞が関の女性登用は道半ばだ

霞が関1

「官邸主導」支える官僚、20年で3割増

2001年の省庁再編で霞が関は1府22省庁から1府12省庁になった。省庁の縦割りを排し、首相のリーダーシップのもとで政策遂行を実現するのが最大の狙いだった。1996年に導入した衆院小選挙区制などと相まって官邸主導の流れは強まり、補佐する官僚の数は20年間で3割増えた。

2001年に発足した小泉政権が手掛けた郵政民営化が典型だ。12年末に誕生した第2次安倍政権以降も一億総活躍や働き方改革などを掲げ、省庁横断で取り組んだ。

官邸主導の定着に合わせ官僚の配置も変わる。内閣人事局などによると、内閣官房や内閣法制局といった「内閣の機関」の21年度の定員は1345人になった。金融庁など外局を除く内閣府本府は2419人で、官邸を支える官僚は計3764人に達した。01年度の計2800人と比べ34%増加した。第2次安倍政権発足後の13年度（計3157人）からは2割程度増えた。

とくに政権の目玉政策などの司令塔となる内閣官房の膨張が目立つ。21年度の「内

目玉政策や調整役は内閣官房・内閣府に

内閣官房

- 新型コロナウイルス感染症対策
- 気候変動対策
- 新しい資本主義
- デジタル田園都市国家構想

内閣府

- 経済財政運営や予算編成基本方針
- 国家戦略特区
- 子どもの貧困対策
- 災害対応や被災者支援など防災全般

閣の機関」の定員は01年度比で2・28倍に、第2次安倍政権が発足した翌年の13年度比で1・52倍に増えた。

14年に新設した国家安全保障局は首相がトップの国家安全保障会議の事務局機能を持ち、外交・安全保障政策の総合調整を担う。21年に岸田政権が誕生すると、「新しい資本主義」や「デジタル田園都市国家構想」の事務局ができた。

各府省庁の合計定員は01年度に81万人だった。郵政事業や国立病院などが公社や独立行政法人となり、04年度に33万人、21年度は30万人だ。国家公務員全体の推移と比較すると、官邸への機能集約が顕著だ。

各府省の事務方トップの事務次官や局長など「指定職」の数はどうか。

人事院の調査で、ピークの1984年は1603人で省庁再編前の2000年は1520人。省庁再編や独法化の促進などで04年に805人になった後は増加に転じ、20年は938人に上った。

内閣人事局によると、内閣官房が10年（26人）から10年間で2倍超になり、20年は60人だった。内閣府も10人以上増えた。

日本の省庁再編は法律に基づき実現する。原則再編を連邦議会が決定する米国も法改正が要り、実施例は比較的少ない。

ドイツは基本的に議会の審議を経ることなく設置を決められる。

「官邸主導」を支える官僚数

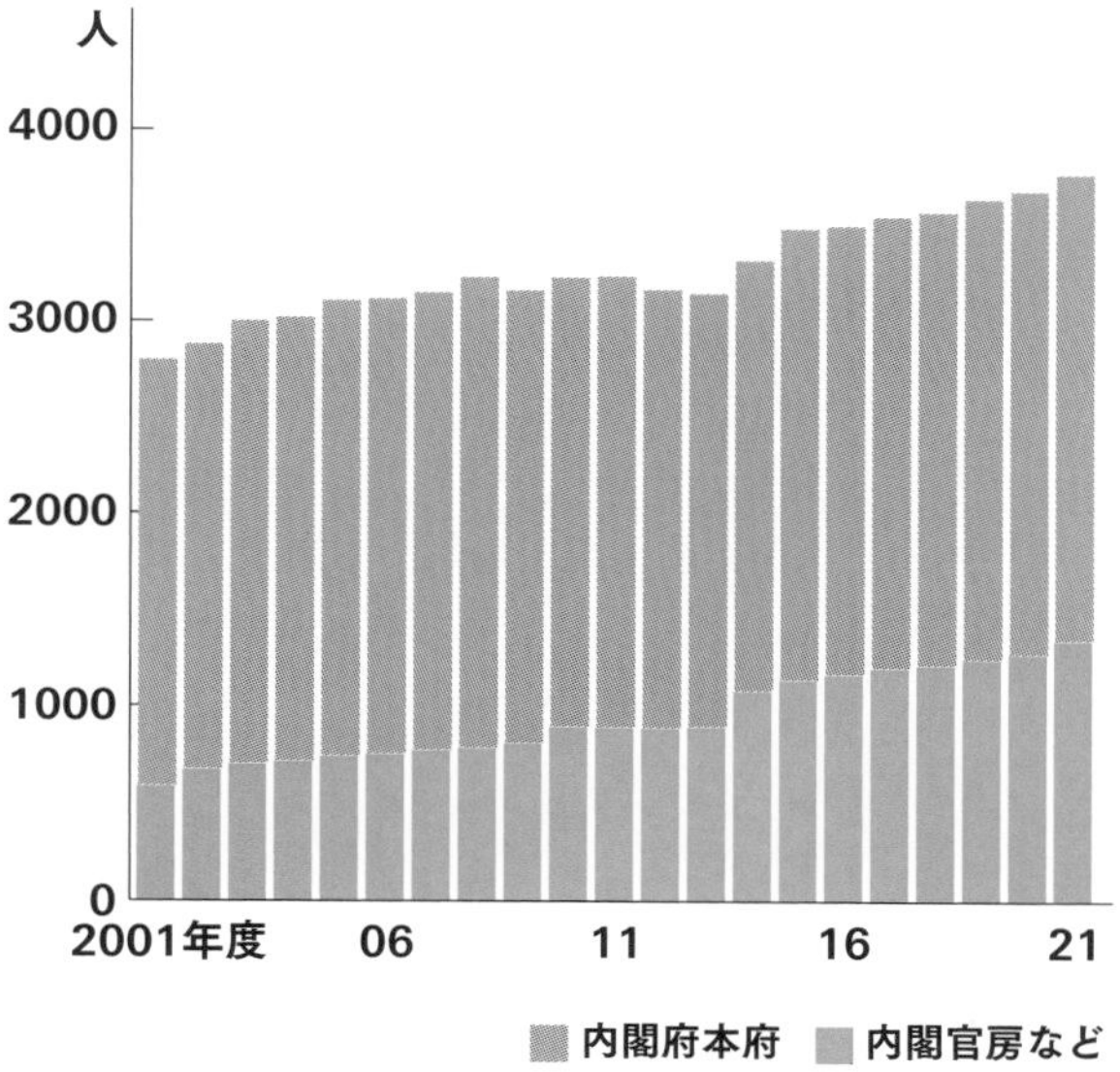

注／各年度の「機構・定員等審査結果」
出所／内閣人事局など

霞が関2

国家公務員、20年でほぼ半減
——地方含めフランスの4割

米欧と比較すると日本の公務員の数は必ずしも多くない。中央政府や地方政府、政府に関係する企業といった「公的部門」の人口1000人当たりの職員数はフランスが90人で、日本は37人とその4割にとどまる。トランプ前大統領ら共和党政権では「小さな政府」路線を重んじてきた米国の64人より少ない。

人事院によると、2000年度に国家公務員は113万人いた。21年度は59万人まで減った。そのうち地方にある国の出先機関職員数が18万人を占める。

ほぼ半減した背景に国の機関の民営化や独立行政法人化がある。小泉純一郎氏が首相時代に民営化を進めた郵政や、財務省所管の紙幣の印刷や硬貨の造幣といった事業が対象だった。

ずさんな年金記録問題で「消えた年金」と批判を浴びた旧社会保険庁は特殊法人の日本年金機構になった。組織の衣替えに加え、06年には5年間で国家公務員の数を

人口1000人当たりの公的部門職員数

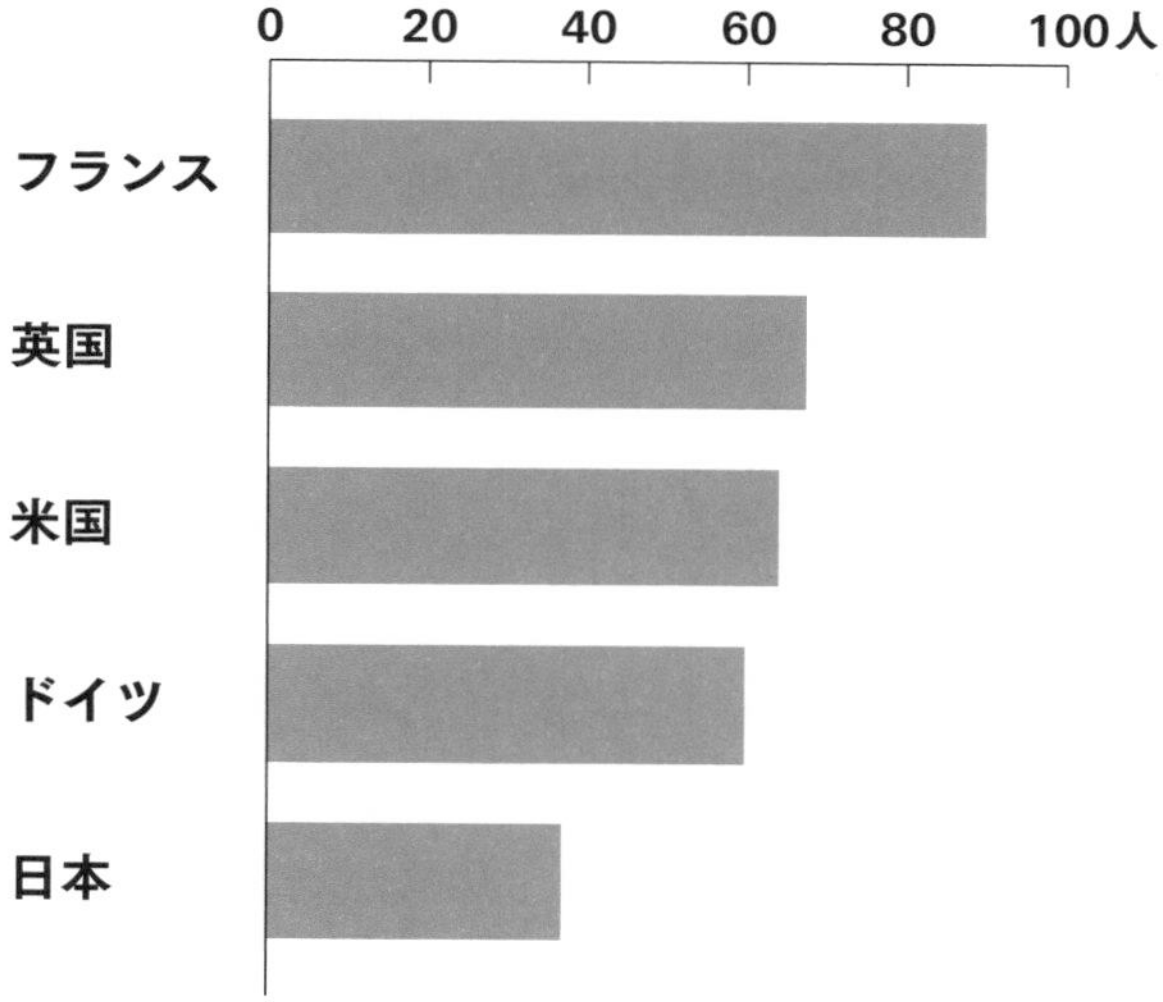

注／人事院資料から作成。
フランス、英国、日本は2018年。
米国は13年。ドイツは17年

5％以上減らす法律もできた。

公務員などの労働組合からなる公務公共サービス労働組合協議会（公務労協）の事務局長を務めた吉沢伸夫氏は「大規模災害や新型コロナウイルスで公的部門の体制の脆弱性が明らかになった」と話す。

「定員の増減より現在の定員や体制が適切なのかが問われるべきだ。本質的な議論が政府や与野党に見られない」と指摘する。

地方公務員の数は国家公務員より多い。この20年間で地方公務員の数は322万人から274万人となり、15％減った。

国家公務員の「特別職」と呼ばれる職員は32万人から30万人でそれほど減っていない。閣僚や裁判官らも特別職になるが、多くは自衛官があてはまる。

省庁の事務職員はほとんどが「一般職」だ。「キャリア」と呼ばれる政策の企画・立案に携わる職員になるには「総合職試験」に合格する必要がある。

国家公務員の試験区分としては大きく、総合職試験のほかに「一般職試験」がある。一般職試験で選ばれた職員は総合職の企画・立案を支える。

先進国で比較すると日本は人口当たりの公務員数が少ない国になった。それでも自治体の仕事と似た業務を担う国の出先機関もあり、国と地方の役割分担を再検討して行政組織をさらに縮小できるという意見も根強くある。

国家公務員一般職の減少が目立つ

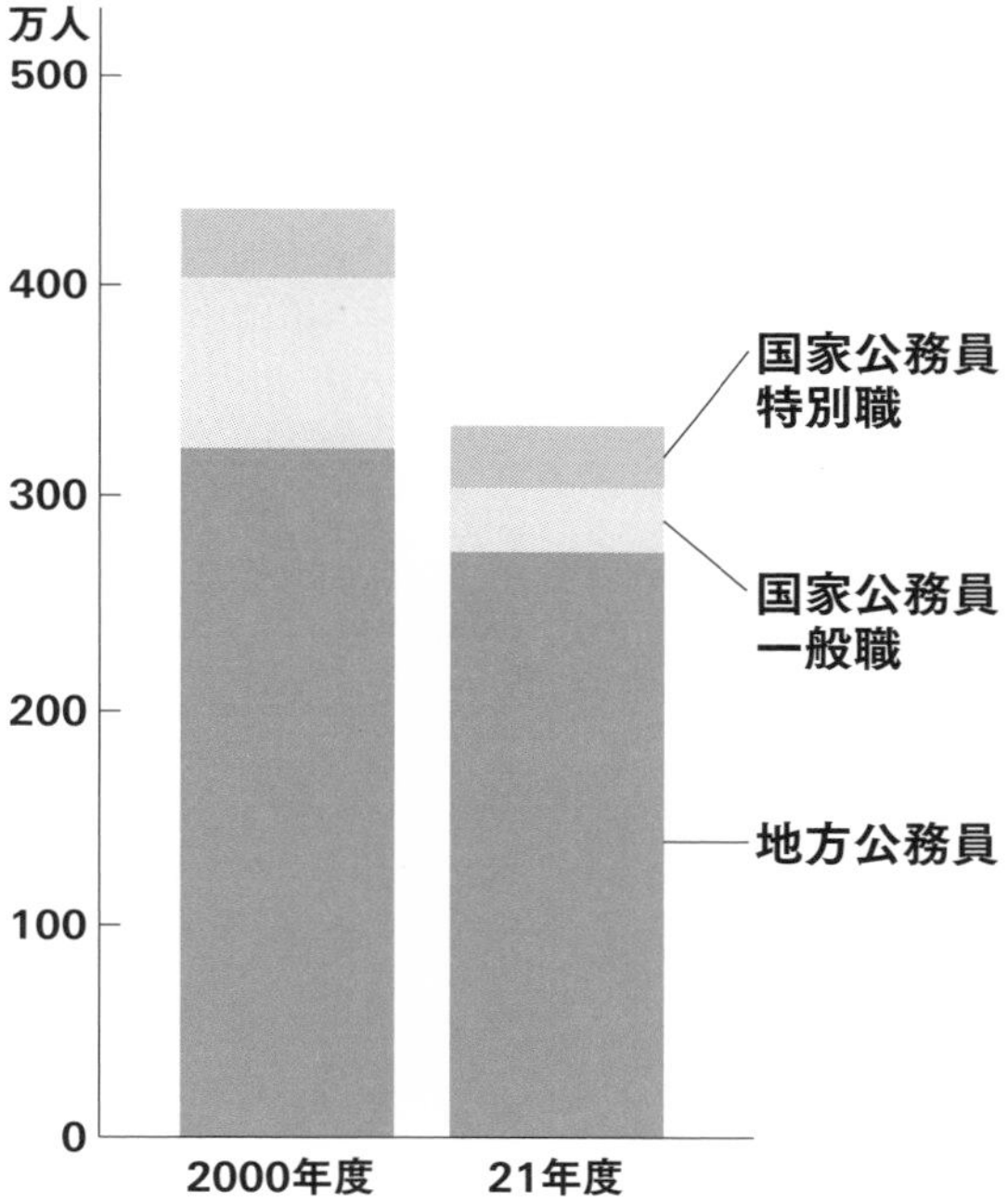

注／人事院資料から作成

霞が関3

公務員半減、8割は「準公務員」に
――郵政や国立大など

日本の国家公務員は2000年度から21年度で113万人から59万人へと48％減った。減少分54万人のうち、現在も8割弱の42万人は日本郵政グループや国立大学法人など「準公務員」と呼べる公的部門に属する。統計上の公務員定員は大幅減だが、実質的な日本の公的部門はマンモス組織のままだ。

人事院資料によると、この20年間近くで大きな定員減のタイミングが3回あった。04年4月に国立大学が国立大学法人へと移行し、大学の職員ら12万6000人が非公務員の身分になった。

小泉純一郎氏が首相時代に主導した郵政三事業の民営化は国家公務員の数に最も大きな影響をもたらした組織変更だった。日本郵政公社は07年10月に日本郵政グループとなり、職員25万4000人は公務員でなくなった。

15年4月には、国立病院機構が非公務員型の独立行政法人（独法）となった。6万人ほどの職員はそれ以降は公務員にカウントしていない。現在もこの3つの合計で

「準公務員」は増加し42万人に

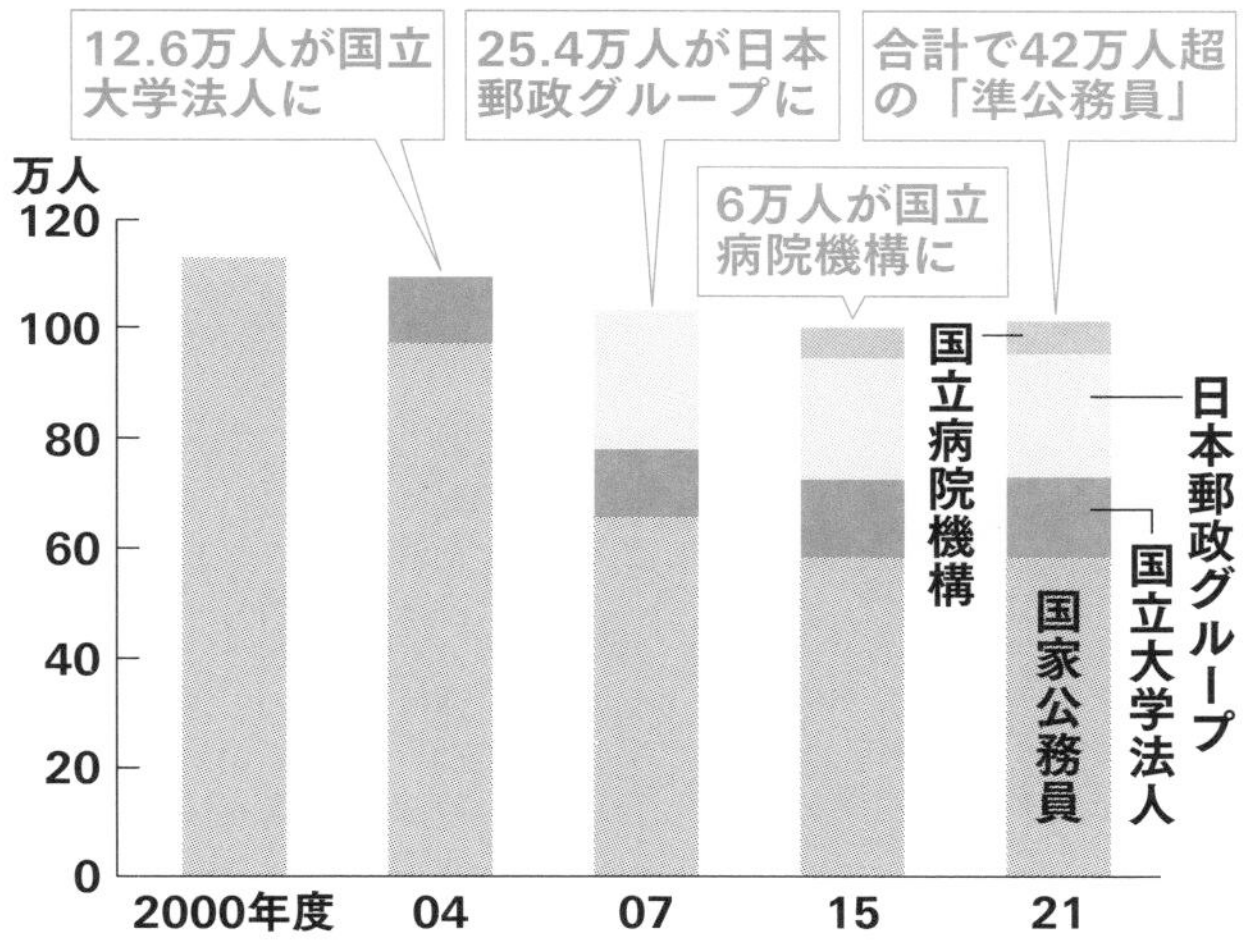

42万人超の陣容をほこる。その中には各団体へ公務員としてではなく就職した職員もいるが、単純計算で00～21年度の公務員の定員減の80％近くを占める。

長期的に減ってきた日本の国家公務員数は足元では微増となっている。直近の21年度の定員が増加した背景には新型コロナウイルス対応がある。

増員数から減員数を引いた純増は厚生労働省の461人が最も多かった。国立感染症研究所の体制強化や保健所支援、ワクチン接種体制の強化のため人員を厚くした。

内閣人事局は公務員制度の国際比較のために特殊法人や独法、国立大学法人などを「政府企業」と定義して分析する。政府企業と行政機関の職員数を足し合わせた「中央の公的部門」の職員数を算出する。その人員規模は06年度が123万人で、18年は128万人と4％増加した。政府機関の職員ではないが国にかかわる公共性の高い仕事にたずさわる政府企業などの職員は12年間で8％増えた。

中央の公的部門の職員数は日本は諸外国より少ない。日本は128万人で、米国414万人（13年）、英国295万人、フランス324万人（いずれも18年）だった。「政府機関」と「政府企業」の職員を国際比較すると、英国は「政府企業」の比率が8割に上る。サッチャー首相らが国有企業の民営化を進めた。

米仏は政府機関の職員が多い。世界各地に軍を展開する米国は、防衛関係職員が200万人以上いる。日本の比率はほぼ半々だ。

各国の「中央の公的部門」職員数

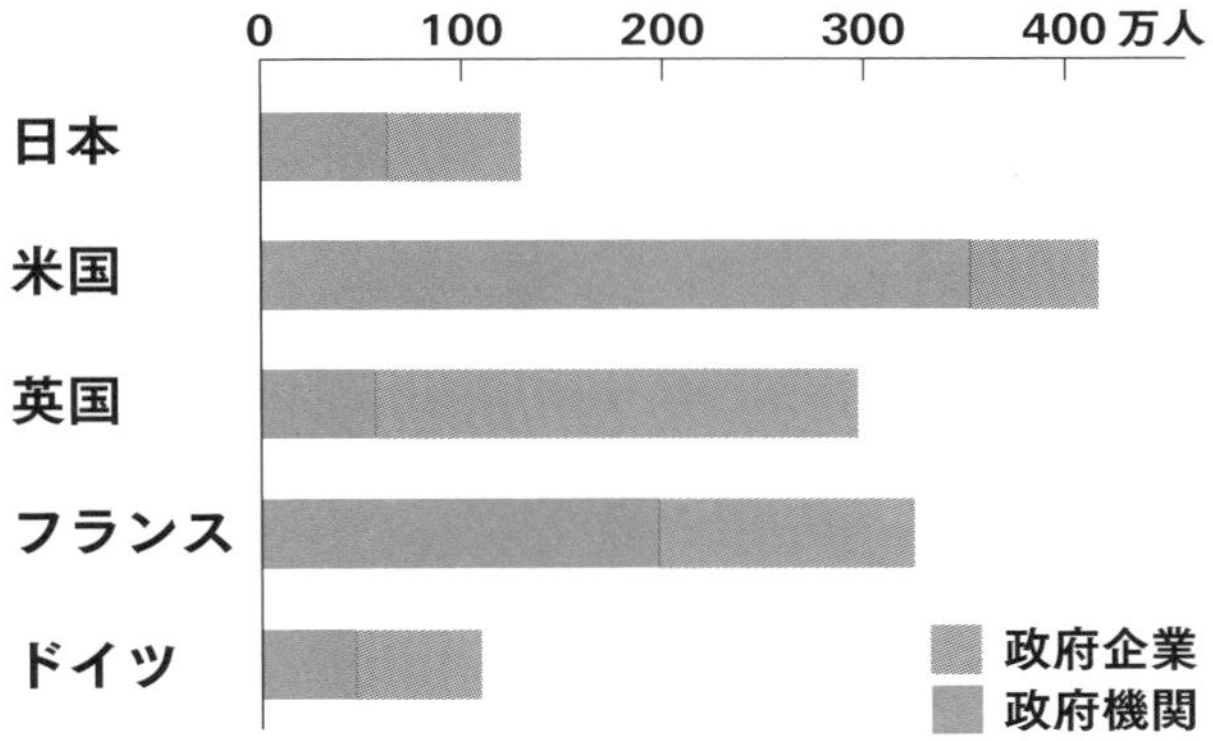

注／日英仏は2018年。米は13年。独は17年
出所／内閣人事局資料

霞が関4

「キャリア志願者」最少に
――倍率低下、長時間労働も一因

「キャリア官僚」と呼ばれる国家公務員総合職の志願者が減っている。人事院が2021年12月に発表した21年度試験の申込者数は1万7411人で20年度比12％減った。現行の試験制度になった12年度以降で最少を更新した。

霞が関で国の政策立案に携わるキャリア官僚は、かつて大学生の人気職種のひとつだった。「I種」と呼ばれていた旧試験は、1990年代に倍率が30倍を超す年もあった。2020年度の受験者数はピーク時の1996年度の半分以下に減った。大卒総合職の春試験の倍率は10倍台前半まで落ち込んだ。2021年度の申込者数は12年度以降で最大の減少幅となった。

官僚の人気が落ちた原因は何か。加藤勝信前官房長官は、霞が関の長時間勤務にあると分析した。「中途退職者の増加の理由としても挙げられている。働き方改革が急務だ」と話した。官僚の長時間労働の元凶として長年、指摘されてきたのが国会対応だ。官僚は国会での議員の質問を受け、政府答弁を作る。議員が翌日に質疑する内容

キャリア官僚の志願者は減った
国家公務員総合職（2011年度以前はⅠ種）試験の推移

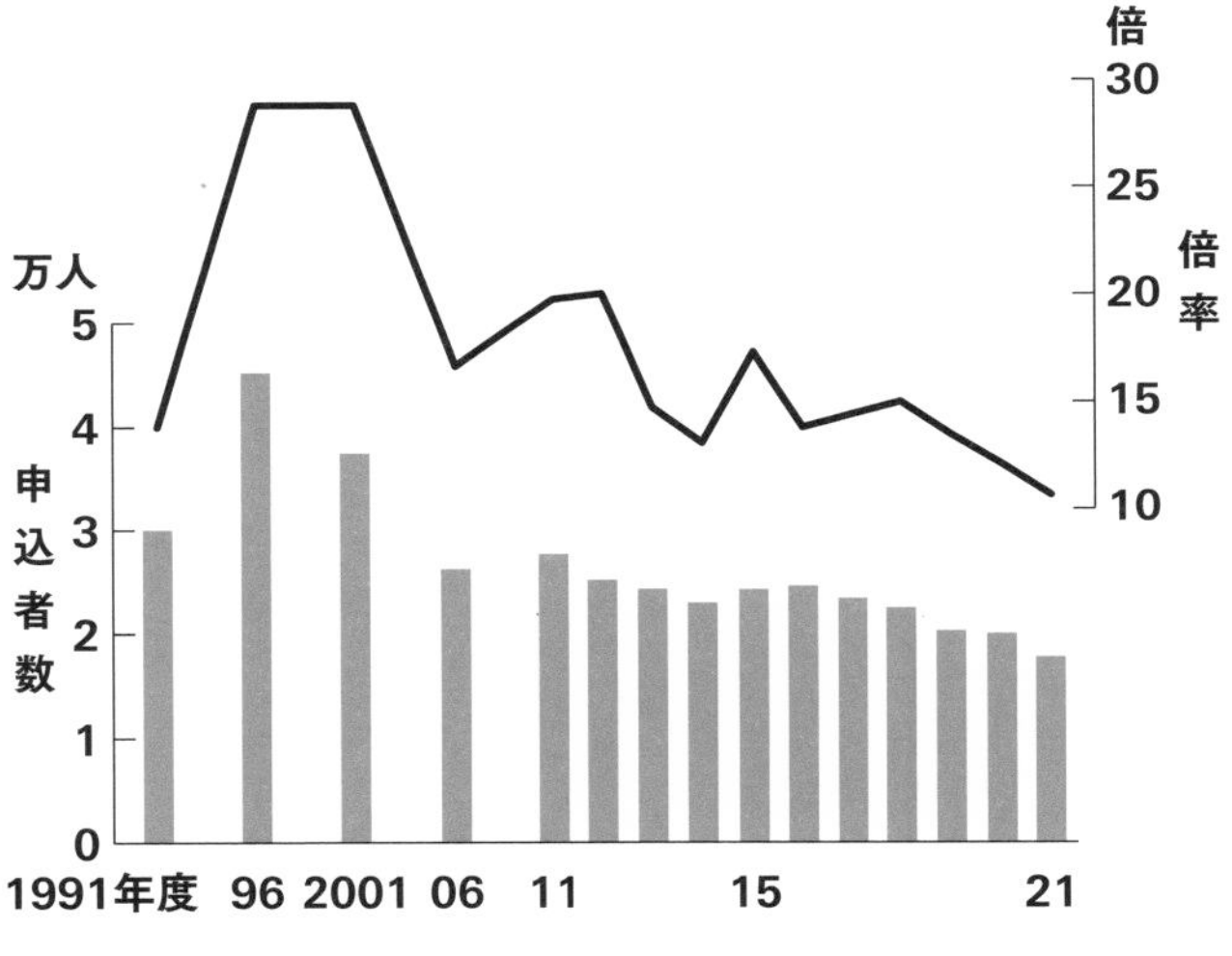

注／人事院の資料を基に作成。
申込者数は大学院や秋採用含む総数。
倍率は大卒（教養区分除く）

を夜遅くまで出さず、官僚が深夜まで拘束されるケースが多かった。

20年には新型コロナウイルスへの対応が加わった。未知の感染症に対処するため、予算編成や新たな法律、制度づくりに忙殺される。

コンサルティング会社のワーク・ライフバランス（東京・港）は20年、新型コロナの感染拡大を受けて国家公務員の働き方を調べた。感染初期の3～5月、480人の回答者のうち残業時間が月100時間を超えた人が4割にのぼった。

21年に入っても内閣官房の新型コロナウイルス感染症対策推進室で1月の職員の平均残業時間は122時間。最長の職員は378時間に達した。

霞が関は新型コロナの感染拡大前から、若年層の退職の増加という問題を抱えていた。内閣人事局の調べでは、19年度に自己都合で退職した20歳代以下の国家公務員事務職は562人と、15年度から2倍以上に増えた。

河野太郎氏は20年に投稿したブログの記事で、20歳代総合職の自己都合退職者の数が19年度に6年前から4倍になったと明かした。新型コロナで職場環境に改善の兆しは見えない。ワーク・ライフバランスの21年4月の調査によると、テレワークを残業時間にカウントしないなど、残業代を正しく支払われていないとの回答が3割に上った。若年層の退職者がさらに増えれば、国の政策立案能力の低下は免れない。河野氏は霞が関の現状について「危機に直面する」と警鐘を鳴らす。

自己都合退職は若年層で増えている

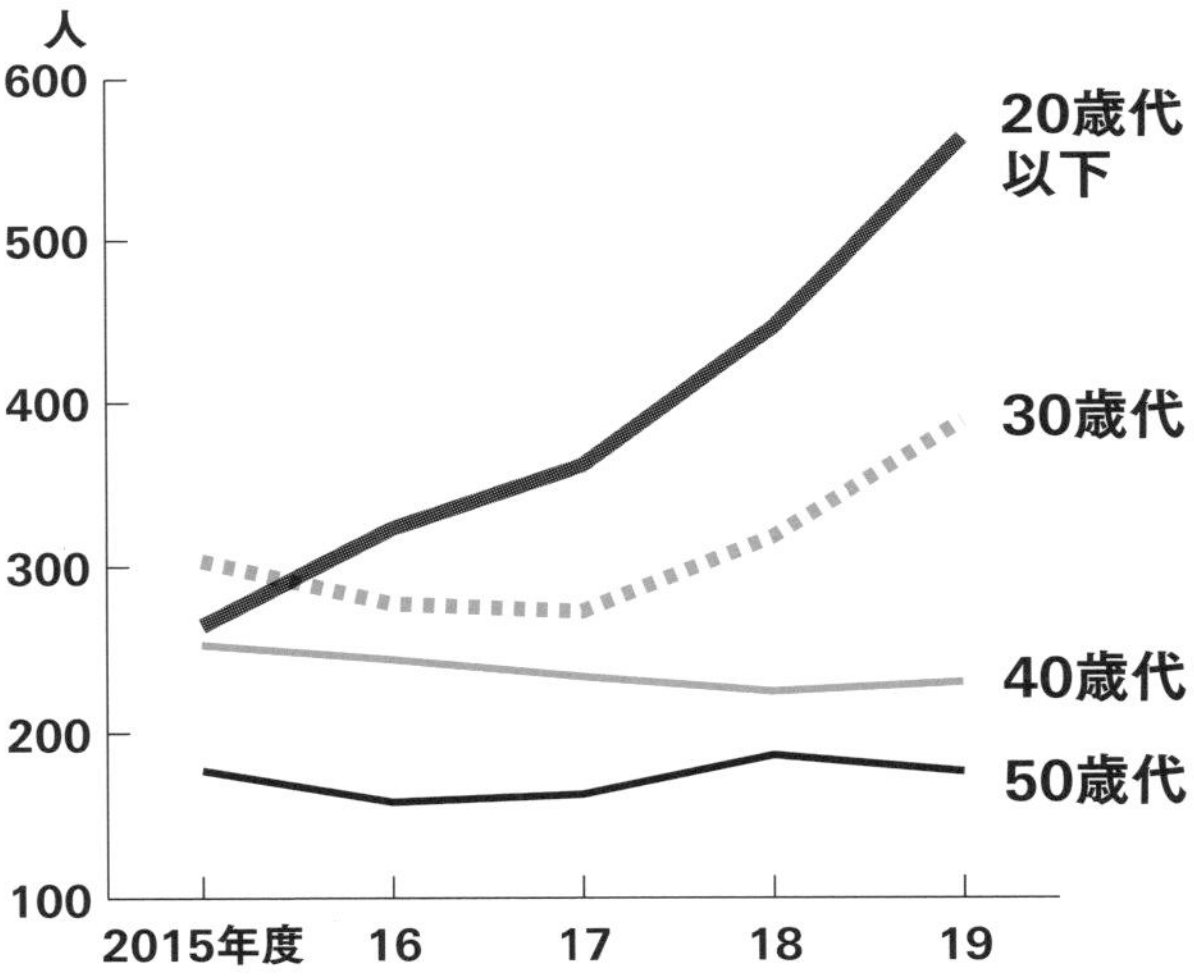

注／内閣人事局のデータを基に作成。
国家公務員事務職のうち、自己都合を理由に退職金を受給した人数

霞が関5

公務員、女性登用は道半ば
――採用3割でも幹部は1割未満

国家公務員の総合職をめざす女性の割合が増えている。人事院が２０２１年４月発表した21年度の国家公務員採用に関する総合職試験の申し込み状況によると、女性は５７７２人で全体の40・３％となった。４割を超えたのは初めてになる。

「キャリア官僚」と呼ばれる総合職で採用されれば、政策立案などに携わる将来の幹部候補として扱われる。男性を含む総合職の志願者の総数が減ったことも女性比率を押し上げた面がある。

内閣人事局によると、総合職試験からの採用者に占める女性の割合は21年４月１日付で37・０％と過去最高になった。政府は20年末に決めた第５次男女共同参画基本計画で、毎年度35％以上を達成すると記した。

政府は女性活躍の推進を掲げて官民で女性の就業者数や幹部を増やす政策に取り組んできたが、国際社会での遅れが目立つ。

世界経済フォーラム（ＷＥＦ）が21年３月公表した男女平等の度合いを示すランキ

「キャリア官僚」採用の女性割合

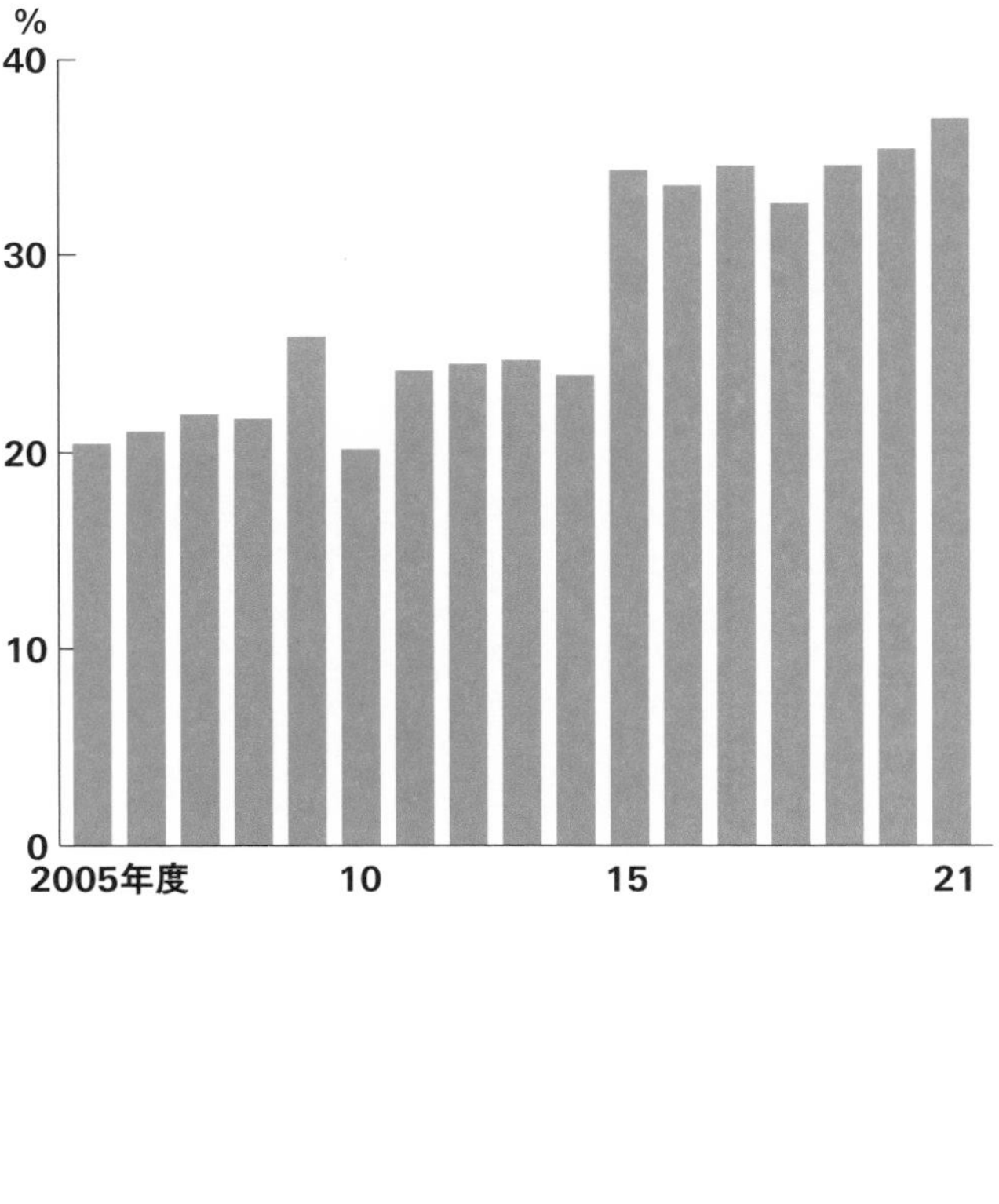

注／国家公務員採用総合職試験の採用
出所／内閣人事局

ング「ジェンダー・ギャップ指数」で日本は120位。前回（121位）に引き続き、主要7カ国（G7）で最下位だった。

事務方トップの事務次官や局長ら「指定職」に占める女性割合は、21年7月時点で4・2％だった。

05年の1・1％より上昇したものの、かつての採用が男性中心だった中央省庁の構造問題は一朝一夕で改善されない。25年末に8％にする政府目標に遠く、課室長相当職も6・4％にとどまる。

民間にも後れを取る。内閣府の資料によると、就業者のうち会社役員や課長相当以上など「管理職」の女性比率は19年に14・8％だった。それでも3割超の米国や英国、フランスなどに劣る。

中央省庁ごとの差は大きい。消費者庁は職員の女性比率が21年7月時点で33・3％と最も高い。事務方トップの同庁長官は女性だ。外務省や厚生労働省なども3割を超えた。復興庁や国土交通省などは1割台にとどまる。

政府は第5次男女共同参画基本計画で「男女問わず働きやすい環境整備と、女性職員の採用・登用拡大に向けた取り組みを加速する」と訴えた。

男性の国家公務員を巡っては、育児休業の取得率が20年度に29・0％となり、19年度比で12・6ポイント上がった。25年に30％という目標に迫っている。

国家公務員「幹部」の女性比率

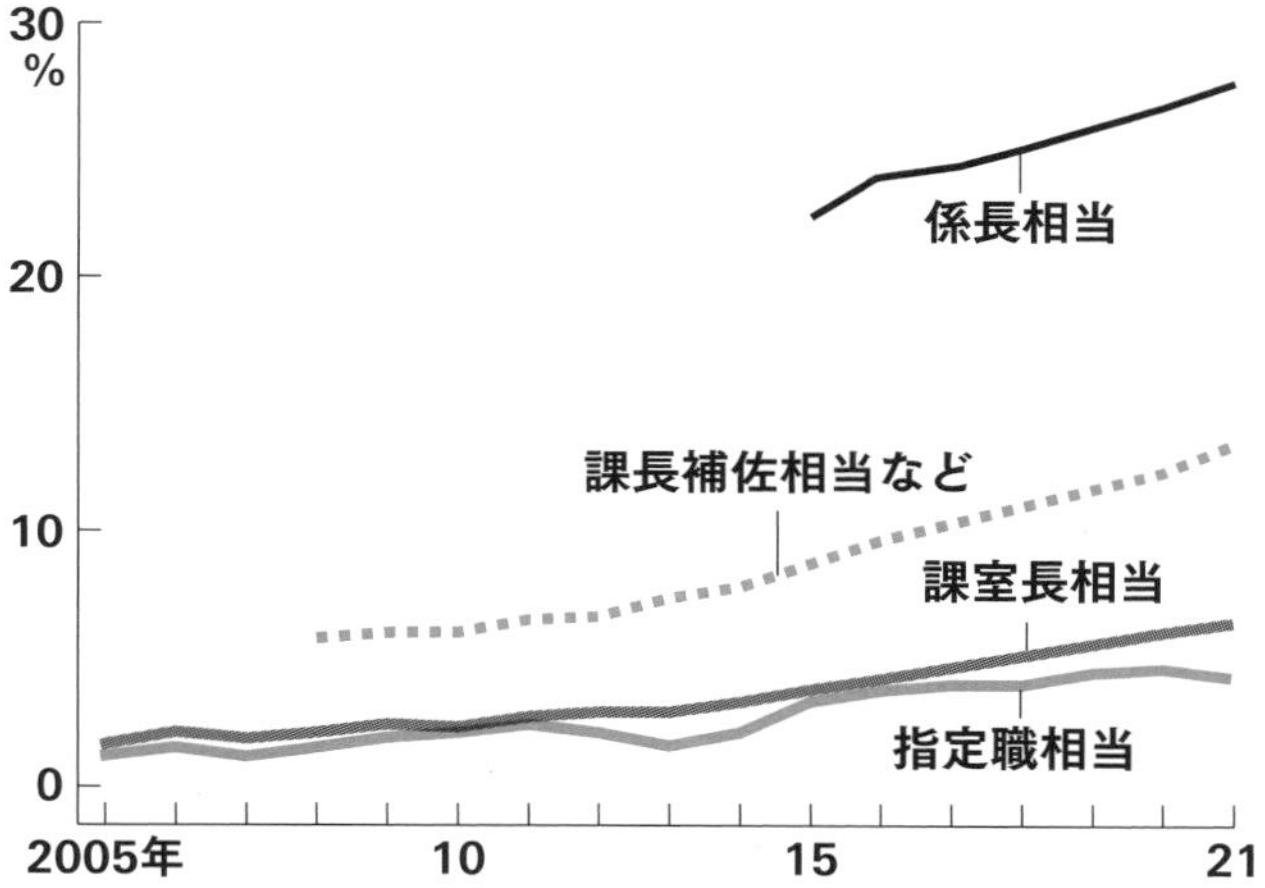

注／指定職は事務次官、局長など
出所／内閣人事局

霞が関6

事務次官の年収、東証1部企業社長の半分以下

国家公務員と会社員は年収の水準がどれほど違うのか。全体の平均年収でみると、会社員は1990年代後半から落ち込んで元の水準まで回復していない。国家公務員は緩やかな上昇基調にある。一方で幹部を比べると、事務次官の年収は東証1部上場企業の社長の半分に満たない。

折れ線グラフ（195ページ）は国家公務員の平均年収と民間企業の男女別平均年収を比べたものだ。国家公務員は平均月収を12倍したうえで、夏冬のボーナスの平均額を足して算出した。民間企業の数値は国税庁の「民間給与実態統計調査」に基づく。

2019年の国家公務員の平均年収は630万円となった。民間企業の会社員は平均436万円で、男性が540万円、女性は296万円だった。国家公務員の年収は、会社員の1・4倍という計算になる。

国家公務員の給与は決まり方が特殊だ。会社員と異なり、労働組合が使用者と話し合う「団体交渉権」が制限される。ストライキなどの「争議権」は認められていない。

中央省庁と東証1部企業の幹部年収

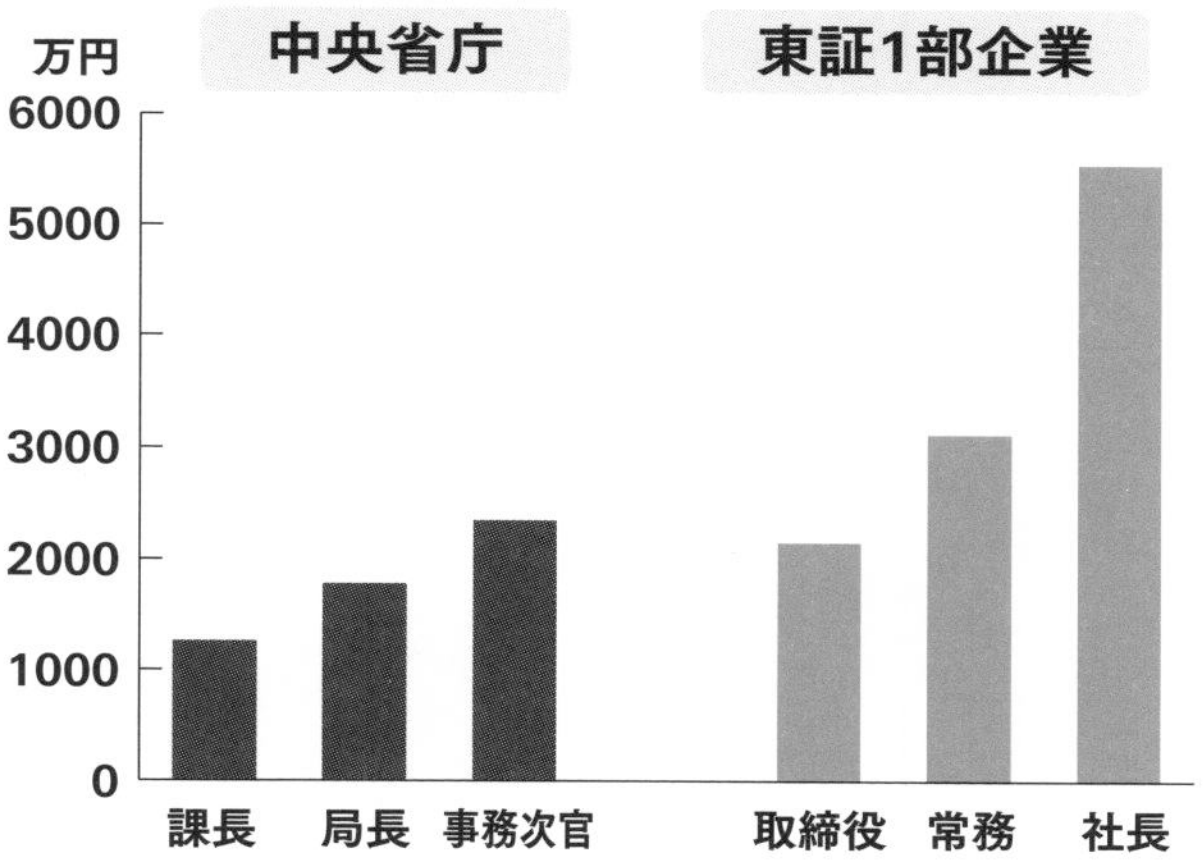

1964年に当時の池田勇人首相と労働組合のナショナルセンター（全国中央組織）だった総評の太田薫議長が合意した内容をいまも引き継いでいる。国家公務員の給与水準を民間企業の従業員と均衡させる「民間準拠」の原則だ。

第三者機関である人事院が「人事院勧告」という形で、一般職の国家公務員の給与水準を見直すよう政府に求める制度ができた。人事院勧告は命令や指示でなく「勧告」なので、強制力はない。

会社員の給与は97〜98年の金融危機や2008年のリーマン・ショックで大きく落ち込んだ。男女格差も大きい。一方で国家公務員の給与は少しずつ増えている。11年の東日本大震災後は政府が復興財源を捻出するため、国家公務員の給与を一時的に減額した。

国家公務員の給与は「民間準拠」といっても、民間企業全体の平均を参考にするわけではない。人事院が独自の調査をもとに、学歴や仕事内容などで国家公務員と似ている職種を選んだうえで計算する。

キャリア官僚の出世レースのゴールは事務次官で、一般に同期でも1人がなれるかどうかだ。事務次官の年収は19年度で2347万円だった。デロイトトーマツグループの調査によると、東証1部企業の社長は、年収の中央値が5551万円となっている。事務次官の2倍を超える水準だ。専務や常務でない「ヒラ取締役」は2160万円で、次官とほぼ並ぶ。幹部官僚の給与は民間より低く抑えられている。

国家公務員と会社員の平均年収

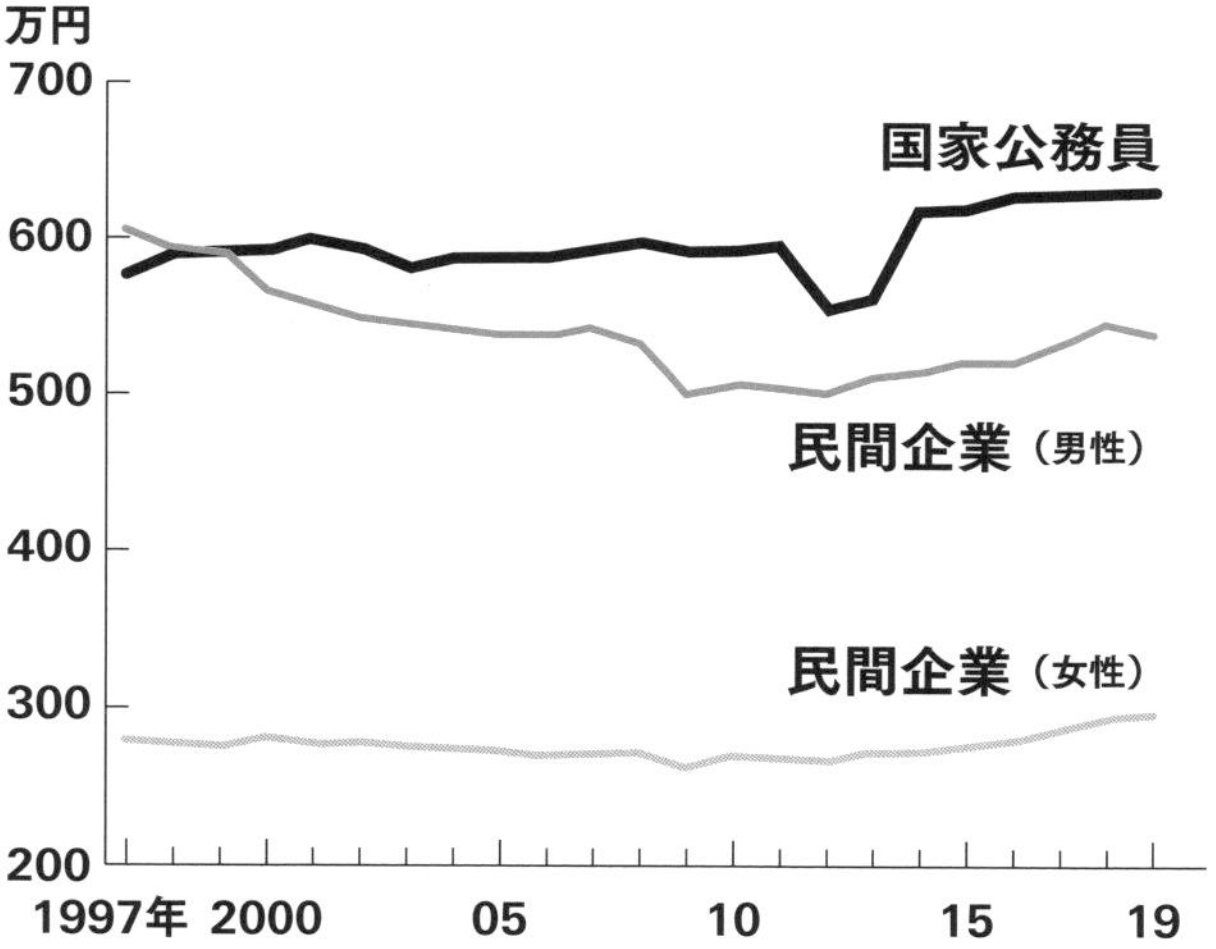

注／国家公務員の平均年収は人事院公表の官民比較対象職員の平均月収×12に夏冬のボーナスを合算した。会社員は国税庁の民間給与実態統計調査による

霞が関7

国家公務員の懲戒、過去最少
――世論は厳しい目

2021年に総務省や農林水産省の幹部が利害関係者から接待を受けた問題で、両省の官僚計15人が懲戒処分となった。処分を受けた職員数自体は国家公務員全体で減少傾向にある。20年は過去最少の234人だったが、公務員に注がれる世論の目は厳しい。

国家公務員法に基づく懲戒処分は、重い順に免職、停職、減給、戒告の4種類ある。いずれも昇格や給与などに影響がある。訓告や厳重注意は各省庁の内規による処分で、昇給などに関係ない。

公務員の不祥事は業務外での犯罪行為や業務上のハラスメントなど様々ある。1990年代後半から懲戒処分が年を追うごとに増えた。

98年に発覚した旧大蔵省の接待汚職事件は時の蔵相や事務次官、日銀総裁らが引責辞任し、複数の大蔵官僚が逮捕される事態となった。

大蔵省の汚職問題を契機に、2000年に国家公務員倫理法が施行された。この法

国家公務員の懲戒処分

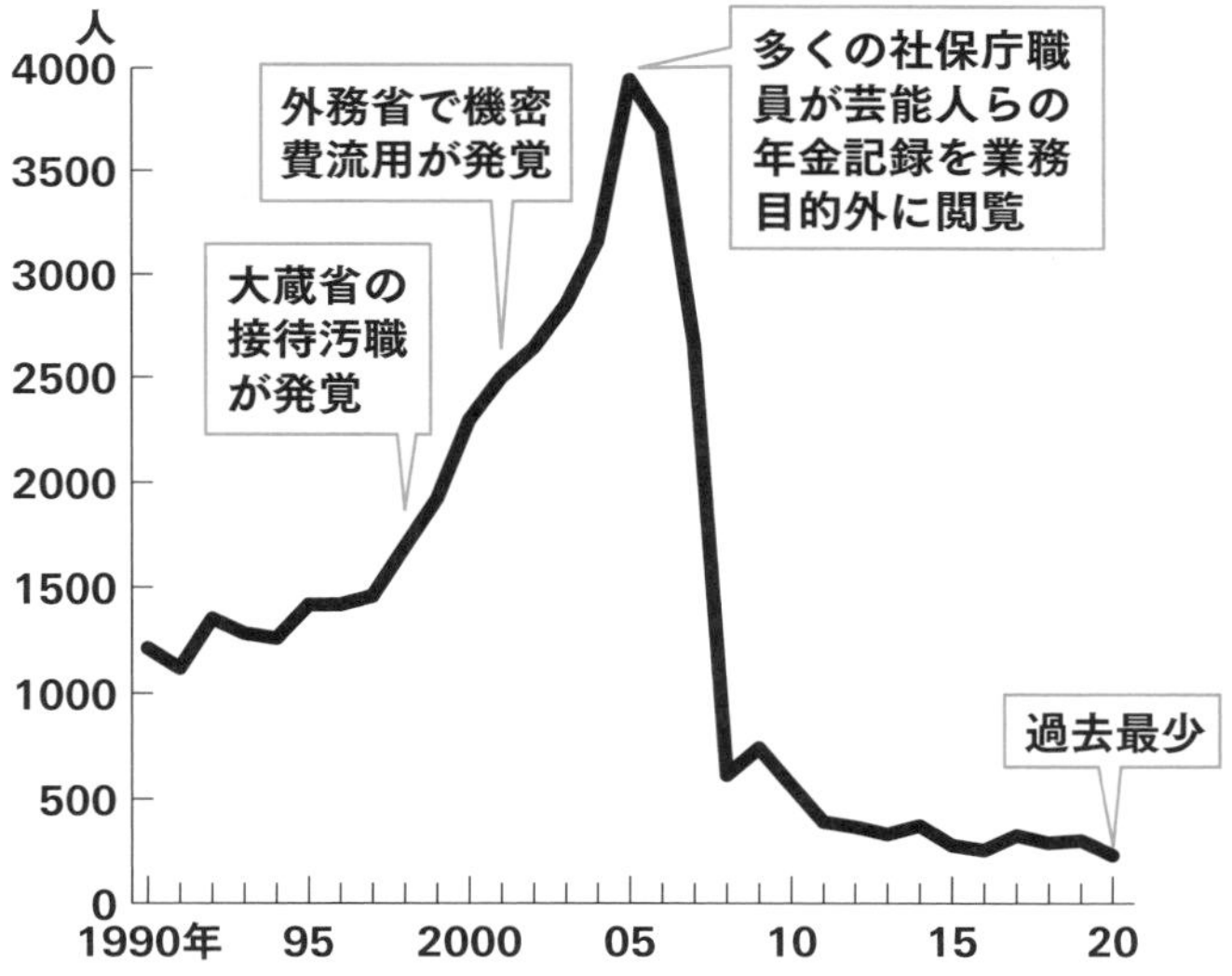

出所／人事院

律を根拠に利害関係者から金銭やモノの受け取りを禁じる「国家公務員倫理規程」ができた。

国家公務員は「職務に関わる利害関係者」から飲食の接待を受ける行為が禁止された。利害関係者とのゴルフや旅行も禁じた。

その後も公務員の懲戒は増え続けた。05年に過去最多の3947人となった。旧社会保険庁で芸能人らの年金加入記録を業務目的外に閲覧したとして、多くの職員が処分された。

郵政公社は民営化され、社保庁の廃止で特殊法人の日本年金機構が発足した。国家公務員の数そのものが大きく減ったことも懲戒処分の減少につながっている面がある。

公務員の倫理観への風当たりは強まっている。人事院が13年度と19年度に実施した国民1000人を対象とするアンケートを比べた。

一般職の国家公務員の倫理観が「少し悪くなっている」や「悪くなっている」と答えた割合を合計すると、19％から34％に増えた。幹部職員に限ると、28％から46％になった。

処分される公務員が減ったからといって、国民が公務員に抱く印象がよくなるわけではない。日本の刑法犯は戦後最少にまで減ったものの、世論調査に表れる国民の「体感治安」は改善していないのと似ている。

国家公務員の倫理観に不信強まる
（国民1000人に「一般職の国家公務員の職務倫理をどう思うか」とアンケート）

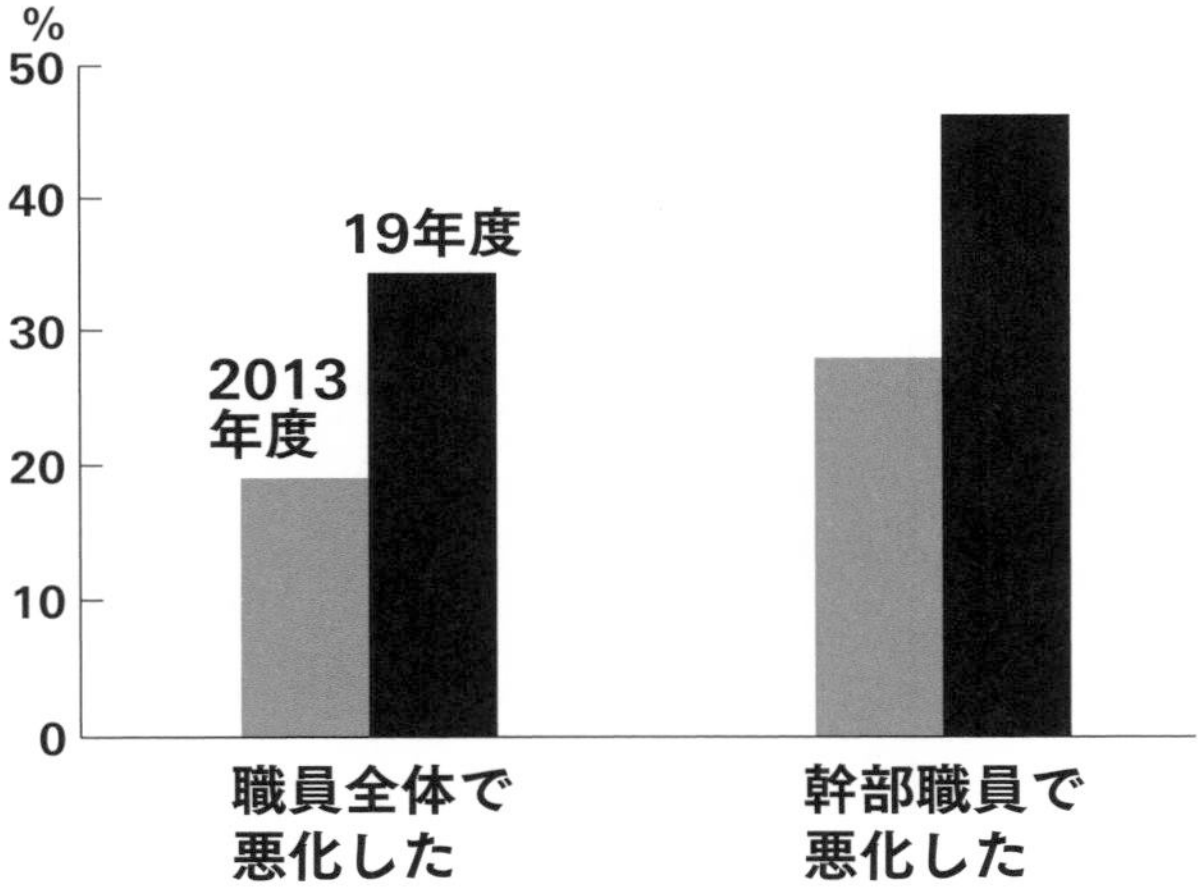

注／人事院の調査をもとに作成。
悪化したは「少し悪くなっている」「悪くなっている」の合計

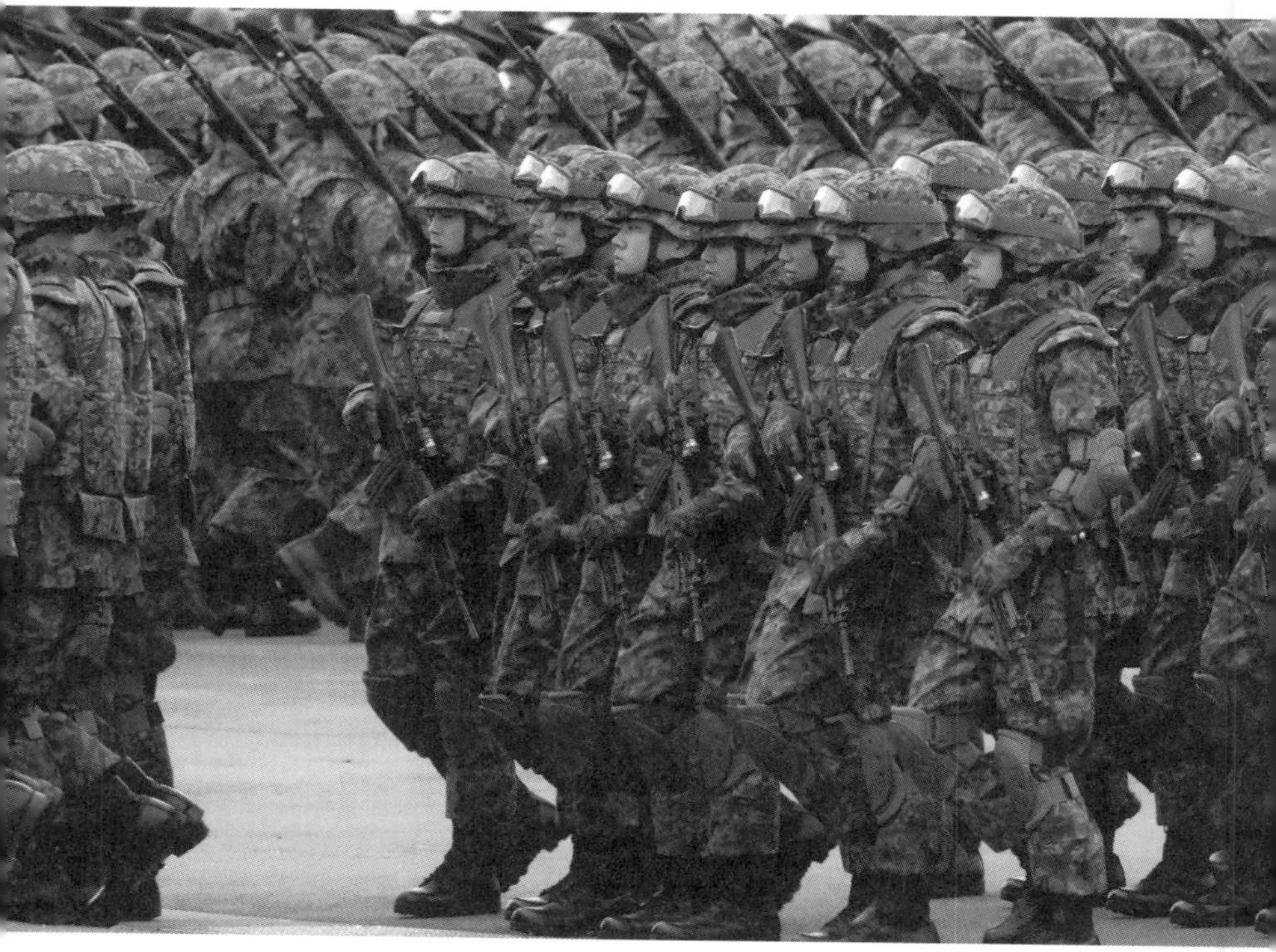

観閲式で行進する自衛隊員（2018年10月、埼玉県）

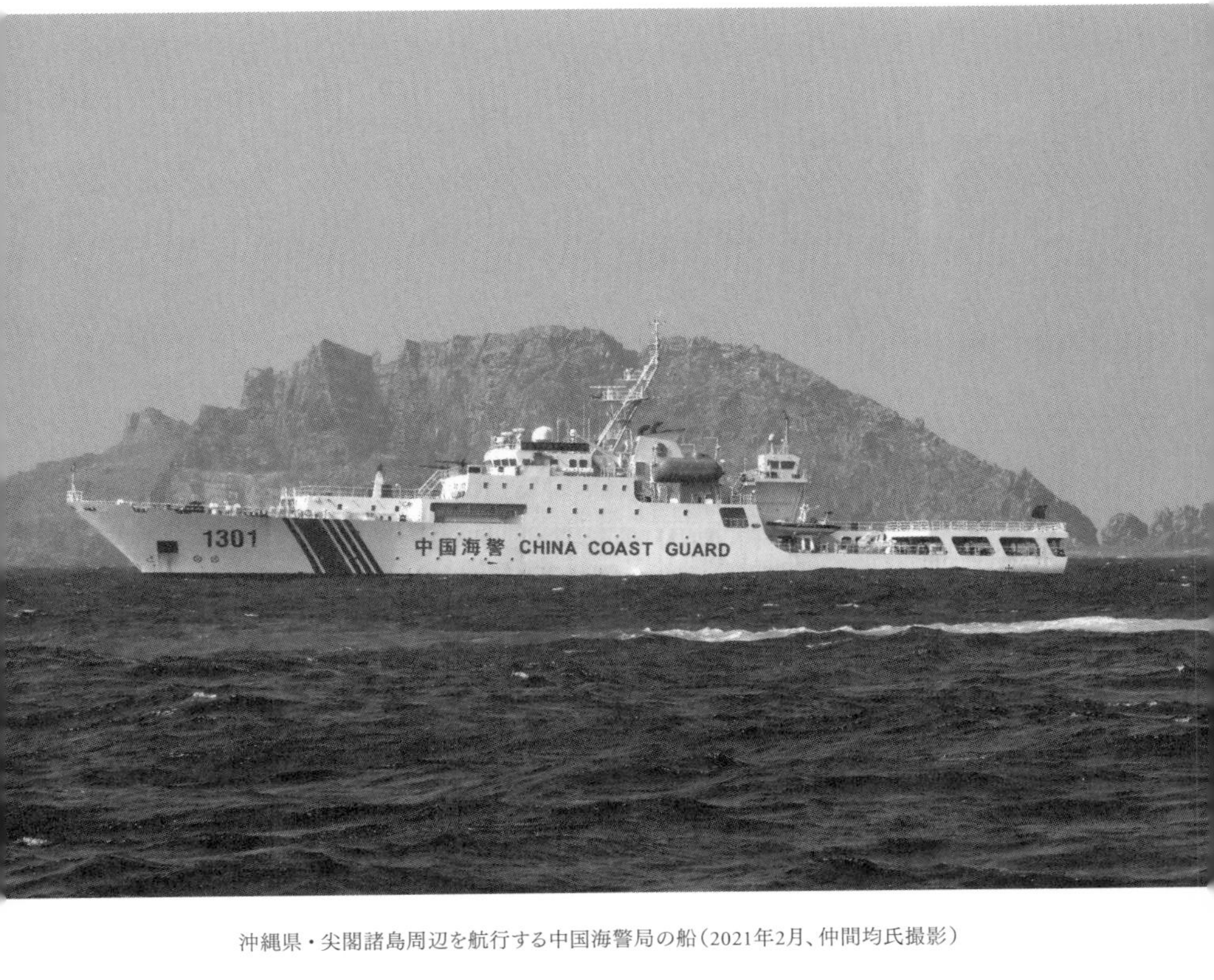

沖縄県・尖閣諸島周辺を航行する中国海警局の船（2021年2月、仲間均氏撮影）

自衛隊員30年で1割減
――人海戦から海空・電子戦へ移行

日本の国防を担う自衛隊員は、1990年からの30年間で1割近く減った。90年に24・6万人いた自衛官は、2020年に22・7万人まで規模が縮小した。

大量の隊員を投入する地上戦から海空重視の体制に移行した。1990年と比較した減り幅は、陸上自衛隊が最大で12％減だった。航空自衛隊は8％減、海上自衛隊は3％減にとどまる。

冷戦期はソ連による北海道侵攻を陸上で食い止める体制を組んだ。冷戦が終わると、有事を警戒する地域は朝鮮半島や台湾に変わり、空自や海自の能力を組み合わせた抑止力強化が重要になった。

中国や北朝鮮への対応に不可欠なレーダー探知やミサイル迎撃は、陸海空全体が関わる作戦となる。指揮を担う統合幕僚監部や共同部隊は30年前に100人程度しかいなかった。2021年は3800人あまりに増強した。

現代戦は想定する戦場がサイバー空間に広がり、無人機の導入も進んでいる。自衛

陸上自衛隊は30年で1割以上減った

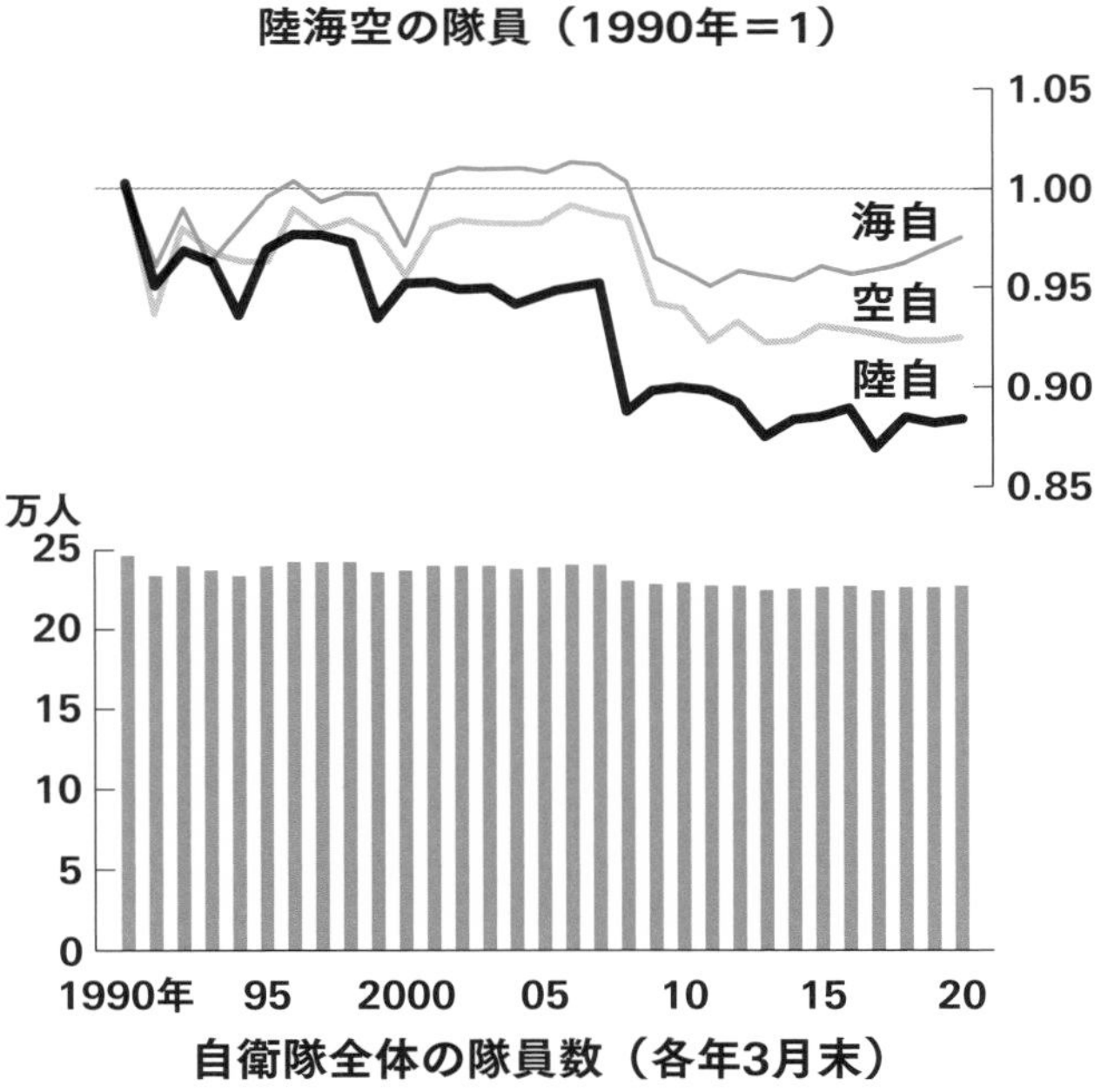

隊も電子戦を担う新たな組織を立ち上げた。部隊の能力は、隊員数だけでは測れない時代になりつつある。

自衛隊員が減った背景には少子化の影響もある。採用対象だった18〜26歳の人口は、30年間で3割少なくなった。18年から上限年齢を32歳に引き上げても採用計画を下回る職種が多い。

陸海空ともに慢性的な人手不足で担い手を確保する方策が欠かせない。

海外の各国軍も兵員数は減少傾向にある。英シンクタンク国際戦略研究所（ＩＩＳＳ）が刊行する「ミリタリー・バランス」によると、１９９０年の兵力は米国が２１１万人、ソ連が３９８万人だった。

２０２０年には米国が35％減の１３７万人、ロシアはソ連時代から8割近く少ない90万人となった。米ロともに陸軍の減少が大きい。ロシアはソ連崩壊後、経済難に陥った90年代に大幅な削減を実施した。

かつてのソ連の脅威が低下した英国やフランスの兵員数も、１９９０年比で半分以下に減った。中国は陸軍偏重を是正する過程で兵員数を3割少なくしたものの、戦闘機や艦艇、ミサイルの増強を続けている。国防費は30年で40倍以上に膨れ上がった。

各国とも無人機やサイバー攻撃などを駆使した現代戦への移行を進めており、兵力の縮小傾向は当面続く。戦い方の変化によるもので衝突リスクが減るわけではない。

各国の兵力

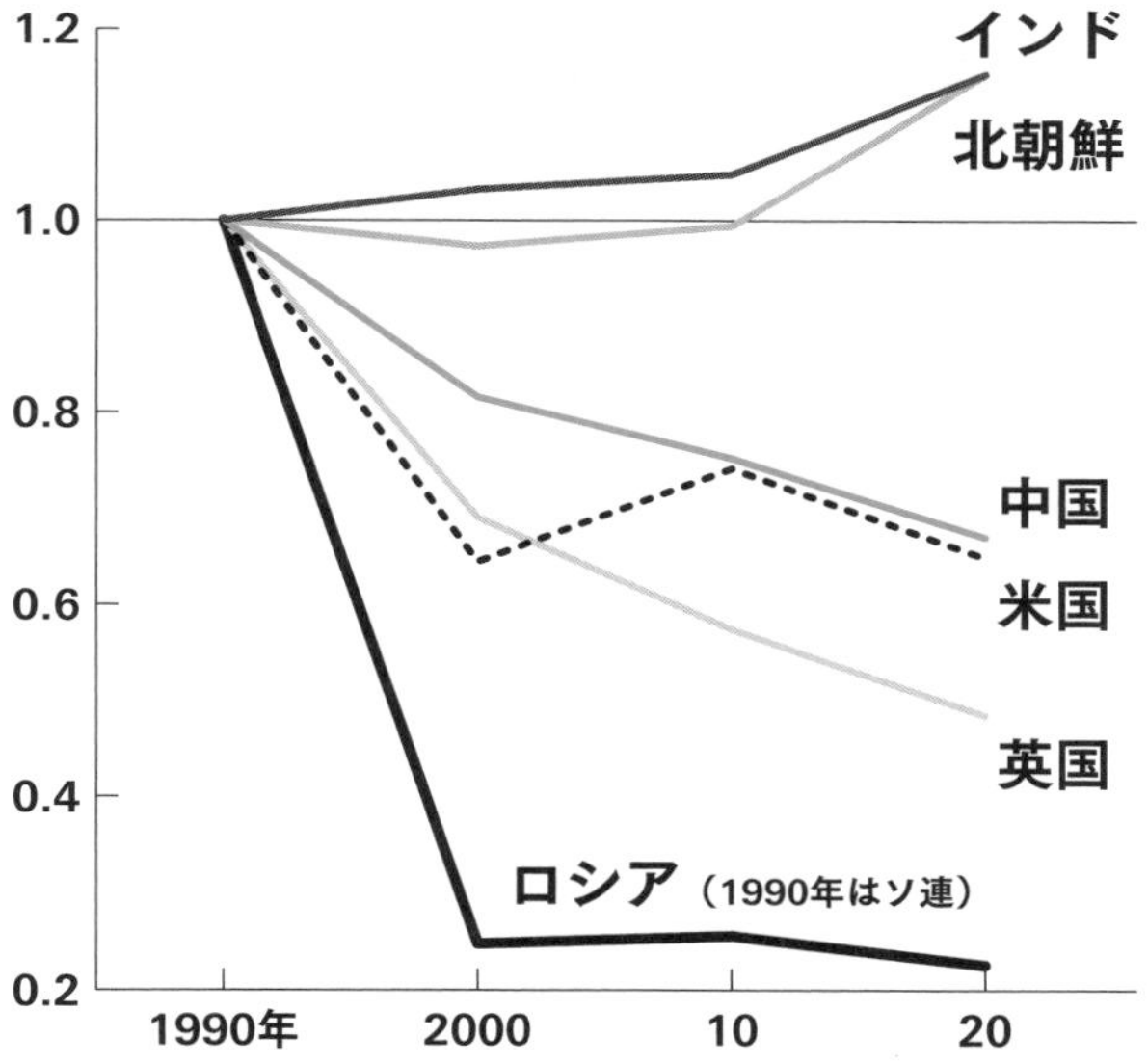

注／英国国際戦略研究所「ミリタリー・バランス」のデータを基に、
1990年を1として10年ごとに算出

経済連携協定、貿易総額の8割カバー
――12年比4倍の水準

日本、中国、韓国、オーストラリア、ニュージーランド、東南アジア諸国連合（ASEAN）の各国が2020年11月に署名した地域的な包括的経済連携（RCEP）協定が22年1月に発効した。

全15カ国について発効すれば、日本の貿易総額に占める経済連携協定（EPA）や自由貿易協定（FTA）の締結国の割合が8割となる。12年比で4倍の水準となる。

RCEPは世界の国内総生産（GDP）や貿易額で3割程度を占める巨大経済圏だ。日本にとっては、中国、韓国と結んだ初めての協定でもある。政府はGDPを2・7％ほど押し上げる経済効果があると試算する。

経済連携の推進は日本の通商政策の柱となる。関税引き下げは輸出企業の競争力強化につながる。投資財産の保護や雇用に関するルールの確認は、事業を展開しやすくする環境整備になる。

12年末の第2次安倍政権発足以降、政府は環太平洋経済連携協定（TPP）や欧州

日本の経済協定カバー率

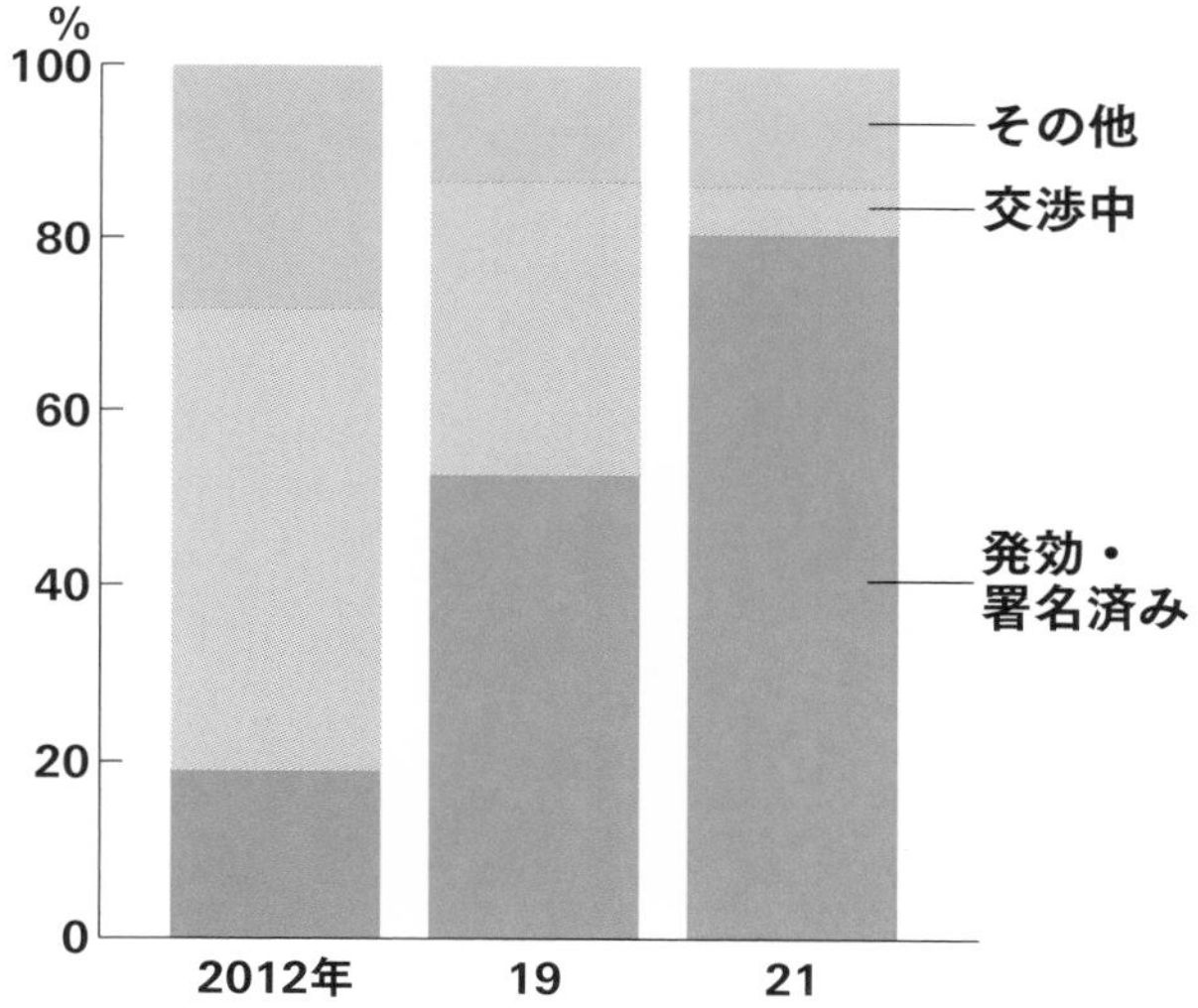

注／貿易総額に占めるEPA・FTA締約国との割合。
21年はRCEP分を含めた数値。
出所／経済産業省、外務省

連合（EU）とのEPAなどを相次ぎ結んできた。

経済産業省や外務省によると、12年時点でこうした協定を発効・署名済みの国は日本の貿易総額の18・9％だった。日米貿易協定を署名した19年には52・4％と過半になった。RCEPを加えて計算すると、21年は80・4％に達する。

TPPも拡大に取り組む。英国の加入交渉が21年に始まり、中国と台湾が加入を申請した。韓国も申請に向けて手続きに入った。中長期的な目標としてトランプ前政権時代に離脱した米国の復帰も目指す。

日本の輸出入を合わせた貿易総額は中国がトップとなる。財務省の統計で07年以降、1位が中国、2位が米国、3位が韓国という順位は19年まで変わらない。19年の総額155兆円の内訳は、中国が21％の33兆円、米国が15％の23兆円で、韓国は5％にあたる8兆円だった。日中韓は3カ国のFTAを交渉中だ。

自由貿易を巡る枠組みは、米中対立の影響を受ける。経済安全保障を目的に医療資材など重要物資のサプライチェーンで中国依存を避ける動きが出てきた。

米国の税関当局がファーストリテイリングが運営する「ユニクロ」のシャツ輸入を差し止めるなど、中国の新疆ウイグル自治区をはじめとする人権問題もリスクになる。

日本は引き続き自由貿易体制の拡大を目指すものの、安全保障戦略や国際世論をにらんだ対応が必要になる。

中国との貿易が2割を占める
（日本の貿易総額と内訳）

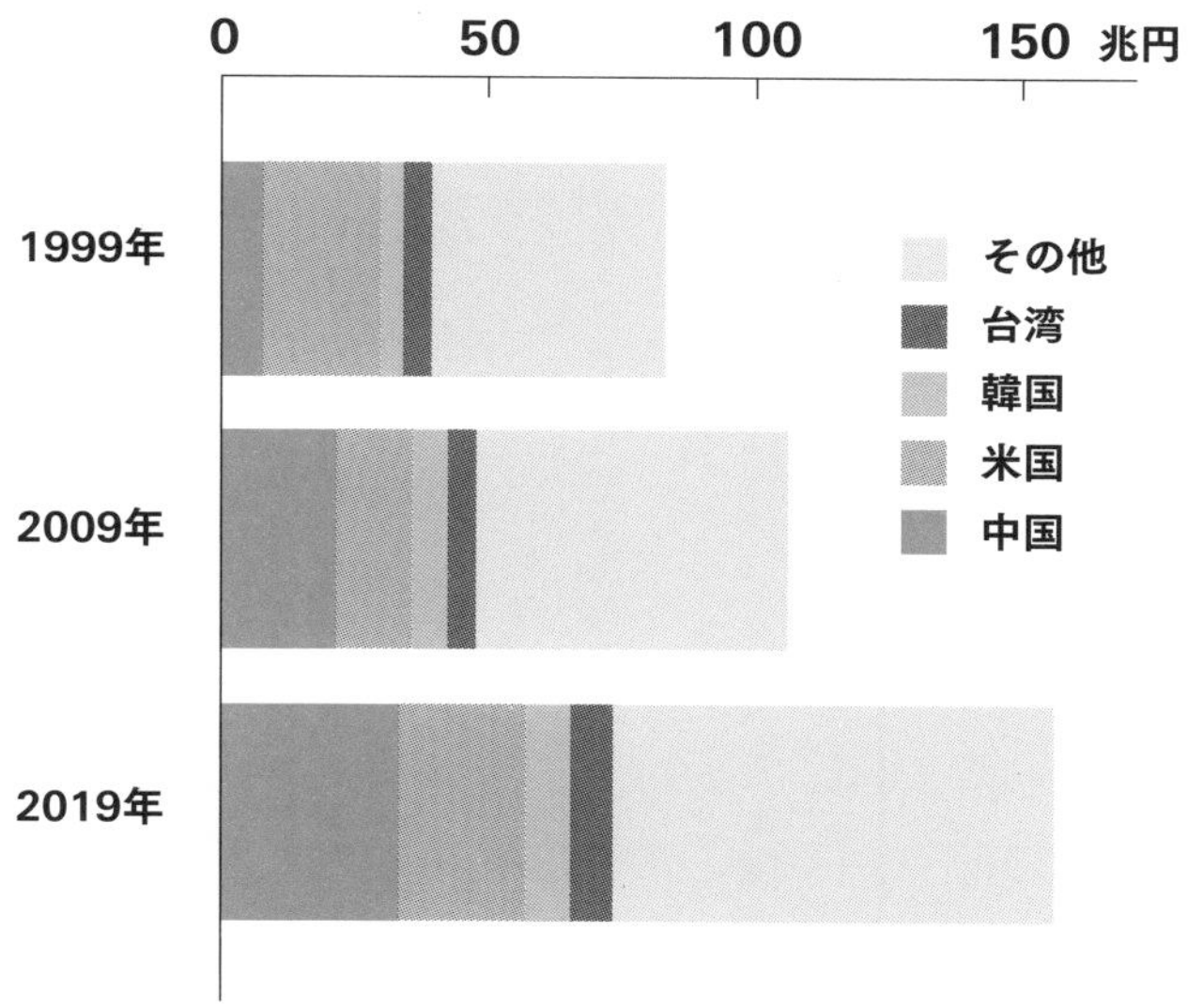

出所／財務省

ODA、30年で日本の割合半減

――かつての「大国」5位後退

日本の2020年の政府開発援助（ODA）実績は、前年比17%増の136億ドルだった。経済協力開発機構（OECD）の開発援助委員会（DAC）加盟国による総額に占める割合は、1990年の17%から8%へ半分の水準に下がった。DACのデータで支出額から貸付金の回収額を引いた支出純額ベースの数字を比べた。

90年代の日本はODA実績が世界1位で「ODA大国」と呼ばれた。徐々に順位を落とし、2020年の調査では5位になった。首位は米国の351億ドルで、2位はドイツだった。

米国は01年の同時テロを受けてODAの増額に動いた。貧困が暴力の温床にならないよう途上国の開発に注力した。欧州各国も00年代に規模を拡大した。

日本も最近5年は増加傾向にある。15年の92億ドルから5年で1・5倍になった。15年に閣議決定した開発協力大綱でODAの方針を変えたためだ。経済成長して支

ODA実績額

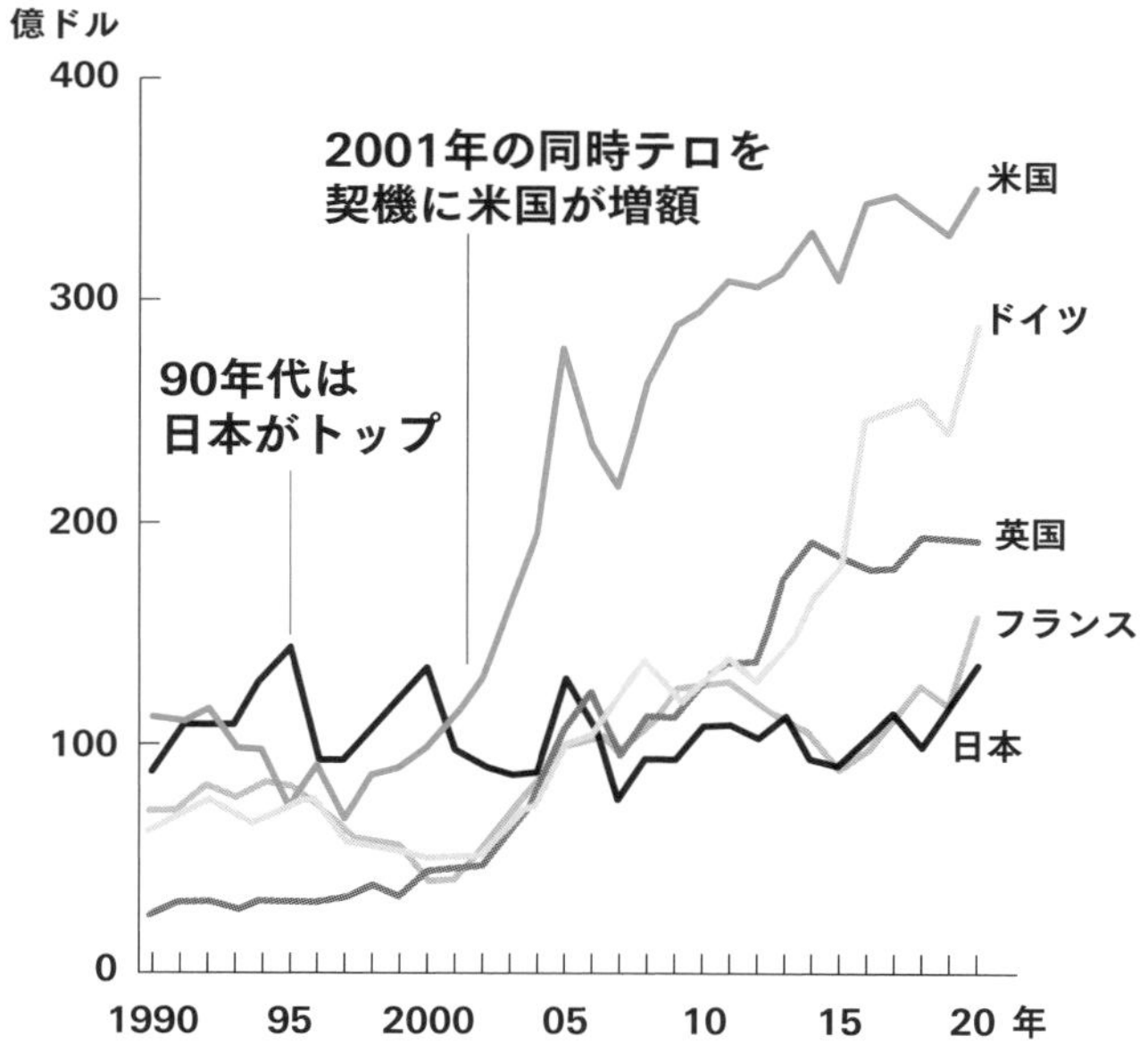

注／ DACのデータを基に作成。
支出純額ベース

援助対象の基準を満たさなくなった「ODA卒業国」にも援助しやすくした。災害対策など非軍事分野の目的であれば、他国の軍への支援もできるようになった。途上国支援を強化する中国に対抗する思惑がある。

中国はかつて日本のODAの最大の受け取り国だった。援助は1979年に始まり、当初はインフラ整備を中心に経済成長の基盤を整えた。歴史問題などで日中関係が冷え込むと、日本でODAへの反対論が強まった。

2000年をピークに規模が縮小し、円借款は07年に新規案件を停止した。18年に当時の安倍晋三首相が北京で李克強首相と会談した際、対中ODAの終了を伝えた。

外務省の資料によると、1991年に中国など北東アジア向けは日本の2国間ODAの8%を占めていた。現在は拠出額よりも回収額の方が多くなり、支出純額ベースではマイナスとなる。

2019年の実績で多い相手国は、上からインド、バングラデシュ、ミャンマーの順だった。インドで建設中の高速鉄道は日本の新幹線方式を採用する。バングラデシュには交通インフラの整備へ円借款を供与すると決めた。

北東アジア向けODAは実質なくなった

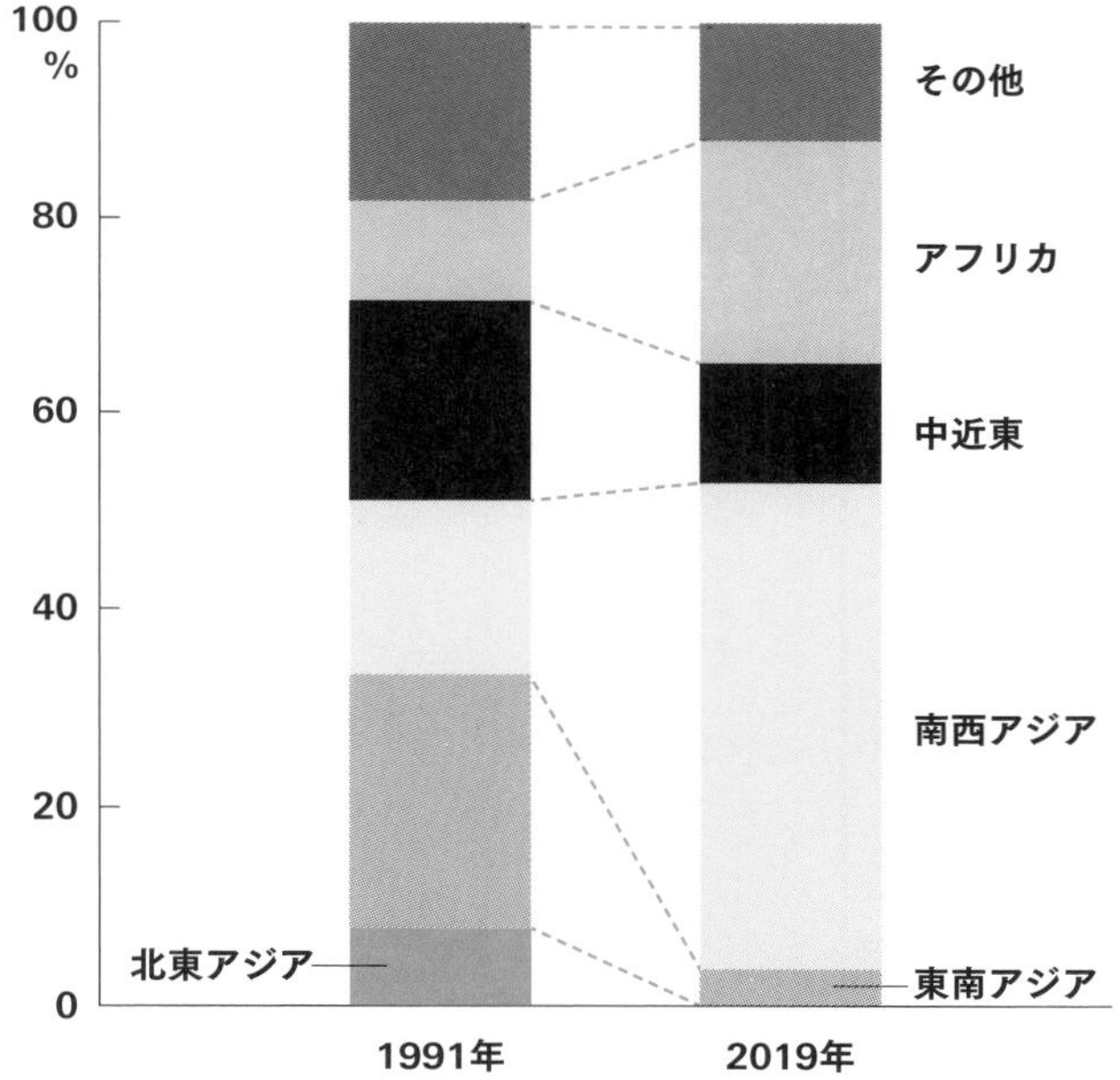

注／外務省資料より。支出純額ベース。
19年の北東アジアはマイナスのため0%とし、複数国向けは除外した

日本の大使館153カ国に

――30年で4割増

日本政府が承認する国の数は2021年末時点で195ある。このうち、8割弱の153カ国に大使館を置く。1990年度と比べて4割増えた。相手国への外交上の働きかけや情報収集を強めるためで、中国を意識した動きだ。

30年間で承認国数は28増えた。91年度は15カ国を新たに認めた。この年に旧ソ連が崩壊し、旧ユーゴスラビアの解体も始まった。バルト3国など独立する例が相次ぎ、国家として承認する対象になった。

2000年度以降は、独立した東ティモールやアフリカの南スーダンなどを加えてきた。21年末時点で最後に承認した国は15年のニウエだ。南太平洋にある島嶼国で、ニュージーランドが防衛や国連の代表権を担う。

1991年度は承認していた182カ国のうち、6割弱にしか大使館を設けていなかった。

2012年に第2次安倍政権が発足してから大使館設置国は19増えた。21年1月に

日本の承認国数と大使館開設率

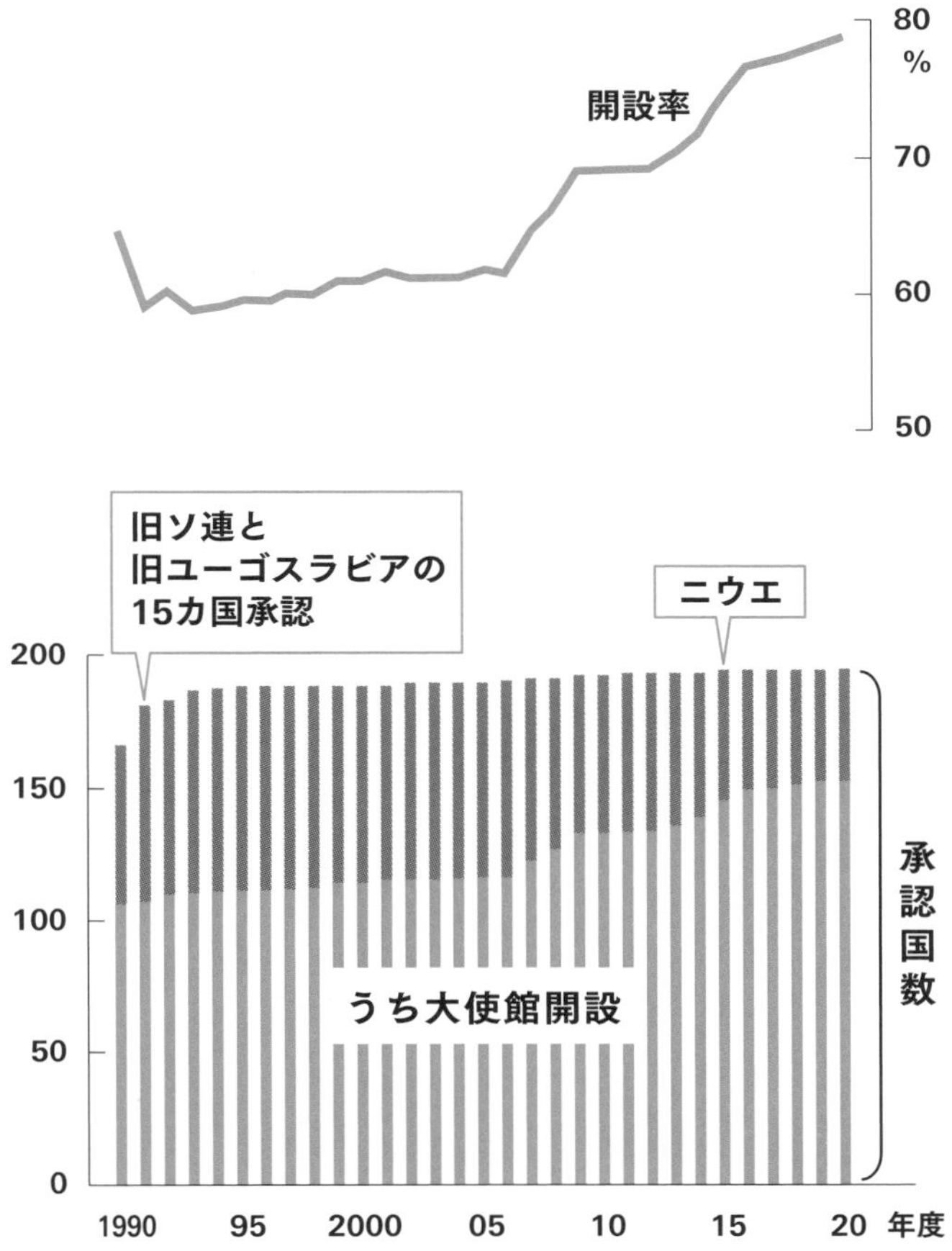

注／外務省資料などを基に集計・計算

カリブ海のハイチに開設し、ドイツと並ぶ大使館数になった。

背景には中国による外交攻勢がある。経済成長に合わせて大使館を増やしている。21年版の外交青書によると、中国の設置国数は米国を上回る173カ国になった。

大使館は相手国政府との連絡や交渉を担う。「国の顔」として広報役を務めつつ、現地で邦人保護や情報収集する拠点でもある。

新設するには億円単位の予算がかかるとされる。費用対効果や配置する人員を考慮しつつ、日本の発信強化を狙う。

国家承認や在外公館の開設は外交政策と密接に絡む。北朝鮮は国連加盟国の多くが国として受け入れているが、日本は認めていない。日本は06年、国家承認を巡り「国際法を順守する意思と能力」を考慮するとの立場を示した。

パレスチナも中国など国連加盟国の多くが承認している。日本は米国や西欧の主要国と足並みをそろえて未承認だ。現地には政府を代表する事務所を設置している。

台湾も日本は国として位置付けていない。中国との国交正常化に伴う日中共同声明で中国政府を「中国の唯一の合法政府」と認め、台湾との外交関係を解消した。公益財団法人である日本台湾交流協会の事務所が事実上の大使館機能を担う。

台湾側には台湾日本関係協会という窓口機関があり、非政府間の実務関係を維持する。米台も同様の機関を相互に置く。

日本の大使館数はドイツと並ぶ

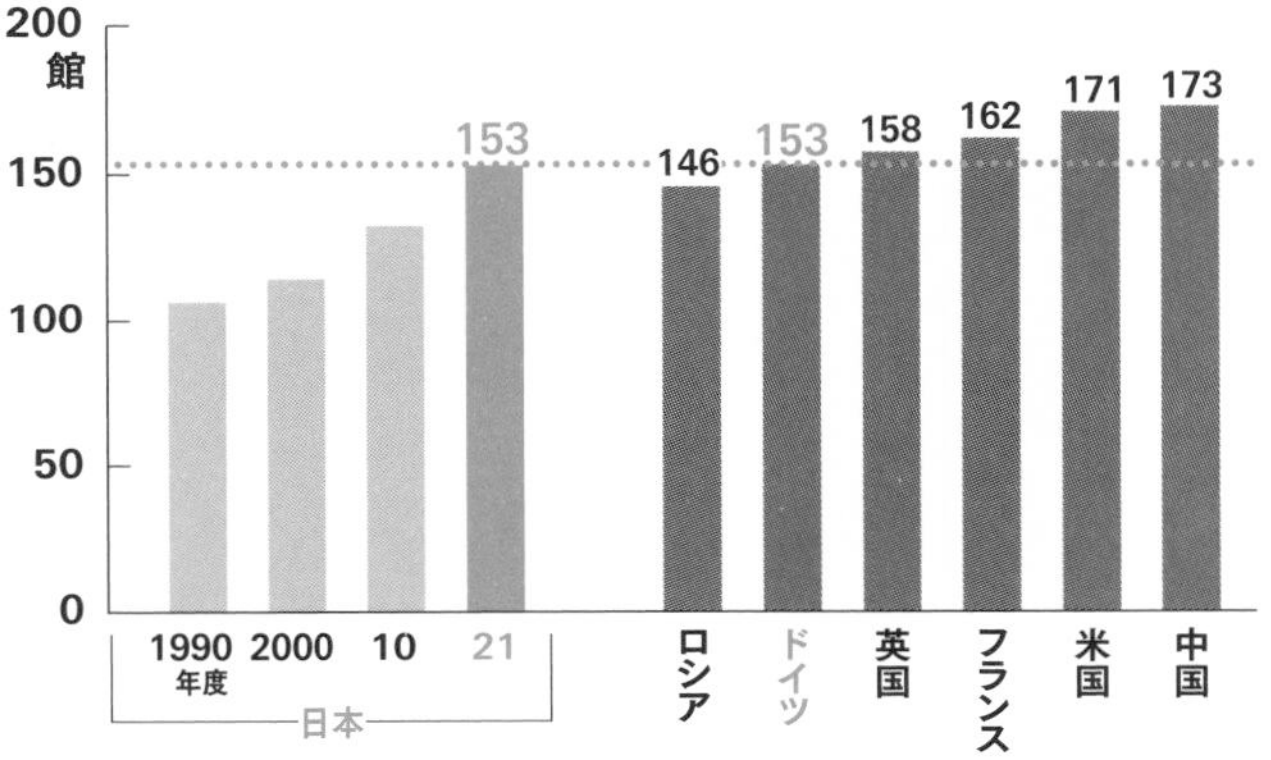

注／外務省資料などを基に作成。日本以外は2021年1月時点

日本が承認する国は国連加盟国より多い

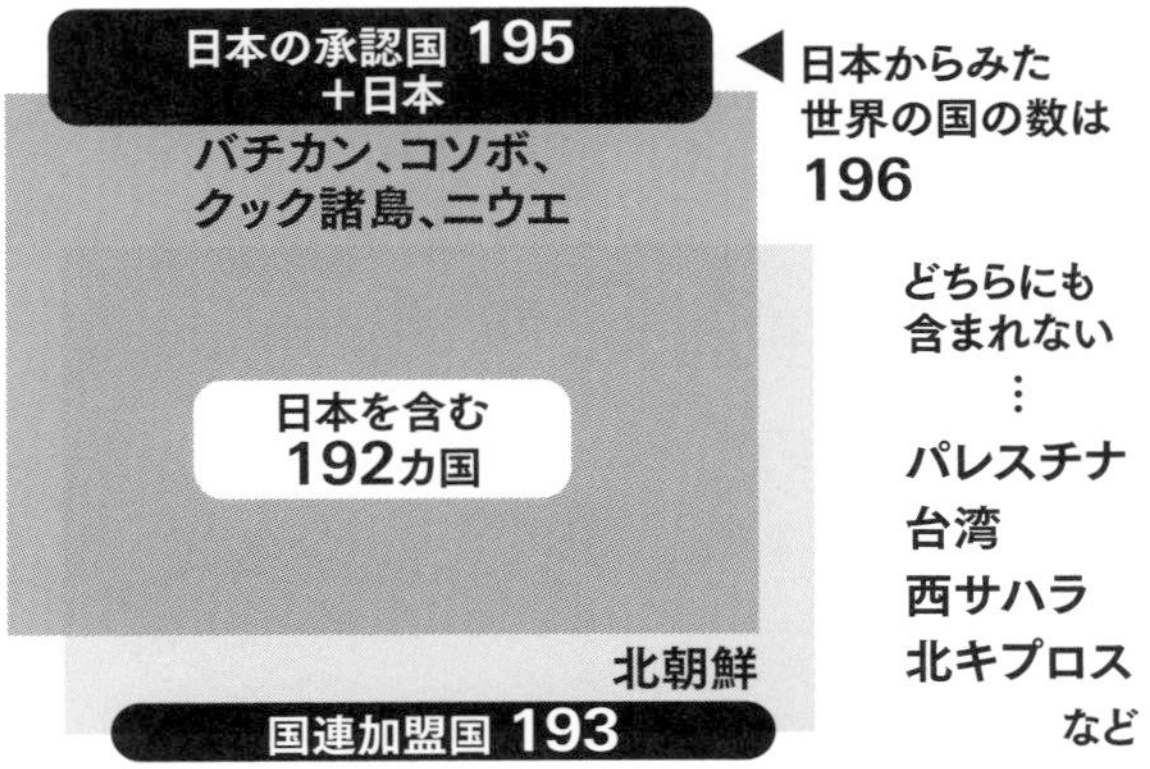

国連機関の日本人、15年末から2割増

——トップ不在は2年ぶり解消

国連や国連児童基金（ユニセフ）などの国連関係機関で働く日本人は増加傾向にある。２０２０年末の専門職以上の職員は９１８人で、15年末から2割ほど増えた。01年と比べると１・９倍になった。

国際社会での発信強化に向けて日本人職員を増やす政府の取り組みが寄与している。国際機関の職員は欧米人が多い。国連の統計によると、19年末の専門職は米国人が日本の3倍、フランス人は2倍を超す。採用は基本的に公募で、英語などの語学力と専門知識が必要になる。

国際機関は各分野で多国間のルールをつくる場となる。職員は世界全体を意識して働く立場ではある。それでも日本人が増えれば、民主主義や法の支配を重視する日本の主張が理解されやすくなると政府は期待する。

中国も国際機関の職員を増やしており、19年末は８２９人だった。15年末と比べると41％増で、日本政府は迫ってくる中国の動きを意識する。

主な国の国連機関職員数

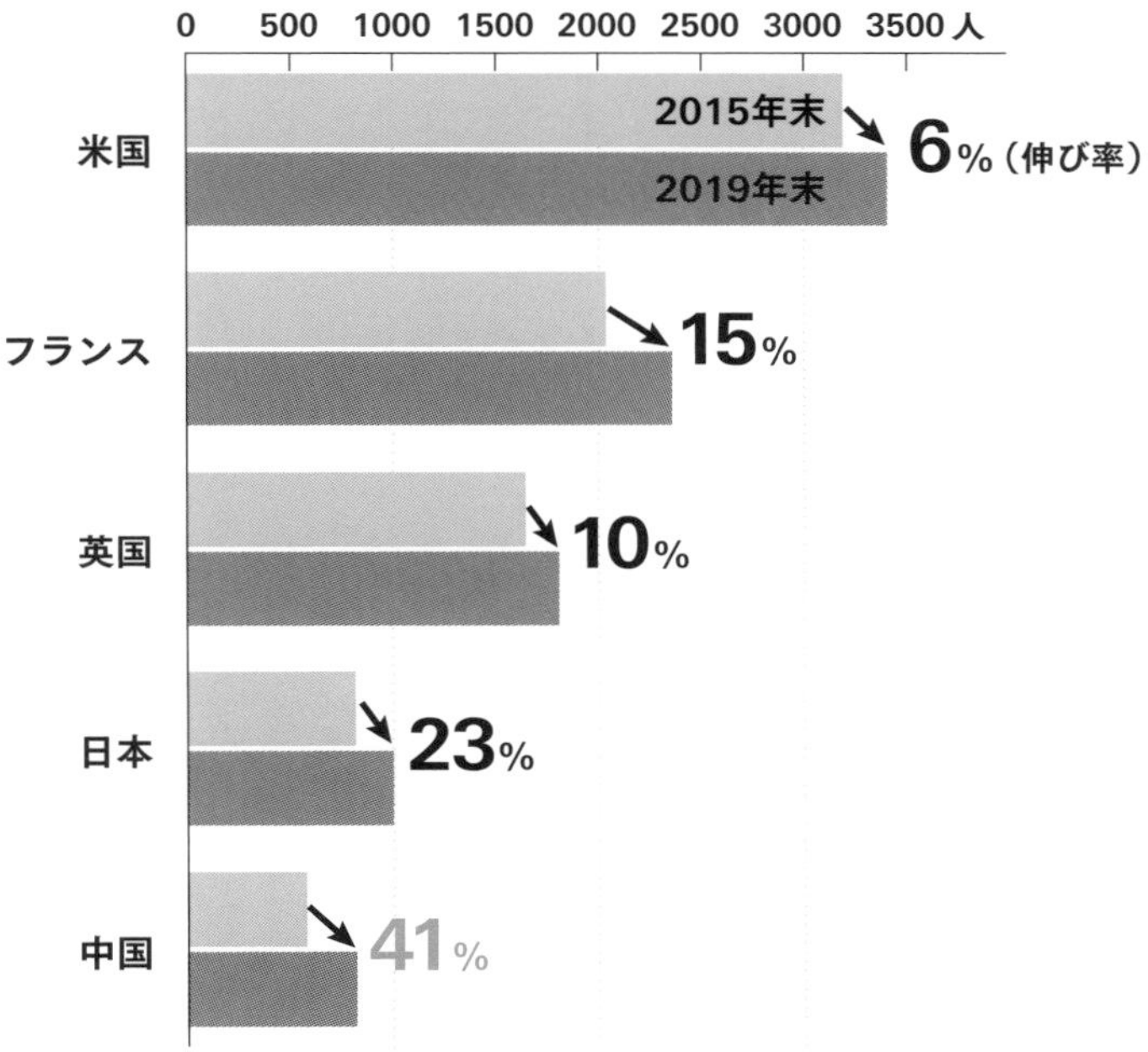

注／国連統計を基に作成。国際専門職に人数

国連分担金では長年、米国が1位、日本が2位だったが、19年に中国が日本を抜いた。国際機関のトップ人事でも中国が攻勢をかける。15ある国連の専門機関のうち、国連食糧農業機関（ＦＡＯ）など3つのトップを中国人が務める。途上国への援助を支持集めに結びつけていると指摘される。

日本は１９８０年代以降、世界保健機関（ＷＨＯ）や国連教育科学文化機関（ユネスコ）などにトップを送り込んできた。２０１９年に国際原子力機関（ＩＡＥＡ）の天野之弥氏が在任中に死去し、31年ぶりに国連機関トップで日本人が不在になった。21年8月の万国郵便連合（ＵＰＵ）の国際事務局長選で、日本の目時政彦氏が当選した。トップ不在は2年ぶりに解消した。

政府は国際機関で日本人を増やすことを外交戦略の一環と位置づける。25年までに１０００人にする目標を立てる。取り組みの一つに国際機関で働く機会を提供する仕組みがある。国際機関が各国政府の費用負担を条件に若手人材を受け入れる「ジュニア・プロフェッショナル・オフィサー（ＪＰＯ）」への派遣制度だ。

35歳以下で修士号を持つ人が対象で、外務省の選考と国際機関の審査を通過すれば原則2年間、国際機関で勤務する。そのまま働き続けてキャリアを積み、幹部へ昇格するよう後押しする。

国連関係機関の日本人職員数（専門職以上）

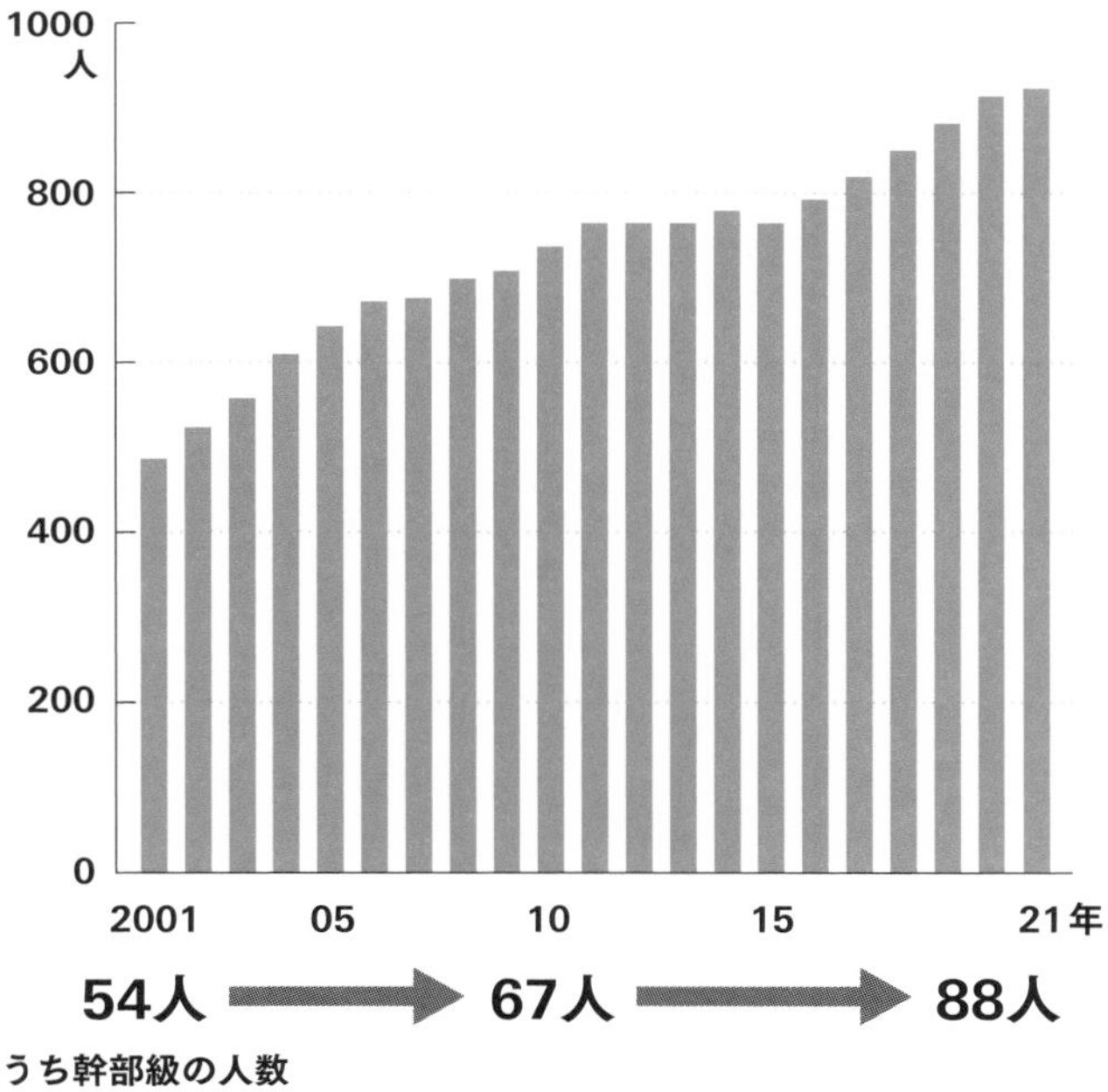

注／外務省調べ。13年以前は1月、14年以降は前年の年末時点

中国海警船、8年で3倍超に
——20年、尖閣周辺で年333日確認

日本の海上保安庁のように海で安全や治安を確保する組織を海上法執行機関と呼ぶ。中国は海警局、米国では沿岸警備隊が担う。中国は海警局の能力増強を進めており、船舶の数は8年間で3倍以上に増えた。

海警局は2013年、公安省や農業省、国家海洋局など複数の省庁に分かれていた組織を統合して発足した。海保の推定によると発足前の12年時点で、中国の海上法執行機関の船（満載排水量1000トン級以上）は40隻だった。同年度に海保が保有する巡視船（総トン数1000トン以上）は51隻だった。隻数で中国を上回っていた。

海警局への組織改編後、中国は14年に82隻、20年には131隻に増強した。海保の2倍近い体制となった。1万トン級の大型船や機関砲のような装備を搭載した船もある。

日本が海警局の増大を警戒するのは、沖縄県の尖閣諸島周辺で領海侵入を繰り返すためだ。10年に海保巡視船と中国漁船が衝突する事故が起きて以降、侵入回数が急増

隻数の差は広がった

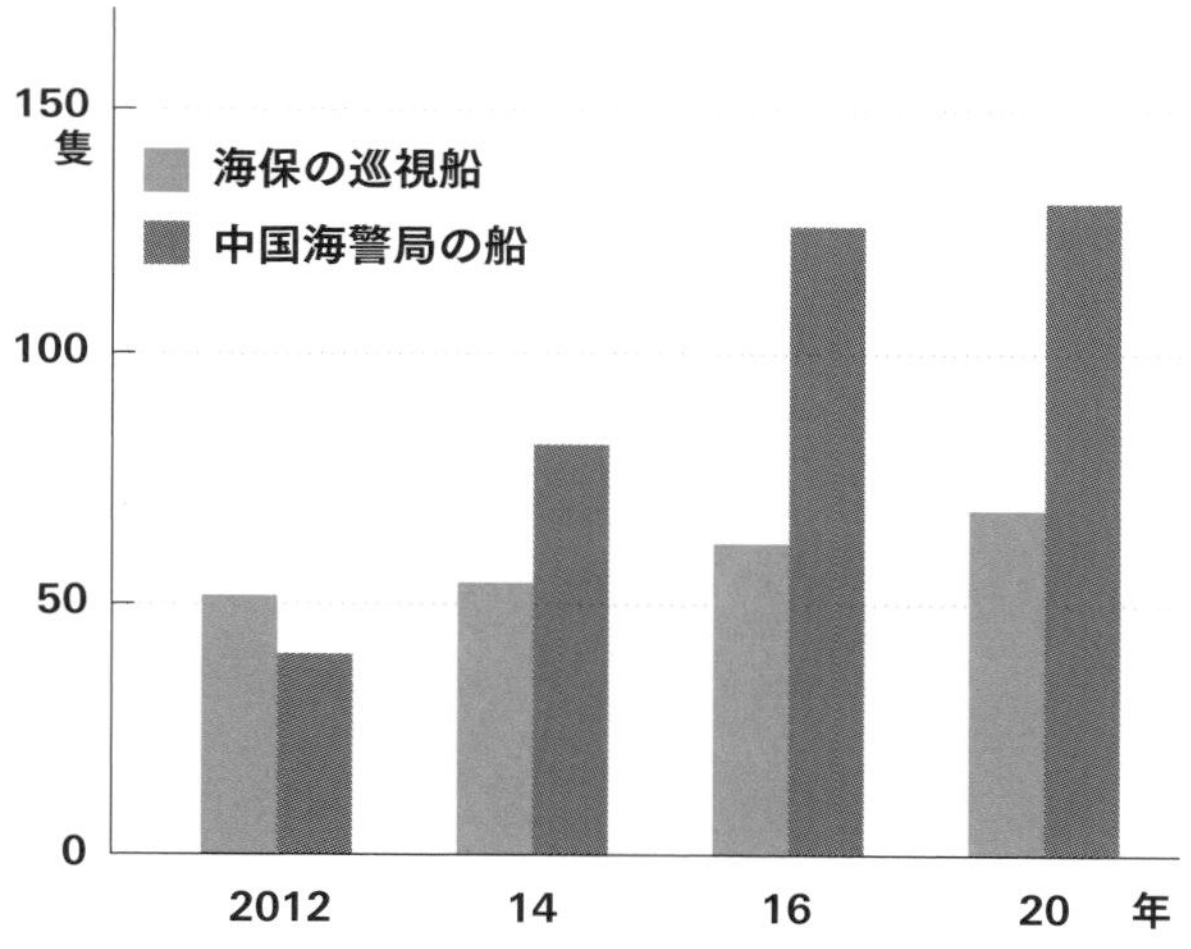

注／海保は年度で総トン数1000トン以上。
中国海警局は暦年で満載排水量1000トン級以上

した。

20年に接続水域内で中国公船が確認されたのは、これまでで最多の333日に達した。4隻体制の場合が多く、連日のように尖閣周辺を航行していることになる。船舶の増加だけでなく、船の大型化によって荒天でも尖閣周辺から離脱しなくなった面があるとされる。

海保も海警船に対処するため体制増強を進めてはいる。20年度は12年度と比べて35%増の69隻になった。政府・与党は引き続き拡大を進める方針だが、中国のペースに追いついていない。

日本政府は海警局と海軍の連動に警戒を強める。もともと海警局は行政組織である国務院の組織だったが、18年に人民武装警察部隊（武警）の傘下に入った。21年2月には新たに海警法を施行し、準軍事組織としての位置づけを明確にした。海保についても防衛相の統制を受ける場合の規定が自衛隊法にある。一方で海上保安庁法は「軍隊の機能を営むことを認めるものと解釈してはならない」と制約をかける。

尖閣諸島では平時でも有事でもない「グレーゾーン」の事態が起きる可能性がある。

自民党は21年4月、海保と海上自衛隊の連携の強化を訴える提言を当時の菅義偉首相に提出した。自衛隊が前面に出ることには中国海軍の出動を誘発するとの懸念もある。

中国公船を接続水域内で確認した日数は2020年に過去最多に

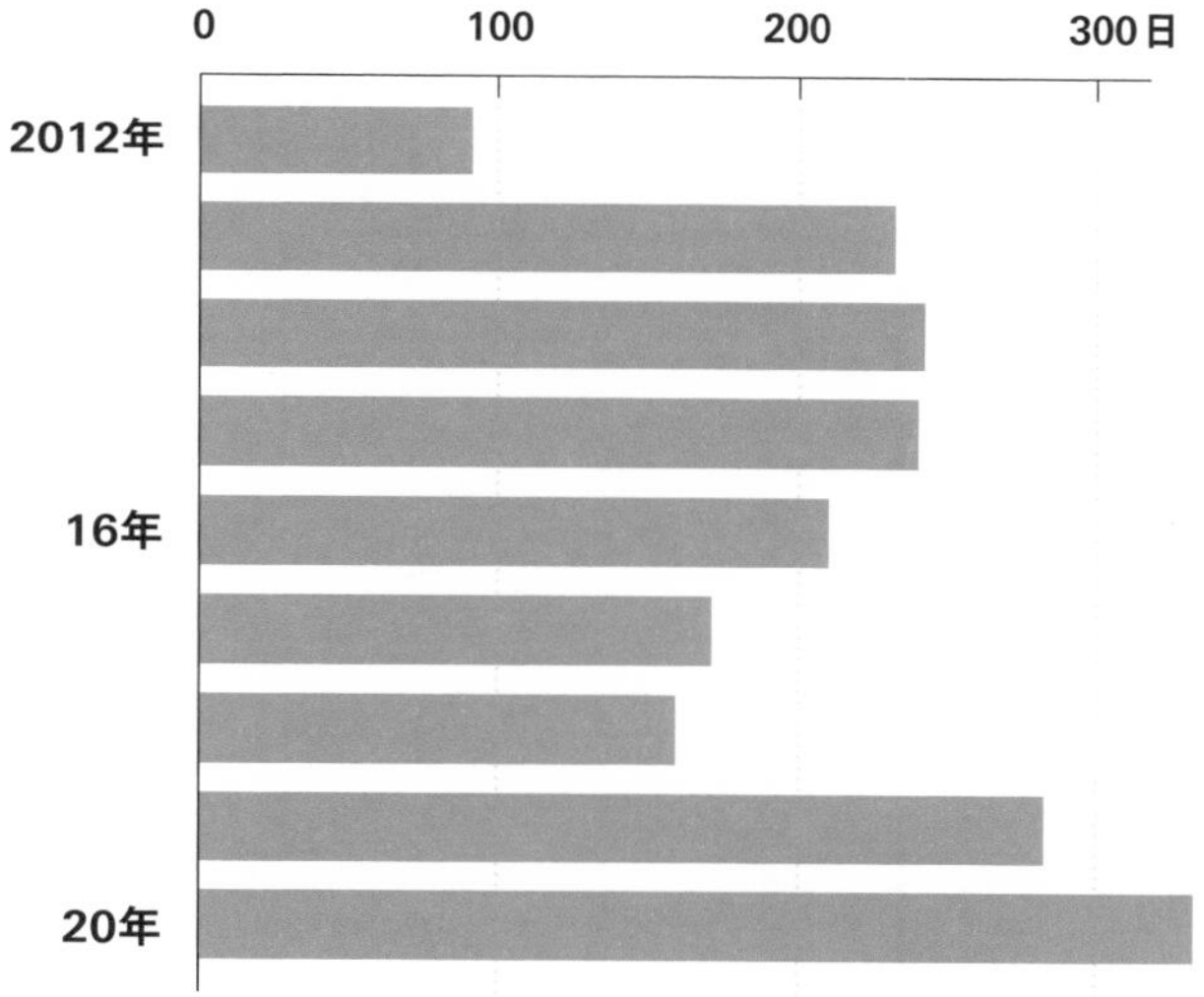

注／中国海警局に所属する船舶などの確認日数。
海上保安庁資料から作成

サイバー攻撃、5年で8・5倍に
――検挙数も過去最多

サイバー攻撃による安全保障上のリスクが高まってきた。情報通信研究機構（ＮＩＣＴ）の調査によると、サイバー攻撃は２０１５年から20年に８・５倍に増えた。警察庁が発表した電子空間を使った犯罪の検挙数も20年に過去最多を更新した。新型コロナウイルスの感染拡大を受けたデジタル化の加速により、経済や社会への打撃は大きくなりやすい。

ＮＩＣＴの大規模サイバー攻撃観測網「ＮＩＣＴＥＲ」は、ダークネットと呼ばれる未使用のＩＰアドレスに届くパケット数を調べる。１アドレスあたりの年間総観測パケット数をサイバー攻撃に関連する活動量を表す指標と位置づける。

20年は１８２万パケットで15年の21万から急増した。

警察庁もインターネット上にセンサーを設置し、通常の利用では想定されない接続情報などを24時間体制で検知する。こうしたアクセスの大半はサイバー攻撃や攻撃の準備行為とされる。

サイバー攻撃の活動量は急増
1IPアドレスあたりの年間総観測パケット数

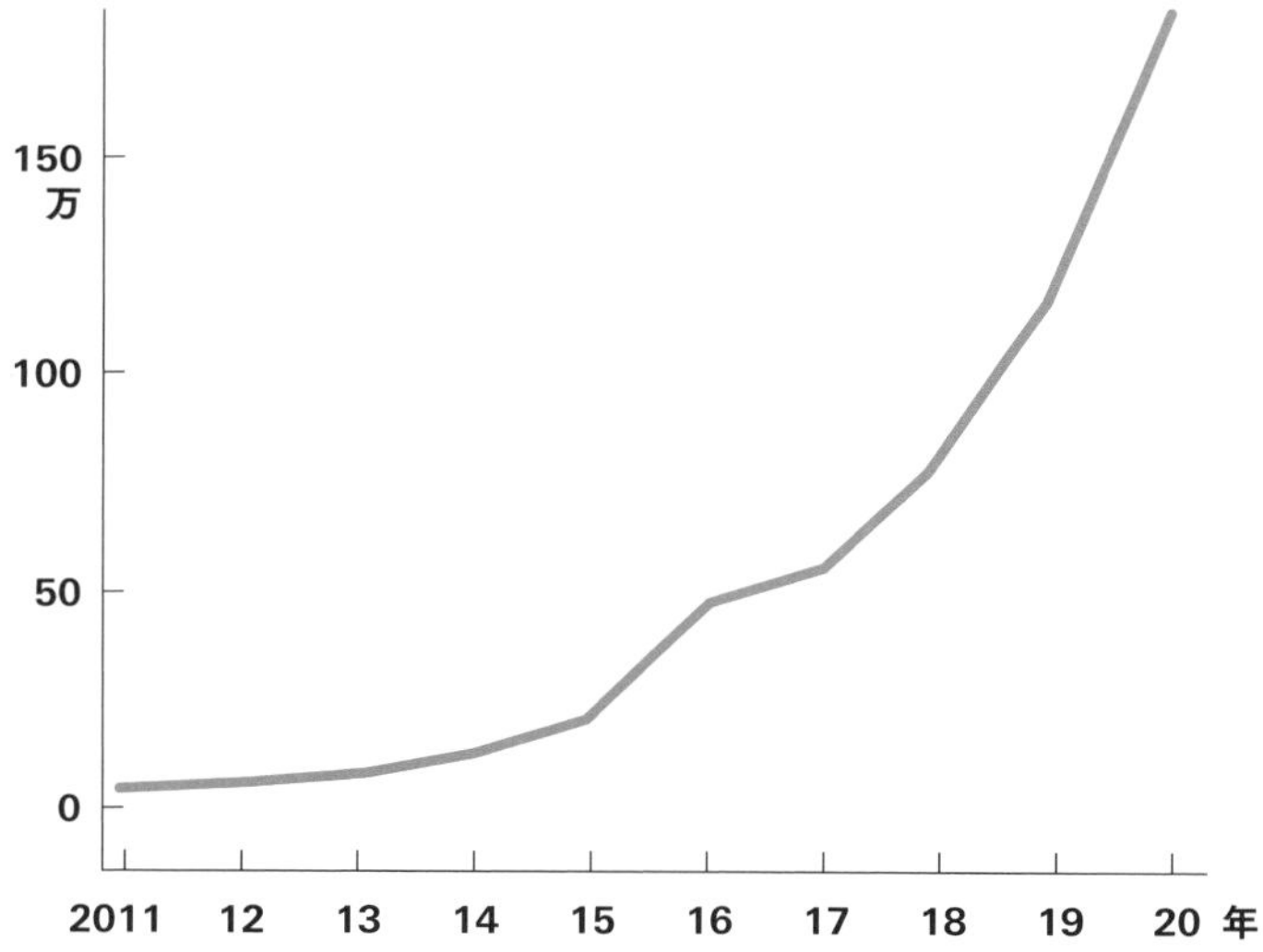

注／サイバー攻撃観測網「NICTER」でダークネットと呼ばれる
未使用の IPアドレスに届いたパケット数の推移
出所／ NICTER観測レポート2020

20年に検知したアクセス件数は1日に1IPアドレス当たり6506件で、16年に比べて4倍近くになった。警察によるサイバー犯罪の検挙数も増加の一途をたどっており、20年は9875件と過去最多になった。

同庁は「政府機関や重要インフラを標的とした攻撃も激しさを増している」と指摘する。国の安全保障にとって重大な懸念事項になる。

米国の石油パイプラインは21年5月、サイバー攻撃で停止に追い込まれた。ガソリン価格の上昇など燃料供給不安を引き起こした。

政府は21年9月に決定した新たなサイバーセキュリティ戦略でサイバー攻撃への防御力強化を盛り込んだ。自衛隊のサイバー防衛隊の増強などを掲げた。

中国とロシア、北朝鮮をサイバー攻撃の脅威として明示した。先端技術に関する情報窃取や政治的な目的達成、外貨獲得を狙っていると分析した。

米国や民間企業、北大西洋条約機構（NATO）などとの協力も進める。米国とは19年、米国の日本防衛義務を定めた日米安全保障条約5条がサイバー攻撃にも適用され得ると確認した。

新型コロナの感染拡大によって官民ともテレワークの実施や非接触のキャッシュレス決済の普及が進む。警察庁は「事業所と比較してセキュリティーが確保されていない自宅などのテレワーク環境が狙われている」と指摘する。

サイバー犯罪の検挙は過去最多

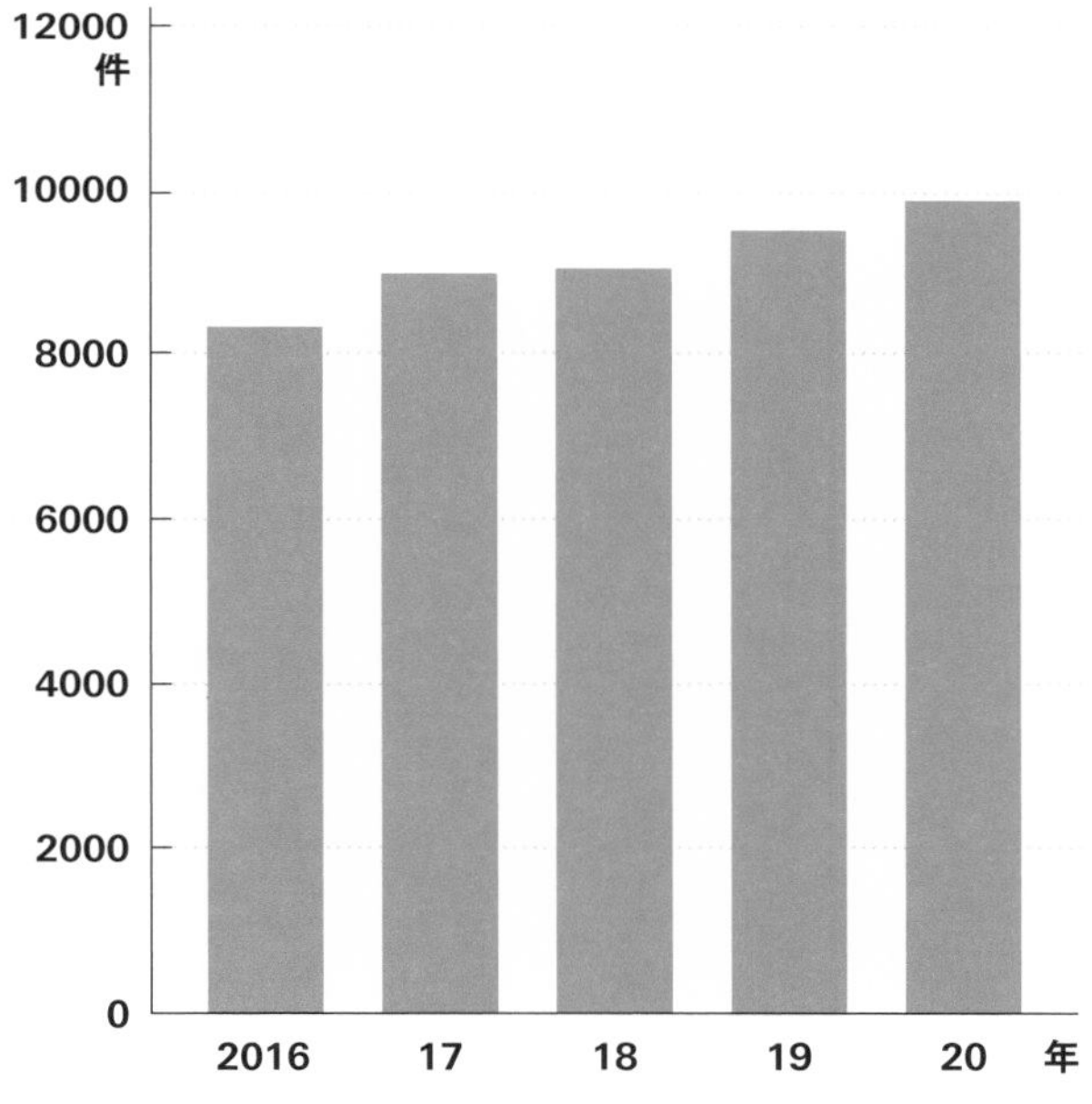

出所／警察庁資料から作成

首相外国訪問、コロナ前は年平均10回
——最多は安倍氏

岸田文雄首相は2021年11月、就任後初めての外国訪問として英国で開かれた第26回国連気候変動枠組み条約締結国会議（COP26）に参加した。バイデン米大統領らと対面した。

新型コロナウイルス禍でオンラインの国際会議は増えた。それでも膝をつき合わせて本音を話しやすい対面の重要性は変わらない。歴代首相は政権浮揚策としても外国訪問を重視してきた。

新型コロナの感染拡大が起きる前の07〜19年、首相の外国訪問回数は年平均10・7回だった。最も多かった09年は17回に上る。

当時の麻生太郎首相はリーマン・ショックによる金融危機への対応を協議する英国での首脳会合などに出席した。

09年9月に民主党政権が発足し、首相に就いた鳩山由紀夫氏は就任5日後に初外遊で米国に赴いた。その後、中国や韓国、インドなど同年末までの3カ月半で8回、海

歴代首相の外国訪問回数（菅義偉氏まで）

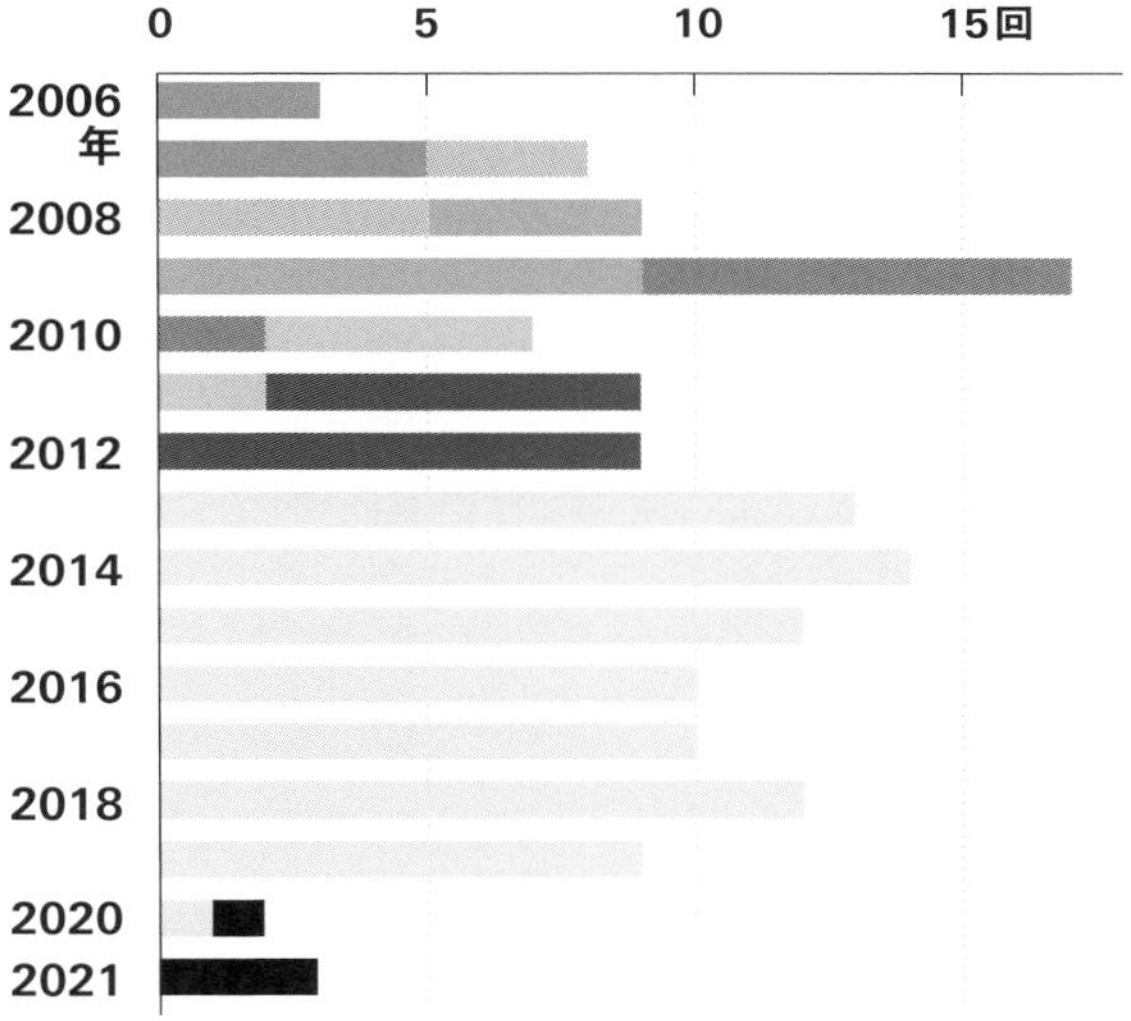

訪問国・地域数

安倍　晋三（第1次）	18カ国・地域（延べ20）
福田　康夫	9（延べ10）
麻生　太郎	12（延べ15）
鳩山由紀夫	8（延べ11）
菅　直人	7（延べ8）
野田　佳彦	10（延べ16）
安倍　晋三（第2次～4次）	80（延べ176）
菅　義偉	4（延べ5）

注／敬称略
出所／外務省

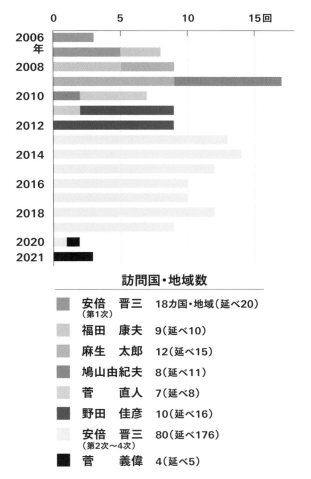

外訪問した。

歴代首相の訪問数を調べると、最も多いのは安倍晋三氏だった。12年末に第2次政権が発足して以降は「地球儀を俯瞰する外交」を掲げた。12～20年の訪問は81回。80カ国・地域に足を運び、延べ訪問数は176に達した。

任期中に米国を16回訪れてオバマ、トランプ両大統領との関係構築に取り組んだ。キューバやジャマイカなど日本の首相として初めて訪れる国・地域も20を超えた。

外相として海外出張を重ねたのが17～19年の河野太郎氏だ。2年強の在任期間で59回、訪問国・地域数は77（延べ123）で歴代外相で一番多い。6日ごとに1カ国を訪れた計算になる。

「前任の岸田氏と私で5年間で110カ国訪問する間に、中国の王毅（ワン・イー）外相は270カ国程度を訪問している。この差をこのままにしておくのは好ましくない」

河野氏は18年の記者会見でこう述べ、影響力を増す中国を意識した。機動性を高めるため「外相専用機」導入も唱えたが、実現しなかった。野党は「スタンプラリー外交」だと揶揄した。

岸田氏は外相時代、4年7カ月で延べ93カ国・地域を訪れた。15年の日韓外相会談で慰安婦問題の「最終的かつ不可逆的な解決」で合意した。

外相の延べ訪問国・地域数（岸田氏から茂木氏まで）

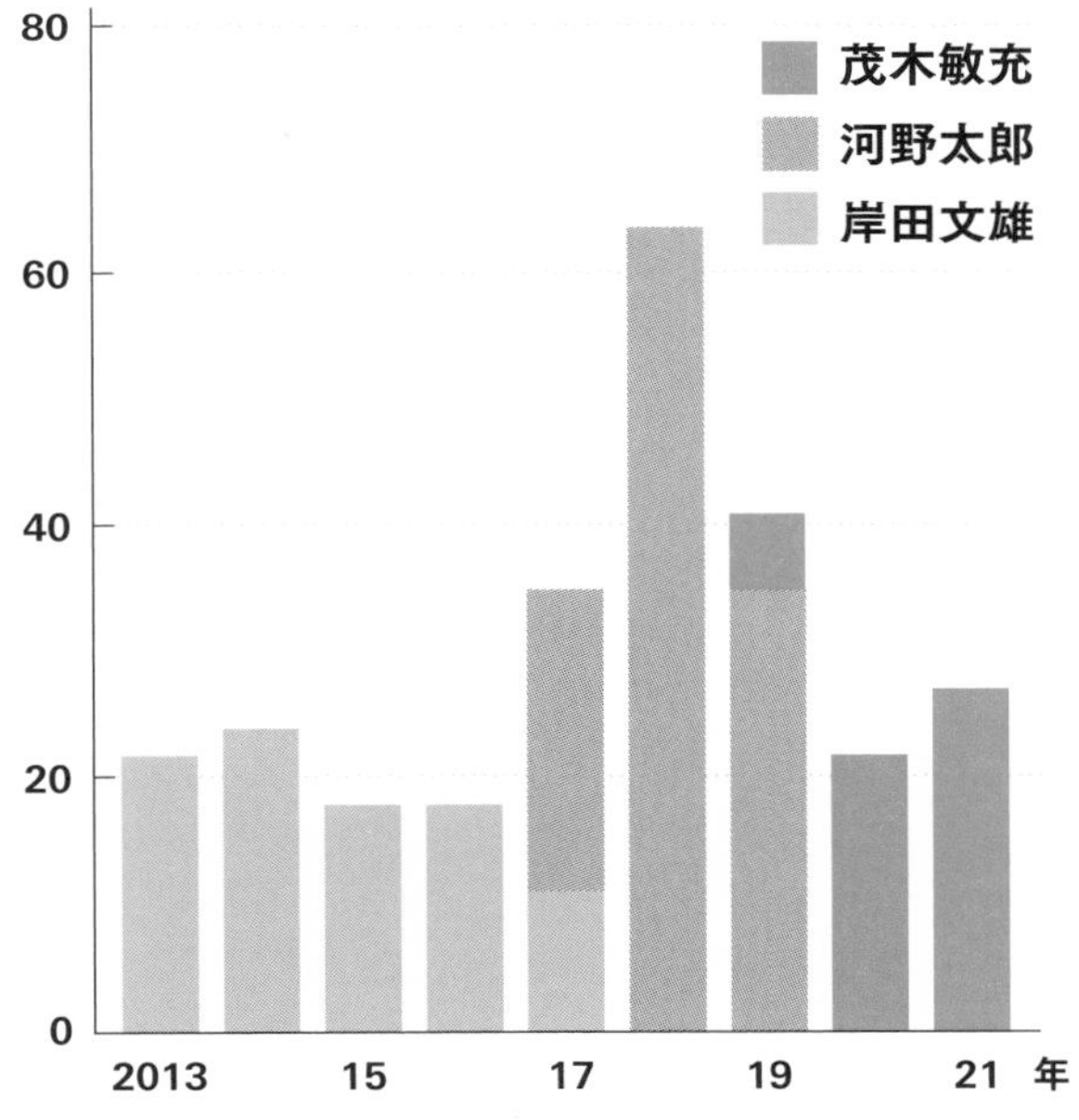

注／敬称略
出所／外務省

安保理入り、日本が狙う12回目
――22年の非常任理事国選

日本は2022年、国連安全保障理事会の非常任理事国を選ぶ選挙に立候補する。国連加盟国の投票によって選出されれば12回目となり、自らが持つ最多記録を更新する。任期は23年から2年間となる。

安保理は米国や英国、中国など第2次世界大戦の戦勝国5カ国の常任理事国と、10カ国の非常任理事国で構成する。常任理事国は決議への「拒否権」を持つ。非常任理事国の任期は2年で、1年ごとに選挙で5カ国が入れ替わる。

国際社会で平和に対する脅威が発生した際、国連憲章に基づく制裁措置などを決議するのが安保理の役割だ。核・ミサイル開発を進める北朝鮮への制裁は、安保理決議によって加盟国への法的な拘束力を持つ。

安保理メンバーになれば、自国の考えを決議に反映できる。国際情勢に関する重要情報にも触れやすくなる。

日本は非常任理事国を11回(22年間)担ってきた。21年時点の国連の資料による

非常任理事国の選任年数（2021年時点）

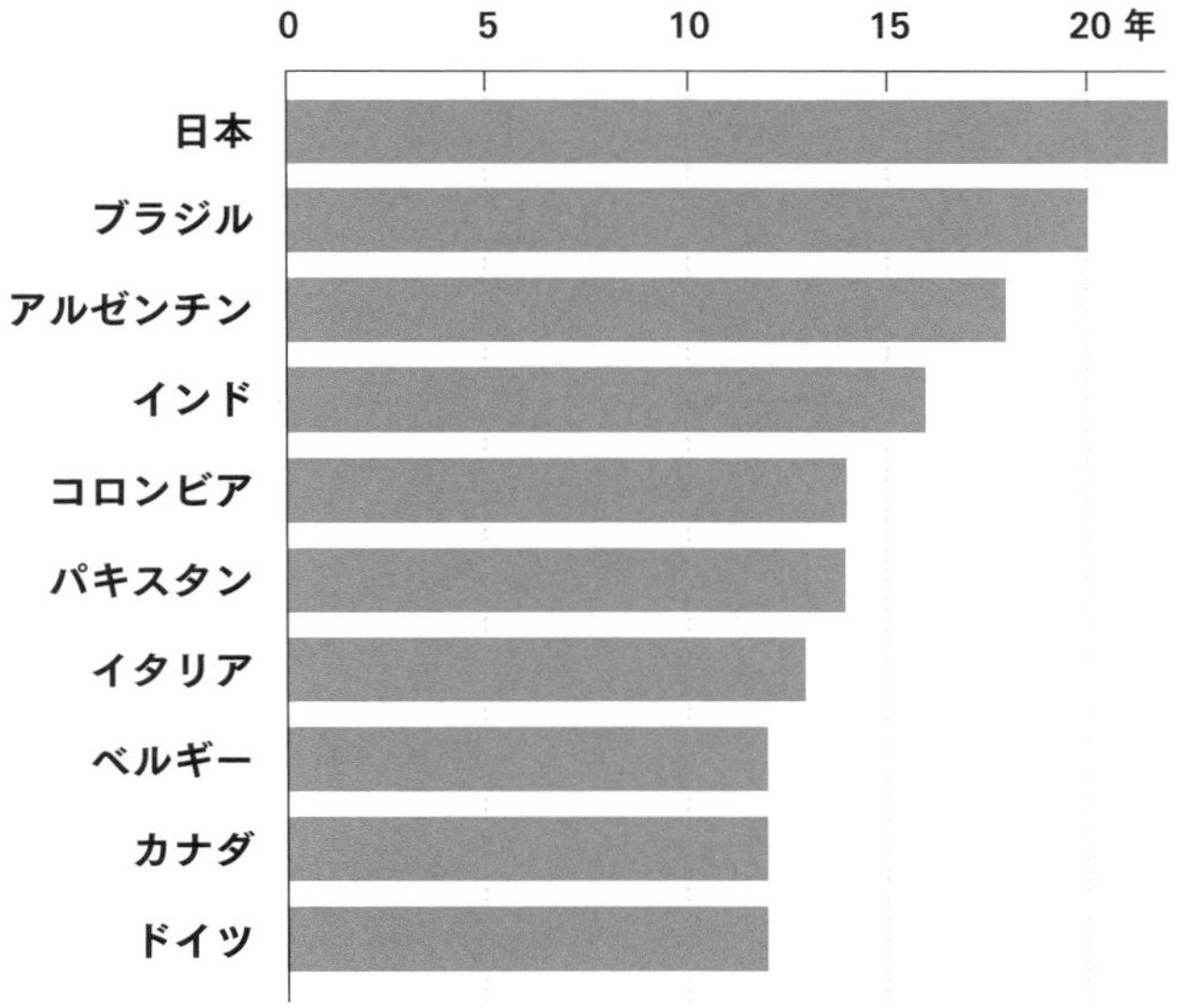

注／ドイツは西ドイツを含む
出所／国連

と、2位はブラジルの10回（20年）でアルゼンチン、インドが続く。日本はこれまで12回立候補し、バングラデシュに敗れた1978年を除いて全て当選してきた。

　非常任理事国は45年に国連が発足した当初は6カ国だった。65年に10カ国に増えた。国連加盟国数は65年の118から2020年に193まで拡大したものの、安保理の枠数は変わっていない。

　日本は常任理事国入りも目指しており、安保理改革の必要性を主張し続けている。05年にはドイツ、ブラジル、インドと結成した「G4」を中心に常任理事国を11カ国に、非常任理事国を14カ国に増やす決議案を出した。

　アフリカ連合（AU）は新常任理事国にも拒否権を付与する案を提出した。増枠を目指すグループ間の調整がつかず、G4案への支持は広がりを欠いた。中国など常任理事国5カ国から賛同を得る道筋もつかず廃案になった。

　内閣府の20年10～12月の世論調査で、日本が安保理の常任理事国に加わることに「賛成」が44・8％、「どちらかといえば賛成」が42・9％だった。合計すると常任理事国入りへの賛同は9割弱に上る。

　調査方法などが異なるため単純比較はできないが、00年調査では67・1％だった。10年調査は83・2％で上昇傾向にある。政府が常任理事国入りの交渉を前進させていくには国内世論の後押しも要る。

国連加盟国と安保理枠の変遷

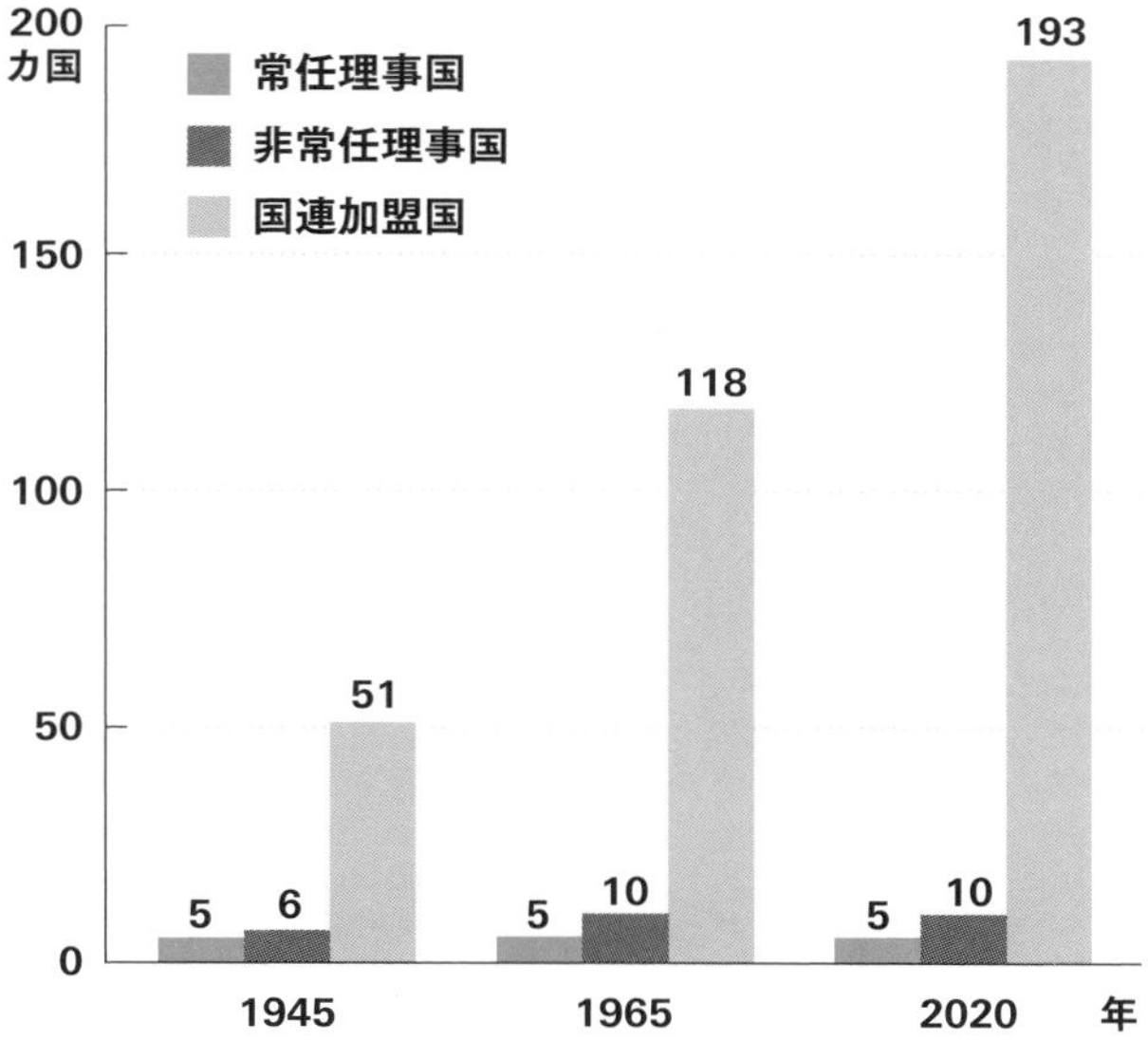

世界の武器輸出、15年で1・5倍
——新興国購入で再び増加

世界で武器の取引が増えてきた。2015〜19年の輸出は、00〜04年と比べて1・5倍に膨らんだ。輸入の伸びを国別にみると、主に新興国が買い増している。経済成長が各地域の軍拡につながる構造が浮かび上がる。

ストックホルム国際平和研究所（SIPRI）がまとめた輸出入の規模を示す指標「TIV」の数値を比較した。

武器輸出は冷戦を背景に1960年代から80年代前半まで増え続けた。冷戦終結後は減少し、2000年代前半はピーク時の半分以下になった。

01年の米同時テロを機に流れは変わった。イラク戦争後の中東の緊張などを受け、武器輸出は再び増加に転じた。

世界最大の武器売却国である米国は、15〜19年の輸出が00〜04年比で7割増えた。相手国は1位がサウジアラビア、3位がアラブ首長国連邦（UAE）など中東勢が目立つ。2位はオーストラリアで、韓国、日本など同盟国も上位に入る。

世界の武器輸出は再び増えてきた

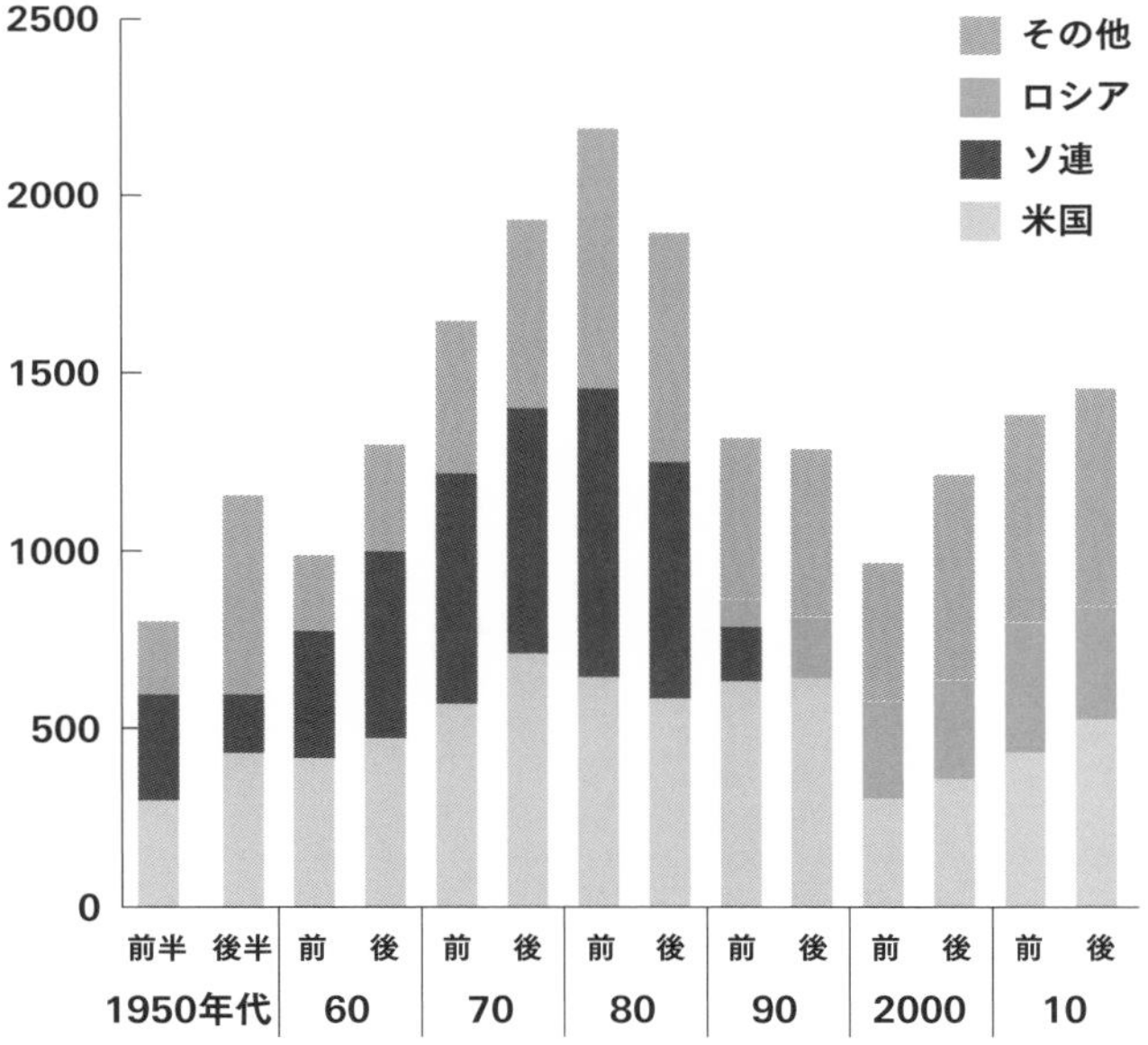

注／ストックホルム国際平和研究所（SIPRI）のデータを基に作成。
数値は取引の規模を示す指標「TIV」の5年ごとの合計値。
単位は億

旧ソ連時代に比べて大幅に減らしたロシアも、00年前後から輸出増に転じた。輸出相手国の1位はインド、2位が中国だ。

冷戦期は米国とソ連が競い、東西両陣営を支援する形で武器の取引が増えた。00年以降は輸出側が経済成長する国に売り込む「兵器ビジネス」の側面が強まった。

10年代の武器輸入上位20カ国を、00年代と比べた伸び率の高い順に並べると、1位は16倍に増やした中東のカタールだった。モロッコが8倍、ベトナムが7倍で続いた。

トランプ前米大統領は中東について「大多数が裕福な国で、戦闘機を買いたいと思っている」と語ったことがある。

米国の最新鋭ステルス戦闘機の「F35」を巡ってはUAEやカタールが関心を示すといわれてきた。

東南アジアも輸出国が狙いを定める地域だ。ベトナムやインドネシアなどは中国の海洋進出に脅威を感じている。潜水艦や護衛艦など海上装備の購入に意欲を示す。

日本は14年に武器輸出禁止の原則を見直し、防衛装備品の輸出に道を開いた。20年はフィリピンへの警戒管制レーダーの売却で合意した。インドネシアとは護衛艦の輸出を交渉している最中だ。

日本が開発した装備品は新興国にとっては高額なものが多い。最終契約に至らない事例は少なくない。

国別の武器輸入の変化（増加率上位8カ国）

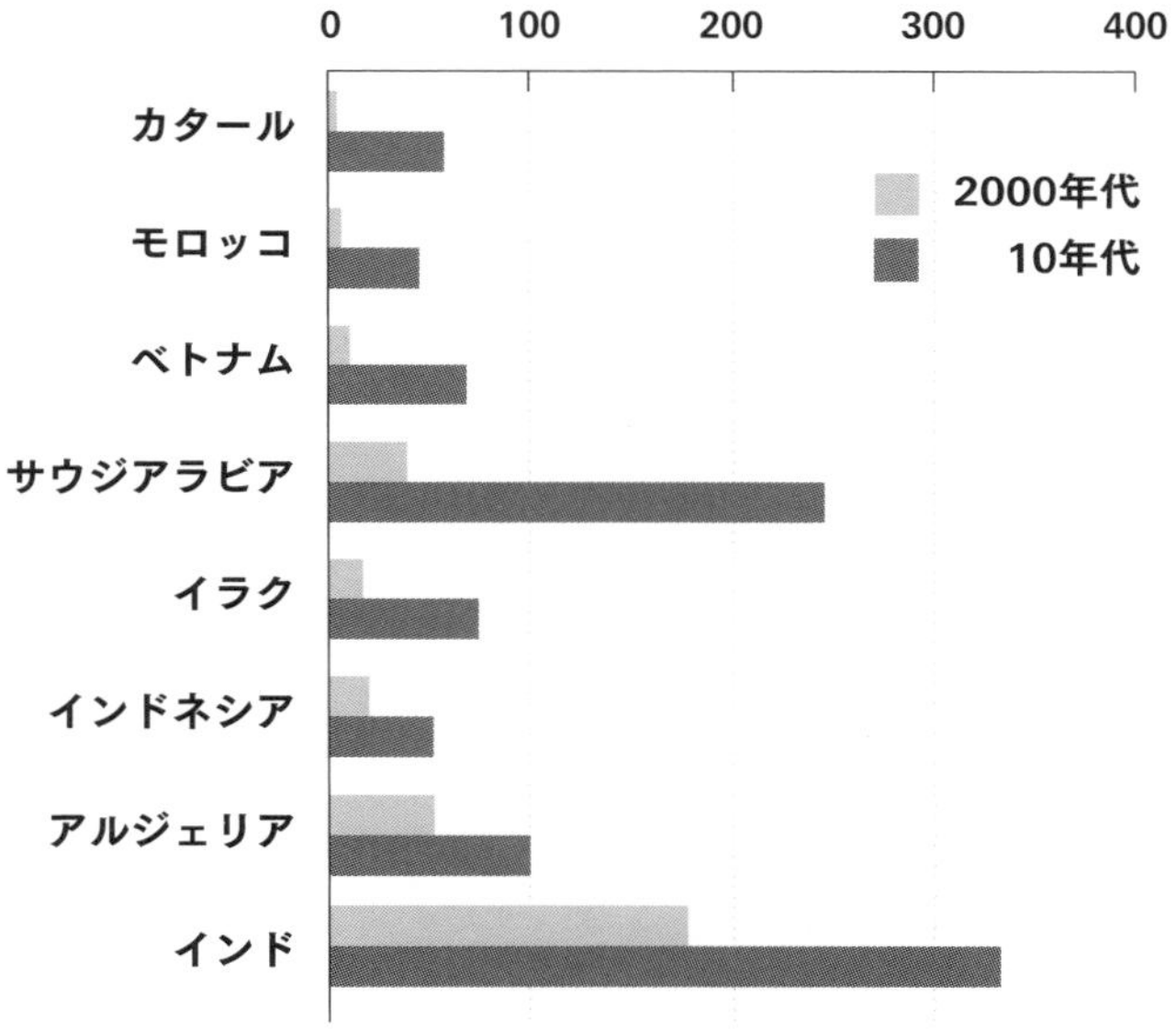

注／SIPRIのデータを基に作成。
数値は取引の規模を示す指標「TIV」の10年ごとの合計値。
10年代の上位20カ国をランク付け。単位は億

外交 安保 11

米軍駐留経費負担、年2000億円超

——ピークからは3割減

日本は在日米軍の駐留経費の一部を負担する。基地施設で働く従業員の人件費や光熱水費などに充てており、「思いやり予算」と呼ばれてきた。1999年度の2756億円（歳出ベース）をピークに減少していたものの、2014年度に底打ちして再び増加に転じた。22年度予算案では2056億円だ。1999年度と比べると3割弱少ない。

米軍駐留経費の日本負担は78年度から始まった。米国の財政悪化や円高・ドル安を受けて日本が62億円を支出したのが始まりだ。当時、米国には日本に「安保ただ乗り」との批判がでていた。

金丸信防衛庁長官が米国への「思いやりがあってもいい」と発言したのが通称の由来となった。

日本が負担する範囲は徐々に拡大した。基地従業員の基本給を含む労務費、光熱水費が加わり、金額が膨らんだ。バブル崩壊後に日本の財政状況が悪化すると、200

日本の負担の最多は1999年度だった

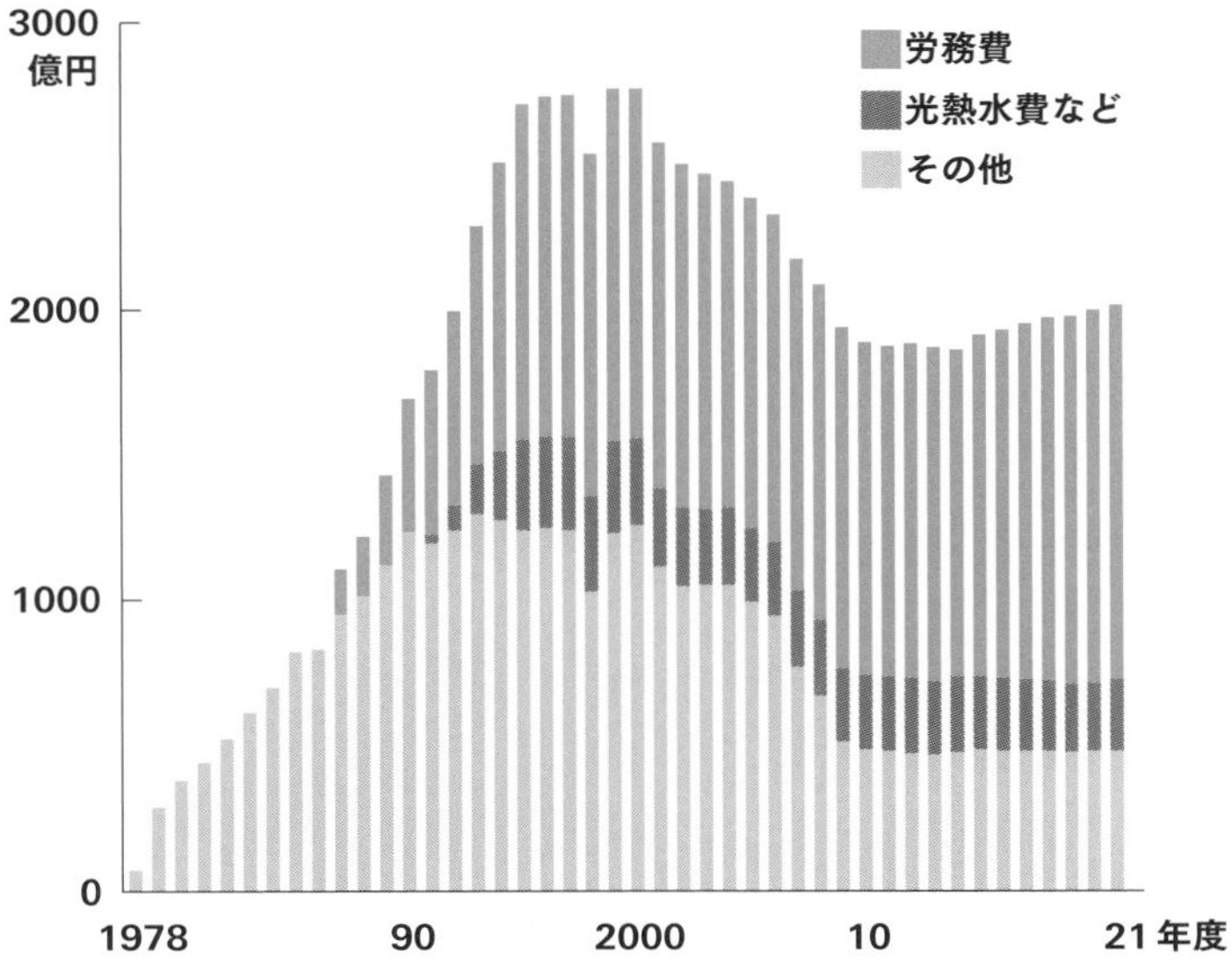

出所／防衛省資料

0年代からは縮小した。14年度には1848億円まで減った。

15年度以降に増加傾向となった背景には、中国の軍備拡大がある。米国が同盟国に負担増を求める姿勢を強めた。

駐留経費の負担額は通常、5年ごとに特別協定を結んで決める。直近の期限は21年3月だった。トランプ前政権が大幅増額を求めたため、日本は合意を先送りした。同盟重視を打ち出すバイデン政権に代わった後、21年度は前年とほぼ同額に据え置くと暫定合意した。22年度から5年間は年度平均で2110億円とすることなどで合意した。

日本の駐留経費の負担割合は、他の同盟国に比べて高いと言われる。防衛省が公表した15年度の負担割合の試算は86%だった。総額2210億円のうち、日本が1910億円を支出していた。04年に米国防総省が公表した負担割合は日本が74・5%。韓国は40%、ドイツは32・6%だった。

日本は駐留経費負担に加えて、米軍再編の関係経費も21年度に2044億円計上した。内容は在沖縄海兵隊のグアムへの移転費などだ。

台湾海峡有事への警戒が高まる状況で、米国側が日本に新たな役割を求める立場は変わらない。駐留経費の負担はその一部だ。

2022年度予算案の米軍駐留経費負担の内訳（億円）

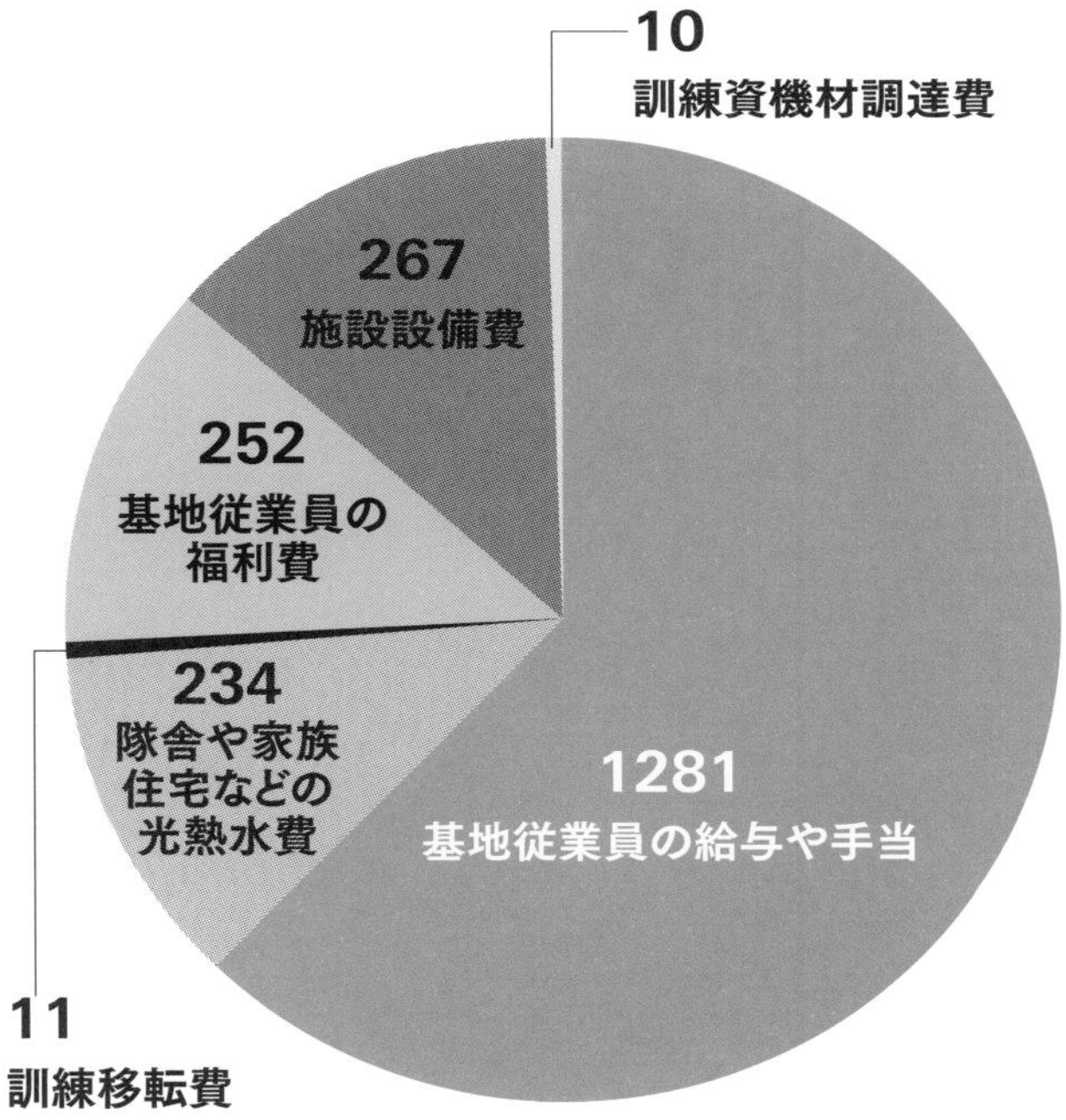

自衛隊の海外派遣、30年で55件

――PKOの割合低下

日本政府が自衛隊を初めて海外派遣したのは1991年だった。それから2020年3月までの30年で派遣件数は合計55回に上る。最初の10年間は年1件ペースで、国連平和維持活動（PKO）協力法に基づく派遣が過半を占めた。

20年版の防衛白書に記載されている自衛隊の海外活動を集計した。最初の派遣は、1991年に勃発した湾岸戦争がきっかけだった。ペルシャ湾を船舶が安全に航行できるよう機雷掃海の部隊を送った。

停戦した後の派遣だったため、国際的には評価されなかった。湾岸戦争で合計130億ドルの財政支援をしても、人的な貢献をしなかったと批判を浴びた。

この教訓から92年にPKO協力法を成立させ、派遣の法的根拠を整えた。カンボジアやモザンビークといった国での活動につながった。同年は国際緊急援助隊派遣法も改正した。海外の大規模災害時に自衛隊が救助などに赴きやすくなった。

2001年の米同時テロ後、派遣件数は増えた。日本はテロ対策特別措置法を整備

自衛隊の海外派遣件数

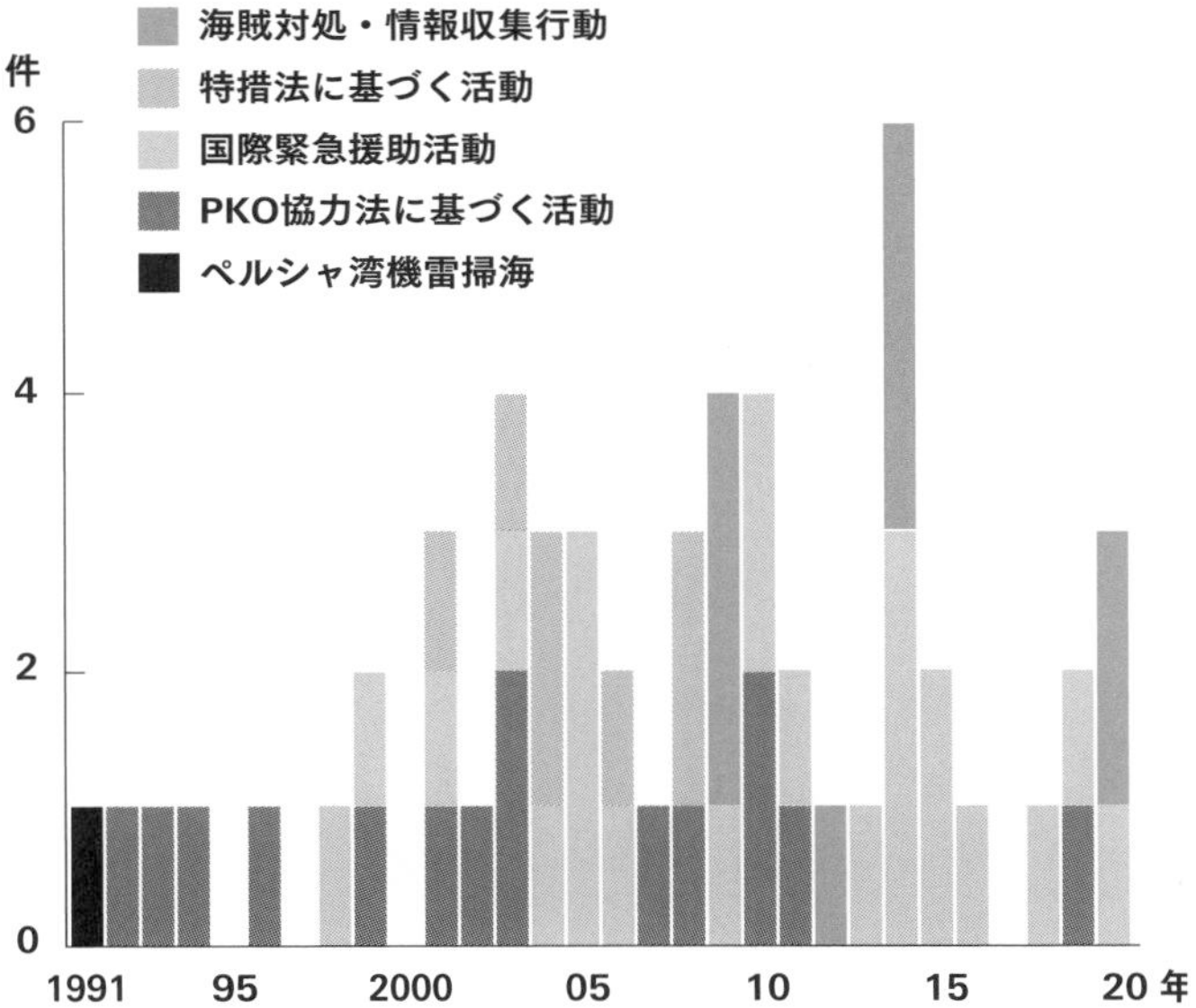

注／2020年3月時点。年は派遣開始年。
出所／20年版防衛白書

し、海上自衛隊の補給艦や護衛艦をインド洋に送った。各国の艦船への補給などにあたった。

03年に始まったイラク戦争でも特措法をつくり、自衛隊は医療や給水などの人道復興支援や物資輸送を担った。

01～10年の期間は特措法での派遣が4分の1を占めた。国際緊急援助活動の割合も3割強に高まった。04年12月のスマトラ沖地震後はインドネシアで延べ925人が物資の運搬などに携わった。

派遣のたびに特措法を制定するのでは機動的な国際貢献が難しい。15年に定めた安全保障関連法に海外派遣をしやすくする恒久法を盛り込んだ。

11～20年に特措法での派遣はゼロになった。代わって増えたのは国際緊急援助活動だ。世界で人道支援や災害救援に軍の能力を活用する機会が増加したのを受け、日本も積極的に実施するようになった。

この期間のPKO協力法による派遣は2件にとどまった。全体に占める割合は1割に下がった。21年末時点で自衛隊はPKOでは司令部要員を南スーダンに派遣するのみで、部隊派遣はしていない。

理由の一つはPKOの危険度が以前よりも高まり、武器使用に制約がある自衛隊を派遣しにくくなったことだ。国連の資料によるとPKO要員の死者数は増加傾向にある。

PKO要員の死者数

以前よりも危険が増している

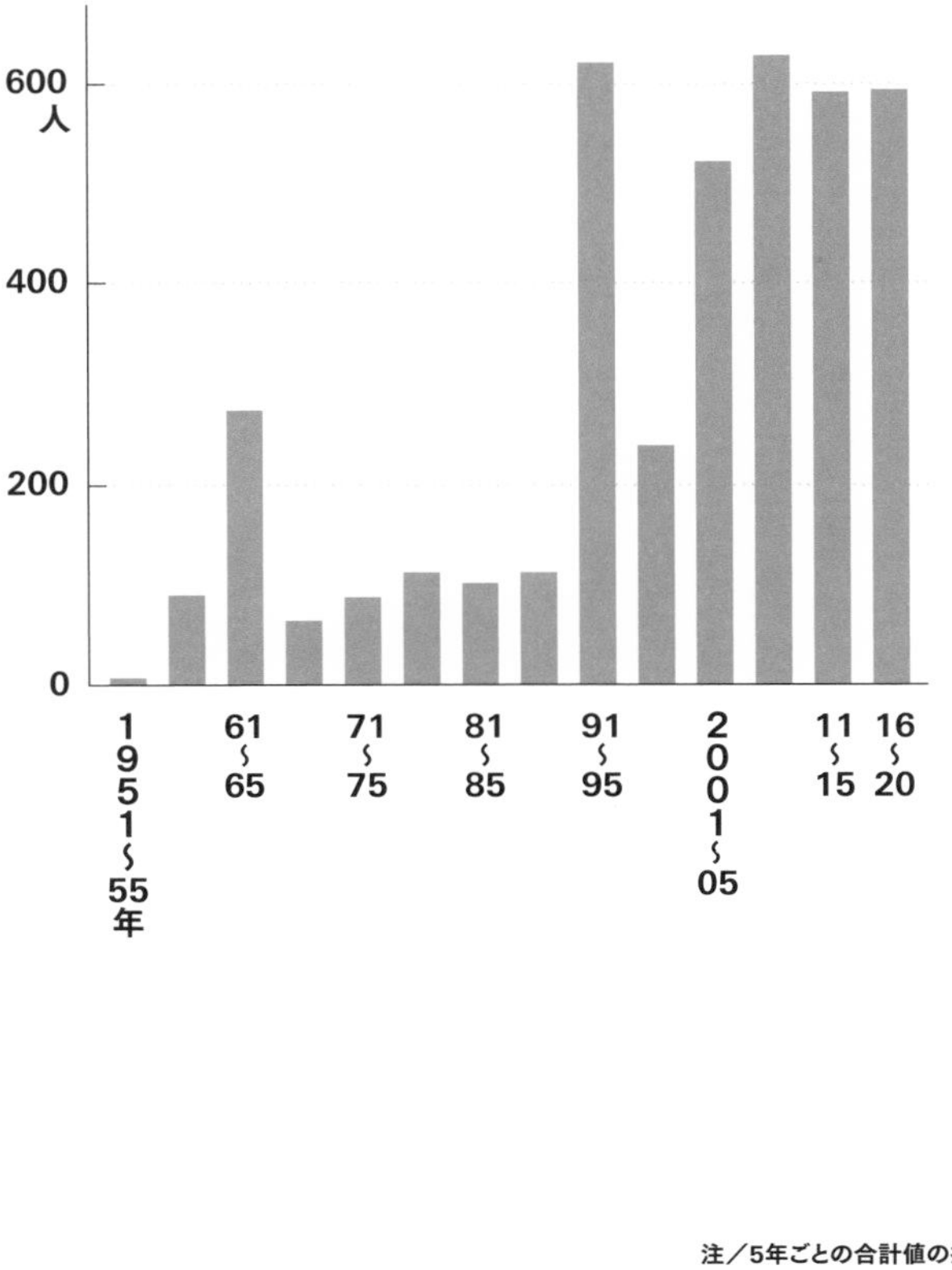

注／5年ごとの合計値の推移。
出所／国連

外国軍との訓練、週2回ペース
——豪印が増え韓国は減少

自衛隊と外国軍が共同訓練する機会が増えてきた。戦闘技術の向上や有事での協力に向けた準備だけでなく、軍備増強を進める中国の抑止という目的もある。2021年1～5月は、公表ベースで陸海空の合計で38回と週2回ペースで実施した。

近年、目立つのは同盟国の米国だけでなく、オーストラリアやインド、欧州などを含めた多国間の訓練だ。

21年4月にフランス海軍が主導したインド東方のベンガル湾での訓練は、海上自衛隊と米豪印の海軍が参加した。「クアッド」と呼ばれる日米豪印4カ国の枠組みに欧州が加わり、対中抑止で共同歩調を取る象徴となった。

同年5月には陸上自衛隊が米仏軍と九州で離島防衛訓練を開いた。航空自衛隊は4月だけで東シナ海上空で日米共同訓練を2回した。台湾海峡や沖縄県尖閣諸島周辺の緊張を受け、九州・沖縄近辺を選ぶ事例が多い。

20年の同時期は訓練が少なかった。3月はゼロ、4～5月は2回ずつにとどまっ

公表されている自衛隊と外国軍の共同訓練の回数

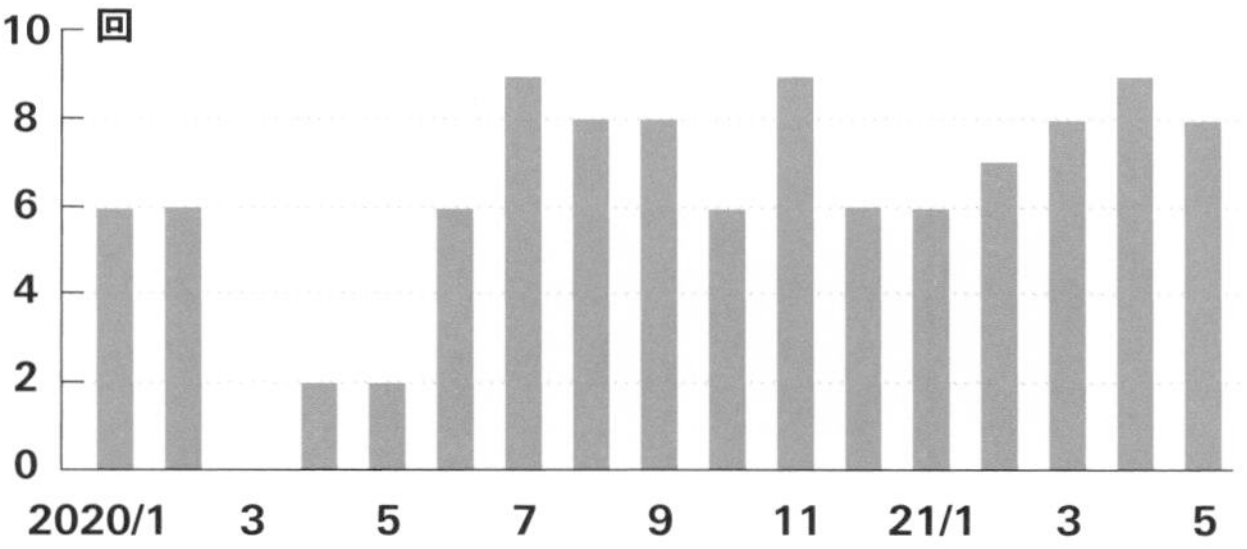

陸海空別の回数（20年1月～21年5月の累計）

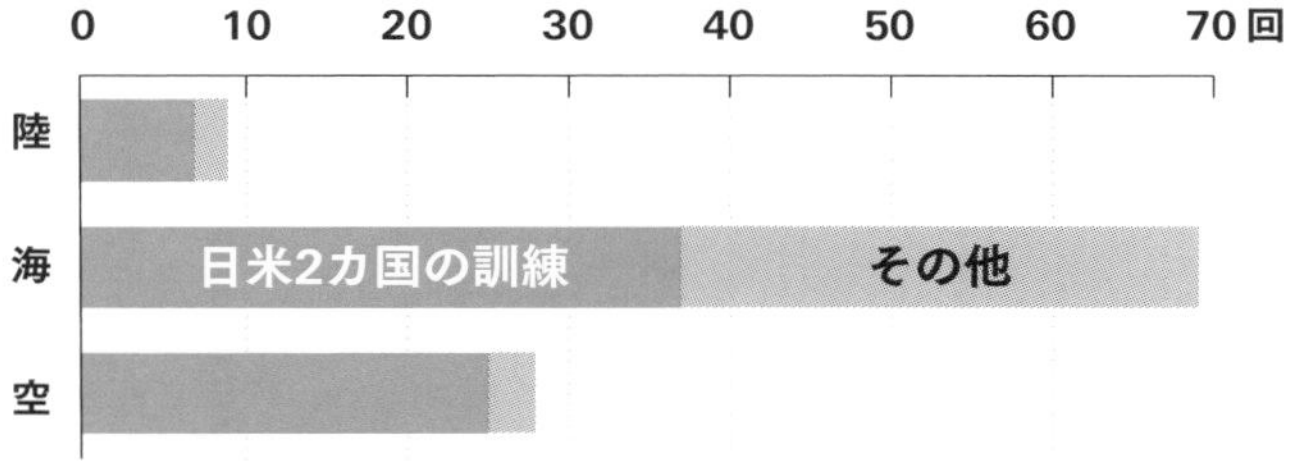

注／21年5月までの陸海空自衛隊の報道発表を集計。訓練開始日の月を数えた

た。新型コロナウイルスの感染拡大が始まり、他国との防衛協力が滞った。20年夏以降、感染対策を講じながら訓練を再開した。

20年1月から21年5月の訓練回数を陸海空別にみると、最多は海自の69回だった。公海上で訓練する場合は、在日米軍以外の軍とも活動を共にしやすい。69回のうち半数弱は米軍以外からの参加があった。

空自は28回、陸自は9回で、このうち9割が日米2カ国の訓練だ。戦闘機や陸上部隊は無補給での長距離移動が難しい。日本に基地を持つ米軍との訓練が中心になる。

訓練の状況は外交関係を反映する。12年以降の国別の回数（米国も入った3カ国訓練を含む）をみると、豪州とインドの増加傾向が浮かび上がる。19年は、年間それぞれ7～10回に達した。自衛隊は豪印を「自由で開かれたインド太平洋」を維持する同志国とみる。

一方、韓国との訓練は減っている。18年以降、2カ国では一度も実施していない。同年はトランプ前米大統領が北朝鮮との対話路線に転じ、北朝鮮を刺激する多国間訓練を控えた事情があった。

18年末には韓国海軍が海自の哨戒機に火器管制レーダーを照射する事件が起き、日韓で不信感が高まった。慰安婦問題を巡る外交関係の冷え込みも響き、防衛交流の停滞が続く。

自衛隊の豪印韓との共同訓練の回数

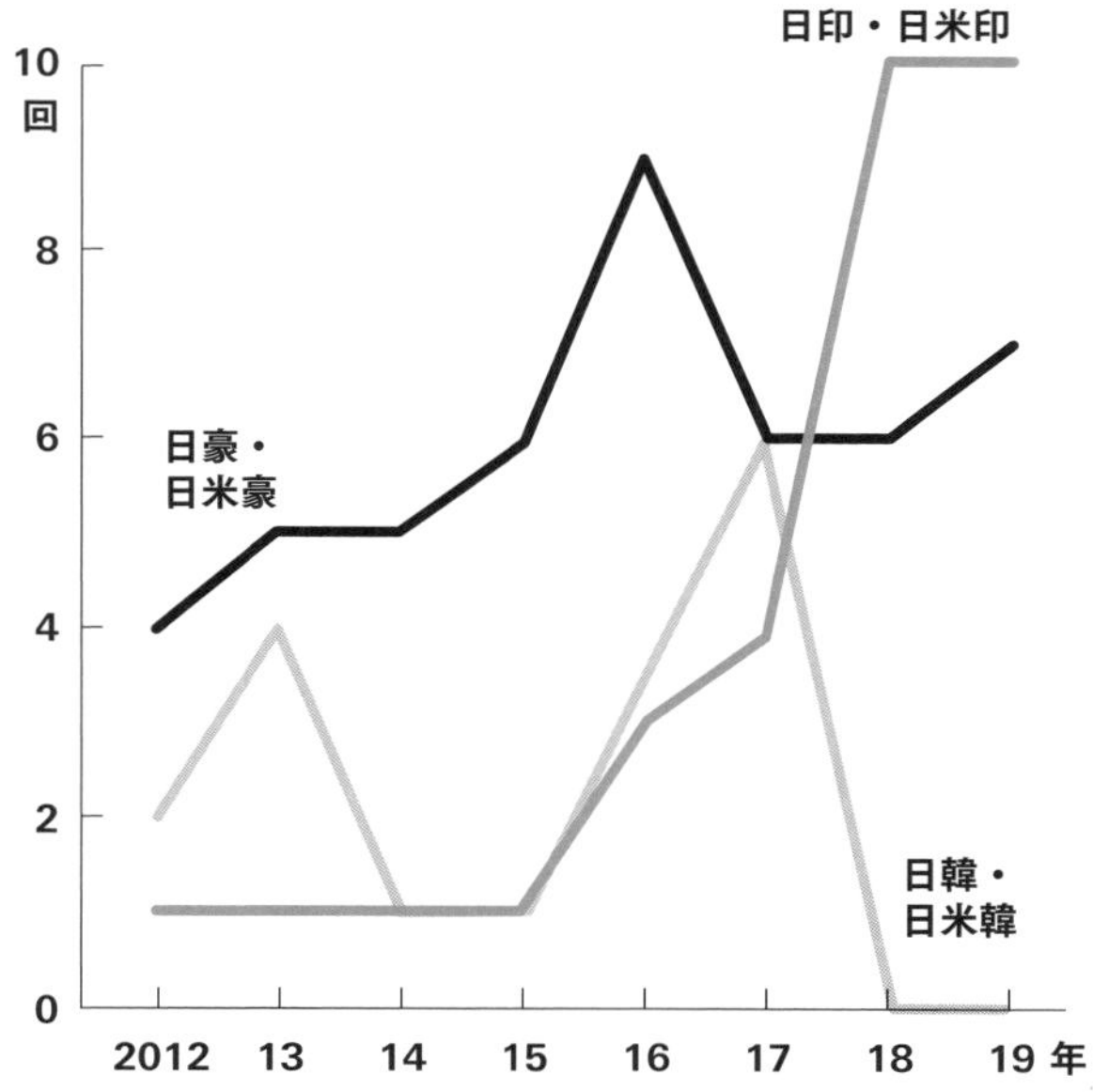

注／防衛白書に掲載される主要な実績を集計

緊急発進5年で4743回

——中国が3分の2

自衛隊は他国の航空機が領空侵犯しそうになると、戦闘機を緊急発進（スクランブル）させて監視や警告にあたる。２０１６年度から20年度の5年間で緊急発進は４７４３回だった。このうち3分の2が中国機へ対応するための措置だった。

国際法は領空の範囲を領土から12カイリ（22キロメートル）までの上空と定める。高速で飛ぶ他国の戦闘機が領空に入ってからでは対処が間に合わない。日本は領空の外側に設けた「防空識別圏」への進入を出撃の目安とする。

自衛隊は防空識別圏を全国28カ所のレーダーサイトで監視する。緊急発進を担うのは千歳基地（北海道）や小松基地（石川県）、那覇基地（沖縄県）などの戦闘機を配備する基地だ。

自衛隊による緊急発進が始まったのは、自衛隊発足から4年後の１９５８年だった。主に旧ソ連の戦闘機を対象にした。

冷戦を背景に発進回数は67年度まで伸びていった。70年代前半は米ソ関係のデタン

自衛隊の緊急発進は対中国が急増

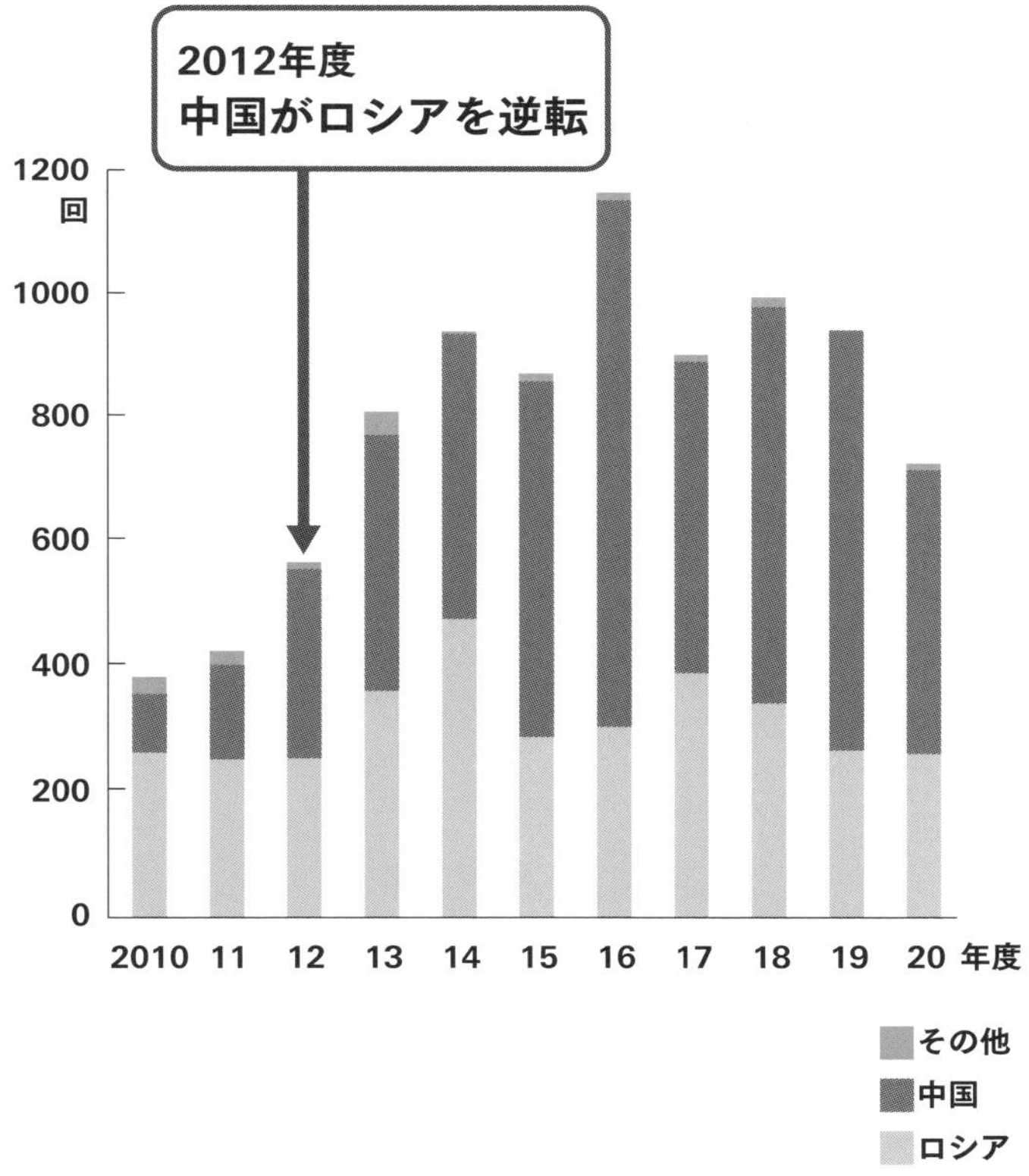

注／防衛省資料をもとに作成

ト（緊張緩和）を受けて減少した。日本を含む北東アジアが米ソ対立の前線の一つだったことを物語る。

70年代後半に再び増え、84年度に冷戦下でピークの944回を記録した。89年に米ソが冷戦終結を宣言すると、緊急発進する機会は急減した。

冷戦後、最も少なかったのは2004年度の141回だった。以降は対中国の発進が増えていく。日本政府が沖縄県・尖閣諸島を国有化した12年度に日本周辺を航行する中国機が急増した。対中国機への緊急発進の回数が初めて対ロシア機を上回った。

16年度は1168回と冷戦期を超える過去最高となった。17年に米国で対中強硬策を掲げたトランプ政権が発足すると、減少に転じた。中国が日本との関係修復を意識し始めた時期にあたる。

20年度は前年度比23％減の725回だった。対中国機は458回と前年度より200回以上少ない。

世界経済が危機に陥ると緊急発進が少なくなる傾向がある。石油危機が起きた1973年度や79年度、リーマン・ショックの2008年度が該当する。20年度も新型コロナウイルスの感染拡大で世界経済は大きく落ち込んだ。

対北朝鮮機の発進は13年度を最後にない。台湾機への発進は年数回のペースで続いてきたが、18～20年度は3年連続でゼロ回だった。

緊急発進回数

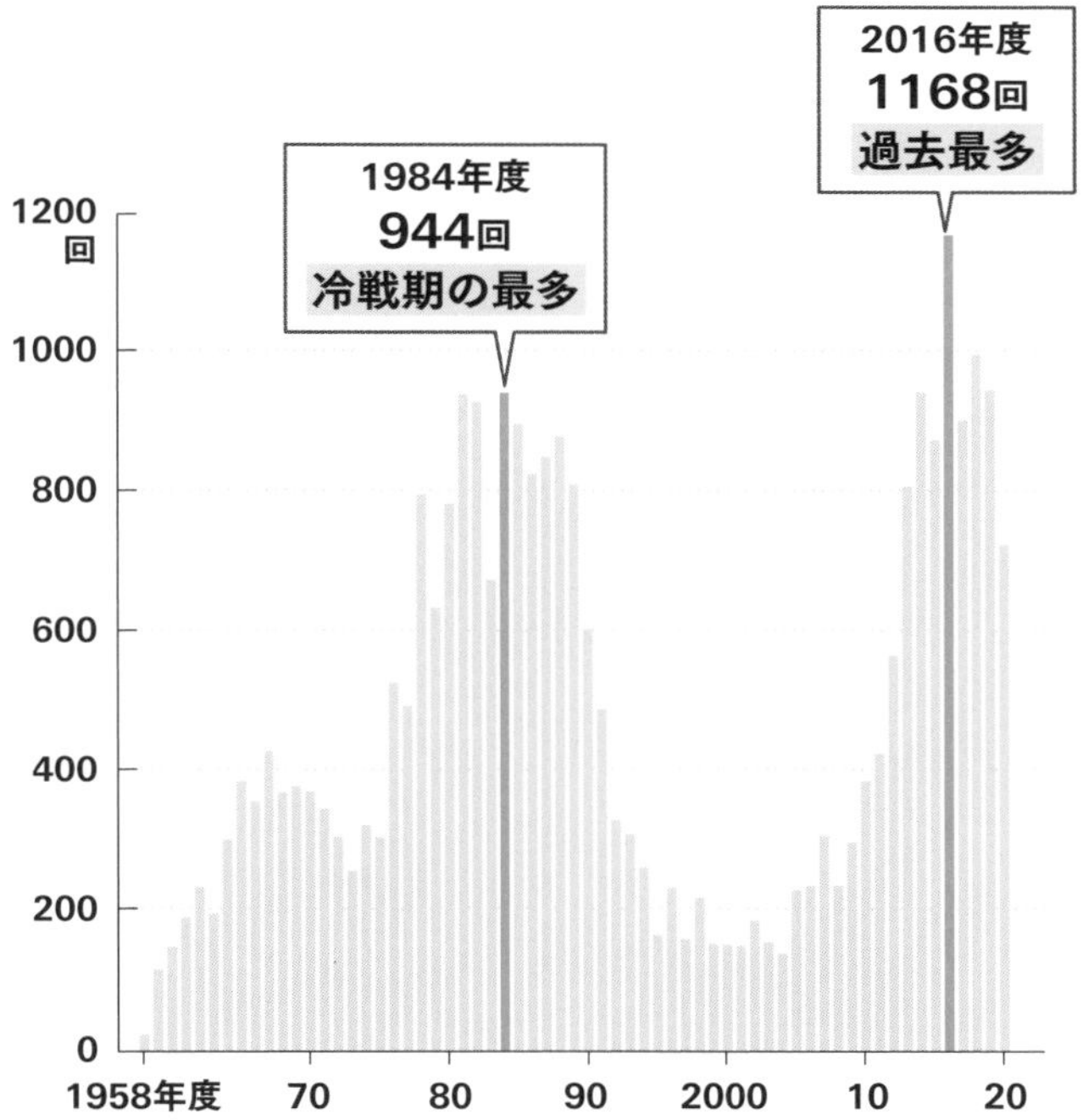

注／防衛省資料をもとに作成

中国ミサイル発射機、20年で2・7倍

——中距離が急増

中国はミサイル戦力の増強を進める。日本の防衛省によると、地上配備型の弾道ミサイル発射機数は２０２０年に５３３機で、01年から2・7倍に増えた。中国は発射機数を公表しておらず、英シンクタンクの報告書を基に分析した数字だ。

５３３機のうち米本土に届き得る大陸間弾道ミサイル（ＩＣＢＭ、射程５５００キロメートル以上）と米軍グアム基地が射程に入る中距離ミサイル（同３０００～５５００キロメートル未満）が３割を占める。

１９９１年の発射機数は68で、大部分は準中距離ミサイル（同１０００～３０００キロメートル未満）だった。射程の長いミサイルの増加に、米国に肩を並べる大国をめざす中国の戦略がうかがえる。

２０１９年には複数の核弾頭を搭載できる最新ＩＣＢＭ「東風41」を軍事パレードで初公開した。中距離ミサイルは、この10年間で急増した。11年に10機だったのが、20年には82機と8倍に拡大した。「グアムキラー」と呼ばれる「東風26」などが該当する。

中国の弾道ミサイル発射機数

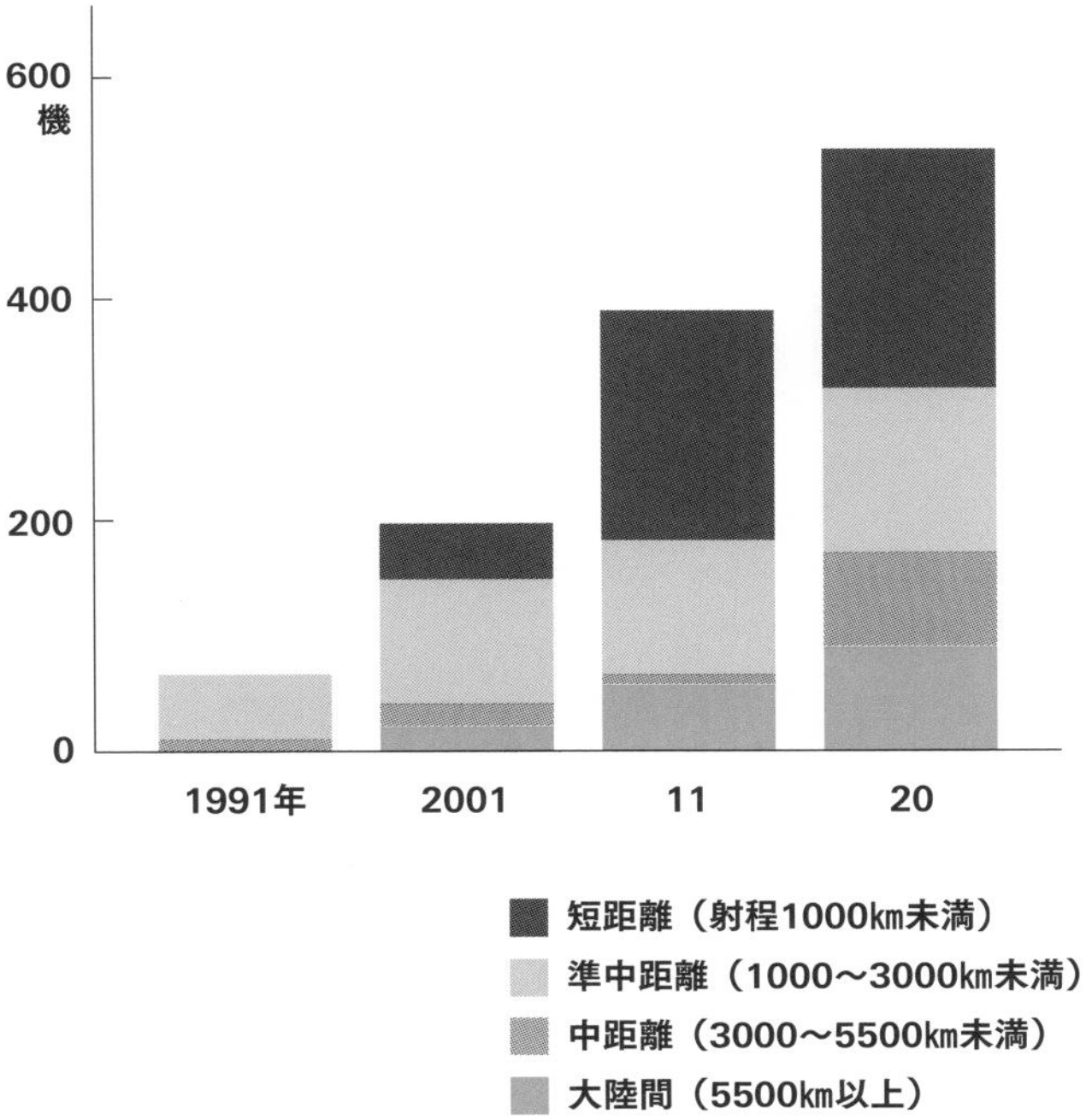

注／防衛省への取材などを基に作成

米国と旧ソ連が結んだ射程500〜5500キロメートルの地上配備型ミサイルの保有を禁じる中距離核戦力（ＩＮＦ）廃棄条約は1988年に発効した。この射程のミサイルは米ロが不在となり、条約の制約を受けない中国の独壇場となった。

中国への警戒を強めた米国はトランプ政権だった2019年、条約を破棄して自らも中距離ミサイルの開発に乗り出した。北東アジアの配備先候補には日本も挙がる。

北朝鮮もミサイル開発に力を注ぐ。防衛省の資料によると11年に死去した金正日（キム・ジョンイル）氏が指導者だった時代に北朝鮮が発射した弾道ミサイルは合計16発だった。

現在の金正恩（キム・ジョンウン）体制になった12年以降の発射数は20年までに88発で前体制の5倍を超えた。16年は23発、17年は17発と頻発した。

史上初の米朝首脳会談が開かれた18年は発射がなかったものの、米朝協議が停滞すると再びミサイルを飛ばした。19年には25発と最多記録を更新した。

ミサイルの性能も上がった。17年に発射した「火星15」の飛距離は、米ワシントンに達し得る1万キロメートル超との見方がある。迎撃が困難な変則的な軌道を描く新型ミサイルも現れた。

日本の政府・自民党は現在のミサイル防衛体制では対処しきれないと危惧する。岸田文雄首相はミサイル発射拠点をたたく「敵基地攻撃能力」の保有を検討する。

北朝鮮の弾道ミサイル発射数
金正恩体制で急増した

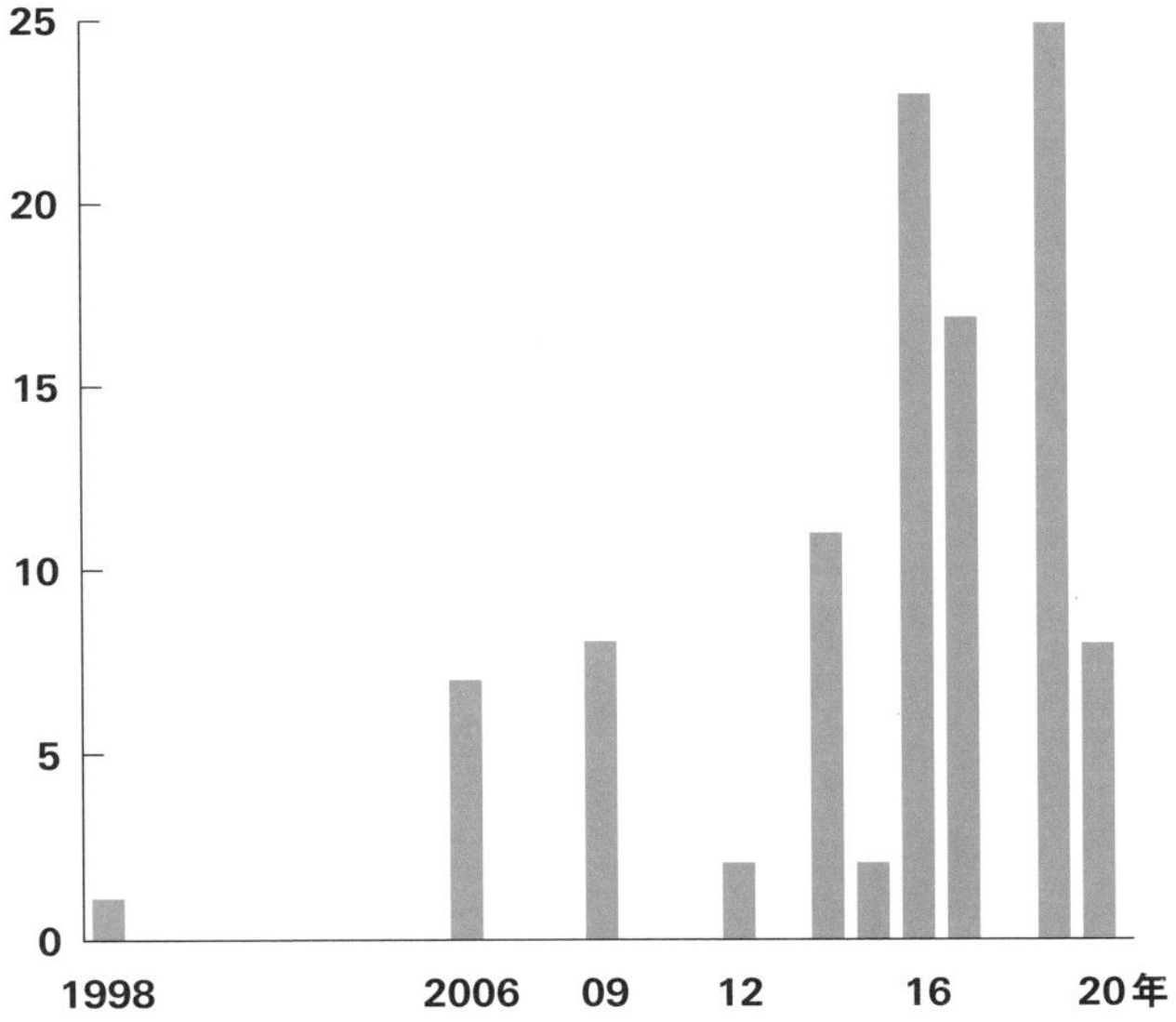

出所／防衛省

世界の軍事費、冷戦後から4割増

――米中で半分占める

世界各国の2020年の総軍事費は、1兆9810億ドルと過去最高を記録した。前年比で2・6％増え、冷戦終結が宣言された後の1990年に比べて4割多くなった。

米国と中国の2カ国で世界全体の半分を占め、上位10カ国では4分の3に達する。スウェーデンのストックホルム国際平和研究所（SIPRI）が4月、2020年の世界の軍事費の推計額を発表した。

規模が大きいのは上から、米国、中国、インド、ロシア、英国の順番だった。国内総生産（GDP）で世界3位の日本は、軍事費（防衛費）でみると491億ドルの9位に位置する。

新型コロナウイルスの感染拡大で20年の世界経済はマイナス成長だった。各国が税収減とコロナ対策の財政出動を強いられる状況にありながら軍事費は増加した。

米国は前年比4・4％増の7780億ドルだった。トランプ米前政権は中国に対抗

世界の総軍事費（91年は統計なし）

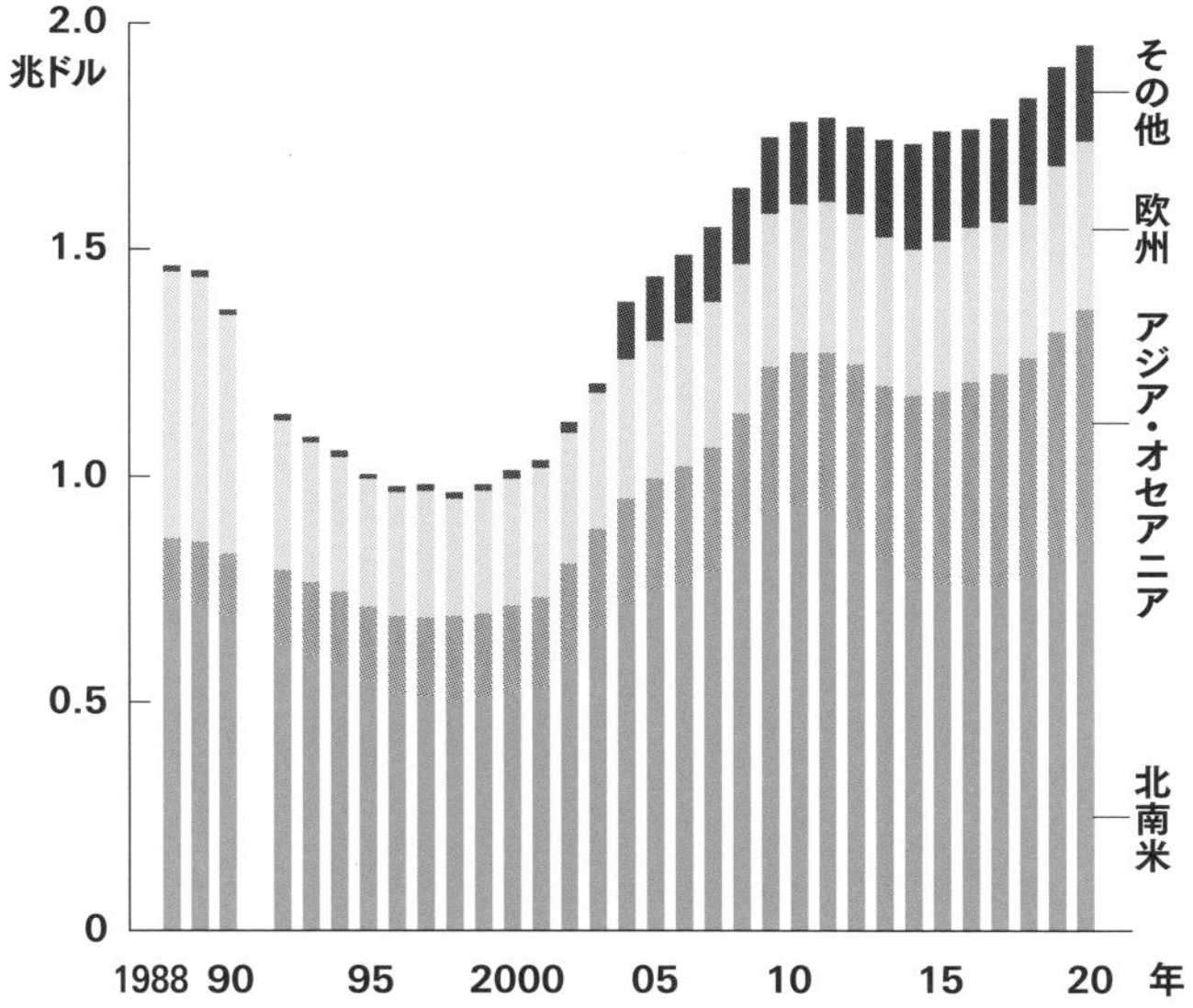

出所／ストックホルム国際平和研究所（SIPRI）

するため兵器の近代化を進めた。最新鋭のステルス戦闘機の調達を拡大し、ミサイル防衛システムを強化した。

２位の中国は２５２０億ドルで１・９％増えた。ＳＩＰＲＩは中国については公式な国防費以外に軍事費とみなす経費を足した推計値を算出している。公式な額には研究開発費などが含まれていないとされる。

中国の発表では20年の国防費は前年比６・６％増の１兆２６８０億元。21年の国防予算は同６・８％増の１兆３５５３億元を計上した。

世界の総軍事費は１９９１年にソ連が崩壊した後、98年まで減少傾向が続いた。99年以降は再び増加に転じた。

90年と２０２０年の軍事費を比べた増加率は北南米が24％、中東を除くアジア・オセアニアは３・５倍に膨張した。中国の軍備拡張が緊張を高め、地域全体の軍事費を押し上げた。軍拡競争が進む恐れがある。

中国周辺の各国は21年も軍事支出を増やす。インドネシアは21年当初予算に前年比５％増の軍事費（当初予算ベース）を積んだ。

日本の岸信夫防衛相は21年5月、日本経済新聞のインタビューで防衛費の予算要求についてＧＤＰ比で１％の枠にこだわらずに増やす方針を示した。

上位10カ国で世界の4分の3（2020年の軍事費）

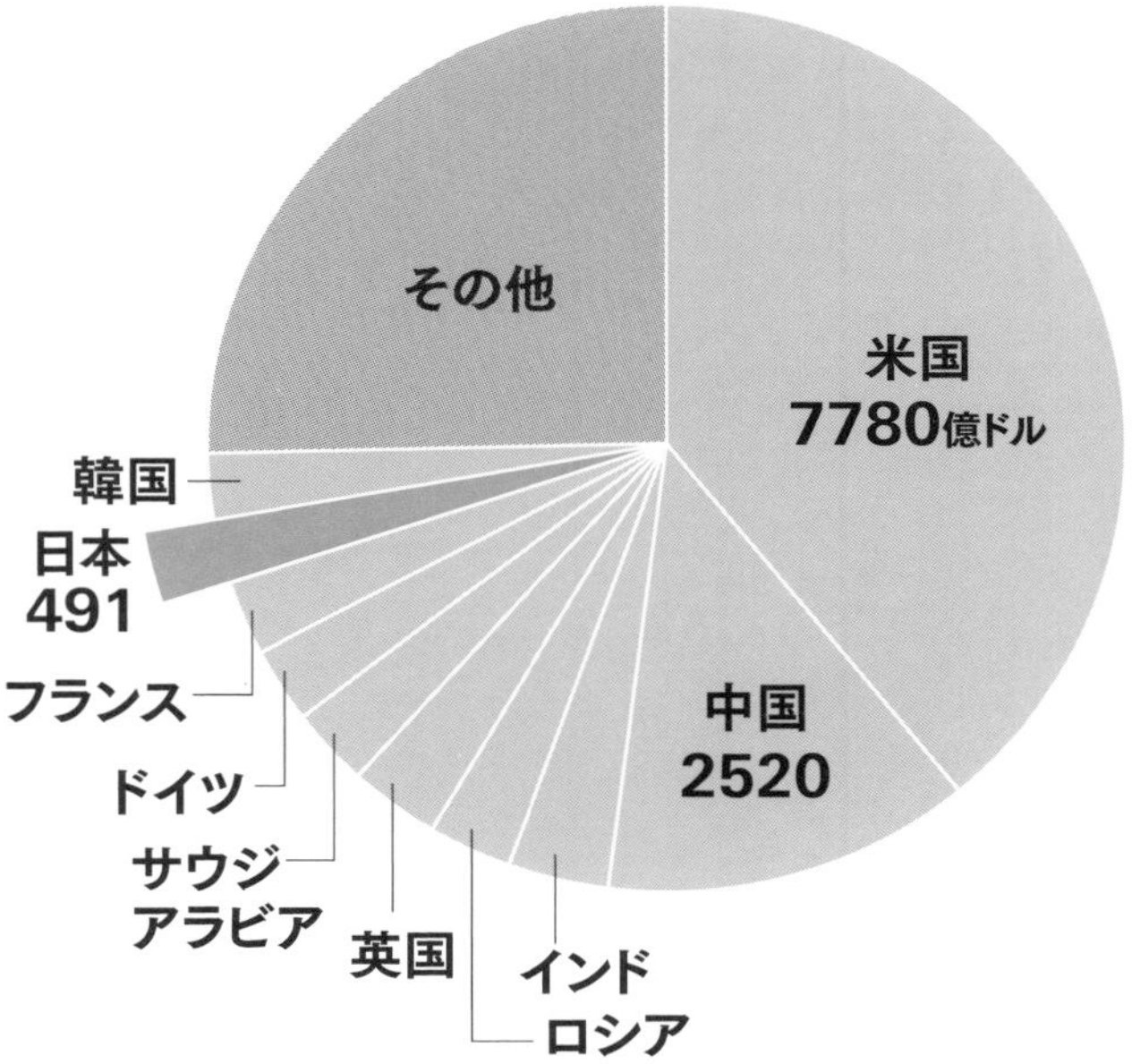

出所／ストックホルム国際平和研究所（SIPRI）

日本は非改正の「最高齢」

――憲法のかたち、世界と比較

日本国憲法は2022年5月3日で施行から75年を迎える。改憲の機運は浮き沈みを繰り返し、国会の発議に至ったことは一度もない。チャートに着目すると、この国の憲法の特徴が浮かび上がる。

〈74歳〉日本、改正ゼロの憲法では「最高齢」

改正実績のない憲法を集めて、その年数を比べてみた。1947年に施行し一度も改正してない日本は2021年時点で「74歳」。現存する憲法としては最も長寿だ。

過去には1848年に制定された旧イタリア王国憲法が100年近く存続した。そもそも改正を定めた条項がなく、ムッソリーニの独裁政権により憲法の機能も有名無実となった。

改正ゼロ憲法の年齢

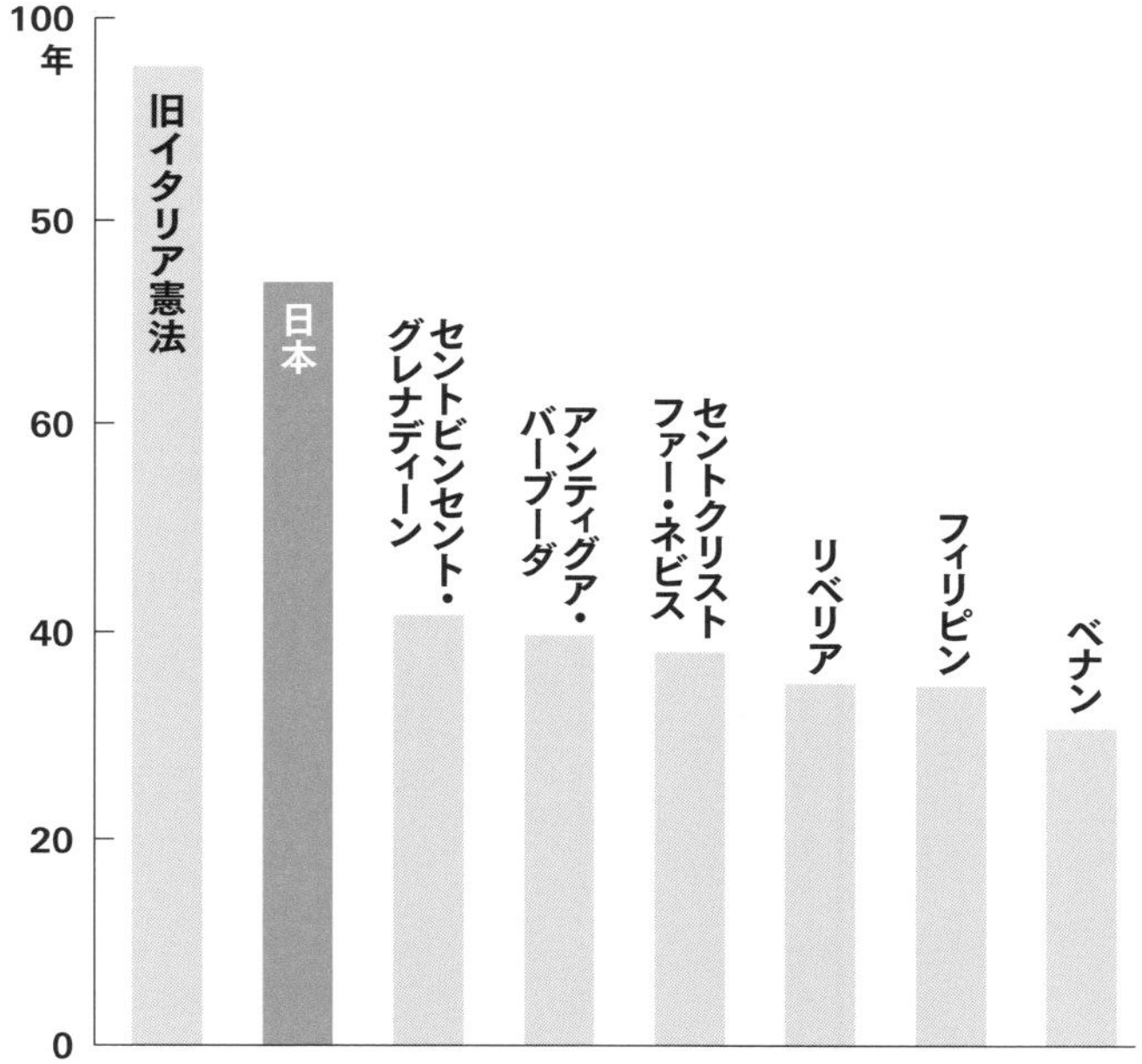

注／ケネス・盛・マッケルウェイン東大教授提供のデータを基に作成。
旧イタリア憲法は国立国会図書館の調査に基づく

大半の国は一般の法律より憲法改正のほうが手続きのハードルが高い。法律と同じ要件で改正できる「軟性憲法」は英国やニュージーランド、イスラエルなどに限られる。あとは法律より改正が難しい「硬性憲法」だ。

日本は衆参両院の総議員の3分の2以上の賛成で発議し、国民投票で白票・無効票を除く有効投票総数の過半数が賛成すれば改憲が実現する。

議会で3分の2以上の賛成が必要な国は他にも米国、ドイツ、中国、韓国、インドなど多数ある。日本だけが特別に厳格なわけではない。ドイツの憲法（基本法）は1949年の制定以降、60回超も改正している。

フィリピンは議会の発議に「4分の3」の賛成がいるのに加え、国民投票による過半数の承認が必要となる。87年の制定以来、改正事例もない。

デンマークは改正要件がより複雑だ。発議した後に総選挙を実施し、その後の議会で再議決して初めて国民投票にかけられる。53年を最後に憲法改正は実施されていない。

〈37％と65％〉条文は統治より人権に比重

憲法は大きく司法・立法・行政のしくみや関係を定めた「統治機構」と、国民の権利を定めた「人権」の2つのカテゴリーに分かれる。日本は統治機構に関する条文が少なく、人権の条文が相対的に多いのが特徴といえる。

ケネス・盛・マッケルウェイン東大教授が作成した指数を基に、各国の特徴を分布図で示した。統治機構は30、人権は26の代表的な項目を設定し、各国が憲法でどれだけ触れているかを調べた。

日本の憲法は統治機構に関し「議員の免責（不逮捕）特権」「地方自治体の存在」など11項目を明記する。「クオータ制（女性などへの議席割り当て）」「非常事態の措置」など19項目は規定がない。統治機構のカバー率は37％という計算になる。

人権は「検閲の制限」「組合・団結の自由」「政教分離」など17項目を満たす。「プライバシー権」「環境権」など9項目がない。人権のカバー率は65％だ。

1947年施行の憲法は「健康で文化的な最低限度の生活」を定める生存権や男女平等、労働者の団結権を入れた。当時は海外でも明記する例が珍しかった。

統治機構の分量は少ない。議院内閣制のため国民が行政府の長を選ぶ選挙制度がない。地方の権限の条項もわずかだ。

マッケルウェイン氏は「国家が国民福祉を保障するなどの『社会権』を充実させると、必然的に国家権力が増大する」と指摘する。独裁体制を防ぐため、「憲法で統治機構の条項も増やして国家権力を縛ろうとするのが世界の一般的な潮流だ」と解説する。

各国の人権に関するカバー率は88％のペルー、87％のブラジルなど、日本よりも多くの規定を設けている国も多い。

〈4 9 9 8語〉英訳語数は下から5番目の少なさ

日本国憲法は世界各国の憲法と比べて分量が少ない。

米国の法学者や政治学者らの研究グループ「比較憲法プロジェクト」のデータベースで調べた。日本は英訳したときの語数が4 9 9 8語と少ないほうから5番目となる。最少は3 8 1 4語のモナコで、アイスランド、ラオス、ラトビアといった小規模国家が続く。日本はそれに次ぐ少なさだ。

対照的に突出して多いのは14万6千語のインドだ。

日本の現憲法は統治より人権に比重

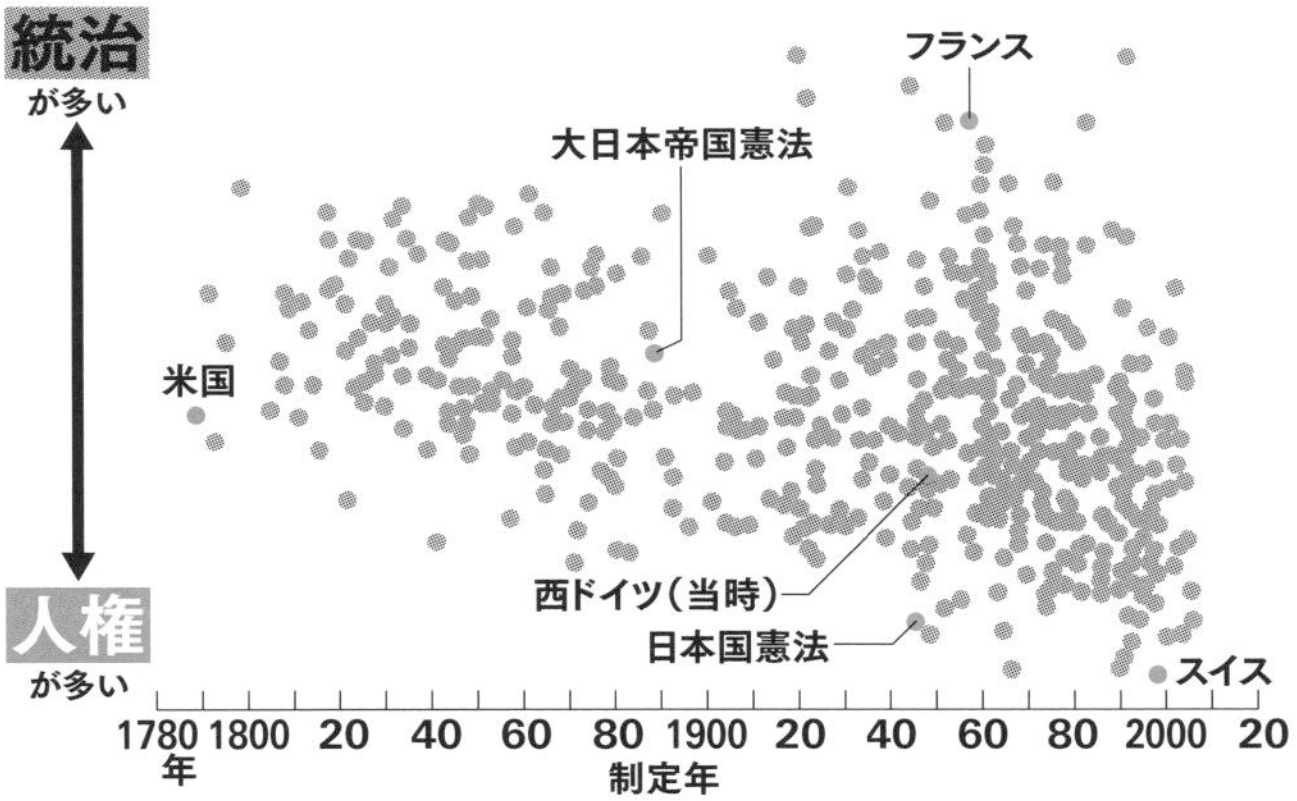

注／ケネス・盛・マッケルウェイン東大教授が作成した指数に基づく

政教分離主義をとる同国は国教を定めていない。それでも酒類の消費や家畜の処分などを憲法で規制しており、ヒンドゥー教の影響の強さがうかがえる。インド憲法は1950年に施行した後、現在まで100回超も改正している。分量もこの70年あまりで2倍に増えた。

インドやブラジル、ドイツなどの連邦国家は語数が多くなる。関西大の浅野宜之教授は「特にインドは各州の議会や司法制度のしくみも憲法で定めるため分量が多くなる」と解説する。

世界の憲法を見渡すと、制定時期が最近の国ほど分量が多くなる傾向にある。人権や統治機構の基本条項に加え、自国の歴史や文化といった記述も目立つ。ケニアは国旗のデザインや国歌の歌詞も憲法で定める。

議院内閣制より大統領制の国のほうが憲法典が長くなりやすいのも特徴といえる。大統領制は議会と大統領で別々の選挙制度が必要となり、その分だけ憲法での規定も増える。

日本の憲法は短い割に「法律でこれを定める」や「法律の定めるところにより」というくだりが25カ所ある。

例えば10条の「日本国民たる要件は、法律でこれを定める」や、4条2項の「天皇は、法律の定めるところにより、その国事に関する行為を委任することができる」な

憲法典の英訳の語数

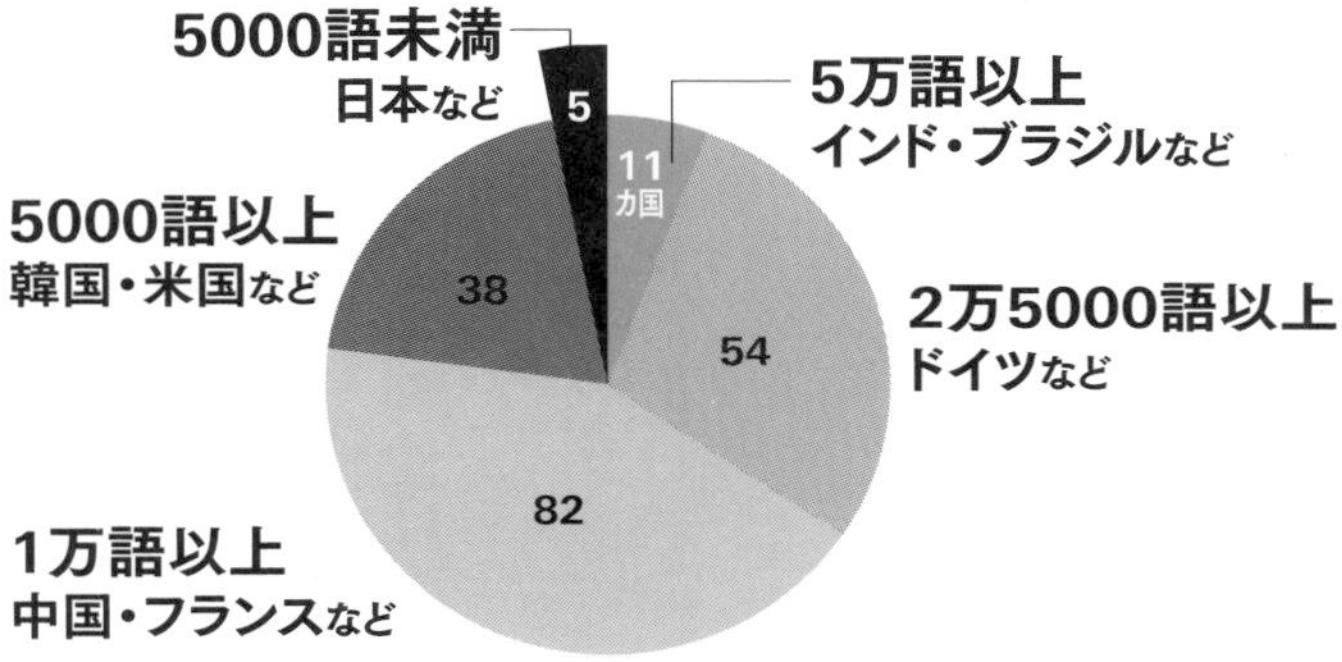

注／比較憲法プロジェクトのデータを基に作成

最高裁や憲法裁が下した違憲立法の判決

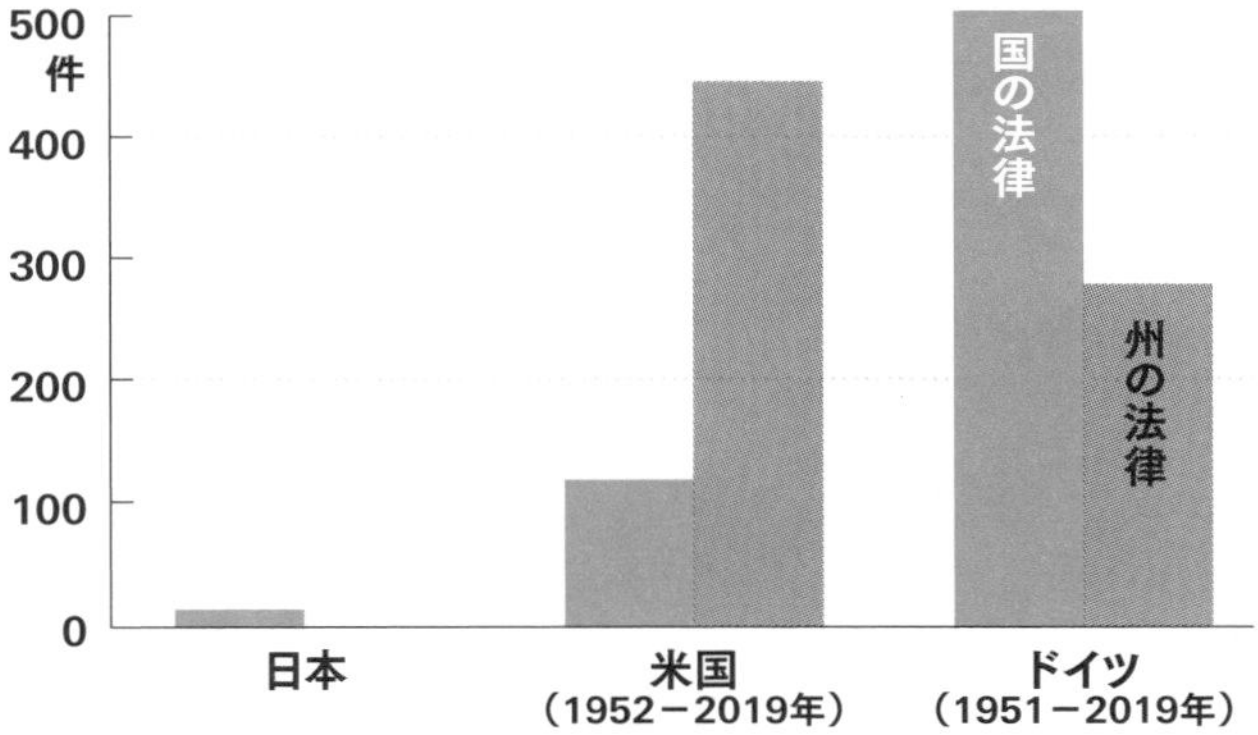

出所／米ワシントン大、独憲法裁HPなど

どだ。

施行から74年を経ても憲法を改正せずに対応できたのは、法律に委ねる余地が大きかったのが要因といえる。

〈10件〉違憲判決は米国の1割以下

司法は法律や条例が憲法に基づいているかチェックする役割がある。日本の最高裁判所が法令の違憲判決を出した例は10件。米国に比べると1割以下と少ない。

司法の違憲立法審査には大きく2種類ある。

一つはドイツのように、具体的な事件の訴訟がなくても純粋に法律が合憲かを問える「抽象的違憲審査」だ。同国は一般の裁判所とは別に憲法裁判所がある。

もう一つは日本や米国をはじめ具体的な訴訟を通じて合憲性を判断する「付随的違憲審査」だ。日米とも一般の裁判所が審査する。

日本は終審となる最高裁が「憲法の番人」と呼ばれる。法律に違憲判決を下した直近の例は２０１５年で、女性の再婚禁止期間が１００日を超えるのは「法の下の平等」を定める憲法14条などに違反すると判決した。

米国は日本と同様「付随的違憲審査」だが、国の法律を違憲とした最高裁判決は1952年から2019年の間で118件と多い。

立命館大の市川正人教授は「米国は裁判所が法をつくるとの意識が強い」と指摘する。「新興国ゆえ文化の共通性に乏しく、法で国をまとめなければならなかった」と解説する。

日本は成立する法案の多くが内閣による提出で、内閣法制局が憲法との整合性を国会提出の前に審査する。横浜国立大の君塚正臣教授は「内閣法制局はあくまでも官僚組織で民主的正当性はないものの、違憲な立法を抑えるのに寄与してきた」と語る。

法律の制定時は問題がなくても、時代を経るにつれて違憲とされる場合もある。札幌地裁は21年3月、同性婚を認めない民法などは憲法14条の「法の下の平等」に反するとして違憲判断を出した。

世論1

内閣支持率「危険水域」は30%割れ

――野党の勢いも影響

報道各社はほぼ毎月、電話などを使って世論調査をする。なかでも注目度が高いのが政権の体力を測る内閣支持率だ。長く低迷すれば、首相の退陣にもつながる。政権の安定にはどの程度の支持率が必要なのだろう。

2001年4月に発足した小泉純一郎政権以降、歴代内閣の支持率と不支持率を調べた。

5年を超える長期政権を築いた首相は、小泉氏と12年12月以降の安倍晋三氏しかいない。2人に共通するのは、支持率がほとんど40%を割らなかったことだ。

小泉内閣は80%でスタートした。02年1月に田中真紀子外相を更迭すると急落し、同年6月に43%まで下がった。

ところが同年9月に北朝鮮を電撃訪問すると、直後の10月の調査で61%まで急上昇した。その後も40%を切ったことはなかった。

12年12月に発足した第2次政権以降の安倍内閣も、30%台は95回の調査で3回だけ

歴代内閣の支持・不支持率
（日本経済新聞社調べ）

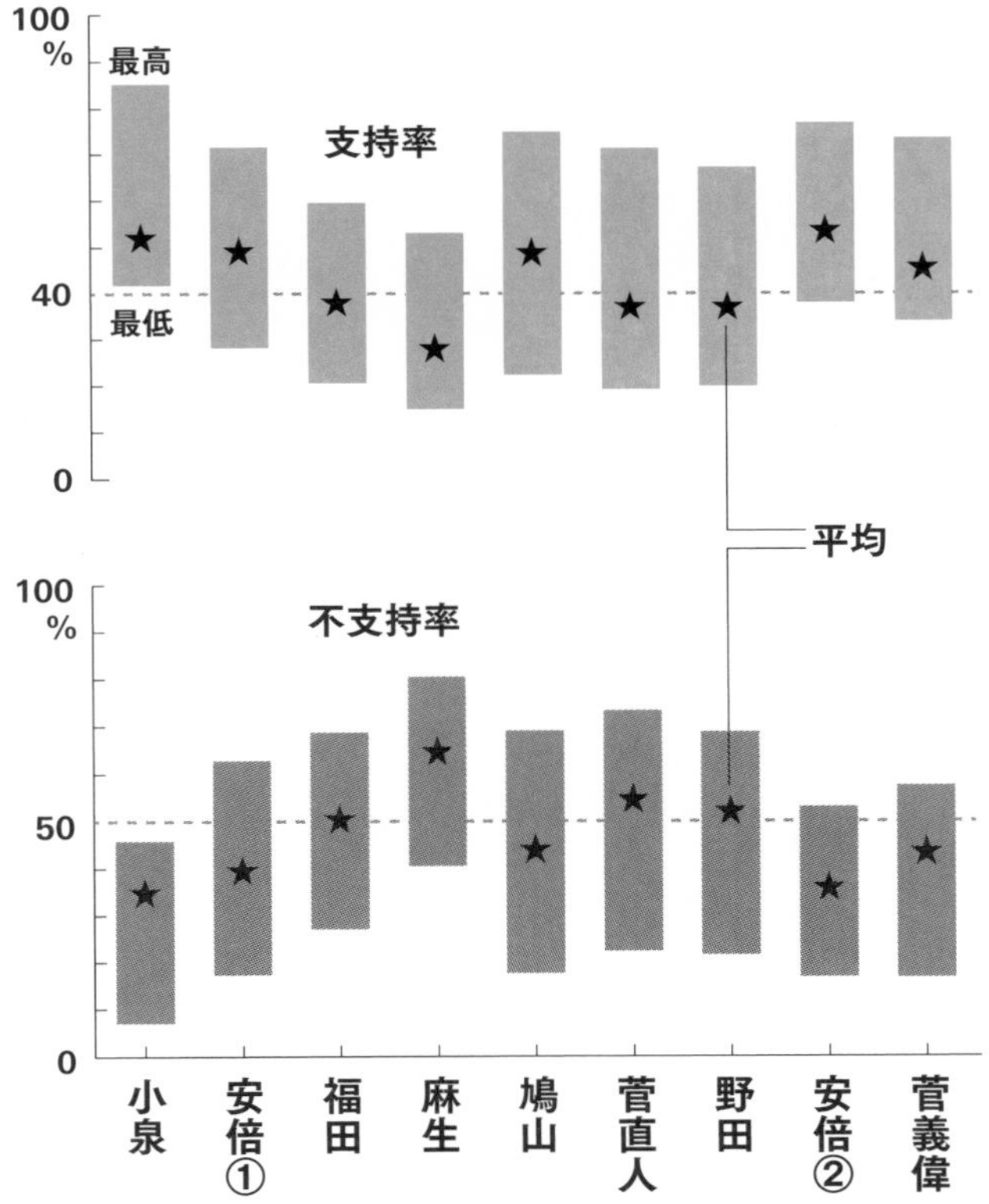

だ。集団的自衛権の行使を認める安全保障関連法を審議した15年7月と、森友学園などの問題があった17年7月、新型コロナウイルス禍の20年6月だ。

15年と17年は、すぐに経済政策を打つと支持率が上がった。

第1次政権の安倍氏のほか、福田康夫、麻生太郎、鳩山由紀夫、菅直人、野田佳彦、菅義偉各氏の内閣は1年程度で終わった。菅義偉内閣を除く6内閣は最も低い支持率が30％を下回った。

なぜ40％が目安になるのか。日本経済新聞社の調査では、「内閣を支持するか」の質問に「いえない・わからない」と答える人が平均10％程度いる。

全体の100％から10％を引くと90％。そこから「支持する」と答えた40％を除くと残り50％は「不支持」になる。支持率40％は「世論の過半数が政権を支持しない」可能性がある。

内閣支持率は各社で聞き方が違う。日経新聞は「わからない」と答えた人に「お気持ちに近いのは」と再度聞く。1度しか聞かない調査より支持率も不支持率も高くなる傾向がある。

政権は野党の支持率にも左右される。立憲民主党と民進党を含む「民主党の流れをくむ政党」と自民党の政党支持率を比べてみる。12年以降は常に「自民党優位」だ。

自民と民主党系政党の支持率の差
（小泉政権以降の自民支持率から民主党系支持率を引いたもの）

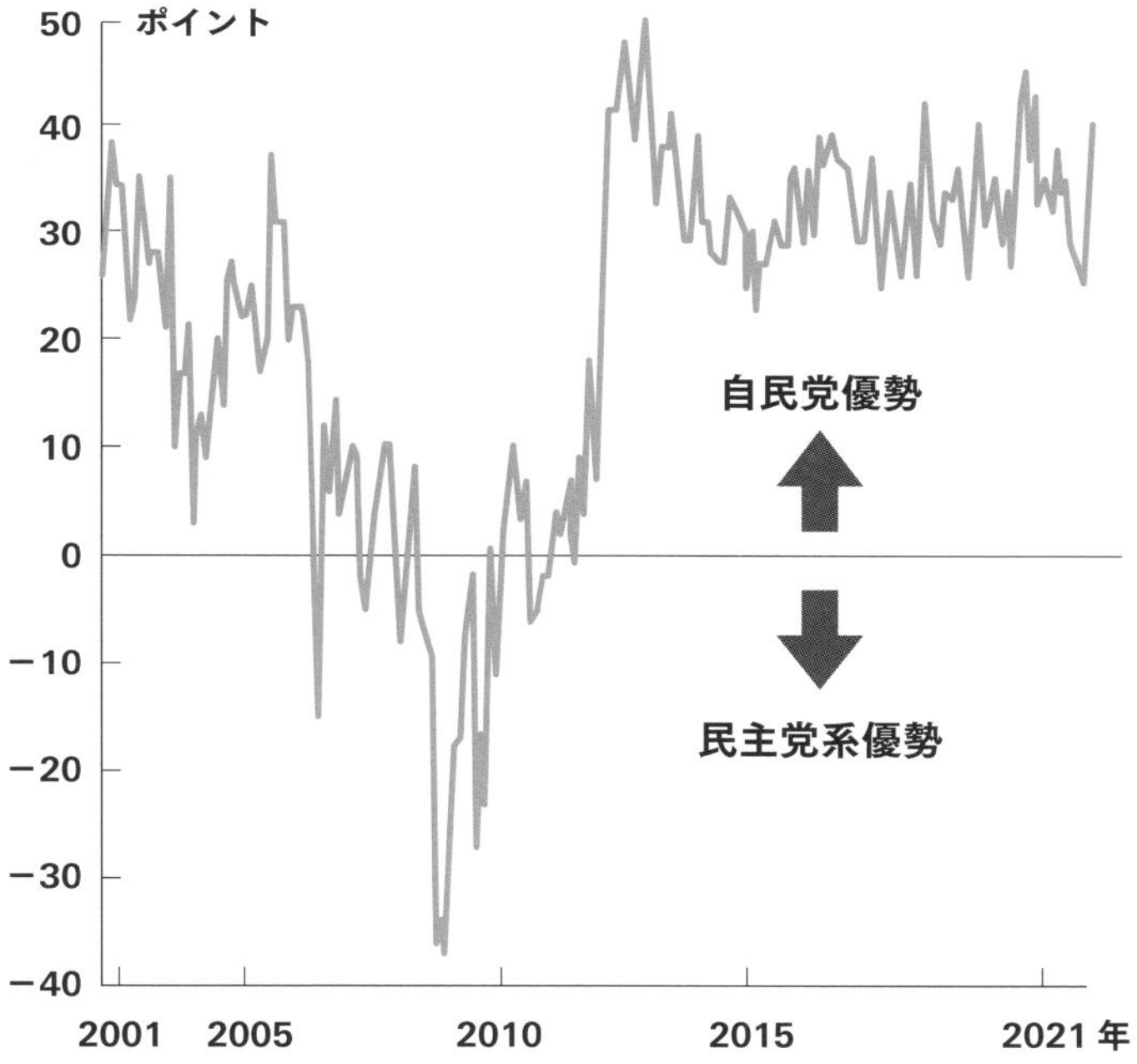

注／日本経済新聞社調べ。
民主党系は民主党、民進党、旧立憲民主党、現立民を集計対象にした

世論2

無党派層3割に増加
――政治不信を反映、有力な投票先なく

日本経済新聞社の世論調査をみると、支持する政党を聞く質問に「なし」と答える人が増えてきた。「無党派層」と呼ばれる。第2次安倍政権が発足した２０１２年以降、30％を超えることが多くなった。

日経が本格的に世論調査を始めた１９８７年以降、長期にわたる無党派層の動向を調べた。主に2回の転機がある。まず90年代。「政治とカネ」の問題が続き、自民党が下野した。政治への不信で政党を支持しない人が増え、「無党派」が流行語になる。

87年の中曽根内閣末期から93年の宮沢内閣まで、平均すると無党派層は14％だった。93年の細川内閣から99年末までは平均22％になった。

次の転機が２０１２年の政権交代になる。２０００年代は自民党の支持率が下がると、野党第1党である民主党の支持率が上がる関係があった。自民党と民主党の「二大政党」が争う構図だったためだ。

ところが、12年の民主党政権末期にはその関係は消えた。自民党支持率が下がって

無党派層が増加した

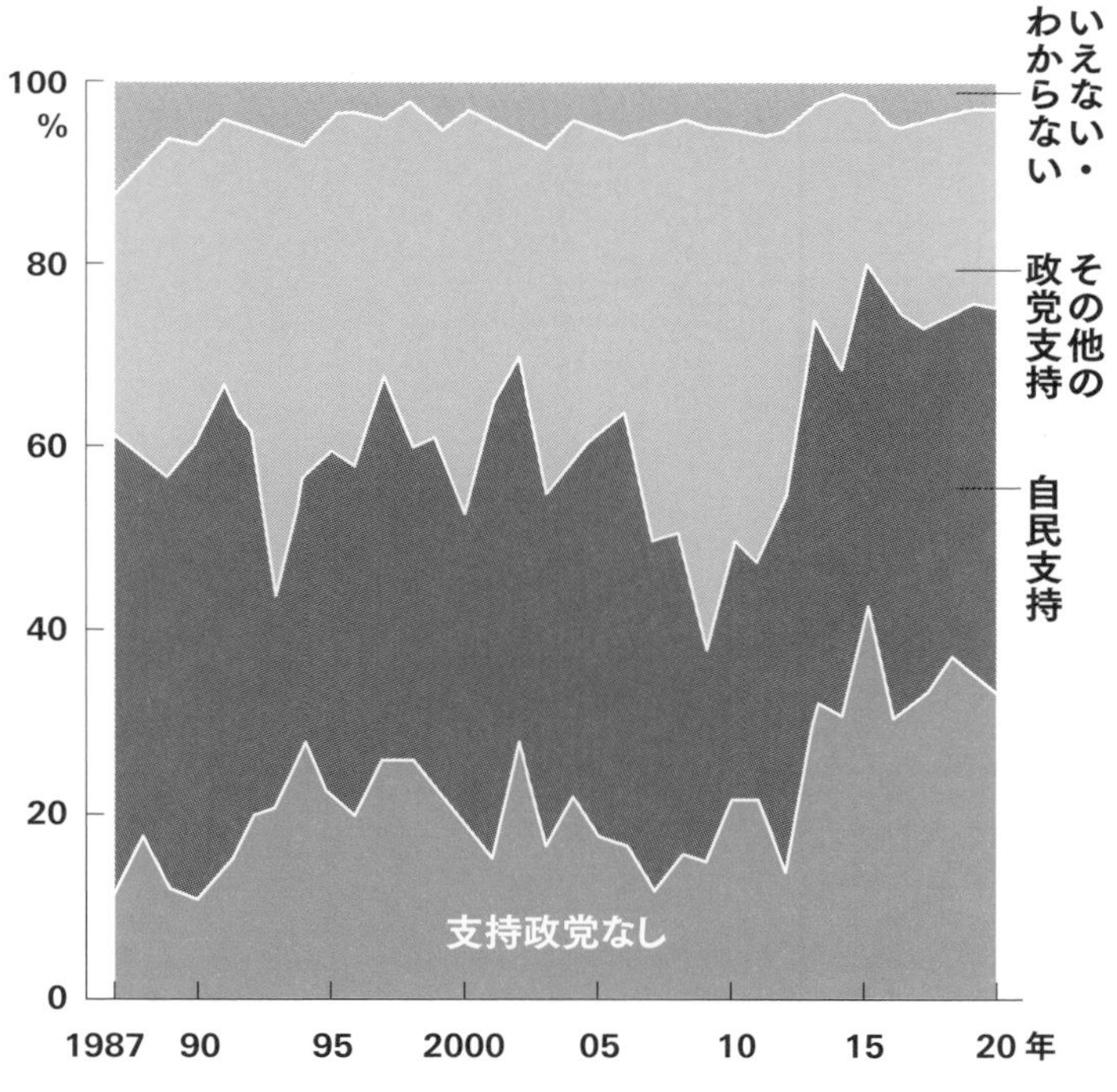

注／日本経済新聞社調べ。
各年の年末時点（11月か12月調査）

も、民主党や民進党、立憲民主党の支持率は上がらず、無党派層が増えた。

2000年代は無党派層は平均すると18%だったが、10年代からは平均29%と急増している。

民主党は消費税増税を巡って分裂し、政権を担った時期は「決められない政治」と批判を浴びた。民主党の流れをくむ政党には、そのときの印象が残る。12年12月以降、自民党を支持しない人の一定割合が「支持政党なし」になった公算が大きい。

21年7月の調査で「支持政党なし」と答えた人の比率をみると、男女差が目立つ。男性は31%だが、女性は41%と10ポイントも多い。

自民党の政党支持率をみると、男性の40%に対し、女性は35%と5ポイント低い。野党第1党の立民も男性11%、女性6%。自民党をはじめ主要政党が女性の支持を集め切れない状況が「女性無党派層」に現れている。

無党派の比率は若年層で高い。40歳代は42%、18〜39歳は40%だ。60歳代と70歳以上は28%と少ない。

21年7月の調査で無党派層の内閣支持率は15%、不支持率は70%だった。無党派層は政権運営に不満を持ちやすく、新型コロナウイルスをめぐる政府の対応力などにも敏感に反応する。

無党派は女性・40歳代以下に多い
（2021年7月調査で「支持政党なし」と答えた人の割合）

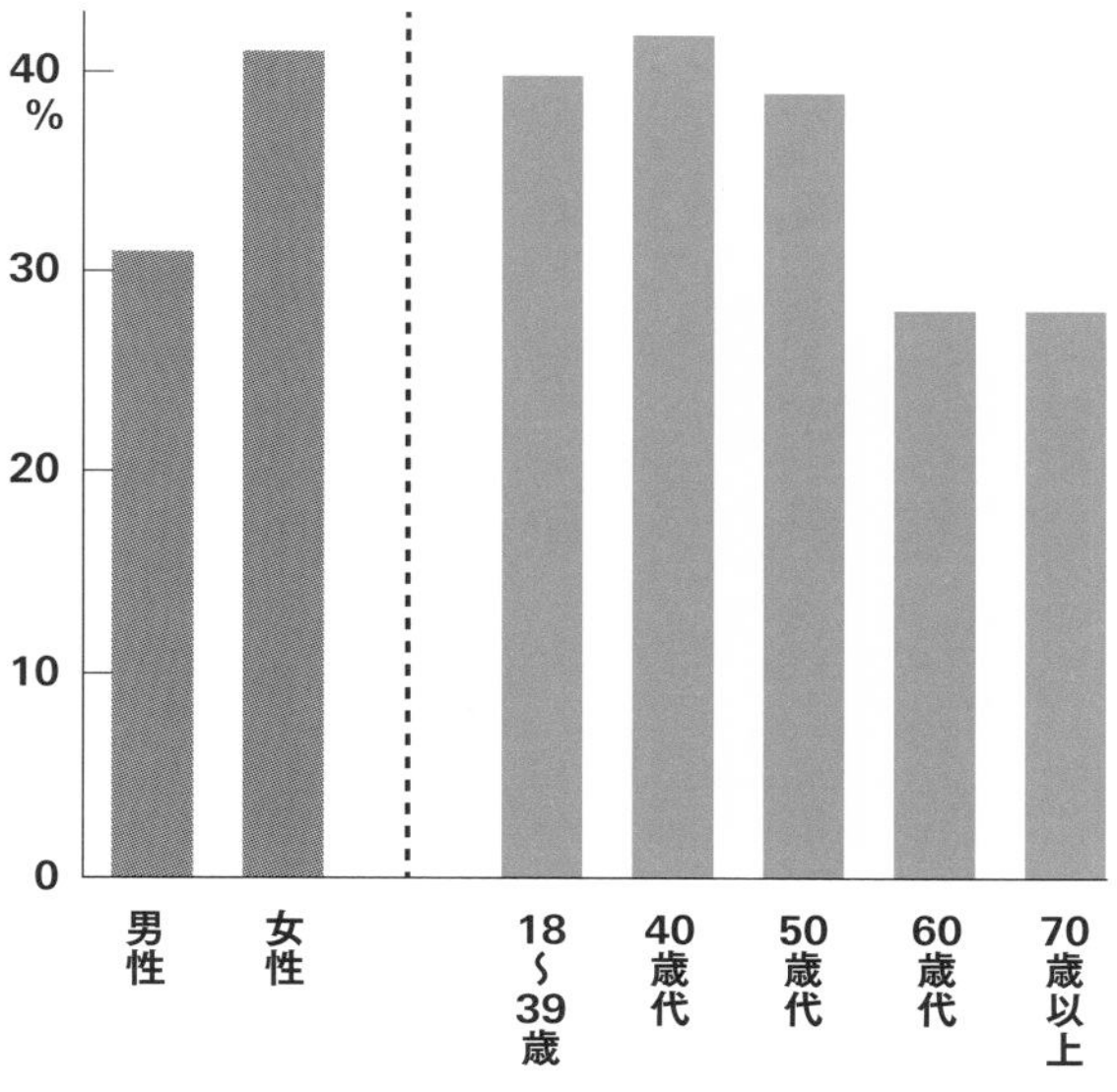

注／日本経済新聞社調べ

世論3

安倍・菅内閣、若年層ほど高い支持率
――最低は60歳代

日本経済新聞社の世論調査を分析すると内閣支持率にある傾向が見える。2012年12月の政権交代以降、安倍晋三内閣と菅義偉内閣は若年層の支持率が高かった。12年12月からの安倍内閣と20年9月からの菅内閣について、世論調査で「支持する」と答えた人の割合を調べた。

安倍内閣は平均で53%だった。世代別で最高は29歳以下（対象は16年3月まで20～29歳、同年4月以降は18～29歳）の59%だ。

70歳前までは上の世代ほど支持率が低くなる。30歳代は58%、40歳代は55%、50歳代は平均と同じ53%。60歳代は全世代で最低の49%で、70歳以上は52%になった。

菅内閣の平均は46%だった。最も高い世代は29歳以下で55%、最低は60歳代の43%で、世代別の特徴は安倍内閣と似ていた。

当初からこうした傾向があったわけではない。第2次安倍政権が発足した直後の12年12月の調査では30歳代の支持率は53%と、全世代平均の62%を9ポイント下回って

世代別の平均内閣支持率

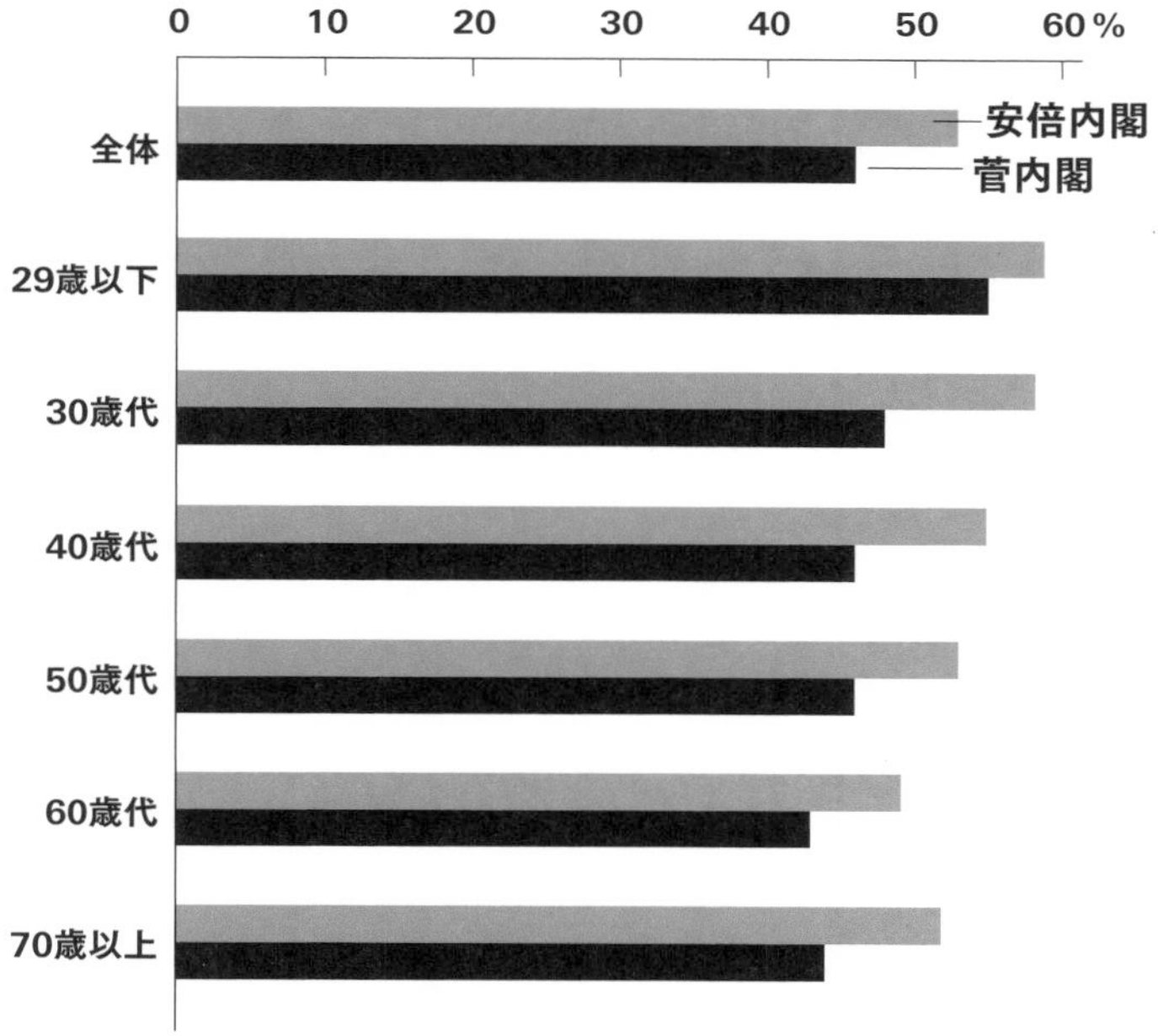

出所／日本経済新聞社の世論調査

いた。最も支持が高かったのは71%を記録した70歳以上だった。

なぜその後に若年層の支持率は上がったのか。「働く世代が経済面の恩恵を感じたから」との指摘がある。

安倍内閣の経済政策「アベノミクス」を経て、完全失業率は12年の4・3%から19年には2・4%まで下がった。菅内閣では携帯電話料金の引き下げや不妊治療への支援拡充などを進めた。雇用や生活に関わる政策は現役世代が評価する。

世論を反映する選挙はどうか。19年参院選で世代別の投票率を見ると、最も高いのは60歳代の63・58%。全体の平均の48・80%を15ポイント近く上回る。29歳以下は3割台前半、30歳代も38・78%にとどまる。50歳代や70歳以上は50%台だ。

60歳代の人口は1500万人ほど。1200万人弱の20歳代、1300万人程度の30歳代より多い。世論調査で世代別の支持率が最低の60歳代は、選挙では人数が多い上に投票率も高い。

選挙だけを考えれば「支持率が低く、票に直結する60歳以上」に目が行きがちだ。一方で日本の財政は余裕が乏しい。受給世代の高齢者を重視する「シルバー民主主義」に傾くのは現実的ではない。支持率と選挙の両立は難しい。

投票率は60歳代が最高で若年層は低い

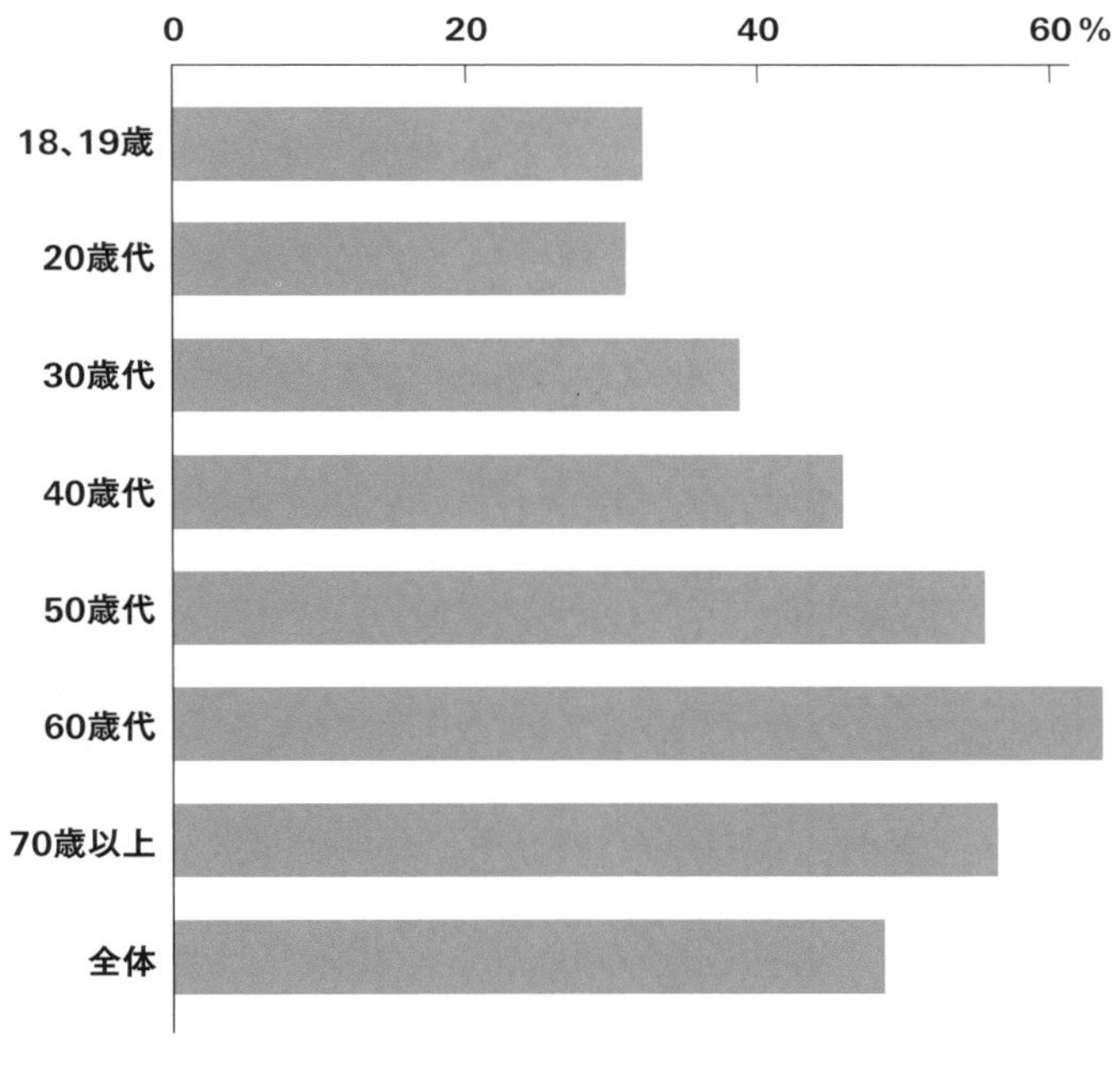

注／2019年参院選の投票率
出所／総務省

世論4

二大政党、支持率差は4倍
――12年以来拮抗なし

自民党と野党第1党の立憲民主党とで衆院の議席数の差は3倍弱ある。米英のように二大政党が互角の勢力で競い合っているとは言いがたい。1987年以降の日本経済新聞の調査の結果から、第1党と第2党の支持率の変遷を振り返る。

2021年12月の調査は自民党が43%、立民が10%だった。立民が選択肢として登場した17年11月までさかのぼると、自民党がおよそ40%、立民が10%前後という傾向が続く。おおむね4倍の支持率の差がある。

1987年9月の日経調査は自民党43%、社会党18%だった。「55年体制」といわれる自民党の一党優位体制が続いていた。二大政党制ではなく「1と2分の1政党制」などといわれた。消費税導入などによる自民党への逆風で89年に社会党が一時的に支持を集めたことはあった。自民党が支持率で優位な時代は93年まで続いた。

非自民の細川護熙政権が誕生した直後の93年8月調査は社会党が第4党に後退した。小沢一郎氏らの新生党が第2党、細川氏が率いた日本新党が第3党になり、自民

二大政党の支持率の推移

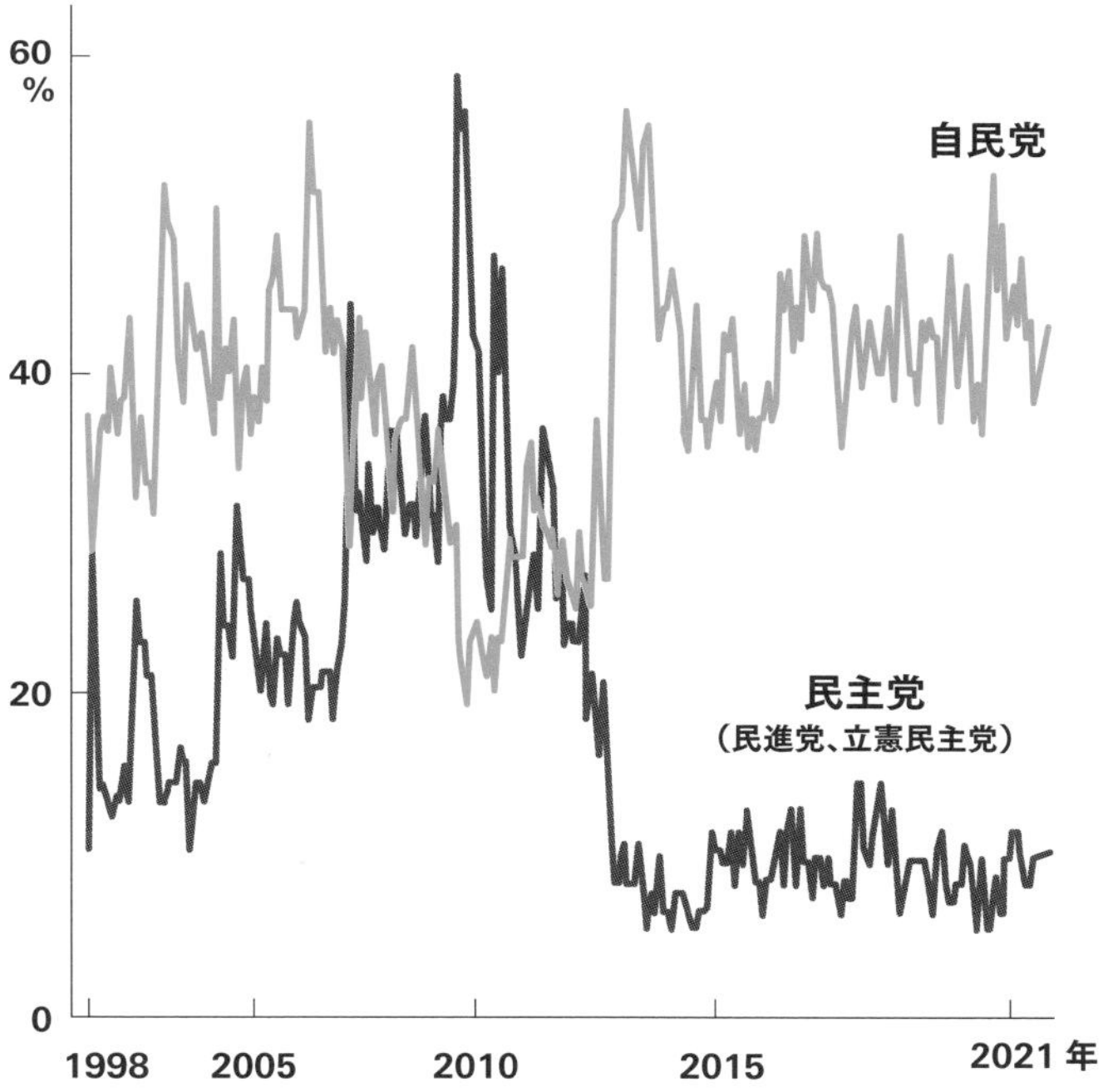

出所／1998年の民主党結党以降の日本経済新聞社の世論調査

党に対抗する政党の力が分散する時代になった。

社会党に代わり二大政党を目指したのが94年結党の新進党だ。同年12月の調査は自民党29％、新進党15％だった。同党はその後、党内対立で解党する。

98年に民主党（新民主党）が誕生した。同年8月調査では自民党と28％で並ぶ。民主党は2003年の衆院選で躍進してから2～3割程度の支持率を維持し、07年7月の参院選で与野党が逆転した。選挙直後の調査で44％となり29％の自民党を上回った。

09年はほとんどの月で自民党を上回り、同年夏の政権交代につながる。民主党は政権を担ったあいだ、支持率で自民党と大きな差はなく上回るときもあった。

12年に入ると自民党が支持率でほぼ第1党に戻る。日本で二大政党が支持率で拮抗するのはこの時期以来ない。

同年12月に自民党は政権を奪取する。その後は民主党や後身の民進党の支持率は10％台か一桁。自民党は40～50％台前後を維持する。

日本は政権交代期などを除けば、米国の民主党と共和党、英国の保守党と労働党のような二大政党で支持率を競い合う例は少ない。

09年と12年の経験則から、衆院選を前に野党第1党の支持率が与党を上回るか拮抗すると政権交代の可能性が高まる。

二大政党の衆院の議席数

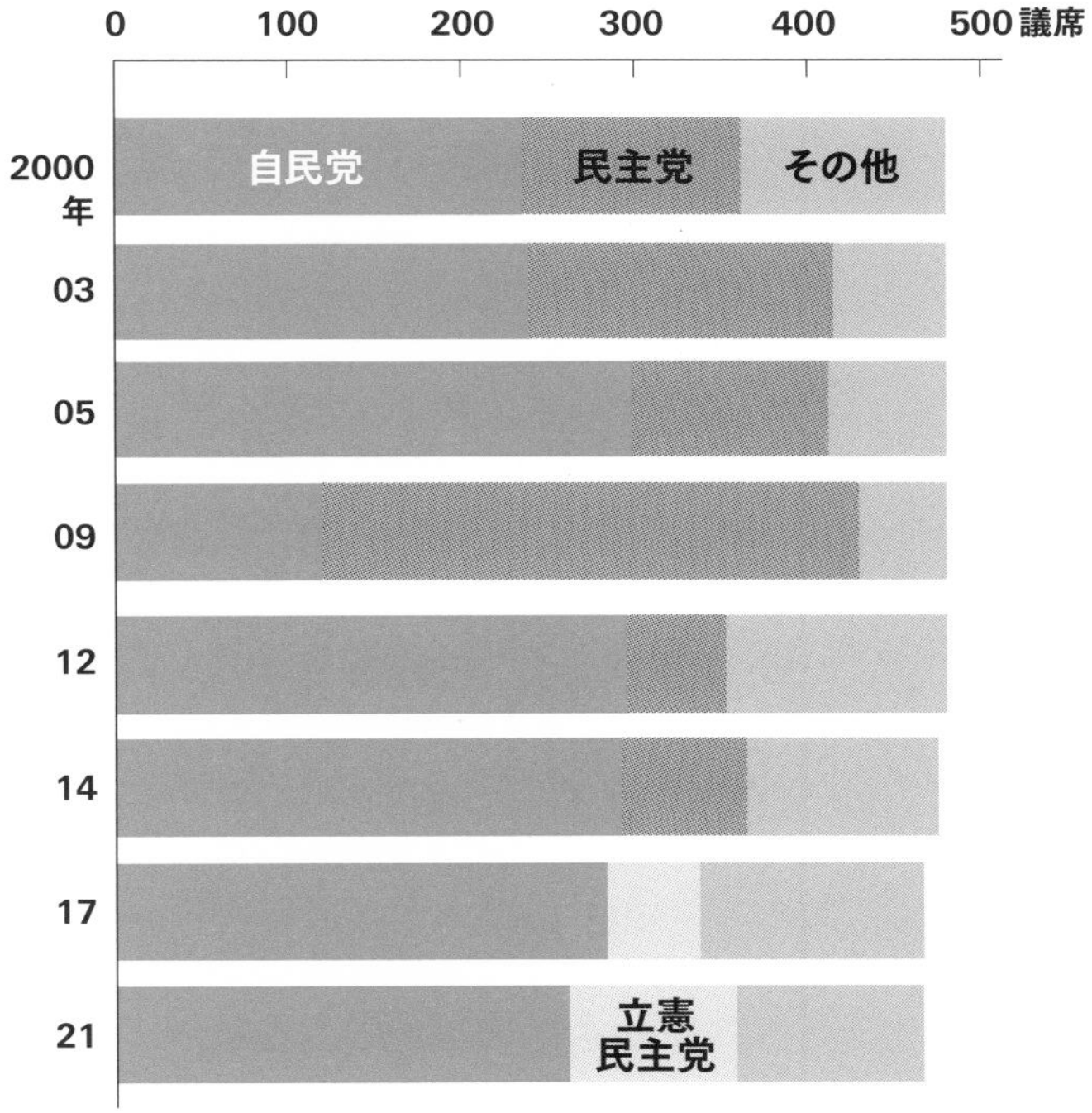

世論5

憲法改正、6割弱が賛成
――70歳代以上は反対が多数

２０２１年の通常国会で憲法改正の手続きを定める改正国民投票法が成立した。新型コロナウイルス禍では感染拡大を防ぐための私権制限が注目された。いずれも憲法改正に関わる出来事だ。

日本経済新聞社は憲法改正を巡り、２つの手法で世論を探っている。一つは18年から年1回、郵送で実施してきた世論調査だ。

20年10～11月の郵送調査で憲法を「改正した方がよい」と答えた人は57%、「改正しない方がよい」は39%だった。それぞれ19年は53%と42%、18年は46%と50%だった。賛成が増え、反対が減り続けてきた。

20年調査を世代別に分析すると70歳で傾向ががらりと変わる。賛成派は60歳代までは全世代で50%を超える。30歳代では74%だ。ところが70歳代では44%、80歳以上は40%と低い。

地域別の特徴もある。関西圏（京都、大阪、兵庫、奈良の4府県）では賛成派が

憲法改正「した方がよい」が6割弱

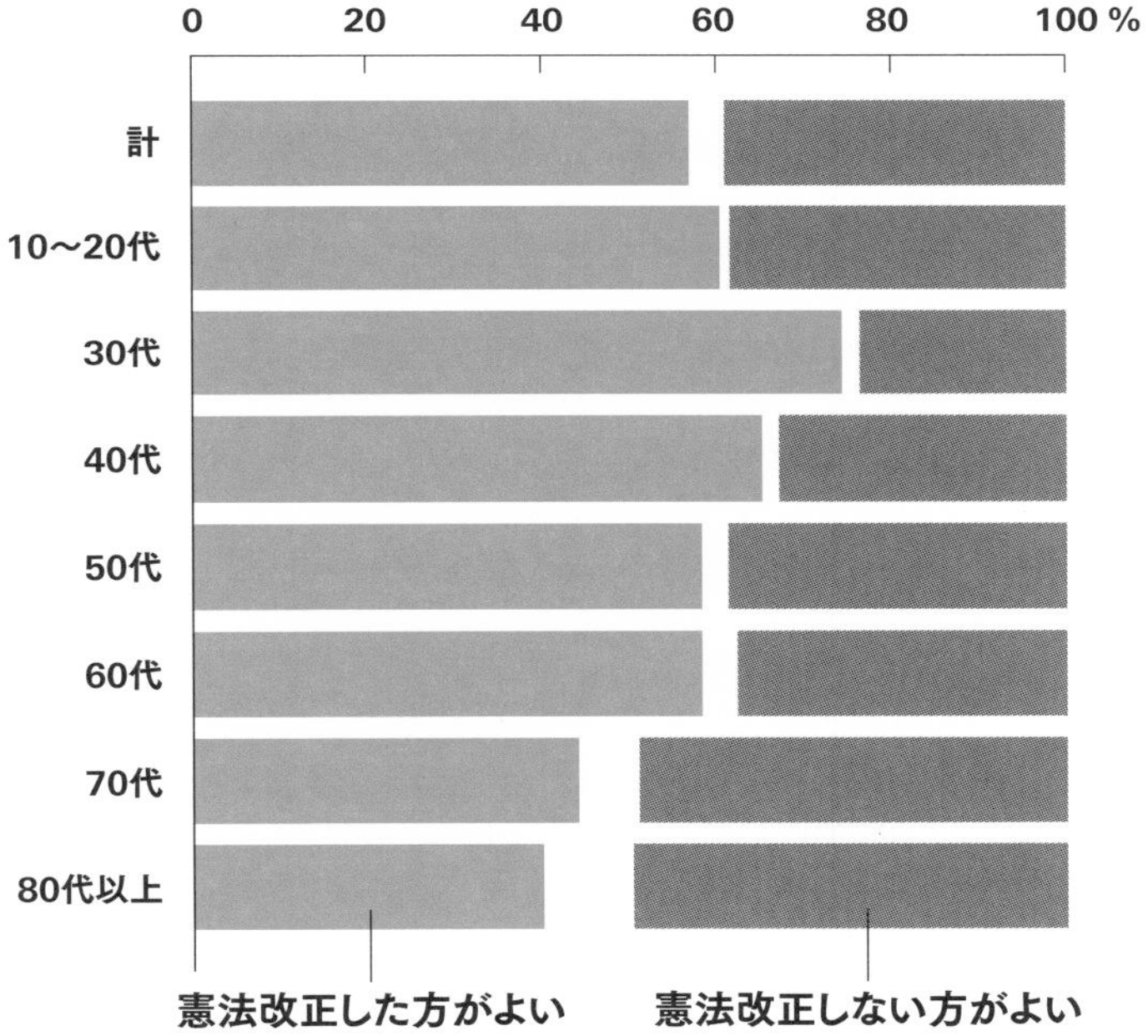

出所／日本経済新聞社の2020年郵送世論調査

64%と全国平均より7ポイントも高い。関西圏は改憲を唱える日本維新の会の地盤でもある。

もう一つはほぼ毎月実施する定例の世論調査だ。19年8～9月の調査からこれまで8回「憲法改正の具体的な議論をすべきか」を聞いてきた。

最新の21年11月の調査で「議論すべきだ」は68%で「議論する必要はない」は24%だ。

改憲は安倍晋三元首相が12年12月の第2次政権発足以来、常に掲げてきたテーマだ。首相時代は「20年に新憲法施行を目指す」と具体的な目標を表明したこともある。

野党内には憲法9条を中心に「護憲」を訴えてきた歴史もある。安倍政権では改憲を巡って与野党対立が繰り返された。野党から「安倍政権下での改憲に反対」との声もあがった。

衆参両院で改憲に前向きな勢力が3分の2を超えた16年7月には、日経も定例の世論調査で「安倍政権での改憲に賛成か反対か」と質問した。「賛成」と答えた人は38%で「反対」は49%に上った。

菅義偉政権が誕生し、野党内の「安倍政権下の改憲には反対」との主張は意味を失った。改正国民投票法は安倍政権時の提出から3年近くも採決されなかった。菅政権になってから、21年6月に野党第1党の立憲民主党も賛成して成立した。

国会で改憲の具体的な議論を

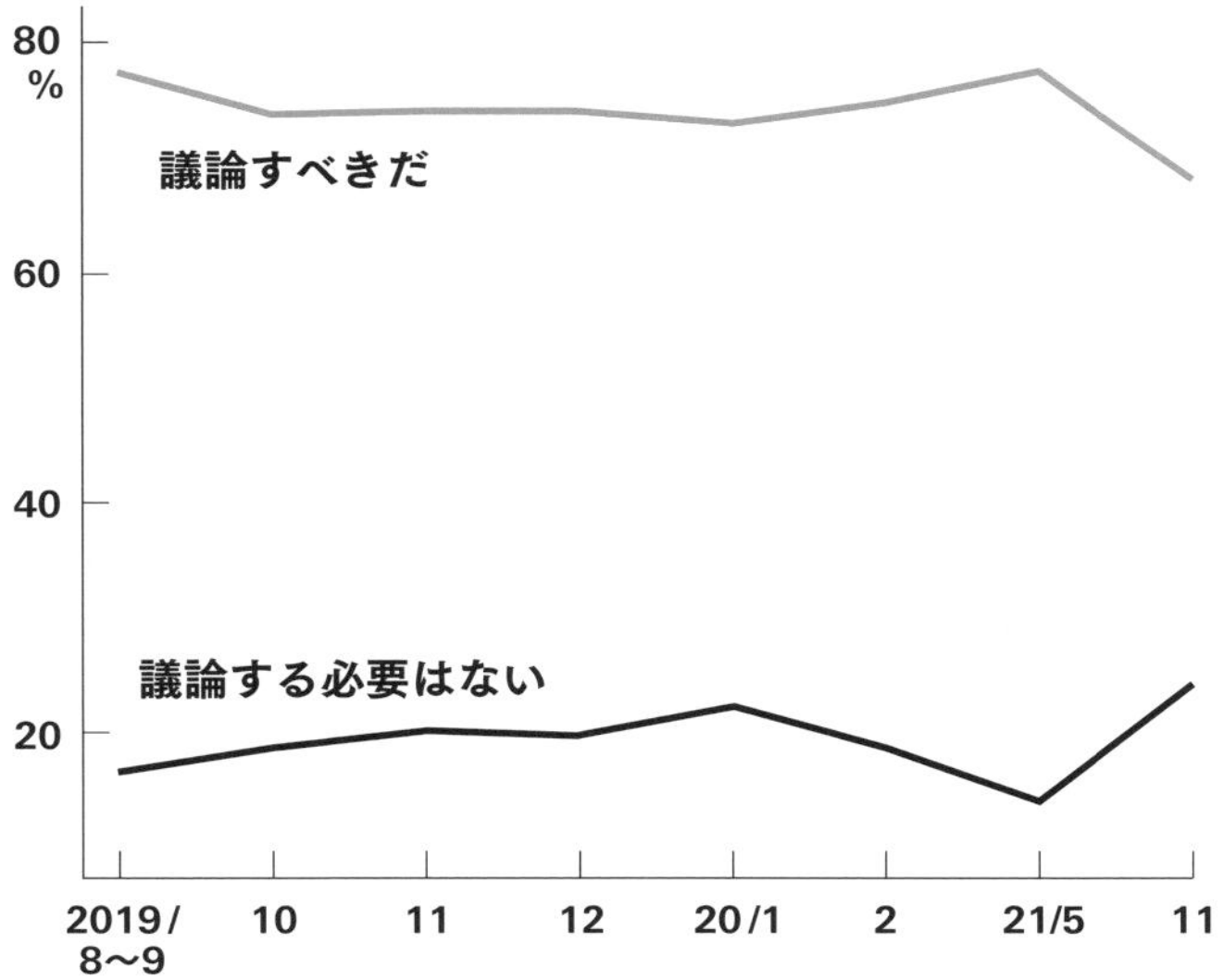

出所／日本経済新聞社の定例世論調査

世論6

「政府を信頼」日本は37%
――新型コロナ禍で下落

世界11カ国を対象にした国際的な世論調査によると、日本は他国に比べて政府への信頼度が低い傾向がある。新型コロナウイルス禍を経て、政府への信頼が下がったとの見方もある。

米PR会社のエデルマンが世界11カ国のおよそ1万3000人を調査した。2020年10〜11月の調査結果をみた。「全く信頼していない」を1、「大いに信頼している」を9として9段階で立場を選んでもらった。6〜9を「政府を信頼している」と答えたと位置づけ、その割合を信頼度とみなした。

「政府を信頼している」と答えた人の割合は日本は37%。11カ国のなかで最も低い。その上の10位は米国の42%で、日本より5ポイント高い。

信頼度が高いトップ3はサウジアラビア、中国の82%、インドの79%だ。

各国の政治体制を研究するスウェーデンの調査機関V－Demは、この3カ国を「選挙を通じた独裁」などと分類する調査を公表している。非民主主義的な国の方が

日本は政府への信頼度が低い

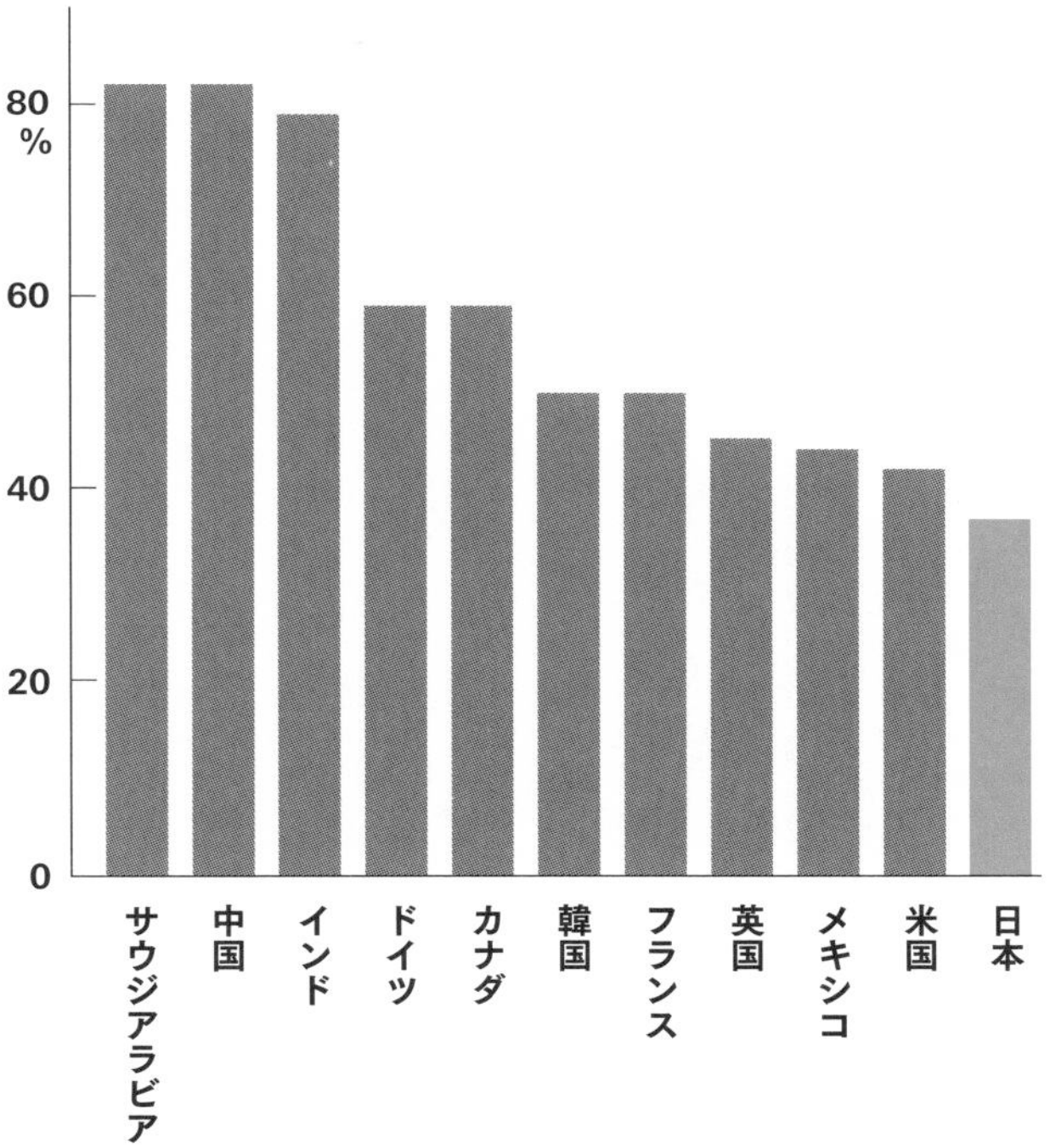

出所／米エデルマンの20年10〜11月調査

国民の政府への信頼があるという結果になった。

エデルマンは定期的に政府の信頼度を調査している。新型コロナの感染が拡大する前に実施した19年の同時期の調査と数値を比較すると、日本は6ポイント下がった。エデルマンの日本法人は「新型コロナ禍で低下した」と分析する。

日本以外の10カ国のうち、上昇は6カ国、低下は3カ国、変化なしは1カ国だった。感染の拡大を受けて日本は政府への信頼度が下がったものの、他国は信頼度が上がった例の方が多い。

10ポイント以上、上昇した国もある。ドイツは45%から59%に、フランスは35%から50%に、それぞれ上がった。

エデルマンは20年4月には政府の信頼度を「地方政府」「中央政府」に分けて聞いている。日本での信頼度は地方政府が50%、中央政府が35%だった。米国も地方の方が中央より20ポイント高かった。エデルマンの日本法人はこうした結果を「政府への信頼度が低い国は、地方政府がギャップを埋めている」と分析する。

様々な公的機関への信頼を尋ねる調査もある。

日本経済新聞社が20年10～11月に実施した郵送世論調査では、自衛隊を「信頼できる」と答えた人は59%に達した。「信頼できない」と答えた人は5%しかいない。

裁判所は52%、警察は50%と比較的高い。国家公務員28%、国会議員は13%だった。

自衛隊や裁判所、警察への信頼は高い

	信頼できる	信頼できない
自衛隊	59%	5%
裁判所	52	8
警　察	50	13
検　察	44	10
国家公務員	28	20
国会議員	13	44
マスコミ	9	47

出所／日本経済新聞社の20年10～11月の郵送調査

世論7

「政治は重要」日本は6位
――デモ・政党加入などは消極的

国民の政治への向き合い方は日本と各国でどれだけ違うのか。国際的な世論調査によると、日本は「政治が重要」と答える人が多い一方で、政治的な行動をとる人は少ない傾向がある。

世界100以上の国・地域で政治や経済、社会など幅広い分野の価値観を尋ねる「世界価値観調査」がある。日本で調査に参画した電通総研と同志社大はそのうち77カ国・地域の結果をまとめている。

2017〜21年に実施した調査をみると「あなたの生活に政治は重要か」という質問がある。「非常に重要」「やや重要」と答えた人の割合は日本では65%で、77カ国・地域中6位だった。

トップはフィリピンの77%。3位はミャンマーの71%だった。両国とも1980年代以降、民主化運動や政治体制の激変を経験している。日々の生活や社会に政治が及ぼす影響を実感する人が多いのかもしれない。

「政治は重要」の回答率

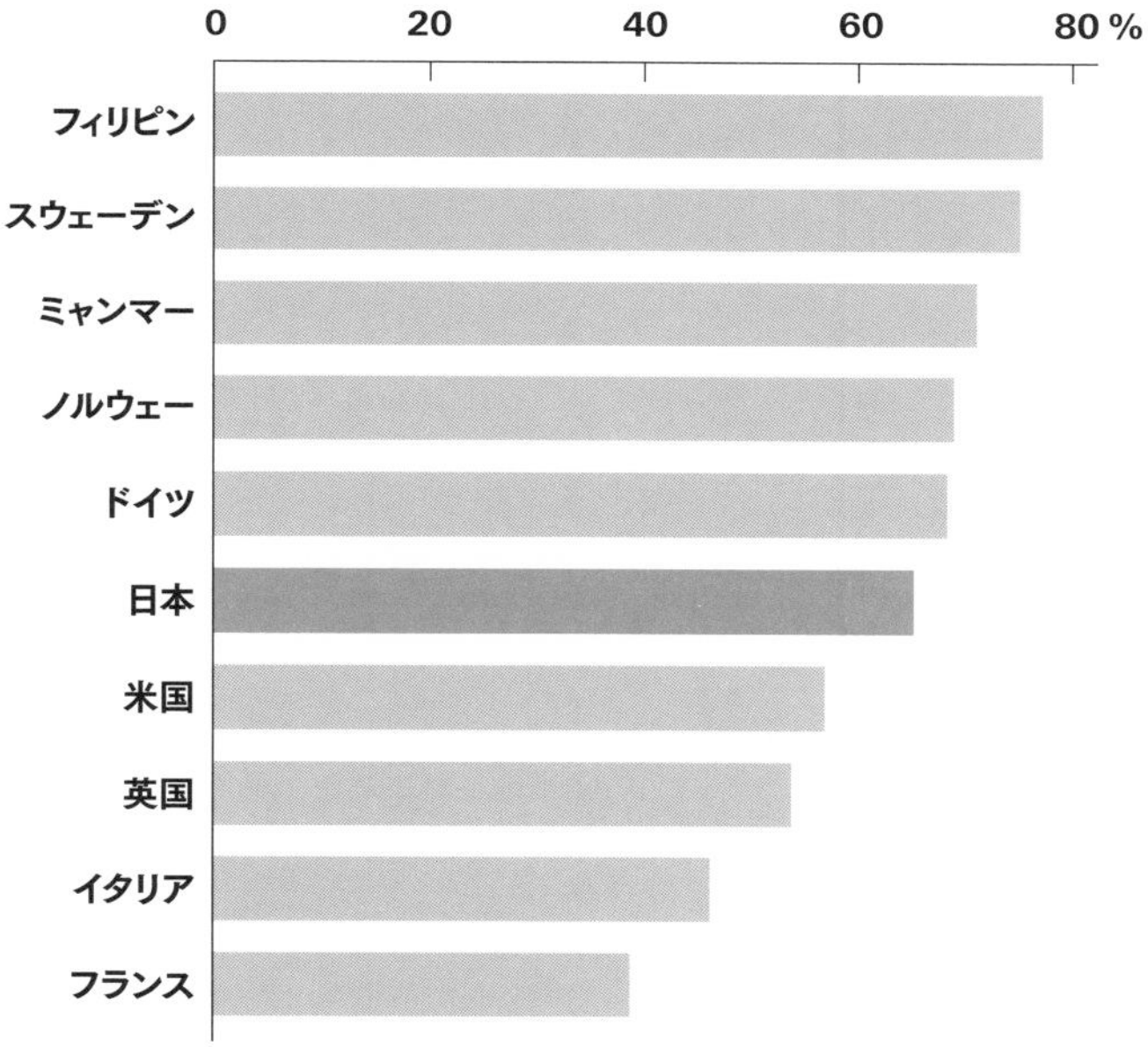

出所／世界価値観調査

2位はスウェーデンの75%、4位はノルウェーの69%だ。北欧の両国は高福祉高負担で知られ、消費税率は最大25%にのぼる。高い税金を集めて再分配する政治の役割は大きい。主要7カ国（G7）で調査対象になった国のうち日本より上位は5位のドイツ（68%）だけだ。

同調査では一部の国で人々の政治的な行動についても聞いている。同じ質問で比較できる国として日本と米国、ドイツの回答をみてみる。

「政党に加わって実際に活動していますか」の質問に「している」と答えた人は、日本とドイツはともに1・4%だった。日独は「政治は重要」と答える人が多いものの、政党に参加する人は少ない。

米国の政党参加は19%にのぼる。米国の選挙専門サイトによると、米二大政党の民主、共和両党は2020年に合計8000万人超の党員登録があった。米国民の4分の1にあたる。

日本で第1党の自民党は20年末の党員数が113万人で、日本国民の1%程度だ。

「平和的なデモに参加したことがある」と答えた人はドイツは35%と突出して高く、米国は17%。日本は5・8%と低い。この質問はフランスでも聞いており「参加したことがある」は41%だった。欧州ではデモは一般的な政治活動といえる。

電通総研などは「日本は政治的行動への参加経験・意欲が低い」と分析している。

日本は政治的行動をとる人が少ない

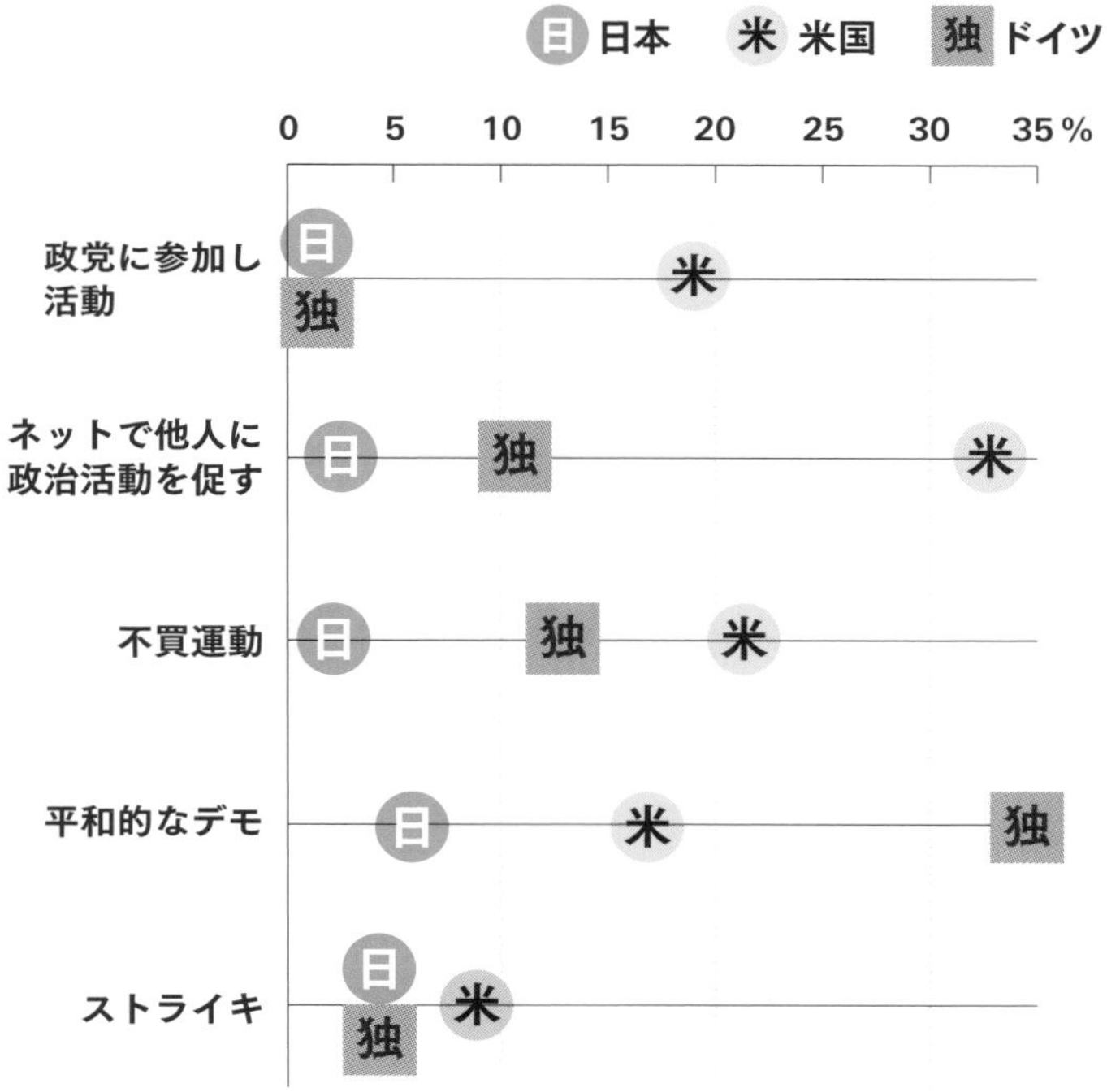

注／「政党に参加し活動しているか」「不買運動をしたことがあるか」などにはいと答えた人の割合
出所／世界価値観調査

世論8

ＬＧＢＴ寛容度は米欧並み
――日本、法整備に遅れ

日本は多様性がある社会だろうか。ＬＧＢＴ（性的少数者）に関する国際的な世論調査によると、日本で同性愛を「認められる」と答えた人は55％で「認められない」は36％だった。

日本で世論が容認する度合いはフランスや米国と近い水準だ。にもかかわらず日本は法整備などが遅れている。

個人の価値観を世界１００以上の国・地域で調べる国際プロジェクト「世界価値観調査」の２０１７～21年の調査を参照した。日本は電通総研と同志社大が担当している。同性愛の質問は75カ国・地域で実施した。

同性愛を「認められる」の割合が最も高いのはアイスランドの88・１％。デンマークやオランダが続き、ドイツや英国も7割だ。日本は18位で、主要7カ国（Ｇ７）ではイタリアや米国より高い。

最低はバングラデシュの１・１％だ。日本周辺では韓国が13・８％、中国が10・

日本の世論の寛容度は米国より高い

順位	国・地域	同性愛を「認める」	同性婚
1	アイスランド	88.1%	○
2	デンマーク	87.5	○
3	オランダ	84.6	○
⋮	⋮	⋮	⋮
7	ドイツ	73.1	○
10	英国	67.6	○
15	フランス	57.0	○
18	日本	55.3	×
20	米国	53.6	○
46	韓国	13.8	×
54	中国	10.4	×
⋮	⋮	⋮	⋮
74	アゼルバイジャン	1.1	×
75	バングラデシュ	1.1	×

注／世界価値観調査とEMA日本の統計を基に作成

4%と低い。バングラデシュはイスラム教、韓国は儒教やキリスト教保守派の影響を指摘する声がある。

各国・地域の制度はどうだろうか。米欧やブラジル、アルゼンチン、南アフリカなどは同性婚の制度があり、同性カップルの相続や子育てを後押しする。

儒教文化圏の台湾も「認められる」は28・2%と低い。それでも蔡英文（ツァイ・インウェン）政権は19年にアジアで初めて同性婚の法整備を済ませた。

日本は同性のパートナーが死去しても残った相手は法定相続の対象外で、子がいた場合の親権もない。札幌地裁は21年3月、同性婚を認めないのは憲法で定める「法の下の平等」に反するとの判決を出した。

世界価値観調査は同性カップルが親になることへの賛否も尋ねた。日本は賛成が44%、反対は10%だった。「どちらでもない」「わからない」と答えた人も多かった。

米国はLGBTが政治上の重要テーマになっている。トランプ前大統領は17年にトランスジェンダーの米軍への入隊を認めないと表明した。バイデン大統領は21年1月の就任直後、トランプ氏の措置を取り消す大統領令に署名した。

米調査会社ギャラップが21年5月に公表した調査によると、トランスジェンダーの入隊に賛成する人は66%だった。支持政党別にみると、民主党支持者は87%、共和党支持者は43%と顕著な差がある。若年層ほど賛成が多い傾向も出ている。

トランスジェンダーの米軍入隊に「賛成」

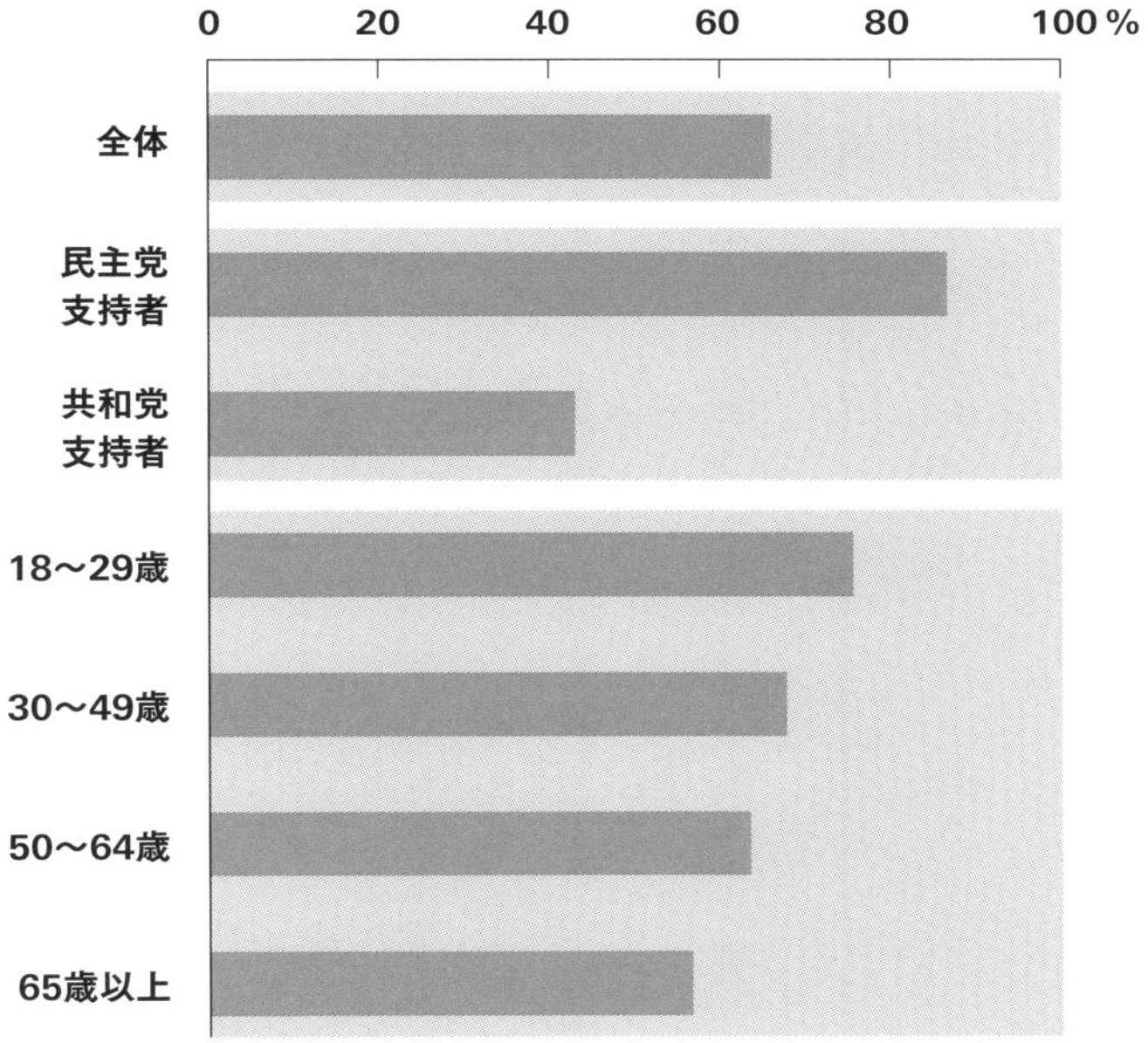

出所／米ギャラップ

世論9

中国に「親しみ感じる」22％
――40年で4分の1に

政府は日本人が各国・地域にどれだけ親近感を持つかを探る世論調査をしている。結果を追うと中国への評価の低下が目立つ。１９８０年に中国に「親しみを感じる」と答えた人は79％だったが40年後の２０２０年は４分の１の22％になった。

調べたのは毎年１回発表する「外交に関する世論調査」。現在は内閣府が18歳以上の３０００人に、他の国や地域への親近感を尋ねている。

かつて中国への親しみは米国並みに高かった。40年間の推移をたどると３つの出来事を機に下落したと分かる。

まず天安門事件が発生した１９８９年、民主化運動の弾圧を世界が批判したときだ。次は小泉純一郎首相が靖国神社を参拝して中国で反日デモが激化した２００４～05年。３番目が沖縄県・尖閣諸島沖で中国漁船が衝突事件を起こした10年になる。

「親しみを感じる」と答えた人は14年に14％まで下がった後、少し持ち直した。18年には安倍晋三氏が首相として7年ぶりに中国を訪ねた。

各国に「親しみを感じる」と答えた割合

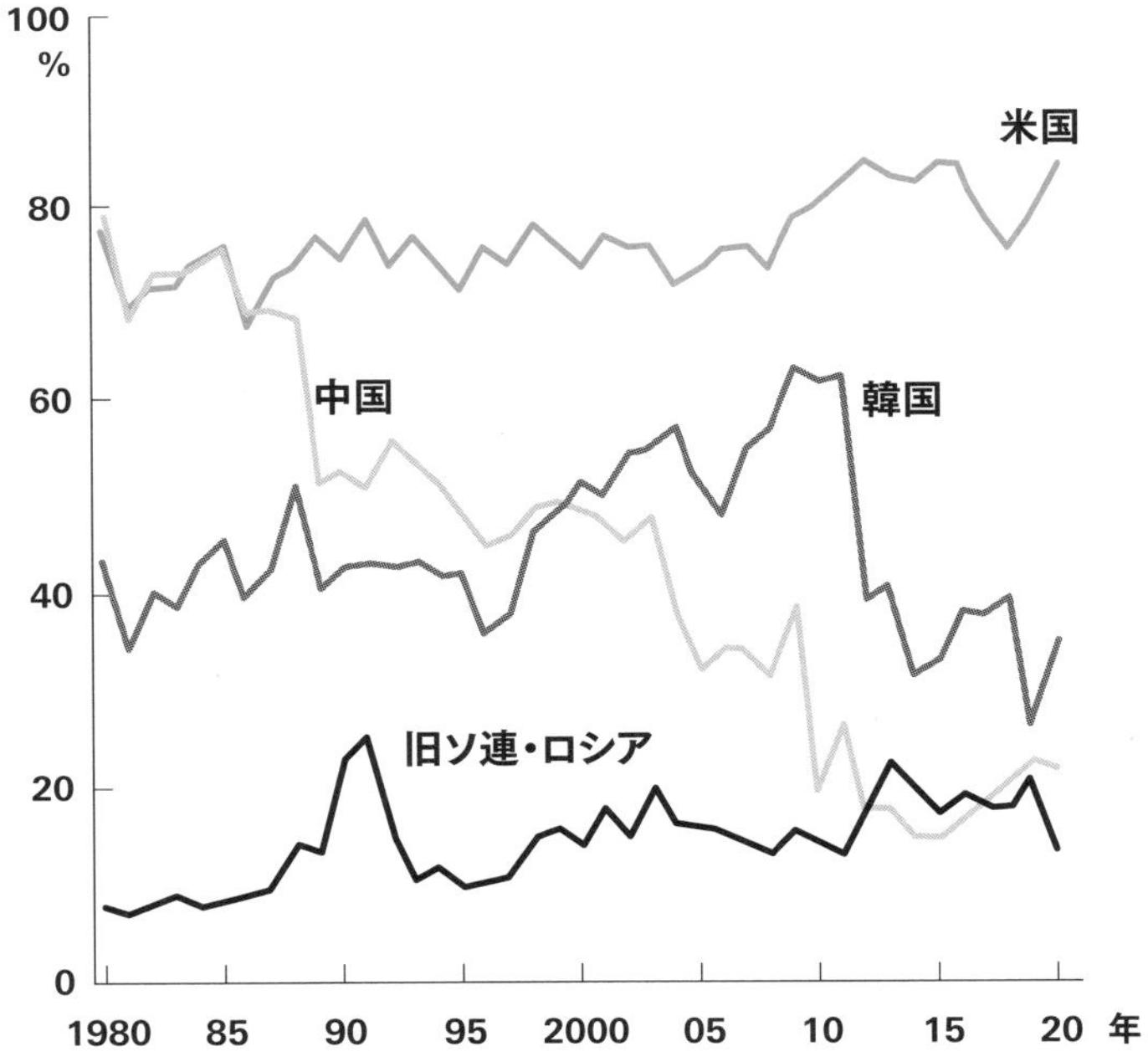

出所／内閣府

韓国への親近感は10年ほど前までは上昇傾向にあった。

１９９８年に民主派の金大中氏が大統領に就いた頃から上がり始めた。２００２年に日韓でサッカーのワールドカップを共催し、翌年に韓国のテレビドラマ「冬のソナタ」が日本で流行して「韓流ブーム」が起きた。09年には韓国に「親しみを感じる」と答えた人は63％に達した。

12年に李明博大統領が島根県の竹島に上陸してからは急落する。日韓関係は悪化が続き、日本が韓国への輸出規制を強めた19年は26％になった。

高水準なまま緩やかに上がり続けてきたのは米国だ。11年の東日本大震災で米軍は「トモダチ作戦」と銘打ち、救助や救援に取り組んだ。この年に米国への親近感は80％を超えた。

各国・地域への親近感には世代差もある。若年層は中韓に親近感を持つ人が多い。18～29歳では、中国に34％、韓国に54％が「親しみを感じる」と答えた。

70歳以上は中南米への親近感が55％と高い。外務省関係者は「70歳以上はブラジルへの日系移民やキューバの革命運動になじみがある世代だ」と話す。

各国・地域への「親近感」に世代で差

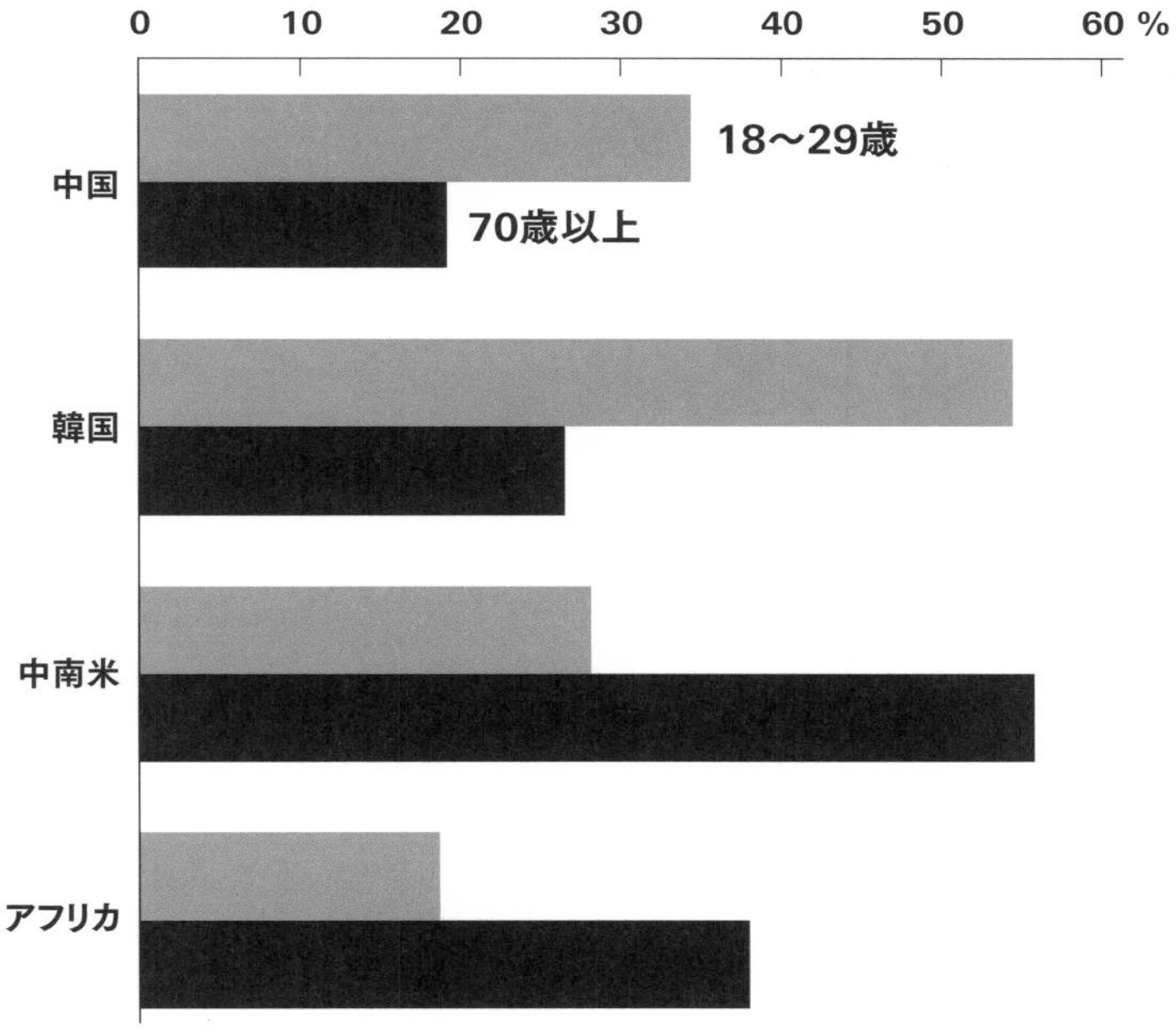

出所／内閣府

国会運営 1

党首討論の最多登板、首相は小泉氏
――野党は土井・志位氏

国会で首相と野党各党の党首が一対一で論戦する党首討論は１９９９年に始まった制度で、これまで70回開いた。登板回数が最多の首相は自民党の小泉純一郎氏で28回だ。続いて安倍晋三氏の14回。通算在任日数がそれぞれ6位と1位の長期政権だった。

小泉氏は印象的な場面を残した。２００４年のイラクへの自衛隊派遣を巡るやり取りだ。

民主党の岡田克也代表が戦闘地域への派遣を認めていなかった点を踏まえ、派遣可能な「非戦闘地域」の定義を聞いた。小泉氏は「自衛隊が活動する地域」と答え、一時騒然となった。

安倍氏は12年に野党・自民党総裁としても参加した。民主党政権の野田佳彦首相に衆院解散を迫ると、野田氏は議員定数の削減などを条件に解散日に言及した。同年12月の衆院選を経て政権交代に至った。

野党党首の最多は社民党党首だった土井たか子氏と共産党の志位和夫委員長が28回

小泉氏の登場回数が圧倒的に多い（首相の登板回数）

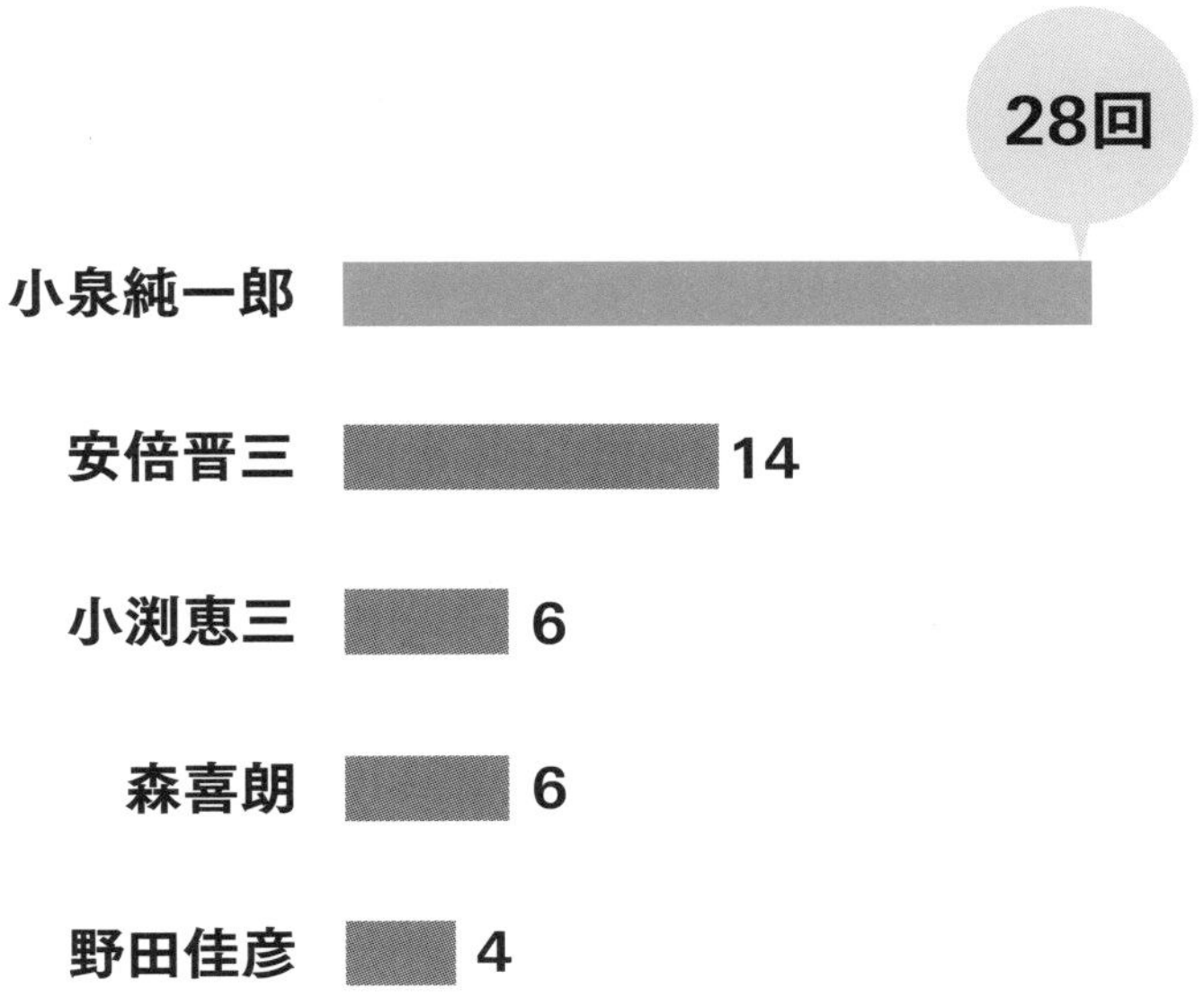

（敬称略）

で並ぶ。

野党第1党の党首として最も質問に立ったのは民主党代表を務めた鳩山由紀夫氏で24回だ。1999年、日本初の党首討論は鳩山氏が当時の小渕恵三首相に挑んだ。

党首討論は英国の「クエスチョンタイム（QT）」を模範にして始まった。正式には国家基本政策委員会の衆参両院の合同審査会を指す。

当初、国会会期中に週1回開くと与野党が申し合わせた。一方で首相が本会議や予算委員会などに出席する週は開かないことを慣例とし、回数は限定された。

それでも本格導入した2000年は8回開いた。近年は形骸化が指摘され、17年と20年はゼロ。21年も通常国会で1回開いただけだ。

審議時間の45分を各党が分け合う。21年6月の討論をみると、立憲民主党の代表だった枝野氏は30分でそれ以外の3党首は5分ずつ。時間が短いと議論は深まらない。

枝野氏は18年、党首討論の「歴史的使命は終わった」と話した。同氏は21年の通常国会で当時の菅義偉首相が出席する衆院予算委で1時間ほど質疑した。党首討論に匹敵する論戦が可能だといえる。

首相との論戦を党首討論で保証する代わりに国会出席を絞ってはどうか――。こんな問いかけも国会改革で絶えず論点となっている。

党首討論の回数は最近は減少傾向

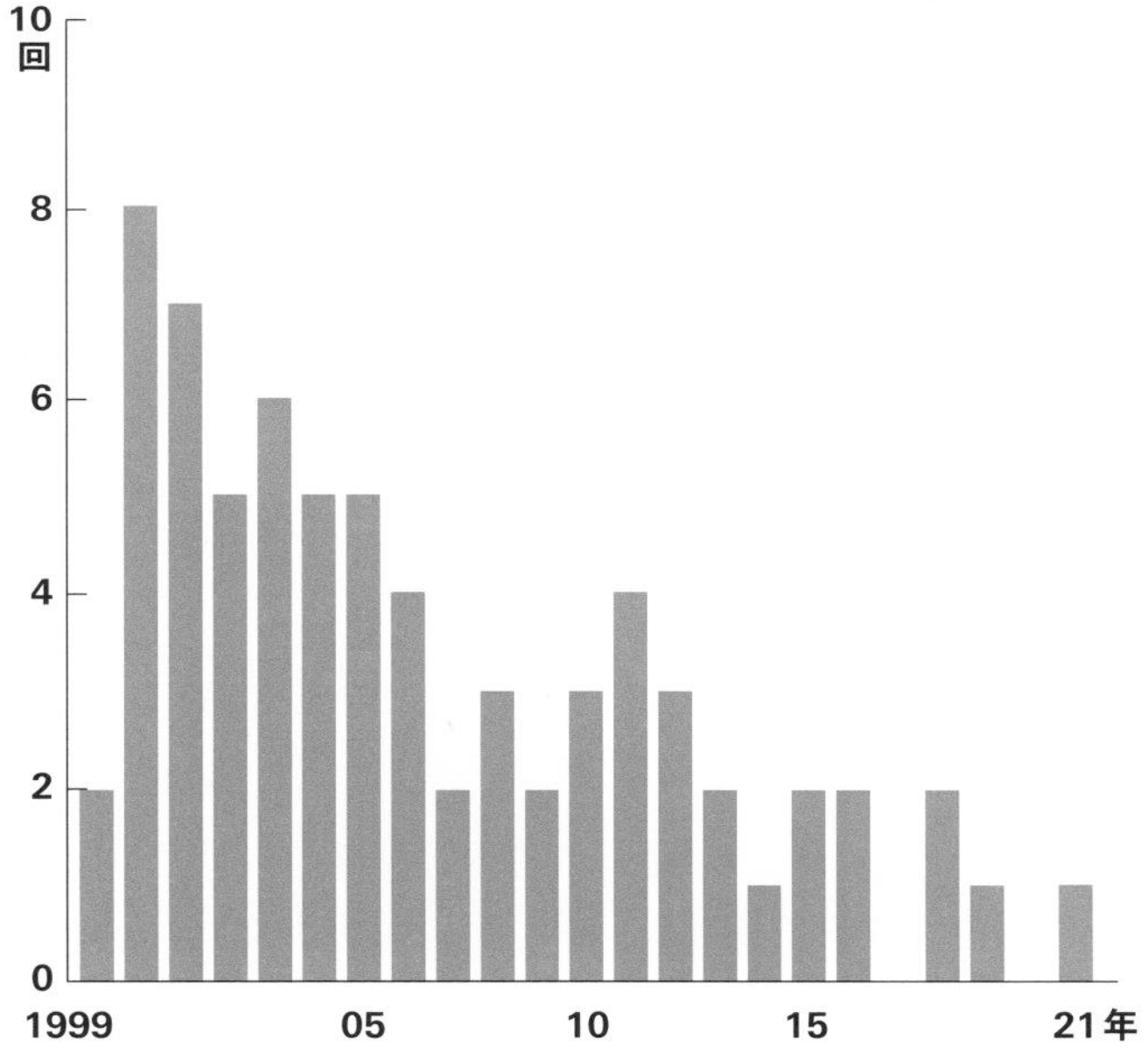

首相の国会出席、5日に1回

――英国の7倍

首相の仕事で大きなウエートを占めているのが国会への出席だ。日本経済新聞の「首相官邸」をもとに調べると、２０２０年に首相が国会審議に出た日数は71。5日に1回の計算になる。

安倍晋三氏は首相を務めた20年1～6月の通常国会の期間中、55日間審議に参加した。予算案の答弁、政府提出法案の説明のほか、本会議で衆院議員として自ら採決に加わることもある。7～8月は国会閉会中で出席はなかった。9月に自民党総裁が菅義偉氏に交代すると、首相を指名する臨時国会が開かれた。10～12月は補正予算案の審議などで14日間国会に出た。

特に出席が多いのは3月だ。予算案の審議がヤマ場を迎え、予算委員会が連日開かれる。首相の出席は20年で12日間、21年は14日間あった。平日でみれば半分以上を国会対応に追われた。

予算委は首相を含む全閣僚が出席する質疑、関係閣僚との質疑、首相と関係閣僚に

首相が国会審議に出席した日数

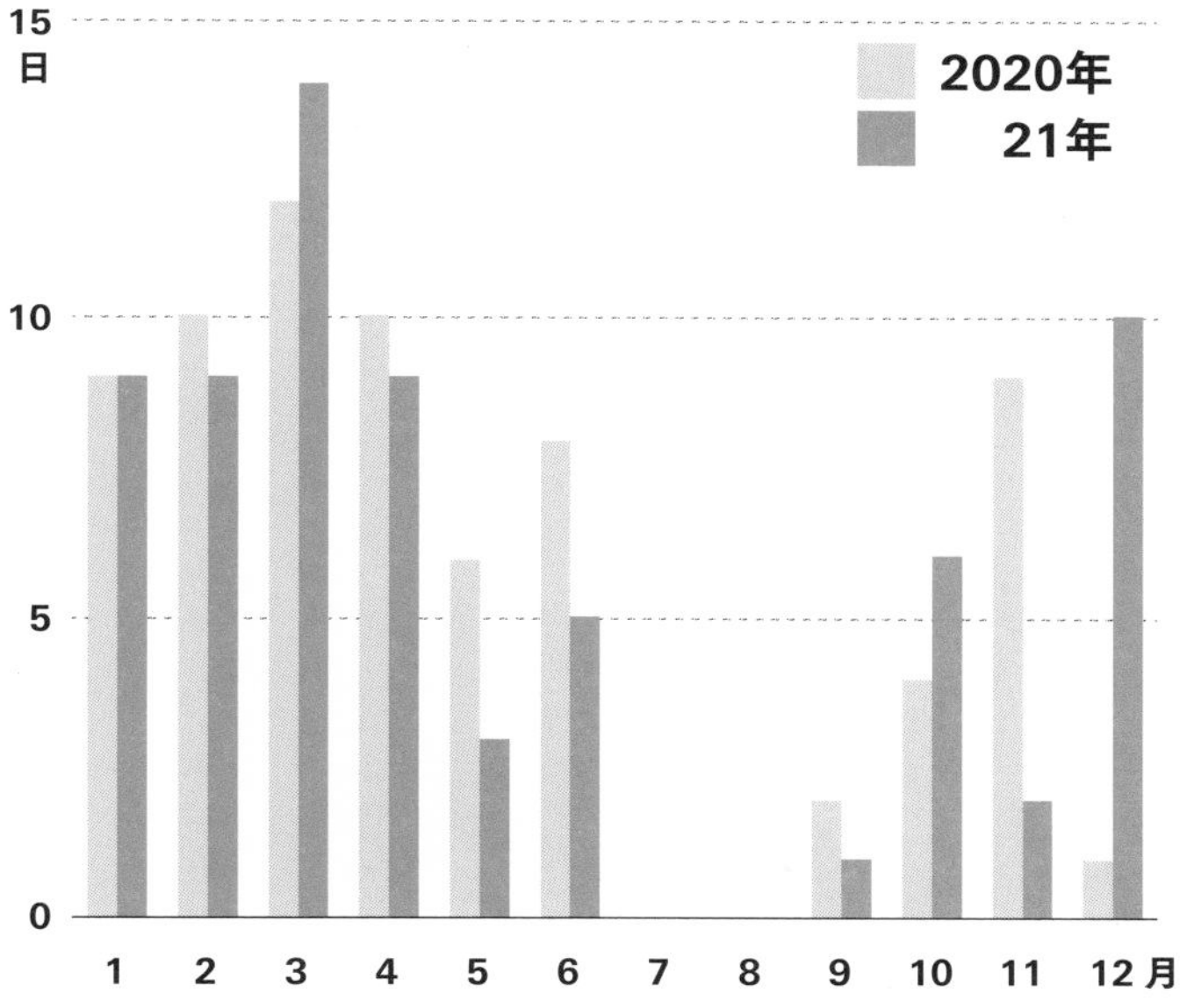

対する集中審議などがある。政府側に閣僚らも座っているものの、首相が出席すれば質疑は集中する。

21年の通常国会の予算委を国会会議録検索システムで調べると、首相の答弁回数は1309回に達した。1日7時間以上かけて与野党の質問を受ける「基本的質疑」では1日で100回近く答える日もある。

閣僚の答弁数はどうか。新型コロナウイルス対応が主要テーマだった21年の通常国会は厚生労働相が首相の次に多かった。それでも回数は851回で首相の65%にすぎない。総務相が445回、経済産業相が305回で続いた。

21年の通常国会の予算委では首相を含む閣僚の全答弁数の4分の1が首相だった。

諸外国の首相は国会出席が日本より少ない。衆院調査局によると、日本と同じ議院内閣制の英国で15～16年会期の首相の出席時間は50時間程度。日本は16年に370時間程度と7倍以上だ。産官学の政策提言組織「日本アカデメイア」の12年の調査では首相の議会での発言日数は英国が36日、フランスが12日、ドイツは11日だった。日本の国会出席日数は127日と群を抜く。

首相が出席する審議はテレビやインターネットで中継され、政策を国民に説明する重要な場になる。一方で拘束時間が長過ぎて新型コロナなどの危機管理や外交活動を十分にできない一因との批判がある。

首相と閣僚の衆参予算委での答弁回数
（2021年の通常国会）

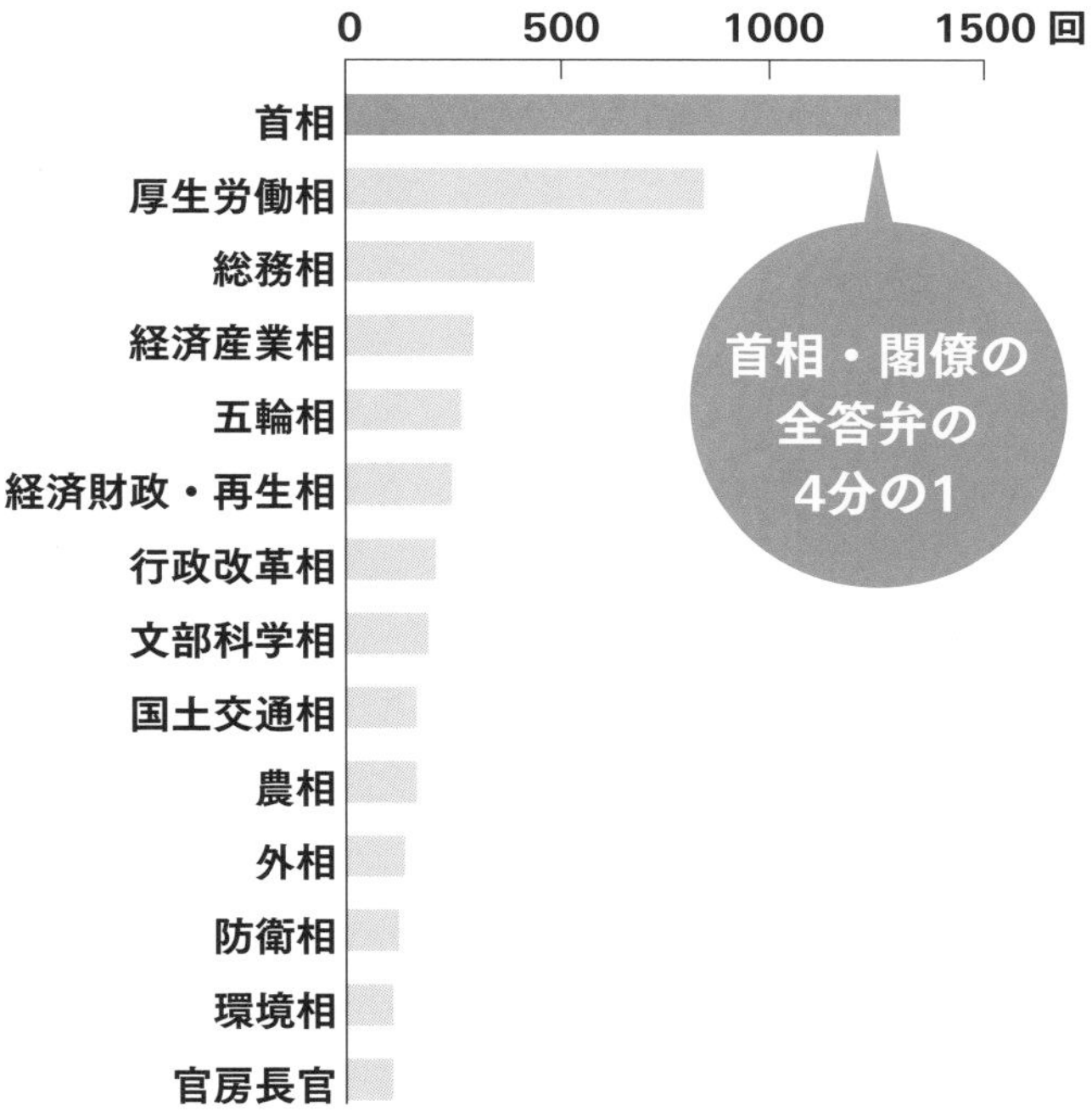

注／国会会議録検索システムを使い調べた。五輪相は橋本聖子、丸川珠代両氏の合計。
法相、財務相、一億総活躍相、デジタル改革相、国家公安委員長、万博相、復興相は100回以下

政府の法案、9割成立

――議員立法は3割どまり

政府や議員がつくった法案を審議するのは国会の最大の仕事の一つだ。提出法案のうちどの程度が成立して施行されているのだろうか。1947年に現行憲法が施行されて以降、2021年6月に閉幕した通常国会までの204国会について調べた。

政府提出法案（閣法）の数は計1万1187本。このうち89％にあたる9063本が成立した。国会議員が出したいわゆる議員立法による法案は6125本で成立は1741本（28％）だった。

閣法は所管省庁が政策執行で制度変更の必要性に応じてつくる場合が多い。担当官僚が国会答弁に対処するため設計や条文作成に時間をかけ与党にも根回しする。

21年の通常国会は新規の閣法が63本で成立したのは61本だ。成立率は97％に上る。デジタル庁を創設するためのデジタル庁設置法などが該当する。このほか前の国会から継続審議になっていた閣法1本が成立した。

法案を通すには衆院と参院の双方で出席議員の過半数の賛成が要る。与党が両院で

政府提出法案の成立率
（各年の通常国会。継続審議の法案は除く）

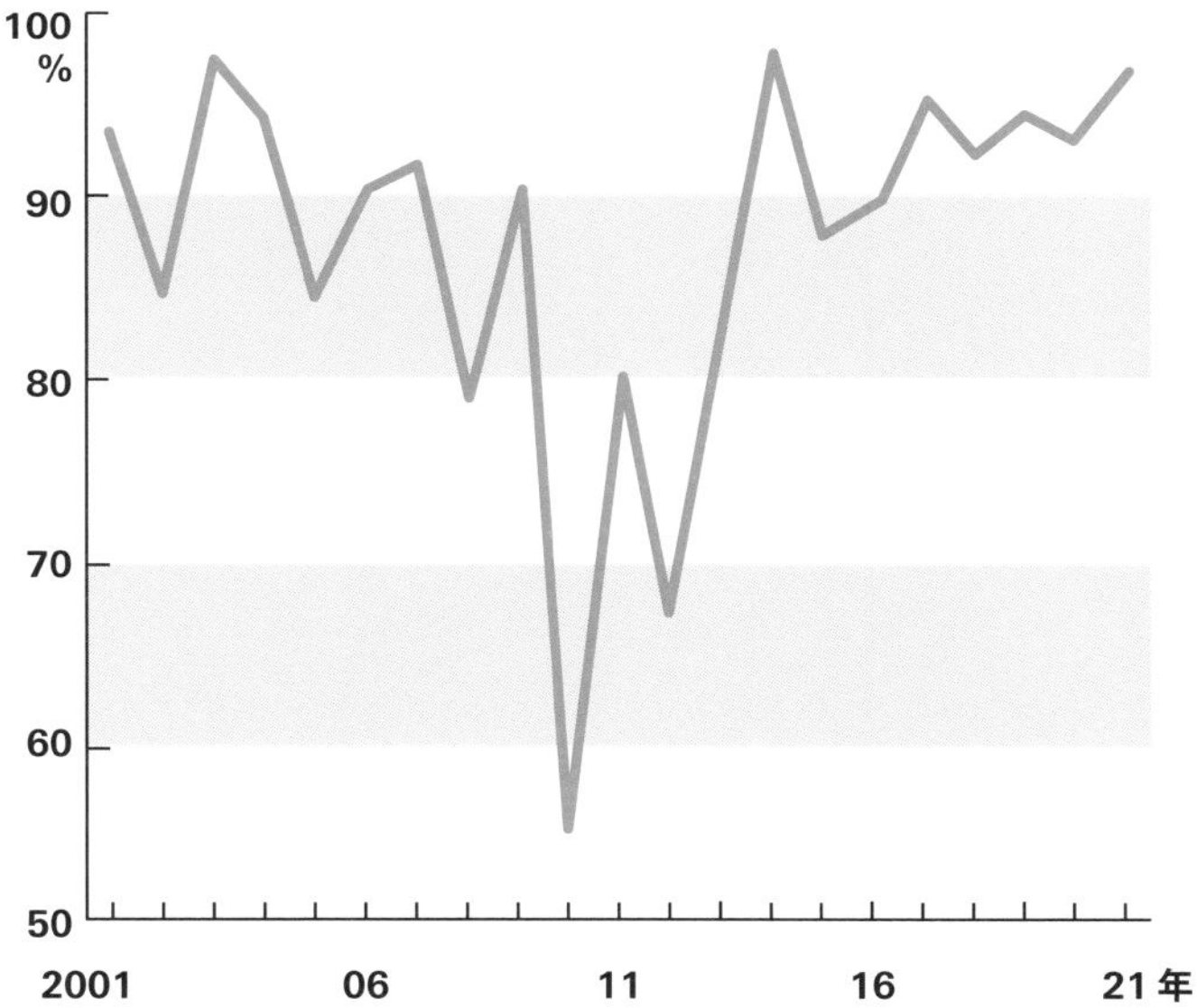

多数を握っていれば与党主導で成立率は高くなる。与党が参院で過半数をもたない「ねじれ国会」では低くなりがちだ。

参院で否決されても衆院で3分の2以上の多数で再可決すれば成立する衆院優越の規定はある。それでも成立に時間を要する。野党・民主党が参院第1党だった福田康夫政権時代、08年の通常国会は政府提出の新規法案の成立率が79％にとどまった。

成立した閣法があった通常国会で成立率の最低は10年の55％だ。民主党政権が臨んだ初の通常国会で米軍の普天間基地移設や政治とカネの問題の追及を受けて混乱し、当時の鳩山由紀夫首相が辞任した。

議員立法は閣法よりも成立率が低い。問題意識を共有する議員が発信目的で出したり少数の野党が対案で提出したりするものも多いからだ。

12年末の第2次安倍政権の発足以降、通常国会で新規の議員立法の成立率が4割に達したことはない。

海外も同じ傾向にある。国立国会図書館が19年にまとめた資料によると、英国で07～17年に年平均の成立率は政府提出が89・7％、議員提出が5・3％だった。フランスは08～18年の期間で政府提出が40・7％、議員提出が2・2％だった。

現行憲法下の法案提出・成立数

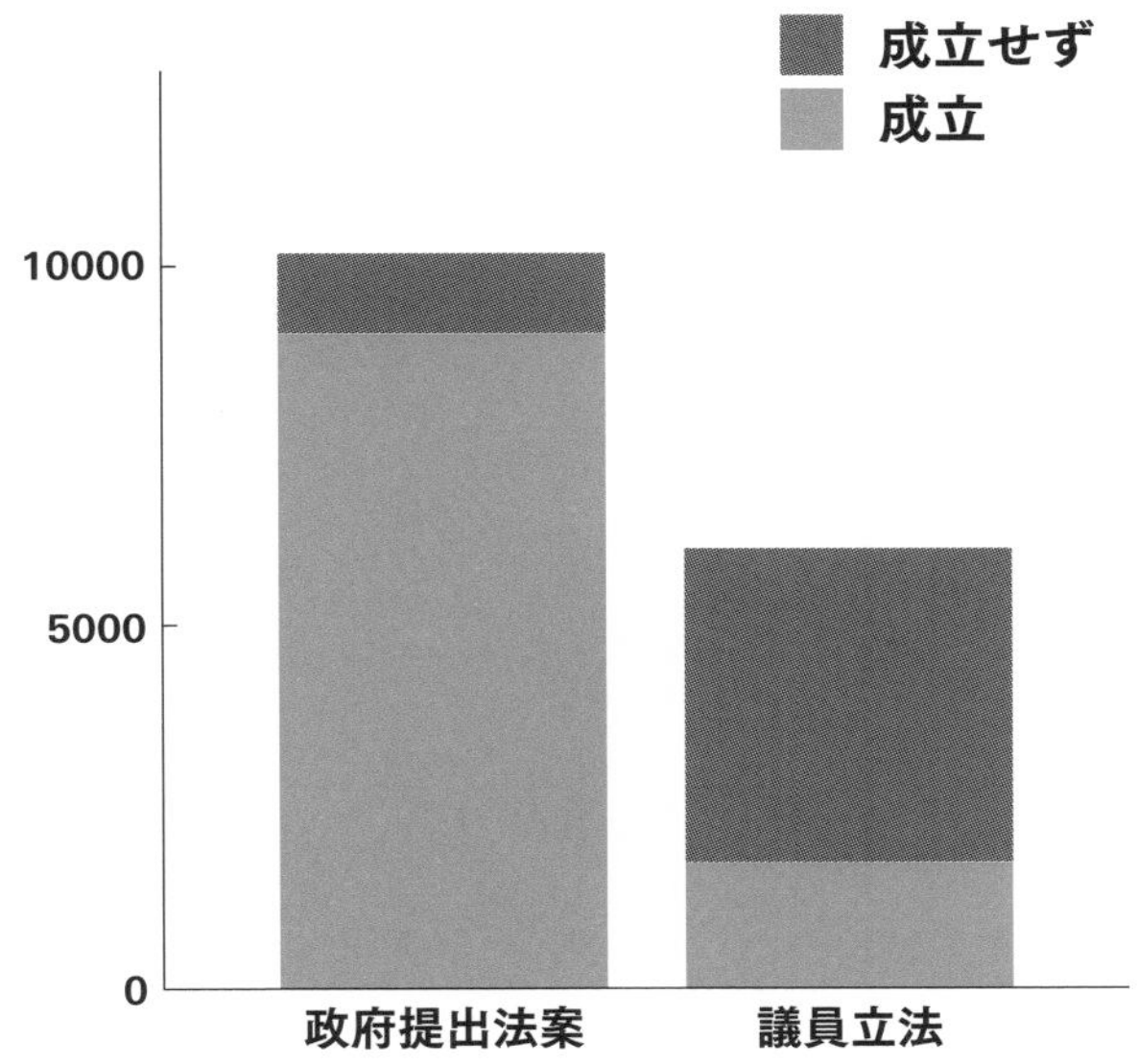

注／2021年の通常国会まで

世界の議会、一院制が6割
――先進国は二院制が主流

日本の国会は衆院と参院の二院制だ。二院制には法案などを丁寧に審議し、政権を多様な目でチェックできる利点がある。一方で迅速な政策対応の足かせになっているとの主張も消えない。

列国議会同盟（ＩＰＵ）によると、世界の議会は一院制の方が多い。データがある192カ国のうち一院制は111カ国と6割を占める。

アジアの議会に多い。韓国やインドネシアのほか、中東のサウジアラビア、トルコ、イランもひとつの院しか持たない。中国の全国人民代表大会（全人代）も一院制議会に位置づけられている。

一院制の国では院の議決がそのまま議会の意思になる。2つの院で多数派が異なり、議決が食い違うような事態にならないため、意思決定が早いといわれる。

日本の国会は予算案などで衆参の議決が異なった場合、衆院の議決を優先する「衆院の優越」の規定が憲法にある。

世界各国の一院制と二院制の割合

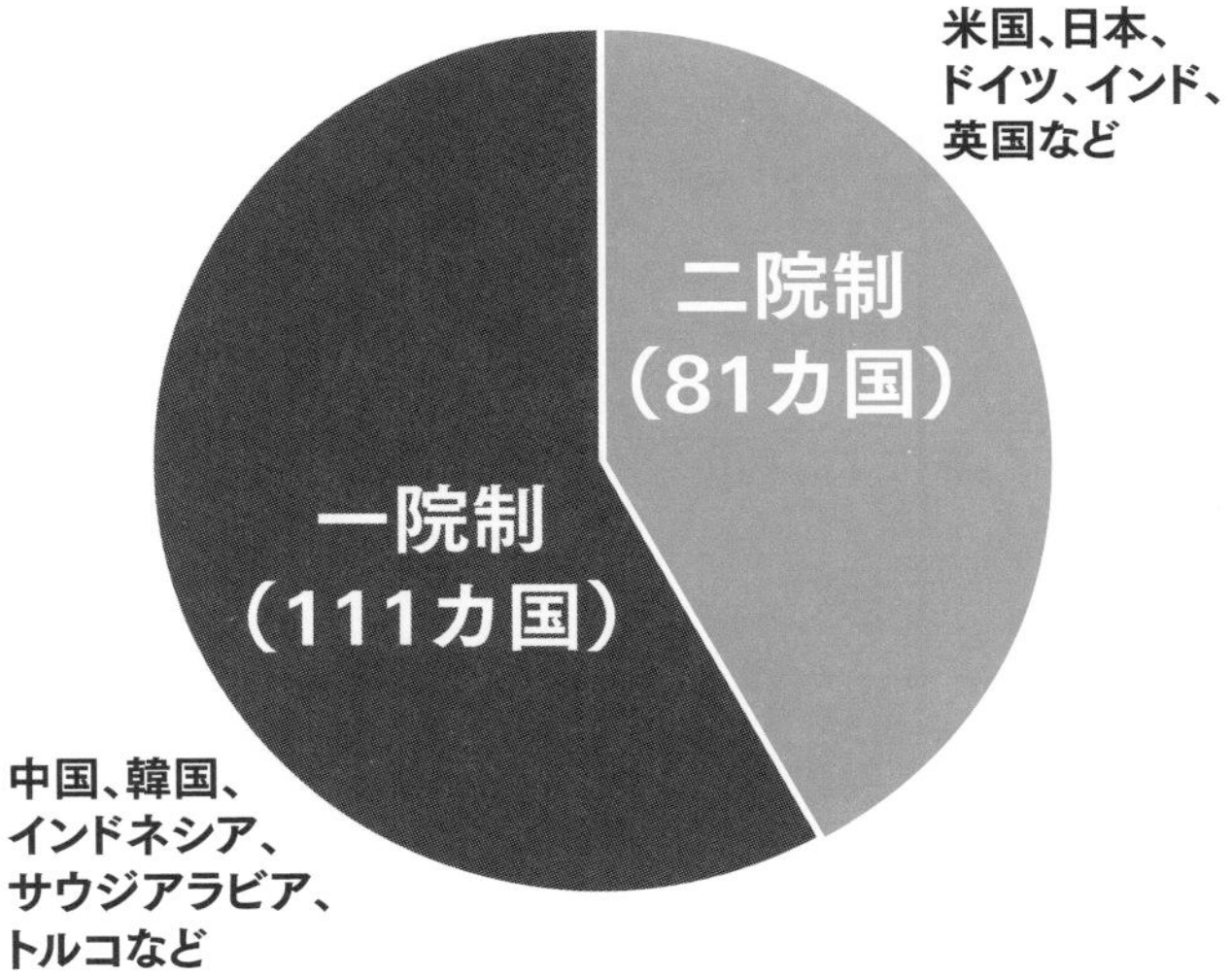

衆院が送った法案を参院が60日以内に議決しない際に否決したとみなす「60日ルール」もある。こうした規定は一院制では必要ない。

一方で、国を経済規模に分けて院の構成の割合を調べると、規模の大きい国ほど二院制が多いことがわかる。

名目国内総生産（GDP）が1兆ドル以上の16カ国でみると、8割にあたる13カ国の議会が二院制をとる。GDPの小さい集団ほど一院制が増え、100億ドル未満の国では二院制は3割、一院制が7割となる。

二院制はもともと多様な階層の意見をくみ取るという目的があった。貴族階級による上院と「庶民」が投票で選ぶ下院をつくり、両院の意見を政治に反映するという考え方だ。日本も戦前は国民による選挙のない「貴族院」と選挙を実施する「衆議院」の二院制だった。

民主主義の歴史が長い欧米諸国に二院制が多いのは、当時の伝統が残るためだ。日本は途中から両院とも選挙制になったが、英国は上院が貴族院のままだ。上院を地域代表、下院を国民全体の代表と位置づける国もある。

中世から続く民主主義発展の歴史を持たず、第2次世界大戦後に建国したような新興国は一院制の国が目立つ。トップや政府の権限を高めて政治の意思決定を早めたり、急速な経済成長を実現したりする狙いがあるとの分析も見られる。

経済規模の大きい国は二院制が多い

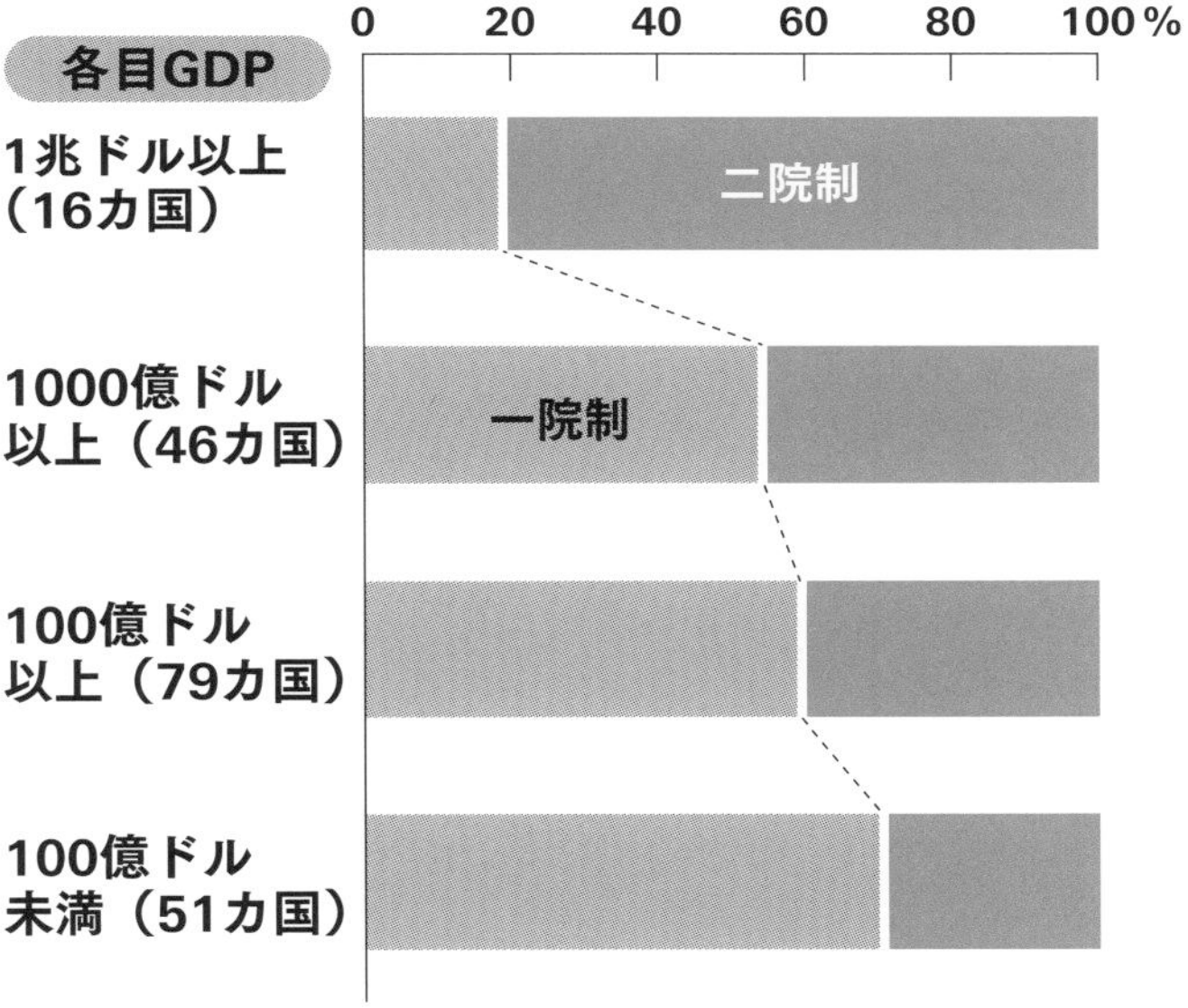

注／国連と列国議会同盟のデータを基に作成

コロナ下の議員立法、与野党協調型4割

――震災時は6割

国会議員が作成する議員立法には、議員個人が国会に提出する場合と、各委員会の委員長が提出する場合がある。党派を超えて幅広い合意が得られた法案は委員長提案の形を取り、審議時間を短縮して成立させる。

２０２０年の通常国会と臨時国会、21年の通常国会で衆院に提出された議員立法は81本あった。このうち3割にあたる27本が委員長提案だ。委員長提案は全会一致が原則で、27本はすべて成立した。

21年の通常国会に衆院内閣委員長が提出した宇宙資源法は宇宙空間で取得した資源に所有権を認めることを定めた法律だ。宇宙の探査活動やビジネスの拡大を見越し、素地となるルールを先手を打って整備した。

与野党が一致して実現させる議員立法は、行政側が見落としている政策課題や対策が不十分な社会問題について解決を促す内容が多い。

すべての会派の賛同が得られなくても、与野党双方の議員が提出者に名を連ねる法

与野党協調型の議員立法が減った
（衆院の議員提出法案）

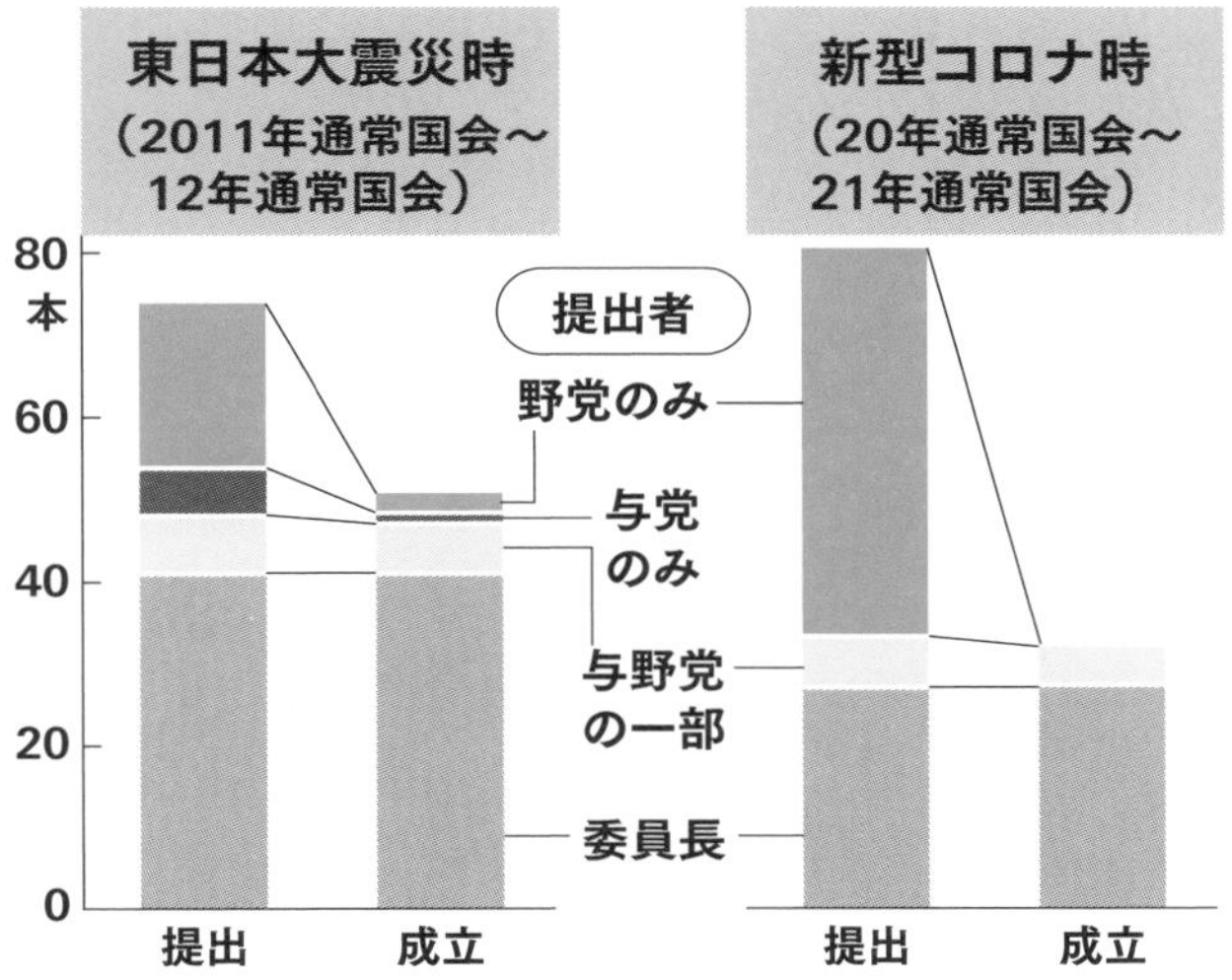

注／与党は震災時が民主党と国民新党、新型コロナ時が自民党と公明党。
ほかの党は野党で数えた

案は成立しやすい。同期間に6本あり5本が成立した。委員長提案とあわせた「与野党協調型」の提出法案の割合は4割だった。残りは野党だけで提出した法案だ。48本と6割を占めるが、1本も成立していない。

新型コロナウイルスの影響で離職した人を生活支援する法案や、医療従事者に慰労金を支払う法案などがある。

新型コロナ禍にあった20~21年の国会を11年の東日本大震災後と比べると、様相は異なる。同じ期間で比較するため11年の通常国会と臨時国会、12年の通常国会の会期内に衆院に提出された議員立法計74本を調べた。

委員長提案は41本と20~21年を大きく上回る。与野党共同提出も7本中6本が成立した。成立しにくい野党単独の提出は20本と全体の半数を切った。

東日本大震災復興基本法や津波対策推進法、震災に伴う民法上の問題を解決するための法律などを議員立法で整備した。成立はこの間の提出法案全体の7割に迫った。01年以降の成立率の推移をみると11~12年は突出して高い。

当時の民主党政権は参院で与党が過半数に達していなかった。国会で法案を通すのに野党の自民党などの協力が重要だったという事情もある。

議員立法の成立率

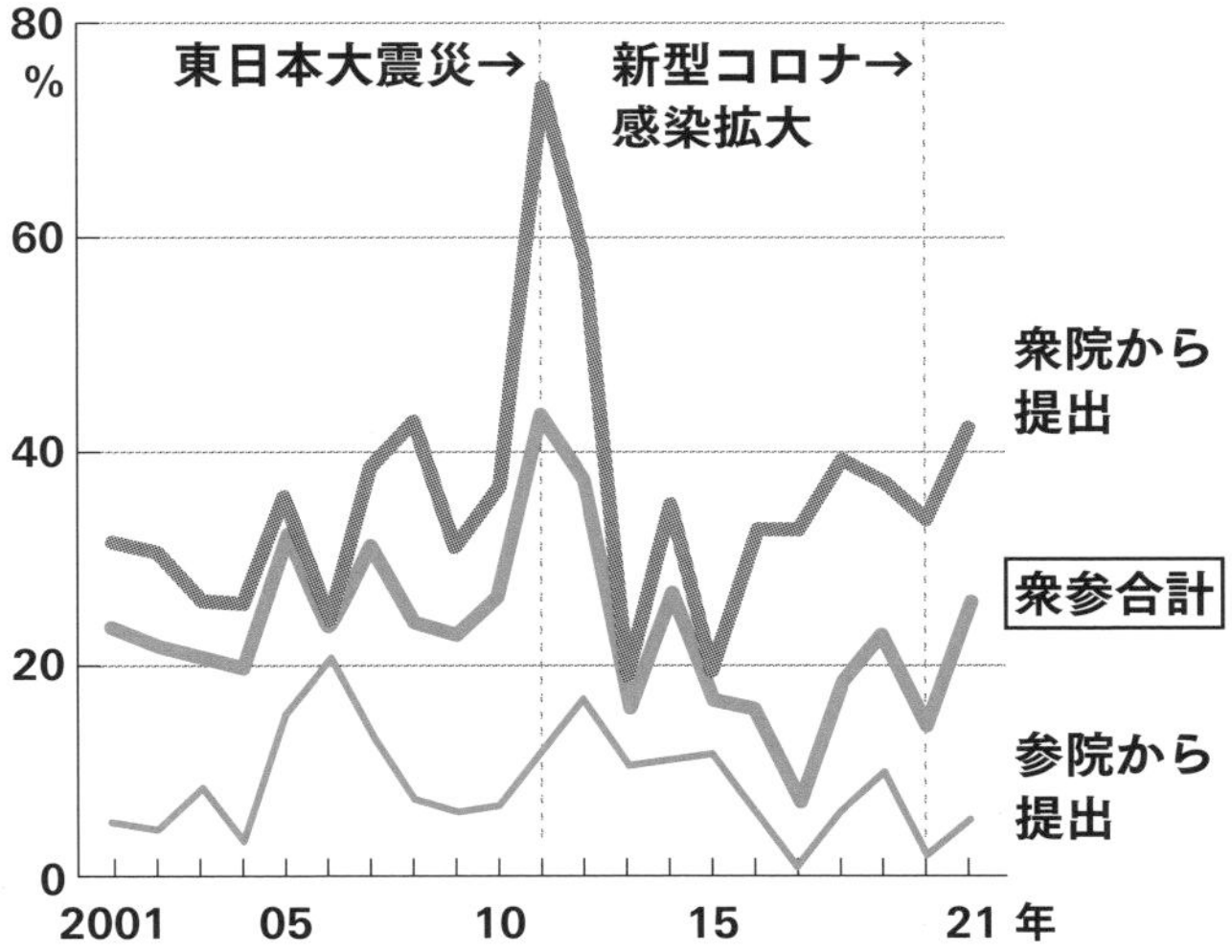

注／継続審議は除き、提出された国会で成立した法律のみ数えた。
21年は通常国会のみ

通常国会、会期延長が4割
——最長は95日で安保法成立

通常国会が1月召集になった1992年から30年をみると、150日の国会会期を延長したのは4割の12回に上る。衆院の議決が必要なため、政権側に延長してでも成立させたい法律がある場合など過半数を握る与党の事情で決まることが多い。

2021年の通常国会は野党が新型コロナウイルス対策を理由に延長を求めた。与党は応じず会期通り6月16日に閉じた。野党の追及材料に事欠かない状況では延長せずに閉めたがる傾向にある。

会期延長は国会法で通常国会が1回、臨時国会や衆院解散・総選挙後の特別国会は2回までと定める。

1回しか延ばせない通常国会では延長幅を長めにとるケースが目立つ。延長した12回のうち「30日以上60日未満」が6回と最も多く「60日以上」も3回。残る3回が「30日未満」だった。

通常国会の延長幅は2015年の95日間が現行憲法下で最長だ。当時の安倍晋三首

会期延長なしが6割（過去30年の通常国会）

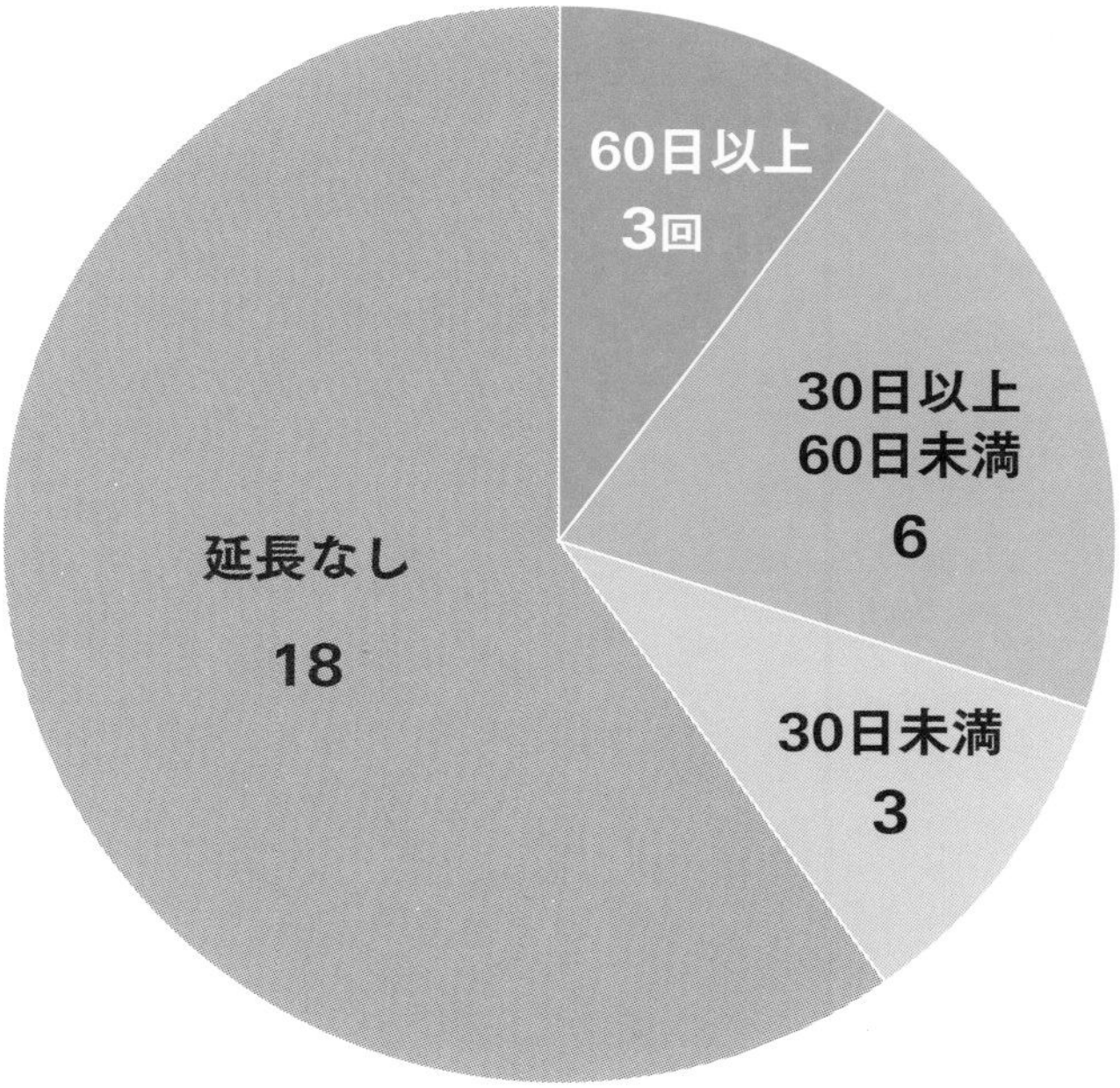

注／衆院HPを基に作成

相が悲願とした集団的自衛権の行使を認める安全保障関連法の成立を優先した。

通常国会として異例の9月下旬まで続いた。当初8月上旬までを検討していた安倍氏は安保法の確実な成立を期する与党に配慮した。

延長国会の最終盤になって野党が次の臨時国会での再審議を求めた。与党は応じず、採決に踏み切った。政府はこの年、臨時国会を召集しなかった。

直近で通常国会を延長したのは18年。当時の安倍政権が最重要法案と位置づけた働き方改革法やカジノを含む統合型リゾート（ＩＲ）関連法は反対論も強かった。政府・与党は国会を32日延長して「熟議」を強調し成立させた。

国会には審議途中の法案は会期末に原則廃案とし、次の会期に引き継がない「会期不継続の原則」がある。与党の延長判断には次の国会で審議をやり直すリスクを避けたいとの思惑もある。

3年に1度の参院選の年は通常国会を会期通りに終える例が大半だ。平成以降はいずれも7月に投開票日を迎えており、延長すれば選挙準備に影響する。

１９９２年から30年で参院選があった10年のうち会期延長があったのは98年と２００７年のみだ。いずれも与党の自民党が大敗した。

国会が1年を通して開いている「通年国会」を求める意見がある。会期制や会期不継続原則の影響で、与野党が日程を巡る闘争に終始しているとの批判が消えない。

近年の国会会期

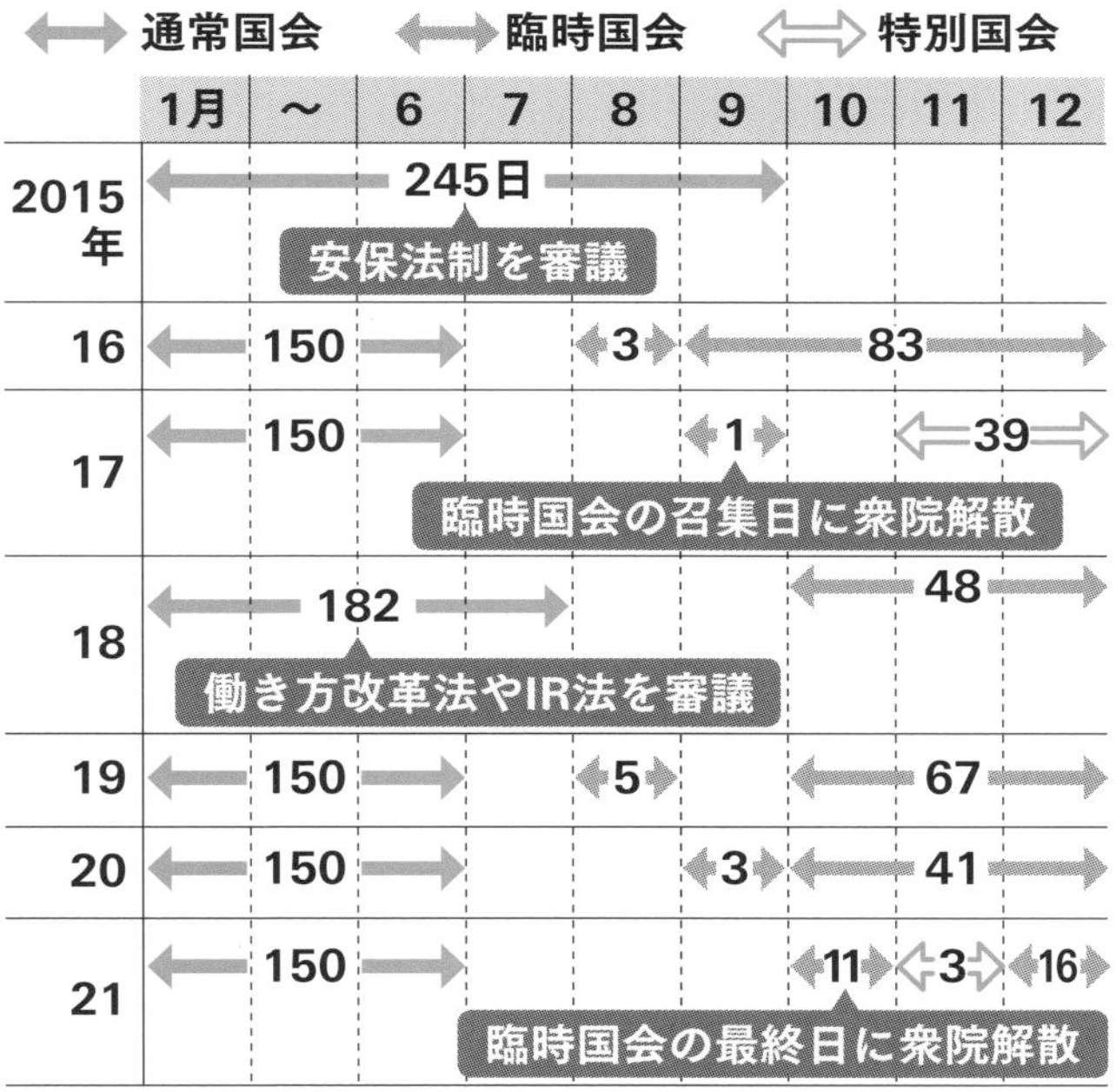

注／衆院HPを基に作成

衆院議長、大島氏が在任最長
――海外は女性が2割

衆参両院の議長は国会の議事を整理し秩序を保つ権威で、首相や最高裁長官と並んで「三権の長」と呼ばれる。

衆院議長は2021年11月に細田博之氏が就いた。帝国議会の時代を含めて78代目だ。同氏は自民党幹事長や官房長官を歴任した。21年10月14日の衆院解散まで議長だったのは大島理森氏だ。15年に就任し在任期間は2336日と歴代1位を記録した。

議長は第1会派から選ぶのが慣例だ。衆院は衆院選で院の構成が変わるたびに選出するが、多選を制限する規定はない。

大島氏は自民党国会対策委員長や衆院議院運営委員長など国会運営の要職での経験が豊富で「議長は適任」と評されてきた。21年10月の衆院選に出馬せず政界を引退した。

現憲法下の衆院議長で大島氏に続くのは河野洋平氏の2029日となる。自民党が野党時代の1993年に党総裁に就いたが、同党が与党に戻っても首相になることは

大島、河野両氏が在任2000日を超えた

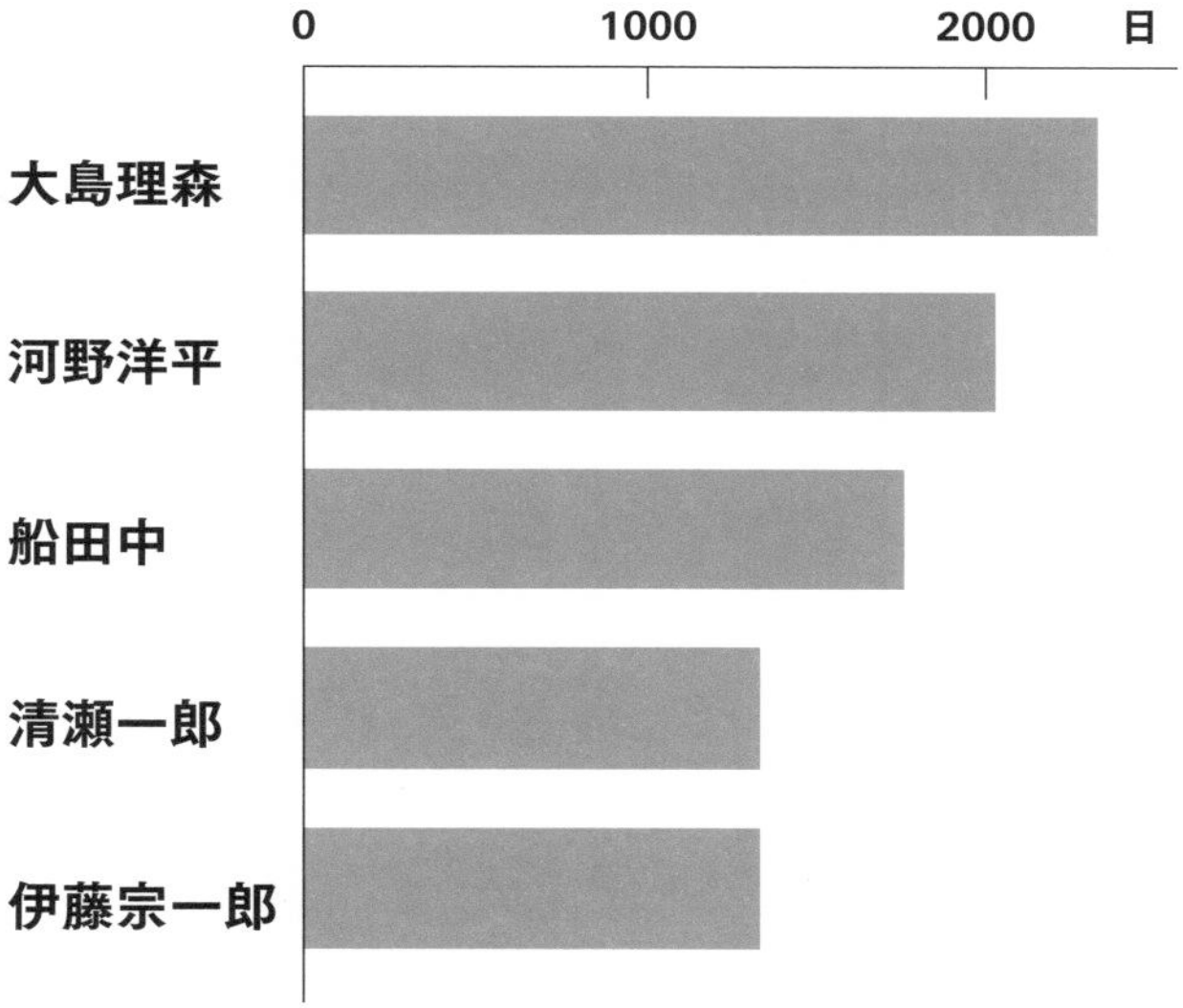

注／敬称略。現行憲法下の衆院議長の在任期間ランキング

なかった。大島氏と同様、議長で議員人生を締めくくった。

衆院議長を務めた後、首相になった人はいない。議長は「上がりポスト」と言われることもある。幣原喜重郎氏は首相退任後に衆院議長になった。

非自民連立政権が誕生した1993年には土井たか子氏が女性で初めて就任した。土井氏の後任の伊藤宗一郎氏から細田氏までの8人のうち、民主党が第1会派となった2009年に就いた横路孝弘氏を除くと全員が閣僚経験者だ。大島氏のほか、河野、伊吹文明、町村信孝、細田各氏は自民党の派閥の領袖でもあった。

参院議長は山東昭子氏が32代目だ。04年に就任した扇千景氏以来、参院選の直後に3年おきに交代するのが慣例となっている。10年に議長になった西岡武夫氏は在任中に死去し、途中で平田健二氏に交代した。

かつては実権を握って長く務めた「大物議長」が存在した。1962年に就任した重宗雄三氏は衆院の大島氏をはるかに超す3242日と歴代最長記録をもつ。参院の自民党を主導し参院は「重宗王国」と呼ばれた。

参院で議長に就いた女性は山東、扇両氏となる。列国議会同盟（IPU）によると、2019年1月1日時点で世界各国の国会で議長を務める279人のうち、女性の数は55人だった。女性の比率は19・7％で、最近は上昇傾向にある。

世界で女性議長の割合が増えている

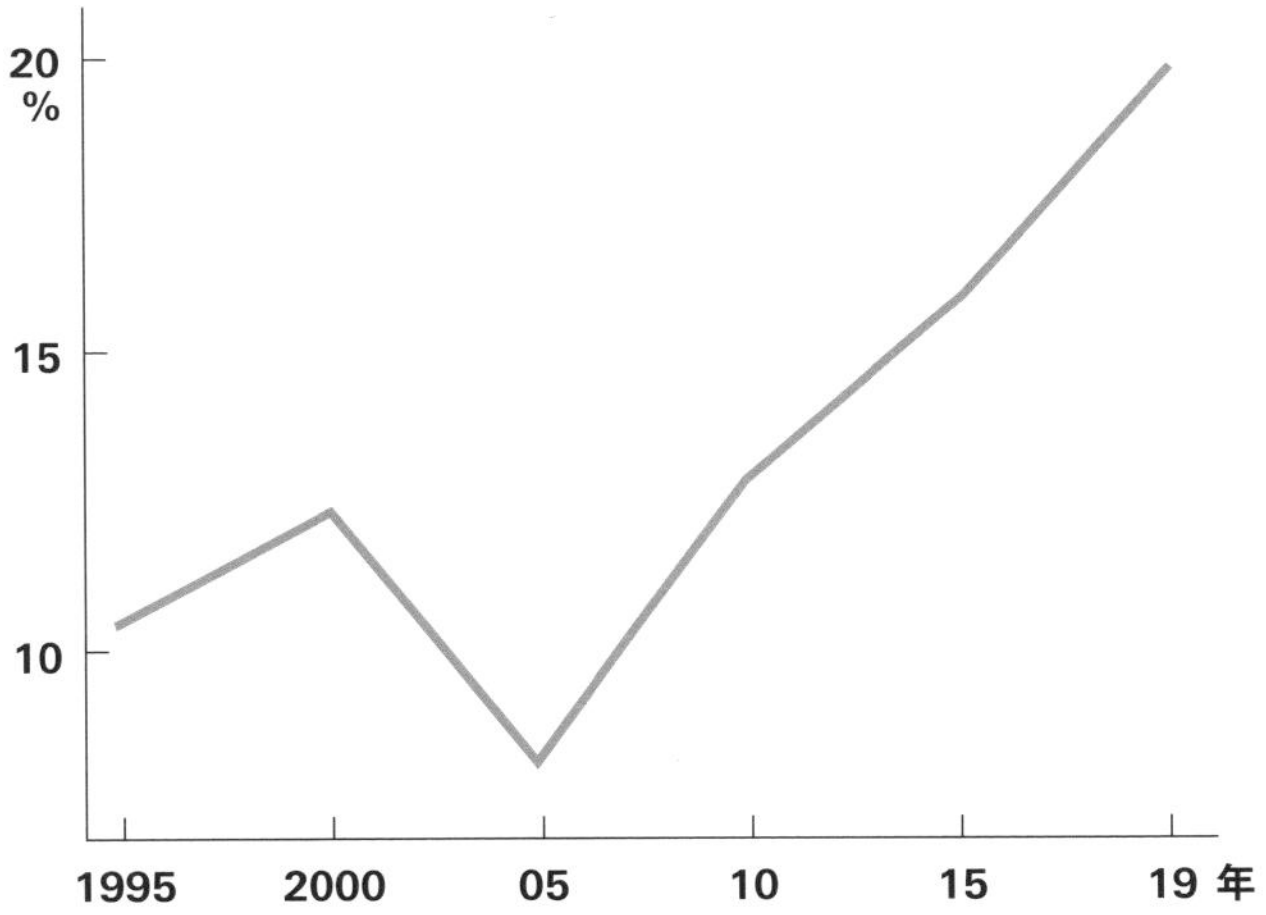

出所／列国議会同盟の資料

自民党員数、20年に113万人
――ピーク時の2割

政党政治には組織と資金が不可欠といわれる。政党が有権者の声を聞き、選挙に勝つために党員の組織が基盤になる。資金の多寡は活動の規模や質を左右する。「全国の党員、国会議員の皆さん、ぜひ一緒に走っていただきたい」。2021年9月29日、自民党総裁選に勝った岸田文雄氏は呼びかけた。衆院選へ党組織の総動員を掲げた。

総裁選は国会議員票と党員・党友票の合計で争った。党費を2年払った党員ら党員投票ができる人は110万4336人で投票率は69％だった。

岸田氏は最初の投票で河野太郎氏を1票上回り、両氏の決選投票になった。岸田氏が勝利し、その後に首相になった。

自民党が第1党の場合、総裁選は事実上の首相を選ぶ選挙になることが多い。「総裁選の投票権がある」は党員勧誘の定番文句だ。自民党員になるには条件がある。党の綱領に賛同し18歳以上で日本国籍を持つことなどだ。年4000円の党費も納める。

自民党党員数のピークは1991年

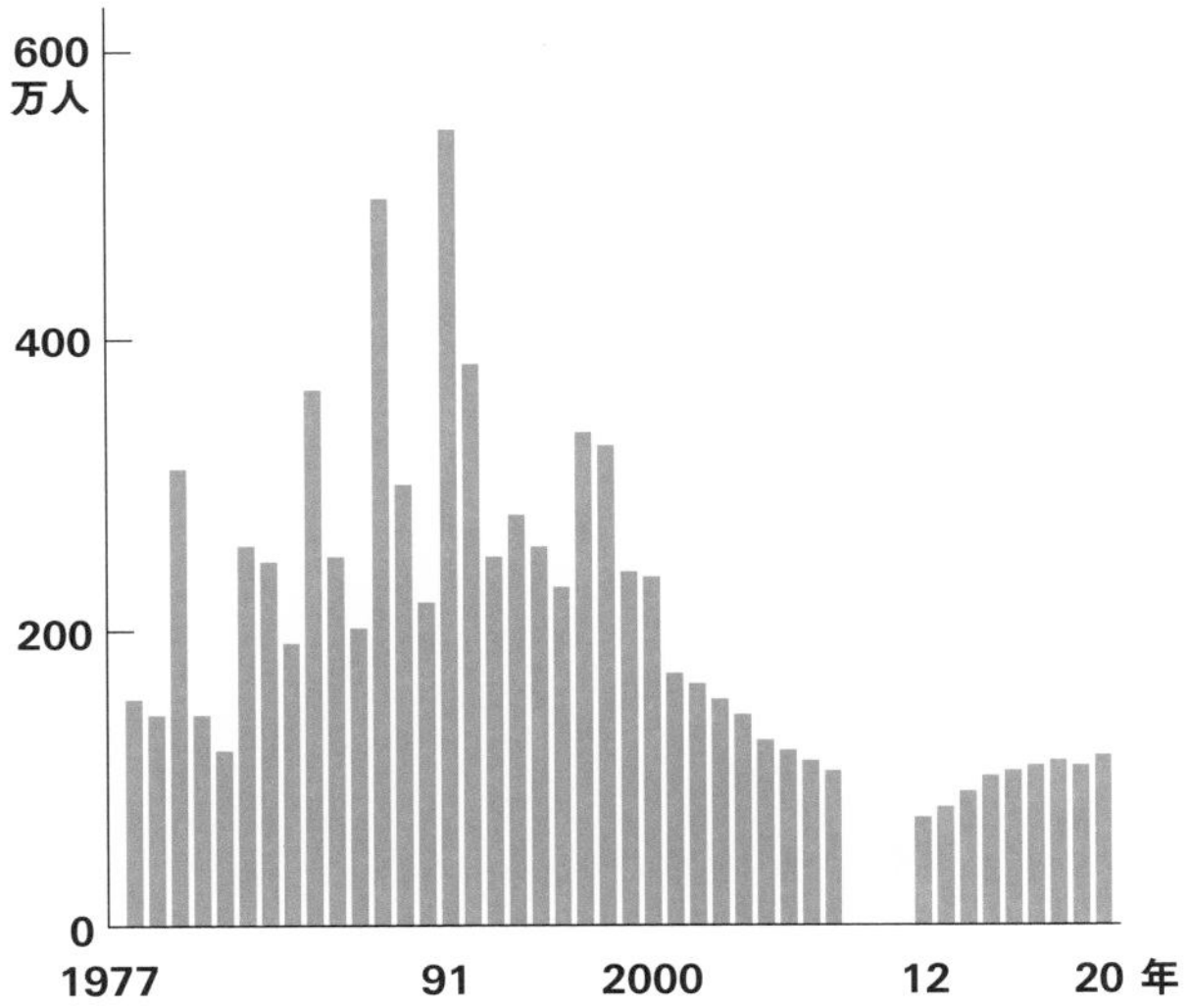

注／2009〜11年は非公表

短期的には党員数は増加傾向にある。2020年は113万6445人で前年から5%弱増えた。12年末の政権復帰後で最多だ。12年の73万人から56%も増加した。

長期的にはかなり減った。ピークの1991年（546万人）の2割程度だ。92～2000年は200万～300万人台、01年以降は100万人台だった。

党職員は「昔は業界団体が総裁選の投票権を得るために複数の党員登録をした例もあった。いまはあり得ない。数百万人の党員確保は困難」と話す。現在は当面の目標を120万人と定める。

強固な党員基盤がある党は組織政党とも呼ばれる。創価学会を支持母体とする公明党や共産党があてはまる。

内閣府の資料によると公明党の党員数は野党時代の10年に40万人だった。20年は44万人に増えている。共産党は10年に40万6千人だったが20年は27万人に減った。党内で「若年層の入党が限定的で組織が高齢化している」との指摘がある。

09～12年に政権の座にいた民主党は10年に35万人ほどの党員がいた。野党転落後の13年は22万人弱に減った。

現在、野党第1党の立憲民主党は21年に党費が4000円の党員と2000円の協力党員の合計で10万267人と公表した。10年前の民主党の3分の1以下だ。与党と対峙するには基礎体力となる組織基盤が重要になる。

自民党以外の政党の党員数

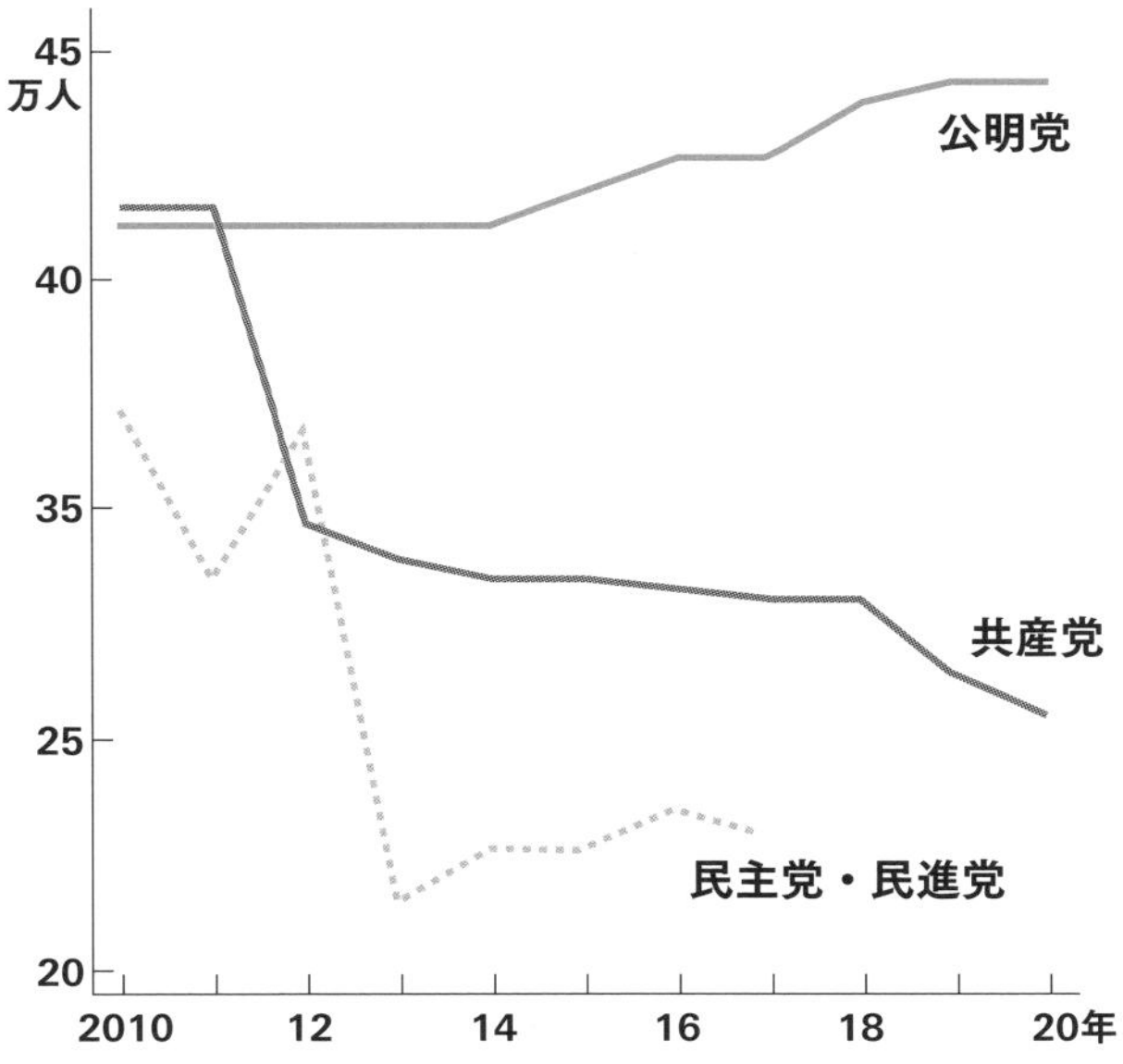

出所／内閣府

組織と資金 2

連合の組合員数は700万人
――組織率は低下傾向

政治家や政党を支える組織には労働組合もある。日本では労使対立が一大争点になる時代は終わったものの、欧州では依然として大きな政治勢力といえる。

労組は雇用の維持や賃上げなどの共通目標を実現するための団体だ。政治活動はその延長線上にある。厚生労働省によると労組の加入者は1000万人ほどいる。

雇用者全体に占める組合員数の割合「組織率」は低下している。厚労省の推計によると2020年は17%。1940年代後半は50%を超えていた。2003年に20%を割った。

分母である雇用者の数が年々増える一方、分子である組合員数は1000万人前後で推移し、組織率は下がり続ける。

米英でも同じ現象がある。労働政策研究・研修機構の資料によると米国は1995年の15%が2017年は11%に、英国も同時期に32%から23%に下がった。

リクルートワークス研究所（東京・中央）は日本の組織率の下落を「労組が雇用形

連合の定期大会で新会長に選出され、壇上から団結を呼び掛ける芳野友子氏（連合提供）

労組の組織率は低下傾向

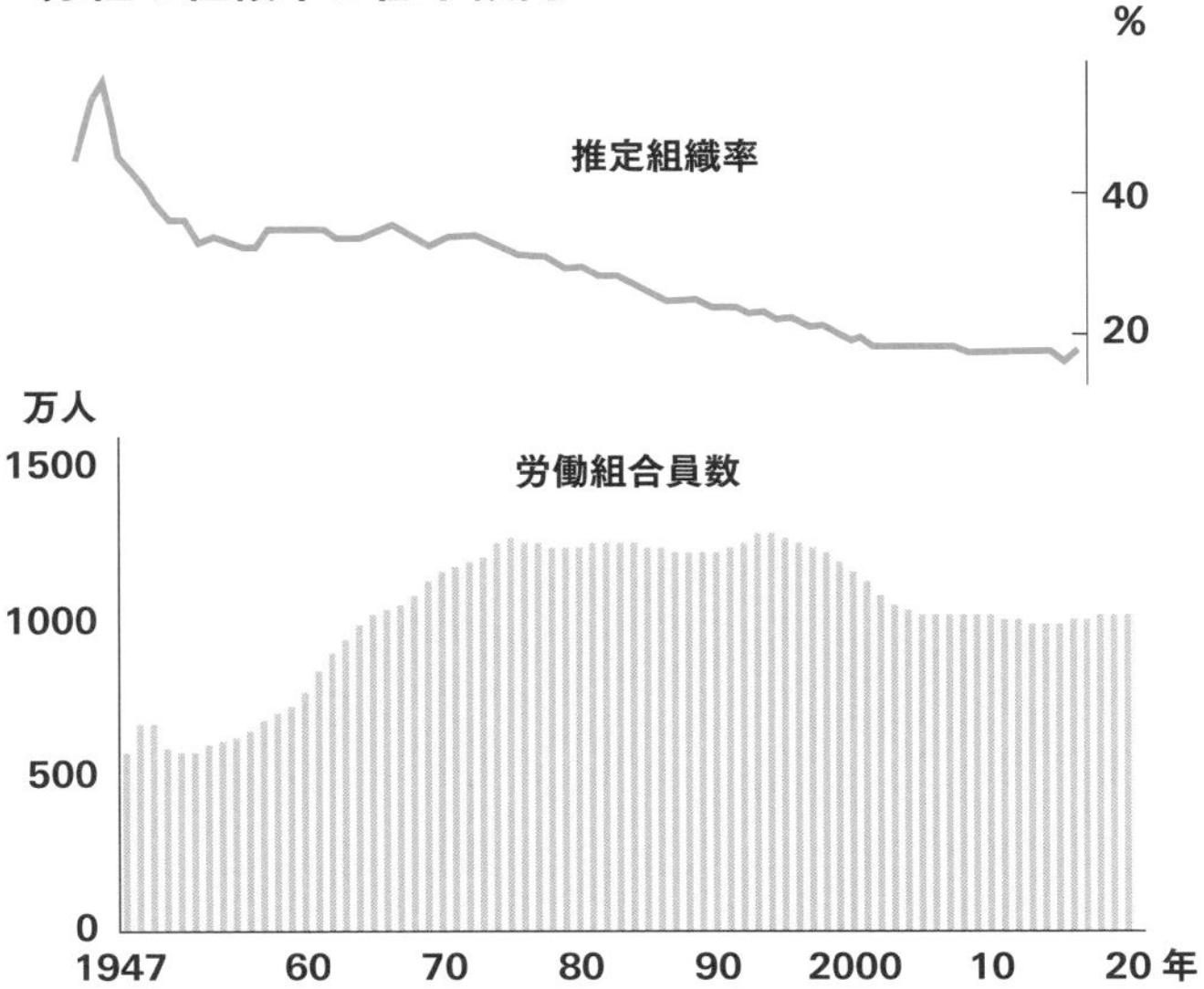

出所／厚生労働省や労働政策研究・研修機構の資料

態の多様化や流動化に追いつかなかった」と分析する。

サービス業で雇用が増えると「新たな労組はあまり結成されない」という。サービス業は非正規雇用が多く、労組に加入しなかったりできなかったりする例が多い。

労組の中央組織は「ナショナルセンター」と呼ぶ。最大の組織が連合（日本労働組合総連合会）で21年4月時点の加盟者は７０４万人。１０００万人のうち7割ほどを占める。連合はパートの加入も働きかける。

連合は立憲民主党と国民民主党を支援する。組織率の低下は両党の党勢に響く。自治労や日教組といった公務員の労組は主に立民側だ。ＵＡゼンセンや自動車総連、電力総連といった民間労組は国民の有力支持団体になる。組合員はＵＡゼンセン（１８０万人）、自動車総連（79万人）、自治労（76万人）の順に多い。

22年夏の参院選は労組を代表する「組織内候補」が両党の比例代表から出馬する。票数や当落は組織力を占う。先の衆院選ではトヨタ自動車の労組が同社関連企業が多い愛知11区で候補者の擁立をとりやめた。自動車関連の政策について労組の主張を現実にするため、与党である自民党との対決を避けたといわれた。

連合の芳野友子会長は立民に共産党との関係を薄めるよう求め、国民民主との提携の強化を唱える。政治活動は本来、政策を実現するためだ。各政党との関係の模索が続く。

組織率は米英も下がった

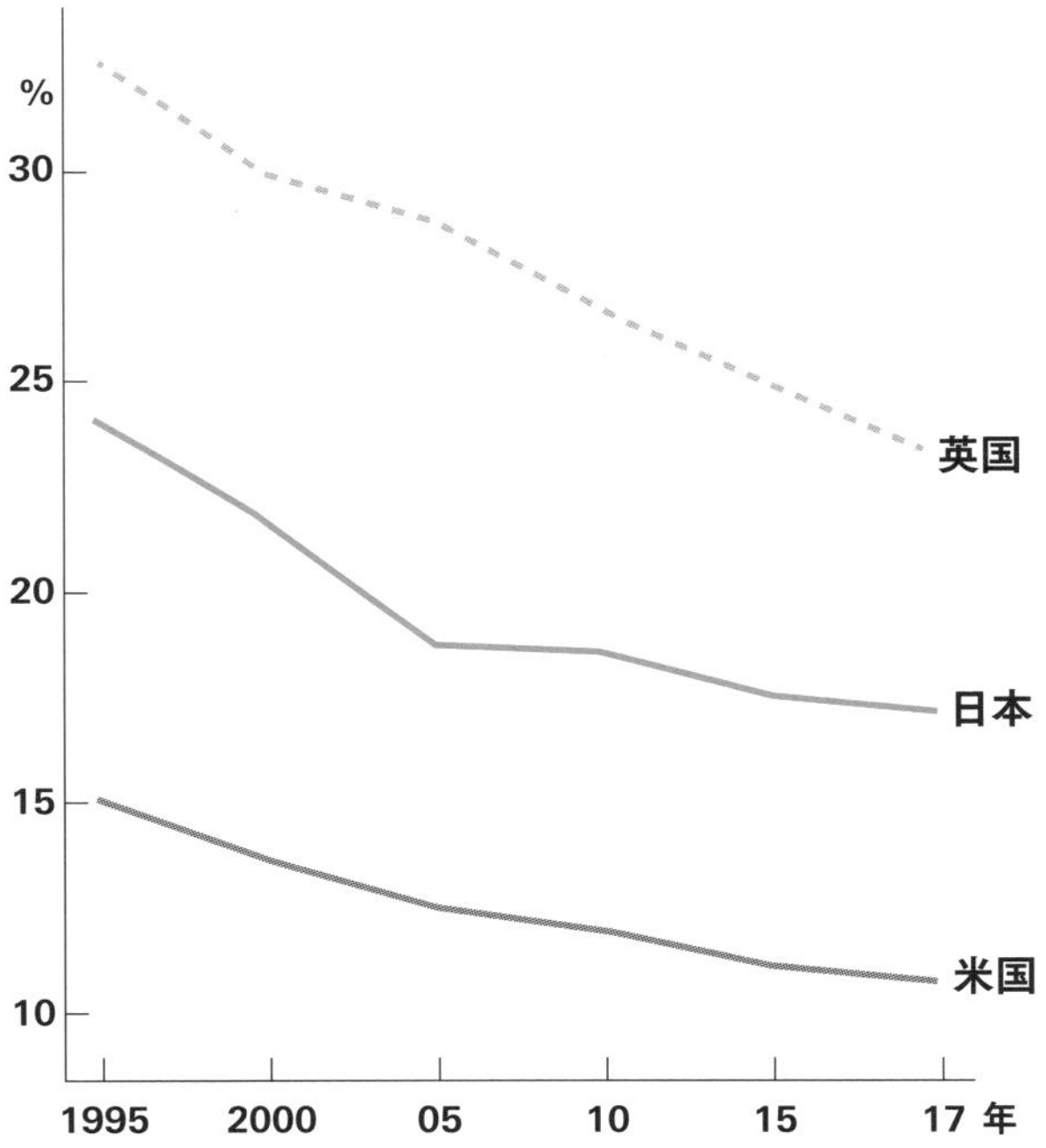

出所／労働政策研究・研修機構の資料

自民各派、90年代から資金8割減

――無派閥は2割

永田町では「数の力」という言葉がある。自民党に昔も今もあるのが複数の政治家が集まって活動する派閥だ。情報の共有や資金・活動面の支援だけでなく、ポストの獲得や総裁の選出まで連携する場合がある。

所属人数が多いほど派閥の力は強まるはずだが、1996年の衆院選から1選挙区で1人しか当選しない小選挙区制になると無派閥が増えた。

93年の衆院選後の自民党衆院議員223人のうち96%は5派閥と1グループに所属していた。無派閥は10人だけだった。当時は1選挙区で複数が当選する中選挙区制だ。複数の自民党候補が出馬して当選する選挙区も多かった。自民党同士で争うなら派閥の後ろ盾があった方が戦いやすいといわれた。

96年に衆院選は小選挙区制に変わった。党の候補は1人になる。党本部が各選挙区で1人の候補を全力で支援する選挙に変わった。党内で争う必要がなければ、派閥の役割は小さくなる。

自民党派閥の収入

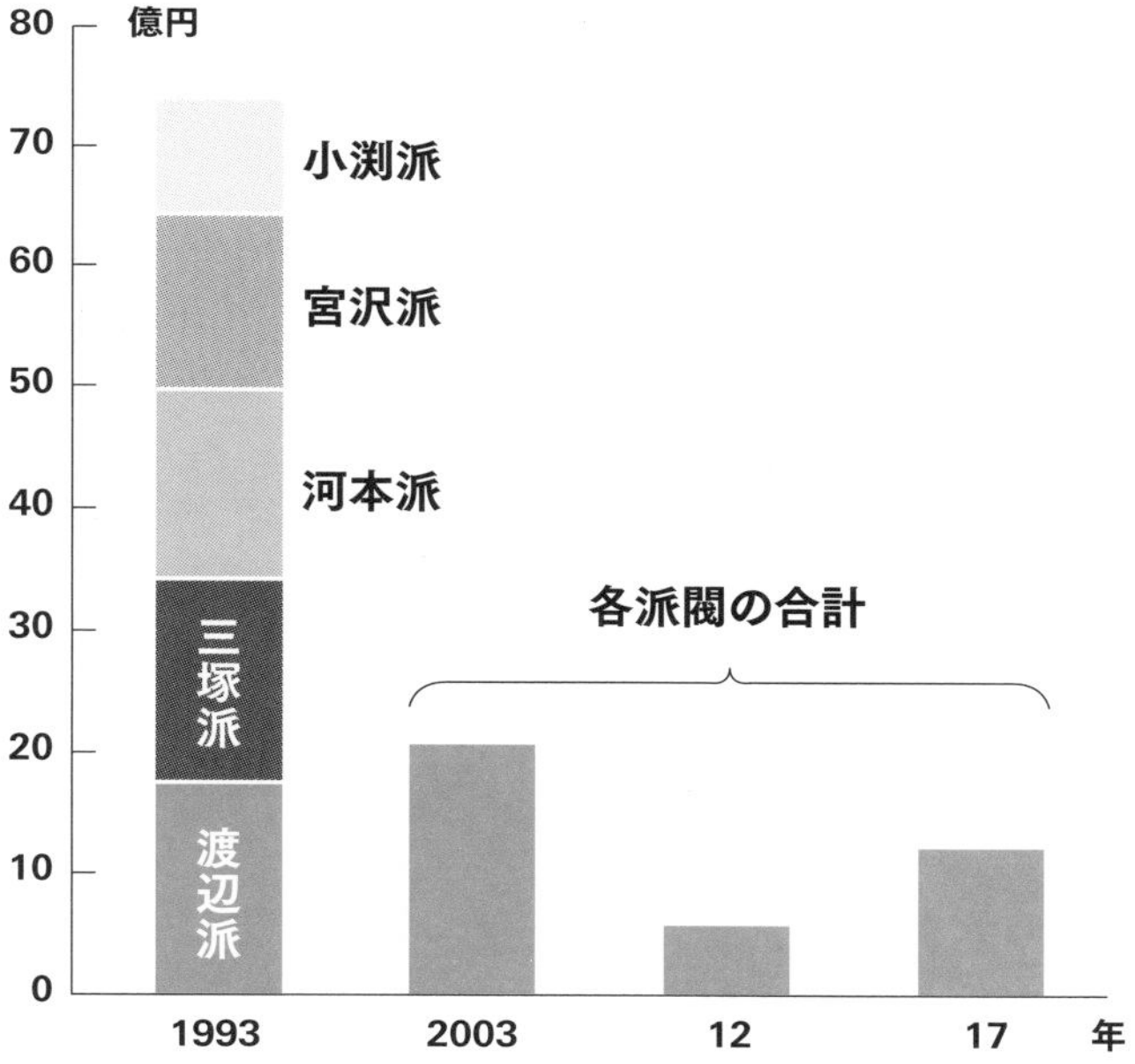

注／政治資金収支報告書を基に作成

変化は資金面でも明らかだ。衆院選があった年の派閥収入を比べると、93年に5派の合計は70億円超あった。２００3年に20億円に減った。自民党が野党として衆院選を戦った12年には5億円まで減った。17年は93年と比べると8割減の水準だ。

背景にはリクルート事件など「政治とカネ」の問題もあった。90年代の政治資金改革で政党以外への企業献金が廃止され、派閥が資金を集める手段は減った。

小選挙区制では政党が政党助成金などを使って候補者を直接支援する。議員が派閥に所属するメリットは少なくなる。

画期は05年と12年の衆院選だ。無派閥の議員が急増する。05年は郵政選挙だ。当時の小泉純一郎首相が衆院解散に打って出て大勝した。初当選した自民党議員は「小泉チルドレン」と呼ばれた。無派閥は88人に膨らみ当時は最大派閥より多かった。

野党から政権に復帰した12年衆院選でも多数の初当選議員が生まれ、無派閥は１４5人に達した。当時は党に所属する衆院議員の半数近くが無派閥だった。

派閥の加入は徐々に増えている。第２次安倍政権以降、人事などで派閥のバランスを重視する傾向も出たからだ。15年に石破茂氏が派閥を立ち上げたケースもある。

菅義偉氏は無派閥で首相になり、岸田文雄氏は派閥領袖のまま首相になった。安倍晋三元首相も21年に派閥トップに就いた。無派閥の割合は21年12月初旬時点で２割ほどだ。

自民党衆院議員の派閥所属・無派閥の割合

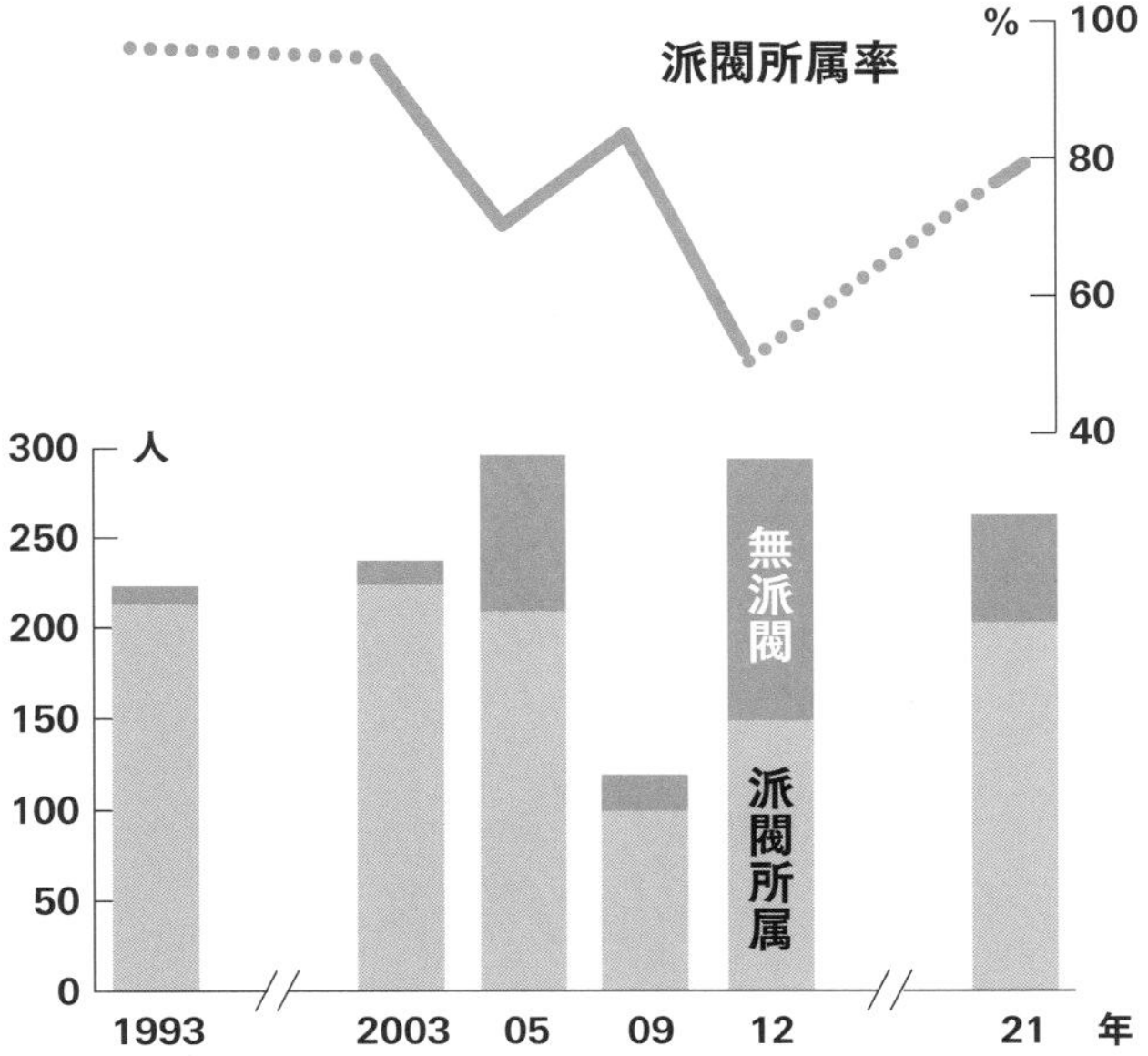

注／1993〜12年は衆院選直後、21年は12月初旬時点

組織と資金 4

政党交付金依存高く、自民は収入の7割

――共産は受けとらず

政党活動には資金が重要だ。議員の活動費だけでなく、党の宣伝、党職員の人件費などもまかなう必要がある。各政党の収入を分析すると政党交付金への依存が目立つ。

1995年に施行した政党助成法は政党に支給する政党交付金を規定している。健全な政治活動を促す目的で国が党に資金を助成する。

国民1人当たり250円の負担で総額を算出する。議員数や得票数で各党へ配分し年4回交付する。2021年10月31日投開票の衆院選で同年の各党の政党交付金の額も変わった。

議席を減らした自民党は21年1月時点の算定額より7382万円少ない169億4780万円を受け取った。衆院で議席を4倍近くまで増やした日本維新の会は1億5077万円増の19億2245万円になった。

総務省が公表した「政治資金収支報告の概要」で各党の11～20年の収入を調べた。

自民党は20年の収入240億8108万円のうち政党交付金（172億6136万

収入に占める政党交付金の割合

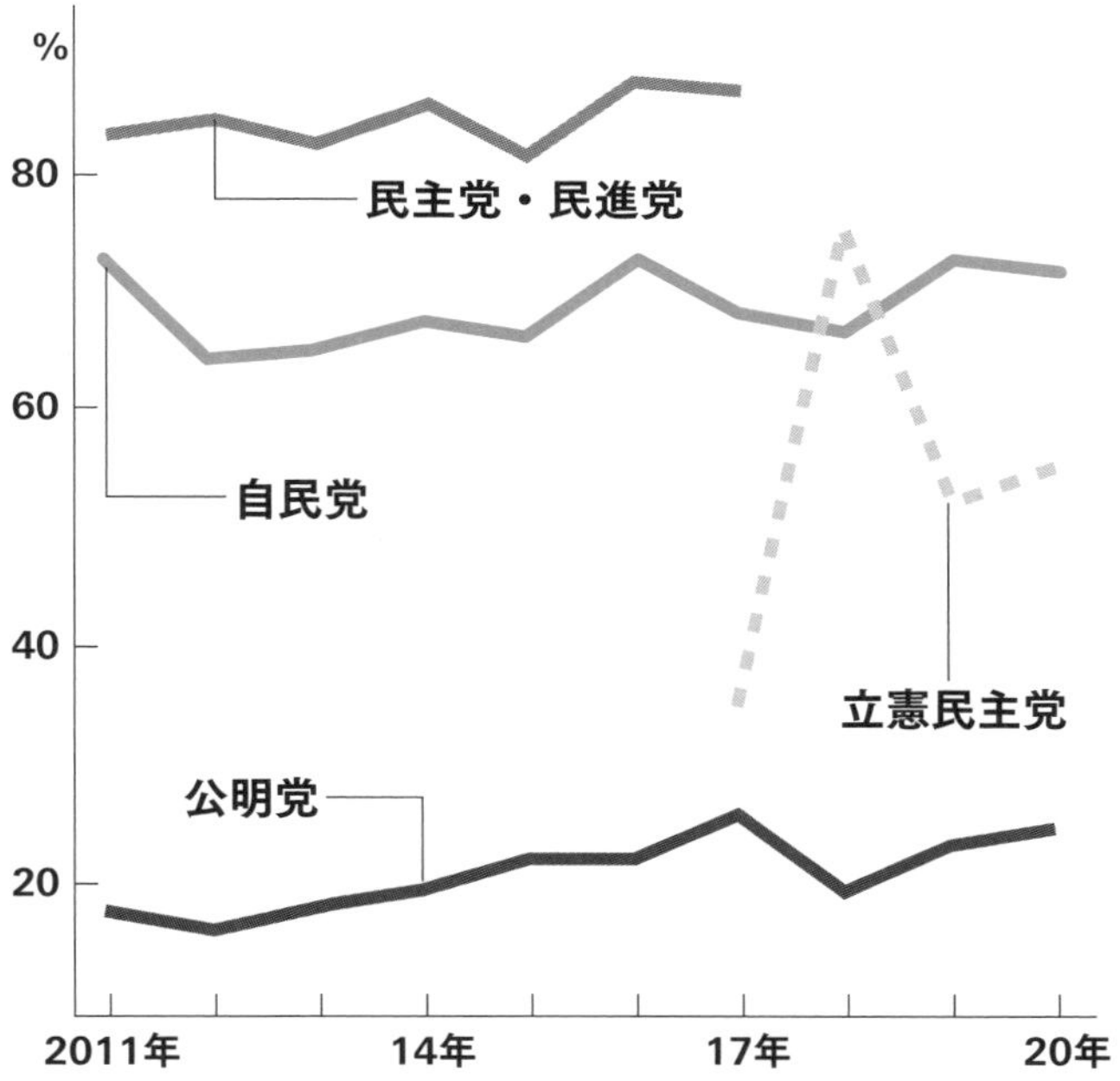

注／17～19年は旧立民、20年は新立民
出所／総務省

円）の割合は72％だった。19年比は横ばいで、18年比は5ポイント上がった。

12、13年は60％台前半だったが14年以降は70％前後で推移する。同党の20年の収入は寄付が11％で党費も4％あった。

かつて政権を担った民主党は自民党より政党交付金の比率が高い。その後の民進党も含めると11～17年は8割台だ。

20年に旧立憲民主党と旧国民民主党などが合流して新たに結党した野党第1党の立民は同年で政党交付金が55％だった。ほかには旧党の解散に伴う資金の分配などが多くを占めた。

独自路線をとるのが共産党だ。「自主的に活動資金をつくる」との立場で政党交付金を受け取らない。機関紙「しんぶん赤旗」の購読料などの事業収入は20年に173億8464万円で全収入の86％になる。

公明党も「公明新聞」を発行する。20年の収入のうち事業収入は59％、政党交付金は25％だった。

政党交付金の依存度が低いほど独立採算の党運営といえる。

政党交付金を受け取る要件は①所属国会議員が5人以上、②所属国会議員が1人以上で、前回の衆院選または直近2回の参院選で得票率2％以上――のどちらかだ。

交付の基準となる日は毎年1月1日。そのため政党再編劇は年末に多い。

各政党の収入内訳（2020年分）

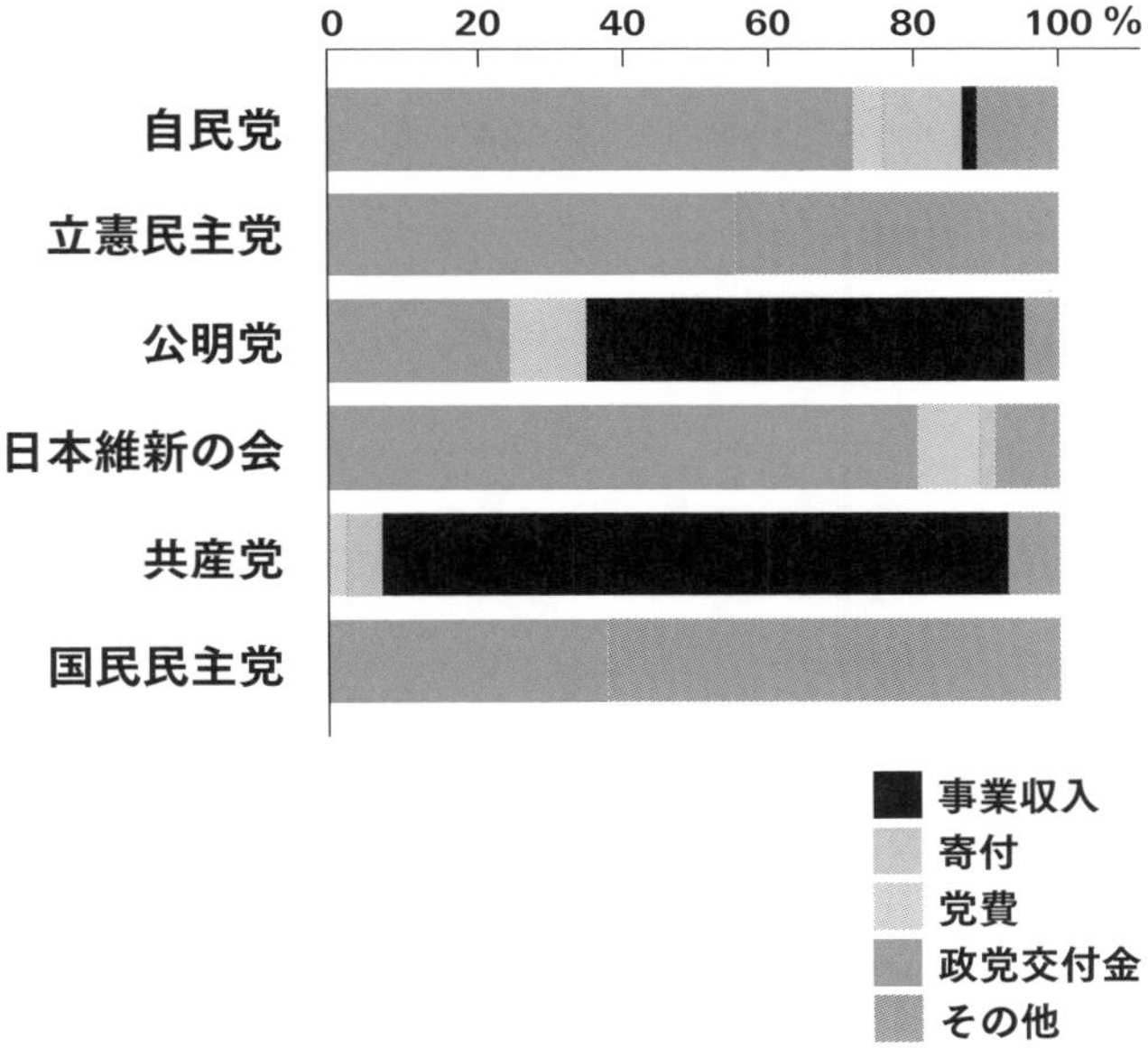

注／立憲民主、国民民主各党は20年結成の新党
出所／総務省

議員歳費、仏の2倍
——主要国で高水準　地方は格差大

国会議員に支給する手当は「歳費」、地方議員は「議員報酬」と呼ぶ。有権者が選んだ議員の活動を支える原資になる。いずれも財源は税金だ。

国会議員の歳費は月129万4000円。期末手当をあわせ年2100万円を超す。歳費とは別に文書通信交通滞在費も月100万円出る。書類の発送などの費用として使途は開示しなくていい。衆院選直後、初当選議員が在職1日で1カ月分の100万円を支給されて話題になった。日割り支給などの改正論がある。一連の見直しは議員にとっては「身を切る改革」といえる。

そもそも歳費は高いのか。減額中は毎月26万円減ったものの年間1900万円ほどだ。人事院によると民間企業の専任取締役の平均年収に近い。

国際比較では欧州より高い。下院議員の年間給与を21年11月末時点で円換算するとドイツは1500万円、英国は1200万円、フランスは1100万円。米国は1900万円程度で日本に近い。

下院議員の年間報酬の主要国比較

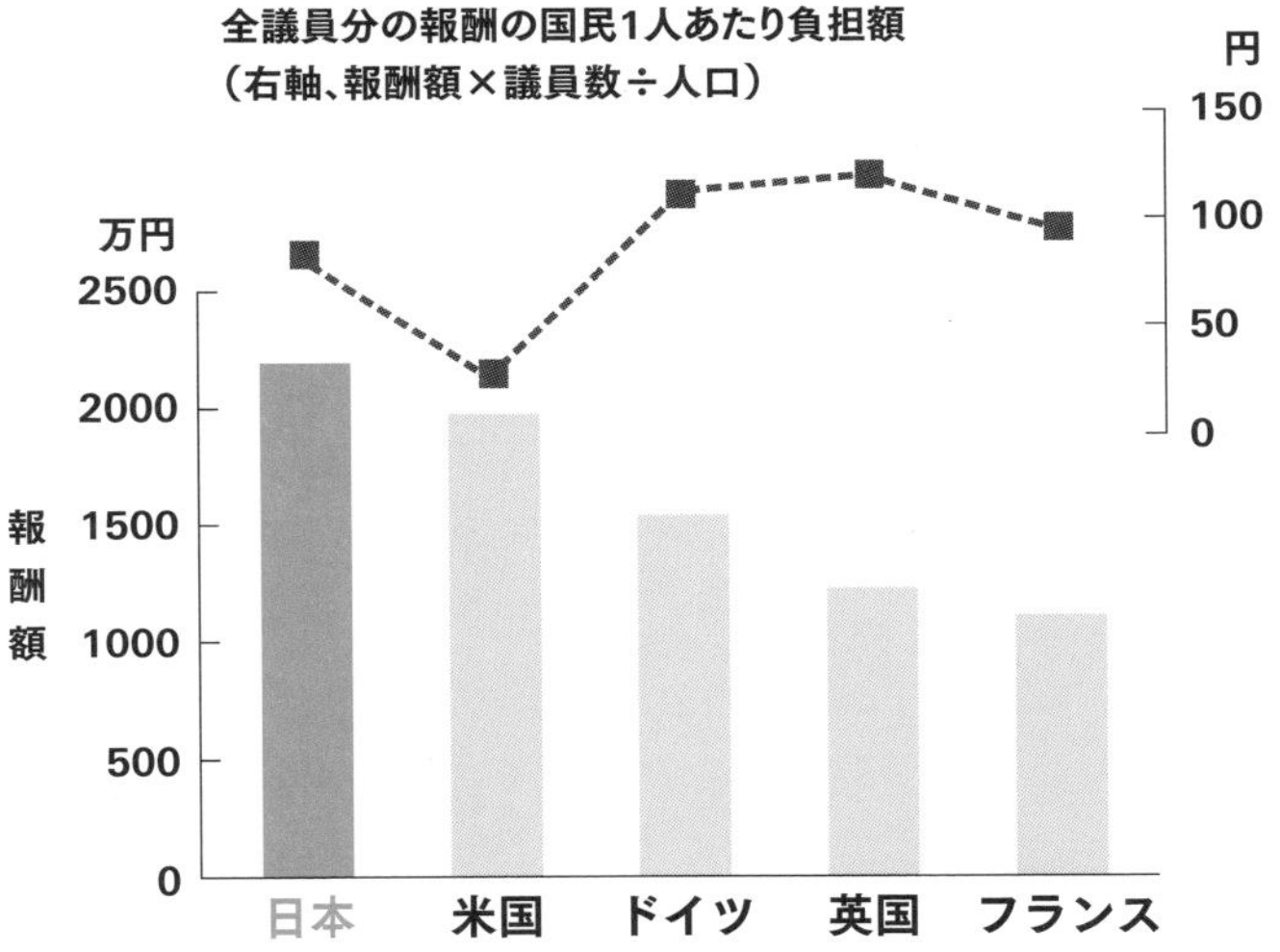

注／各国議会のホームページの記載などを基に、21年11月末時点の為替レートで円換算。
日本は新型コロナに伴う減額措置を反映せず

各国は国民の数も議員の数も違う。国民1人が下院議員の歳費をいくら負担するか計算した。今度は逆転する。日本は衆院議員の歳費総額を人口で割ると国民1人80円。英国やドイツは110〜120円だった。英独は人口比で議員数が多く、少ない給与で多数の議員を雇うといえる。

日本の地方議会をみると議員報酬は各地方自治体で差がある。国立国会図書館が17年の47都道府県の報酬をまとめている。最高の愛知県と最低の大阪府で1・5倍の差があった。政令指定都市を除く市では差が3・9倍もある。

報酬は人口減少と密接に絡む。人口が減った過疎地は地方議員の成り手が不足し、議会の維持が課題だからだ。

総務省の有識者会議は18年、将来の地方議会の報酬例を示した。少数の専業議員に十分払う「集中専門型」と、多数の兼業議員に副収入程度を払う「多数参画型」の2つだ。判断は各地方議会に委ねた。

国や自治体で議員の報酬の尺度は変わる。成果報酬も導入しにくい。適正水準を探る議論は不断に続く。

地方議会の議員報酬は自治体ごとの差が大きい（月額）

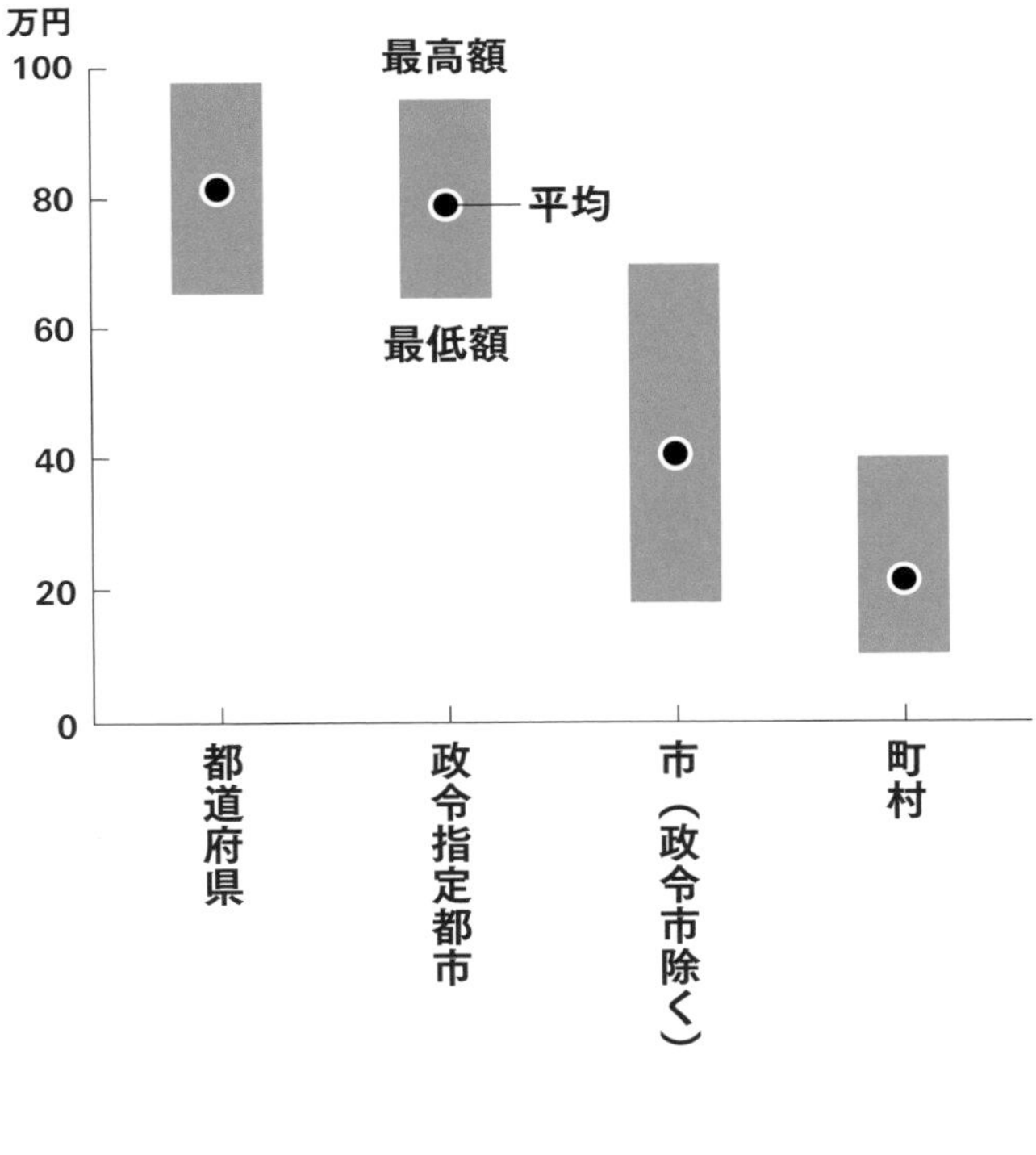

注／国立国会図書館調べ。2017年時点

政治献金、ピークから8割減

――パーティーにコロナ影響

政党や政治家が受け取る政治資金には企業・団体や個人からの献金がある。最近の献金額はピーク時に比べ83％減まで落ち込んでいる。

政党などが総務相に届け出た２０２０年の中央分の政治資金収支報告書によると、政治献金の全体額は１６２億円で19年よりも５％減った。

19年は統一地方選と参院選が重なる選挙イヤーだったが20年は大型の選挙がなかった。政治家らが献金を広く呼びかける機会が減ったとみられる。

本部への献金の収入が最も多かった政党は自民党で26億円に達した。８割超が企業や団体を通じた献金だ。同党は政治資金団体「国民政治協会」を受け皿にして企業や業界団体から献金を受けている。

収支報告書によると20年に自動車メーカーで構成する日本自動車工業会は８０４０万円を国民政治協会に献金した。日本電機工業会（７７００万円）、トヨタ自動車（６４４０万円）が続く。ほか上位には日立製作所やキヤノンなど。

献金の額は大きく減少した

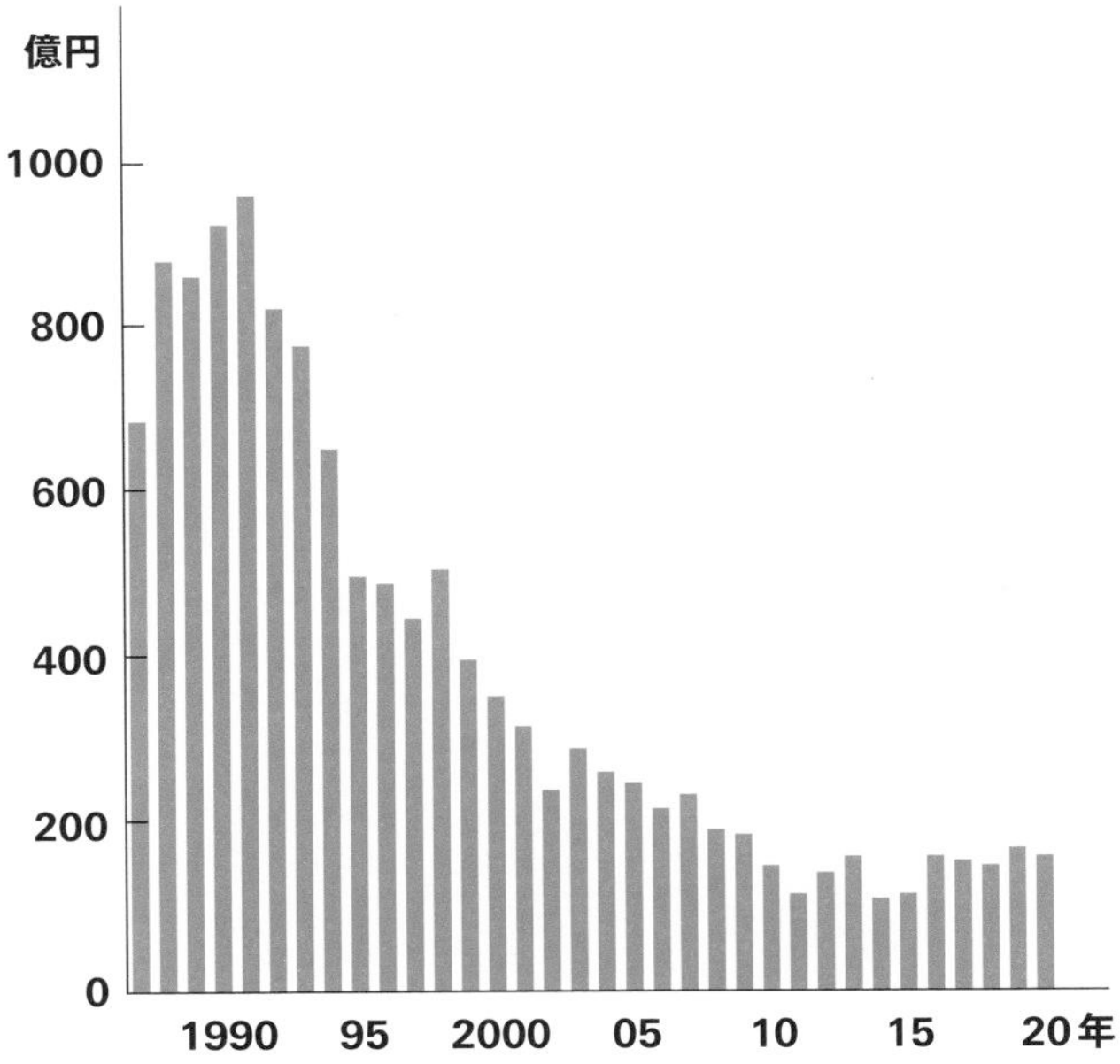

注／総務相への届け出分

共産党の本部には9億円の献金の収入があった。全額が個人からだ。国会議員や議員秘書による寄付が目立つ。個人献金はれいわ新選組も2億円超を集めた。

各党への献金は1991年に中央分だけで957億円に達した。20年には162億円まで減った。収入全体に占める割合は16%だ。

政治とカネを巡るスキャンダルが続出し政治改革が叫ばれた1990年代、企業献金を制限するかわりに政党交付金が制度化された。交付金は20年が317億円で、政党全体の収入の4割に当たる。

収入源として政党交付金とともに定着したのが政治資金パーティーだ。

20年の収入総額は63億円で、収入に占める割合は6%だった。パーティー収入はピークの04年でも142億円で政治献金ほど大幅に減少していない。

定着した理由は匿名性の高さがある。個人献金の場合、年間5万円を超えればお金を出した人の氏名を収支報告書に記載する必要がある。パーティー券はその基準が20万円超に高まる。企業がまとめて購入するケースも多いとされ実質的な企業献金の別ルートにもなっている。

大規模会場での催しは新型コロナウイルス禍で下火になった。20年の収入は19年に比べ3割弱減った。人数を絞ったりオンライン形式に変更したりするなど工夫を凝らす例が目立った。

自民党の政治資金団体「国民政治協会」への献金額が多い企業・団体

日本自動車工業会	8040万円
日本電機工業会	7700
トヨタ自動車	6440
日立製作所	5000
石油連盟	5000
キヤノン	4000
不動産協会	4000
日本鉄鋼連盟	4000
野村ホールディングス	3500
三菱重工業	3300

出所／2020年政治資金収支報告書

本書は、2021年4月から22年1月まで
日本経済新聞の電子版と朝刊の政治・外交面などに掲載していた
「チャートで読む政治」を軸に書籍化したものです。

執 筆 陣 は 以 下 の 通 り

吉野直也
四方弘志
佐藤理
永井央紀
黒沼晋
坂口幸裕
亀真奈文
宮坂正太郎
甲原潤之介
根本涼
溝呂木拓也

Reading Japanese Politics in Data

データで読む日本政治

2022年2月7日　第1版第1刷発行

編者	日本経済新聞社　政治・外交グループ
発行者	村上広樹
発行	日経BP
発売	日経BPマーケティング 〒105-8308　東京都港区虎ノ門4-3-12 https://www.nikkeibp.co.jp/books
装丁	新井大輔
カバーイラスト	坂内拓
製作	キャップス
印刷・製本	中央精版印刷

ISBN978-4-296-00057-9

本書籍に関するお問い合わせ、ご連絡は下記にて承ります。
https://nkbp.jp/booksQA